Alexander Lukin
Dmitri Poljanowski

Die Tscheka greift ein

Militärverlag
der Deutschen Demokratischen
Republik

Originaltitel: Сотрудник ЧК
Ins Deutsche übertragen von Viktor Gronfain

ISBN 3-327-00173-1

4. Auflage, Berlin 1986

Lizenz-Nr. 5
Printed in the German Democratic Republic
Satz: (140) Druckerei Neues Deutschland,
Berlin
Druck und buchbinderische Weiterverarbeitung:
Druckerei des Ministeriums für Nationale
Verteidigung (VEB) – Berlin
Lektor: Irmtraud Carl
Typografie: Helmut Herrmann
Umschlaggestaltung: Rudolf Pötzsch
LSV: 7204
Bestellnummer 746 178 7
00560

I

Aufstand der Frontkämpfer

In Cherson kommt der Lenz recht früh. Bereits Anfang März taut der Boden, und Ende des Monats schimmert das erste Grün. Der Himmel verliert seine winterliche Enge und spannt sich azurblau über der Stadt. Die Sonnenwärme macht sich schon angenehm bemerkbar.

Doch in diesem denkwürdigen Frühling des Jahres 1918 war der März ungewöhnlich grau und ungemütlich. Vom Dnepr wehte ein durchdringender Wind. Er riß Regenwolken über den Häusern hin und her, wirbelte Plakatfetzen, verschmutzte Flugblätter und fauliges Laub vom Vorjahr durch die Straßen.

Niemand kümmerte sich um diesen Abfall; er sammelte sich unter den Zäunen, vor Litfaßsäulen, in Toreinfahrten, und man hatte ihn dauernd vor den Füßen.

Es waren harte Zeiten. Die Straßen der Ukraine wurden von schweren, gut benagelten deutschen und österreichischen Soldatenstiefeln zerstampft. Die Luft war geschwängert von Auspuffgasen der Militärautos.

In Cherson bildeten die Deutschen das Hauptgespräch. Man erwartete sie von Tag zu Tag. Die Zeitungen erschienen mit alarmierenden Überschriften wie: »Was ist in Odessa los?«

In Odessa hausten die Deutschen. Sie befanden sich auch in Nikolajew. Die Presse berichtete über Erschießungen, über Leichen, die an Telegrafenmasten hingen, über Betriebe, die man den ehemaligen Besitzern zurückgegeben hätte. Das alles machte einigen Einwohnern von Cherson Freude, anderen flößte es Angst ein, die meisten aber ballten die Fäuste.

Plötzlich verbreitete sich wie ein Donnerschlag die Kunde, daß die von Sozialrevolutionären und Menschewiki gebildete Stadtverwaltung eine Delegation nach Nikolajew zu dem österreichisch-deutschen Kommando gesandt hätte mit der Bitte, nicht mehr zu zögern und Truppen nach Cherson zu schicken, um dort »Ordnung zu schaffen«.

Der Verband der ehemaligen Frontkämpfer – es gab in Cherson über zweitausend von ihnen –, an dessen Spitze die Bolschewiki standen, erklärte folgendes: Wir erkennen die Stadtverwaltung nicht mehr an und werden nicht zulassen, daß das proletarische Cherson in deutsche Hände fällt. Die Frontkämpfer entwaffneten die Schutztrupps der Stadtverwaltung – Einwohner, Schüler und Milizabteilungen – und begannen, die am Stadtrand gelegenen Ruinen der alten Forts zu befestigen, die den Einwohnern als »Wälle« bekannt waren. Bald strömten hier zahlreiche Formationen bewaffneter Arbeiter zusammen.

Die Stadt bereitete sich hastig auf die Verteidigung vor.

Am 19. März erschienen die Deutschen in Cherson, begleitet von den Haidamaken des Hetmans Skoropadski. Sie fuhren auf langen Lastkraftwagen, deren gerillte Kühlerhauben wie zähnefletschende Tierschnauzen aussahen. Umringt von einem Haufen aufgeregter und jubelnder Bürger, fuhren sie zum Rathaus und schickten sofort Parlamentäre zu den »Wällen« mit der Forderung, die Frontkämpfer sollten die Waffen niederlegen.

Ljoschka Michalew

Im Haus des Frontkämpferverbands waren nur die Fensterscheiben des oberen Stockwerks heil geblieben. In der unteren Etage waren die Fenster mit Brettern zugenagelt. Durch die Ritzen drang gelbliches Licht. Vor dem Eingang schlenderten Posten hin und her.

Die Räume waren niedrig. An den Wänden standen Holzpritschen, und über den eisernen Kanonenöfchen schlängelten sich schwarze Ofenrohre hin. Es roch nach einfachem Essen. Überall blakten Petroleumlampen. In den Korridoren, Zimmern und auf den Treppen drängten sich Frontkämpfer. Sie trugen graue, von Lagerfeuern angesengte Militärmäntel und hatten zerknautschte Pelzmützen auf dem Kopf, die ihre ursprüngliche Form längst eingebüßt hatten.

In einem Zimmer im zweiten Stock hatte sich der Soldatenrat des Frontkämpferverbands niedergelassen. Im großen Saal nebenan ging es besonders lebhaft zu: Zahlreiche Frontkämpfer standen in Erwartung der Befehle vor der Tür, rauchten selbstgedrehte Zigaretten und unterhielten sich. Gedämpftes Stimmengewirr erfüllte den Raum.

Ein pockennarbiger Soldat, dem ein Stutzen am Riemen über der Schulter hing, erklärte, an seinem Zigarettenstummel kauend: »Ich zum Beispiel habe drei Jahre im Schützengraben zugebracht und kann nur das eine sagen: Am Ende des Krieges hat der Deutsche gar nicht daran gedacht, noch mal nach Rußland zu gehen. Er wünschte sich nur, mit heiler Haut davonzukommen. Doch – was ist nun los? Jetzt kommt er daher und packt einen an der Gurgel. Ist das vielleicht gerecht – he, ist das gerecht?«

»Der schreit nach Gerechtigkeit«, höhnte ein anderer Soldat. Er trug einen Stoppelbart und hatte seine Pelzmütze tief in die Stirn gezogen. »Der Deutsche kennt bloß eine Gerechtigkeit: den fettesten Happen zu schnappen. Die Menschen, die aus den Dörfern kommen, erzählen, daß ihnen die Kerle das letzte Getreidekörnchen herausgeholt haben. Auch das Vieh nehmen sie bis zum kleinsten Kälbchen weg. Gerechtigkeit, pah – jag du dem Wind auf dem Felde nach!«

Ein flinkäugiger, kleiner Soldat, der auf den Fersen an der Wand hockte, erhob sich und sagte: »Ja, jetzt beschweren sich die Bauern. Vorher haben sie uns an der Nase herumgeführt. Die Kiewer Rada will, daß die Deutschen die Bolschewiki fertigmachen. Wir halten uns 'raus, sollen sie sich ruhig gegenseitig die Köpfe einschlagen, denken sie. Und wenn jetzt die alten Besitzer von den Bauern den Boden zurückverlangen, dann fallen sie wieder um und sprechen anders...«

»Stimmt!« pflichtete der Bärtige seufzend bei. »Die Bourgeois haben die Ukraine verkauft, die Revolution geht ihnen an den Kragen. Sie fürchten das Volk. Hast du gesehen, da hat der Deutsche eine Aufforderung geschickt, die Waffen abzuliefern, sonst wird man erschossen.«

Ringsum wurde es lebendig.

»So gut meint er es mit uns!«

»Natürlich, wir werden ihm gleich die Waffen hinbringen. Morgen früh erhält er alle unsere Waffen, dann kann er zufrieden sein.«

»So ist es, und er braucht sich nicht zu beschweren.«

Der flinkäugige Frontkämpfer streichelte mit der Hand den dunklen Gewehrkolben. »Nein, Brüderchen, ich werde meine Flinte selbst gut gebrauchen können. Sie wird noch ein wichtiges Werk zu verrichten haben.«

Diesen Gesprächen lauschte ein sechzehnbis siebzehnjähriger Bursche, der an der Tür im Rücken der Frontkämpfer stand. Er trug einen alten Gymnasiastenmantel, der ihm viel zu klein war. Hochaufgeschossen und noch jungenhaft schlaksig, erhob er sich auf die Zehenspitzen und starrte jeden Sprecher mit seinen grauen Augen an. Über seinen vollen Lippen und auf den Wangen schimmerte dunkel der erste Flaum. Unter seiner Schülermütze hing helles krauses Haar hervor und fiel ihm in die Stirn. Jedes Wort der erfahrenen Frontsoldaten war für den Jungen bedeutungsvoll.

Aus dem Zimmer kam ein Mitglied des

Soldatenrats heraus – Silin, ein großer Mann mit sehr breiten Schultern. Auf dem runden Kopf standen die kurzgeschorenen Haare borstenförmig empor. Unter dem aufgeknöpften Militärmantel hing eine Pistole.

Man schob ihm sofort einen Schemel zu, und Silin kletterte darauf.

Als Ruhe eingetreten war, begann er mit ruhiger, nicht sehr lauter Baßstimme zu sprechen. Dabei schwenkte er ein zusammengeknülltes Blatt Papier in seiner Faust. »Morgen früh fangen wir an, die Deutschen aus unserem proletarischen Cherson hinauszutreiben, wie wir es im Frontkämpferverband einmütig beschlossen haben.«

Die Frontsoldaten begannen erregt durcheinanderzusprechen und rückten enger zusammen. Silin hob die Hand. »Ruhe, die Versammlungen sind zu Ende – alle! Wir haben genug geredet. Ich denke, wir sind uns einig über die Deutschen.«

Zurufe wurden laut.

»Das stimmt.«

»Schluß mit dem Geschwätz!«

»Jetzt 'ran ans Werk!«

Silin fuhr fort: »Die Verbindung zu den Arbeitern haben wir. Wir müssen anfangen, und sie werden uns unterstützen. Der Ausnahmezustand wird verkündet. Jede Disziplinlosigkeit werden wir als Verrat an der Revolution und an der proletarischen Klasse betrachten, und wir werden nach dem Kriegsgesetz kurzen Prozeß machen! Ist das klar?«

»Was soll da noch unverständlich sein!«

»Richtig!«

»Und jetzt hört die Befehle: Die Züge von Iwanenko und Marenin marschieren sofort zum Rathaus und gehen dort in Stellung. Linkows Zug besetzt den Bahnhof. Die anderen bilden am Ufer einen Verteidigungsring um die Stadt. Die Kommandeure haben ihre Weisungen. Der allgemeine Plan sieht so aus: Marenin und Iwanenko machen bei der Stadtverwaltung den Anfang. Vorher darf kein einziger Schuß fallen! Und wenn sie dort begonnen haben, müssen alle anderen handeln, wie es das Kampfgeschehen erfordert. Ist das klar? Die Abteilungen, die Befehle erhalten haben, marschieren jetzt los. Die übrigen gehen an ihre Plätze und erwarten weitere Befehle. Das ist alles!«

Kommandoworte ertönten.

»Antreten!«

»Abteilung Pawlow zu mir!«

Silin sprang vom Schemel herunter, sah sich um und rief: »Ljoschka!«

Der junge Bursche im Gymnasiastenmantel schnellte auf ihn zu. »Hier bin ich!«

»Bring diesen Zettel zu Wigowski beim Bezirksstab in der Sabalka. Weißt du Bescheid?«

»Und ob!«

»Ich warte auf Antwort! Sei aber vorsichtig, laß dich nicht von den Deutschen erwischen!«

Ljoschka lief zum Ausgang.

Ljoschka Michalew war erst seit wenigen Stunden als Melder bei Silin.

Ljoschka besaß einen Busenfreund, Pantelej Dymow, und dessen Vater befehligte die Arbeiterkampftruppe in der Tabakfabrik von Lerman. Als Ljoschka von dem bevorstehenden Aufstand erfuhr, bemühte er sich – gemeinsam mit seinem Freund –, in der Abteilung von Pantelejs Vater unterzukommen. Aber die Jungen hatten Pech. Der Vater wollte sich nicht einmal mit ihnen unterhalten und schrie sie an: »Wollt ihr wohl machen, daß ihr wegkommt, oder es passiert was!« Was blieb ihnen da anderes übrig, als mit langen Gesichtern abzuziehen?

Doch Pantelej ließ den Mut nicht sinken. »Du kannst machen, was du willst, Ljoschka, ich bleibe da«, erklärte er. »Ich gehe gleich noch mal zum Vater und frage ihn vor allen anderen: ›Was, du willst deinem Sohn nicht erlauben, bei der Revolution mitzuhelfen?‹ Und wenn er mich dann noch nicht nimmt, mache ich ihn in der ganzen Stadt madig. Sei nicht böse, Ljoschka, aber ich muß jetzt weg, du siehst ja selber, was hier los ist...«

Ljoschka verstand. Die Sache war nicht zum Spaßen: Revolution! Dieses Wort hatte Ljoschka von seiner frühesten Jugend an begleitet.

An seine Mutter konnte er sich nicht erinnern, sie war bei seiner Geburt gestorben. Die bemerkenswerteste Gestalt in seinem Leben war sein Vater, der in der Wadon-Werft als Meister arbeitete. In Ljoschkas Vorstellung war der Vater das Vorbild eines starken, harten und gerechten Menschen. Zu Beginn des Krieges gegen die Deutschen war der Vater an die Front gegangen, und als die Revolution ausbrach, hörte man, daß er in die Partei der Bolschewiki eingetreten sei, sich jetzt in Petrograd befinde und dort irgend etwas befehlige.

Für Ljoschka kam das nicht unerwartet. Von Kind an wußte er, daß der Vater Revolutionär war. Zu ihm waren heimlich Arbeiter aus allen Chersoner Betrieben gekommen. Zuweilen nahm er völlig fremde Leute in seiner Wohnung auf, und der Junge durfte keinem Menschen etwas davon erzählen. Der Vater verbarg die Besucher in einem Versteck, das sich auf dem Hof unter dem Stall befand. Nachts führte dann Nikolai Semjonowitsch, so hieß der Vater, mit ihnen in der Kammer hinter der Küche lange Gespräche über den Zaren, über die Fabrikarbeiter, über die Revolution, und Ljoschka wußte schon sehr früh über Dinge Bescheid, von denen seine Altersgenossen noch keine Ahnung hatten.

Manchmal erteilte ihm der Vater leichte Aufträge: irgendwo hinzugehen, eine bestimmte Person aufzusuchen und genau festgelegte Worte zu übermitteln. Diese Worte waren für den kindlichen Verstand oft schwer zu fassen, und er mußte sie lernen wie Verse: »Zu Stepan Petrowitsch sind Gäste gekommen, haben gut gezecht und sind auseinandergegangen, wie sie gekommen waren.« Oder: »Semjon Wassiljewitsch gratuliert zum heiligen Sonntag und bittet, eine geweihte Oblate zu schicken.« Von klein an war Ljoschka an Geheimnisse gewöhnt und wußte, daß man im Umgang mit Menschen vorsichtig sein und die Zunge im Zaum halten mußte. Er wuchs heran und wurde ein stämmiger, zäher und wenig gesprächiger Bursche. Wortkargheit war überhaupt eine Familieneigenschaft der Michalews.

Im Chersoner Gymnasium, unter lauter wohlgenährten Sprößlingen von Beamten, Advokaten, Kaufleuten und Ärzten, fühlte sich Ljoschka als schwarzes Schaf. Als sein Vater an die Front mußte, blieb Ljoschka mit seiner Schwester Jekaterina, einem schüchternen und gutmütigen Wesen, allein zurück. Die Tante, Vera Porfirjewna, eine Hebamme, verheiratete Jekaterina an einen Verkäufer in einem Konfektionsgeschäft. Pawel Nikodimitsch Gluschtschenko galt als ein »positiver Mann mit Zukunft«: Er sparte Geld für einen eigenen Konfektionsladen. Dieser selbstgefällige, wohlgenährte Mann mit Schmerbauch und blanker Glatze führte eine eigene Hausordnung ein. »Bei mir soll es zugehen wie in einer gebildeten Familie!« Ljoschka begann diesen Kerl sofort und für immer zu hassen. Doch jeder Zusammenstoß mit Gluschtschenko kostete die Schwester Tränen, und Ljoschka gewöhnte sich an, den Schwager schweigend zu übersehen. Er zog sich noch mehr zurück. In seinen Augen erschien ein kaltes durchdringendes Glitzern, als würden in ihrer hellen, fast durchsichtigen Tiefe winzige Glimmerschuppen aufblitzen. Jekaterina seufzte, wenn sie dieses Funkeln bemerkte: »Du ähnelst schon völlig dem Vater, Ljoschka, so sehr, daß man direkt Angst bekommen könnte!«

Ljoschka flehte in seinen Briefen den Vater an, ihn doch zu sich nach Petrograd zu nehmen, da er, Ljoschka, bis zum letzten Blutstropfen für die Weltrevolution sei. Aber der Vater schlug ihm diese Bitten unter Scherzworten ab. Er solle warten. Sicherlich stellte er sich seinen Sohn immer noch als den zwölfjährigen Jungen vor, den er damals zurücklassen mußte, als er zur Front fuhr. Doch jetzt würde er sich wundern, was für ein kräftiger Bursche aus diesem Lausebengel geworden war!

Zu dieser Zeit erschien Silin auf der Bildfläche.

Er kam eines Morgens, als Gluschtschenko nicht zu Hause war, und sagte noch auf der Türschwelle: »Du bist doch sicherlich der Sohn von Nikolai. Ihr seht euch ähnlich wie ein Ei dem anderen. Na, dann guten Tag. Ich bringe dir einen Gruß und einen Brief vom Vater.«

»Sie haben wohl mit ihm zusammen gedient?« fragte Ljoschka, während er den Militärmantel und die Pelzmütze mit Hochachtung betrachtete.

»Habe ich«, antwortete Silin lächelnd, »und das Winterpalais haben wir gemeinsam gestürmt – so sah unser Dienst aus!«

Ljoschka geleitete ihn ins Zimmer und wollte ihn mit Tee bewirten. Silin lehnte dankend ab. Er setzte sich, ohne den Mantel auszuziehen, an den Tisch und begann vom Vater zu erzählen. »Ihr könnt nicht erwarten, daß er bald zurückkommt. Ein schweres Gewitter braut sich zusammen, mein Junge. Wir werden wieder kämpfen müssen. Die Reaktion will uns Werktätigen unser Rußland nicht für ein Butterbrot überlassen.«

Er war gesprächig wie alle ehemaligen Frontkämpfer, die nach langer Abwesenheit in ihre Heimatorte zurückkehrten.

»Nikolai soll eine Abteilung anführen«, erzählte Silin, »er hat Grips im Kopf, dein Vater. Und mich hat man hierhergeschickt.«

»Wer hat Sie hierhergeschickt?«

»Wer? Die Partei, die bolschewistische Partei. Hast du noch nie davon gehört? Dein Vater ist doch Bolschewik, das darfst du nie vergessen, mein Junge!«

»Und weshalb schickt man Sie hierher, und mein Vater bleibt dort?« fragte Ljoschka fast gekränkt.

»Jeder muß seine Pflicht an seinem Platz tun. Hier gibt es viel Arbeit, und dort noch mehr. Überall werden Menschen benötigt.«

Silin erzählte von sich. Er stammte aus der Umgebung von Cherson, hatte in den Karpaten gekämpft. Später geriet er wegen bolschewistischer Propaganda vor das Kriegsgericht, entfloh vor der Erschießung, erreichte Petrograd und begegnete dort Ljoschkas Vater. Weiter berichtete er, wie sie das Winterpalais eingenommen und daß sie auf dem 2. Kongreß der Sowjets Lenin gehört hatten.

Silin sollte in Cherson im Frontkämpferverband arbeiten.

»Das ist ebenfalls ein verantwortlicher Posten, kannst mir glauben«, sagte er. »Der Frontsoldat ist manchmal unbeständig. Ihn können die, welche für die Konterrevolution sind, leicht vom richtigen Weg abbringen. Man muß deshalb tun, was man kann, damit er seine Marschrichtungszahl kennt und mit uns geht, verstehst du? Und das, mein Kleiner, ist auch gerade kein Kinderspiel. Es erfordert Feingefühl und Verstand.« Silin unterstrich seine Worte, indem er seine von Nikotin gelbgefärbten Finger in Kopfhöhe aneinanderrieb.

Beim Fortgehen sagte er: »Also, Freund Alexej, wenn du irgend etwas benötigst, dann komm zu mir, überlege nicht lange. Nikolai hat mich beauftragt, ein bißchen auf dich aufzupassen.«

Ljoschka hätte ihm gern von seiner trostlosen Lage erzählt, aber er tat es dann doch nicht, er genierte sich.

Später traf er Silin in Versammlungen, dann in der Stadt, auf der Straße. Silin fragte, wie es ihm ginge, und erinnerte Ljoschka jedesmal daran, doch zu ihm zu kommen, wenn etwas nicht in Ordnung wäre. Ljoschka antwortete: »Gut«, wandte sich aber niemals an Silin um Hilfe.

Doch als sich die Stadt auf die Verteidigung vorbereitete und sein Freund Pantelej loszog, um – koste es, was es wolle – von seinem Vater ein Gewehr zu bekommen, wußte auch Ljoschka, was er zu tun hatte. Er ging geradewegs zum Frontkämpferverband, zu Silin.

Der empfing ihn unfreundlich. »Hast wohl keine passendere Zeit gefunden! Was willst du?«

»Nehmen Sie mich zu sich«, bat Ljoschka erregt.

»Wozu denn?«

»Was heißt wozu? Soll ich etwa wie der letzte Spießbürger bei Gluschtschenko herumhocken?«

»Und was willst du hier tun?«

»Na, was wohl! Kann ich nicht schießen?«

»Sieh einer an, du willst kämpfen!« sagte Silin gedehnt. »Geh lieber nach Hause, mein Junge.«

»Ich gehe nicht!« erklärte Ljoschka fest und verzweifelt zugleich. »Wenn der Vater zu Hause wäre, dann wäre ich schon längst...« Ljoschka erwähnte den Vater absichtlich: Silin sollte nicht vergessen, wessen Sohn er war.

Silin kniff die Augen zusammen, als mustere er zum erstenmal die kräftige Gestalt Ljoschkas, der größer war als die meisten Burschen seines Alters. Nach einer Weile fragte er plötzlich in nachgiebigem Ton: »Wirst du auch keine Angst haben?«

Ljoschkas Herz begann stärker zu pochen. »Nein..., ich habe keine Angst!«

Silin zuckte die Achseln. »Na schön, dann bleib hier, bei mir, für besondere Aufträge!«

So war Ljoschka Melder geworden.

Bald durchstreifte er das nächtlich stille Cherson und verteilte Silins Zettel in den Betrieben. Er war in Sabalka, in den Werften, und sah überall das gleiche: Die Arbeiterwehren formierten sich und zogen, ausgerüstet mit den erstbesten Waffen – Gewehren, Jagdflinten, Winchesterbüchsen und sogar mit alten Ladestockflinten aus der Zeit des Türkenkriegs – in der Dunkelheit zu den Ausgangsstellungen des bevorstehenden Aufstandes. Und es erfüllte ihn mit Freude, sich inmitten dieser Leute als Beteiligter der kommenden Ereignisse zu fühlen.

Nur eins betrübte Ljoschka sehr: Er besaß keine Waffe, und noch bot sich kein besonderer Anlaß, Silin darum zu bitten.

Der erste Einsatz

Bei der Rückkehr von der Wadon-Werft stieß Ljoschka beinahe auf die Deutschen.

Eine Abteilung von ungefähr dreißig Mann marschierte die Howardstraße entlang. Sich im Schatten der Häuser verbergend, schlich Ljoschka ihnen nach.

Die Deutschen bogen in die Suworowstraße ein und gingen bis zu der Stelle, wo das zweistöckige Gebäude des Hauptpostamtes weiß aus der Dunkelheit schimmerte.

Sie wollen das Postgebäude besetzen, durchzuckte es Ljoschka. Am Ende der Straße, schräg gegenüber der Post, befand sich ein mit Bauschutt bedeckter Platz.

Hinter einem Schotterhaufen versteckt, beobachtete Ljoschka, wie die Deutschen die breite dreiflüglige Tür des Postamts aufbrachen und in das Gebäude eindrangen. Auf der Straße blieb eine Wache von fünf Mann zurück. Hinter den vergitterten Fensterscheiben des ersten Stockwerks ging Licht an.

Ljoschka kehrte zum Frontkämpferverband zurück und berichtete Silin, was er gesehen hatte.

Silins Gesicht verfinsterte sich. »Stimmt das ganz genau?«

»Genau!«

»Und warst du auch in der Wadon-Werft?«

»Aber natürlich. Sie lassen übermitteln, daß alles getan werde. Und wegen der Sabalka sollen wir uns nicht beunruhigen: Dort geschieht, was vereinbart wurde.«

»Gut. Wie bist du aber zum Postamt gekommen, das liegt doch nicht auf dem Wege?«

Ljoschka erzählte, wie er auf die Deutschen gestoßen und ihnen bis zum Postamt gefolgt sei. Silin fragte nach der Zahl der Deutschen und nach ihrer Bewaffnung. Dann klopfte er Ljoschka auf die Schulter. »Sieh mal an, was für ein Aufklärer du bist! Na, nun setz dich mal in den Saal und warte auf mich.«

Ljoschka ging hinüber. Der große Raum war leer bis auf einen jungen Soldaten, der neben der Tür auf einer Bank hockte und sich graue, völlig ausgefranste Wickelgamaschen um die Beine schlang. Ljoschka setzte sich neben ihn. Der blutjunge Frontkämpfer hatte ein glattes Gesicht mit vorstehenden Bakkenknochen. Unter dem Kragen seines Militärmantels ragte der Zipfel eines alten Frottierhandtuchs hervor, das er sich wie einen Schal um den Hals gewunden hatte. Es starrte vor Schmutz.

Nachdem der Bursche die Wickelgamaschen fest verschnürt hatte, richtete er sich auf, sah Ljoschka an und zog plötzlich seine dünnen, farblosen Augenbrauen zusammen. »Wer bist du?« fragte er mißtrauisch.

»Und du?« äffte ihn Ljoschka nach.

»Ich bin Nikolai Pachrja, mich kennt jeder. Und du – bist wohl ein Kadett?«

»Du Blödian! Wie kommst du darauf?«

»Na, na, gib nicht so an!« sagte der junge Bursche drohend, »denkst wohl, ich habe solche Brüder wie dich noch nicht gesehen?«

»Natürlich hast du das nicht. Ich bin kein Kadett, sondern war Gymnasiast.«

»Gymnasiast?« wiederholte Pachrja ungläubig. »Aber dein Mantel sieht aus wie ein Kadettenmantel. Wahrscheinlich schwindelst du! Hast die Achselklappen abgenommen und denkst, so würde dich keiner erkennen. Bist wohl hergekommen, um zu schnüffeln?«

Pachrja war ebenso groß wie Ljoschka und bestimmt ebenso stark.

»Du bist selbst ein Spion!« stieß Ljoschka hervor und geriet in Wut. »Weißt du, was du für solche Worte verdienst?«

»Was, drohen willst du auch noch?«

Bevor Ljoschka sich's versah, war Pachrja bereits aufgesprungen und hielt das Gewehr in der Hand.

»Los, Hände hoch!« brüllte er und ließ den Verschluß knacken. »Nimm die Pfoten hoch, sage ich dir, du Kadettenschnauze!«

Ljoschka sprang auf und ballte die Fäuste.

So standen sie einander gegenüber, als Silin mit Kostjukow, dem Kommandeur einer Abteilung, einem dicken und untersetzten Mann mit lang herunterhängendem, rötlichem Schnurrbart, in den Gang hinaustrat.

»Was ist hier los?« fragte Silin schroff. »Nimm das Gewehr 'runter, Pachrja.«

»Ein verdächtiges Subjekt, Genosse Silin«, meldete der, »wer weiß, wer das ist.«

»Weg mit dem Gewehr, sage ich, es ist einer von uns – mein Melder.«

»Melder? Warum hat er davon nichts gesagt?«

»Sollte er es vielleicht in alle Welt hinausschreien?«

»Na, er hätte doch sagen können, daß er zu uns gehört, aber er stellte sich gleich auf die Hinterbeine!«

Silin fragte Ljoschka: »Kannst du die Männer zur Post führen?«

»K-kann ich«, stotterte Ljoschka, der sich nur allmählich zu fassen vermochte.

»Es muß aber so umsichtig geschehen, daß es keiner bemerkt. Wirst du das fertigbringen?«

»Aber gewiß doch, Genosse Silin!«

»Nimm ihn mit, Michailo«, sagte Silin zu Kostjukow, »der Junge ist nicht schlecht und hat Kampfgeist.« Dabei zwinkerte er Ljoschka freundschaftlich zu.

Ljoschka faßte sich ein Herz und fragte: »Genosse Silin, geben Sie mir ein Gewehr?«

Silins Lächeln erstarrte. »Es gibt keine Gewehre. Die da waren, hat man in den Betrieben verteilt.«

»Und was soll ich tun, wenn...?«

»Was du tun sollst? Paß auf, Alexej: Du bringst die Männer hin und kommst sofort zurück. Setz dich nicht den Kugeln aus. Verstanden?«

»Jawohl...« Ljoschka biß sich auf die Lippe.

Da ertönte Kostjukows Baßstimme: »Was denkst du dir eigentlich, Petro? Du schickst den Jungen mit einem Auftrag los, gibst ihm aber keine Waffe. Das ist nicht schön.«

»Sei lieber still! Du freust dich doch auch, wenn du einen Mann mehr hast.«

»Na und, er ist schließlich kein kleiner Junge mehr.« Silin betrachtete Ljoschkas gekränktes Gesicht. »Zum Teufel mit euch. Na, dann komm mit...«

Mit klopfendem Herzen folgte Ljoschka in das Zimmer des Soldatenrats. Am Tisch saß nur der magere Schreiber. In der Ecke lag ein Haufen Feldtaschen. Silin holte sich seine eigene heraus, wühlte darin und drehte sich dann zu Ljoschka um. »Da nimm!« Er hielt einen großen Revolver in der Hand. Ljoschka griff nach der Waffe.

»Kannst du damit umgehen?« fragte Silin. »Gib mal her!« Er zeigte, wie man die Waffe lud, und schüttete schließlich Ljoschka die langen, glänzenden Patronen auf die Handfläche. »Na, bist du jetzt zufrieden? Das wäre alles. Hand drauf! Aber jetzt müßt ihr euch beeilen, wenn ihr noch vor der Dunkelheit hinkommen wollt.«

Ljoschka führte Kostjukows Abteilung zu dem Platz an der Post. Er wählte den Weg durch die stillsten Gäßchen. Sie erreichten ihr Ziel über einen Durchgangshof auf der dem Postamt gegenüberliegenden Seite. Dort war der unbebaute Platz von den nichtverputzten Brandmauern der Häuser umgeben, deren Fassaden in einer anderen Straße lagen.

Mit Ljoschka gehörten zweiundzwanzig Mann zur Abteilung. Sie suchten an den Mauern Deckung.

Die Nacht ging zu Ende. In der Morgendämmerung wurde es naßkalt. Der Nebel fiel, und die Feuchtigkeit drang durch die Kleidung. Ein hellschimmernder Himmel, dessen Blau immer kräftiger wurde, verhieß nach vielen Tagen wieder einmal gutes Wetter.

Es war die erste schlaflose Nacht in Ljoschkas Leben, aber er verspürte keine Müdigkeit. Alles in ihm war gespannt und zitterte vor Erregung.

Er lag auf der Erde hinter einem Haufen Ziegelsteinschutt, fröstelnd vor Nässe, und hielt den Revolver fest. Der Griff war warm, denn der Junge hatte ihn nicht aus der Hand gelassen, seitdem ihm Silin die Waffe anvertraut hatte.

Der junge Tag dämmerte herauf. Immer deutlicher hoben sich die auf dem Boden hingestreckten, unbeweglichen Gestalten ab. Ljoschka sah erstaunt, daß einige von ihnen schliefen, den Kopf in die Mantelärmel vergraben.

Kostjukow stützte sich auf die Ellbogen und äugte zum Postamt hinüber. Neben Ljoschka, nur zwei Schritte entfernt, lag sein neuer Bekannter – Pachrja. Als der bemerkte, daß Ljoschka ihn anschaute, zwinkerte er ihm fröhlich zu und flüsterte: »He, Melder…, zitterst du?«

»Warum soll ich denn zittern«, brummte Ljoschka und spielte den Mürrischen. In Wirklichkeit war er gar nicht abgeneigt, ein bißchen mit dem neuen Kameraden zu schwatzen. Er hatte keine Wut mehr auf ihn, und unter den Soldaten paßte Pachrja dem Alter nach am besten zu Ljoschka.

»Es ist verdammt feucht hier«, schimpfte Pachrja. »Jetzt müßte man ein Zigarettchen haben.«

Er kroch näher an Ljoschka heran, und über das ganze Gesicht grinsend, raunte er ihm zu: »Warum hast du mir nicht gesagt, daß du zu Silin gehörst? Wenn der nicht dazwischengekommen wäre, wärst du schon längst eine Leiche.«

»Na, na…«

»Da gibt's kein ›na, na‹! Du kennst mich bloß noch nicht. Für die Revolution lege ich jeden um. Wirklich!«

Jemand stieß ihm mit dem Stiefel in die Seite. Kostjukow drohte den beiden Jungen von weitem mit der Faust. Pachrja erhob den Arm, als wollte er damit signalisieren: Bei uns ist alles in Butter! Dann zwinkerte er Ljoschka noch einmal zu und kehrte an seinen Platz zurück.

Die Zeit zog sich dahin. Eine weitere Stunde verging. Es war ganz hell geworden. Die aufgehende Sonne tauchte die Dächer in einen rötlichen Schein. Die Kälte machte sich noch stärker bemerkbar. Ljoschka überlief ein Schauer nach dem anderen. Er war völlig durchfroren.

Plötzlich ertönte von weit her, vom Stadtzentrum, aus der Gegend des Rathauses, dumpfer Lärm, als wäre irgendwo ein riesiger Baum gefällt worden, der dann mit laut splitternden Ästen schwer auf den Boden geschlagen war.

Ljoschka blickte sich um. Auch die Kameraden hoben horchend die Köpfe.

Nach einigen Sekunden ertönte das Geräusch noch einmal. Jetzt hörte man deutlich das Knattern von Gewehren. Dann bellte ein Maschinengewehr.

»Es geht los«, erklärte Pachrja und wischte sich unbewußt den Mund mit dem Mantelärmel ab.

Es geht los, es geht los, klopfte Ljoschkas Herz.

»Fertigmachen!« rief Kostjukow halblaut. »Auf Kommando schießen.«

Ljoschka lugte vorsichtig über seine Dekkung.

Vor dem Postamt hasteten Posten aufgeregt hin und her. Aus dem Gebäude stürzte ein hagerer, jüngerer Offizier heraus und knöpfte sich dabei den Mantel zu. Der Wachführer wollte melden, aber der Offizier schrie etwas mit hoher, durchdringender Stimme. Der andere grüßte und rannte die Straße hinunter in der Richtung, aus der die Schüsse zu hören waren. Der Offizier kehrte ins Gebäude zurück.

Der hat einen losgeschickt, um zu erfahren, was passiert ist, überlegte Ljoschka.

Bald kam der Wachführer zurück. Er rannte wie wild und hielt die Schöße seines Mantels mit den Händen fest. Das Gewehr baumelte auf seinem Rücken hin und her. Er rief seinen Leuten irgend etwas zu und lief ins Haus.

»Worauf warten wir noch?« hörte Ljoschka Pachrjas Stimme. »Man muß angreifen.«

»Ruhe jetzt!« Kostjukow schlug mit der Faust auf den Boden und rollte wütend mit den Augen.

Einige Minuten später trat der Offizier aus dem Haus, gefolgt von einzelnen Soldaten. Ein scharfes Kommando ertönte. Die Soldaten stellten sich schnell auf. Der Offizier schritt die Front ab, blieb mit gespreizten Beinen stehen und begann zu sprechen. Man hörte deutlich die fremden Laute.

»Visier zwei«, befahl Kostjukow. »Eine Salve auf die deutsche Infanterie – für die Revolution... Feuer!«

Noch ehe Ljoschka die Kommandoworte begriffen hatte, erdröhnte die Gewehrsalve.

Dann trat dumpfe Stille ein. Und wieder hörte Ljoschka das Knacken der Verschlüsse.

»Feuer!«

Es sah aus, als wären die Deutschen an die Wand des Postamts geschleudert worden.

Kostjukow sprang auf und rief ruhig und halblaut: »Vorwärts – wir greifen an!«

Ljoschka lief mit den anderen nach vorn, setzte über Schutthaufen hinweg und schrie irgend etwas.

Die Deutschen wichen auf der Straße zurück. Einige schossen im Laufen. Ljoschka sah flüchtig, wie ein gedrungener älterer Soldat sein Gewehr wegwarf, sich in seiner Angst hinhockte und die Arme hochriß. Pachrja stürzte auf ihn zu.

Ljoschka lief einem Deutschen mit breitem, rundem Rücken nach. Am Ende der Straße drehte sich der Deutsche um und schoß. Die Kugel pfiff dicht an Ljoschkas Gesicht vorbei.

Verdutzt durch das ungewohnte Pfeifen und erschreckt von dem Gedanken, daß der Tod soeben an ihm vorbeigegangen war, blieb Ljoschka stehen. Der Deutsche befand sich bereits an der Straßenecke. Da erst erinnerte sich Ljoschka an seinen Revolver, hob die Waffe und zielte. Nachdem sich der Schuß gelöst hatte, machte der schwere Revolver einen Ruck, als wollte er sich aus der Hand des Jungen losreißen.

Zum erstenmal in seinem Leben schoß Ljoschka auf einen Menschen, und er begriff nicht gleich den Zusammenhang zwischen seinem Schuß und dem, was sich anschließend ereignete. Der Deutsche sprang zur Seite, fiel gegen eine Hauswand, drückte sich mit dem Rücken dagegen und drehte sich um. Sein verzerrtes Gesicht wurde blaß. Das Gewehr entfiel seinen Händen, eine Hand scharrte an der Mauer. Er tastete nach dem Regenabflußrohr, umklammerte es und glitt daran langsam zu Boden.

Ljoschka trat vorsichtig an ihn heran.

Der Deutsche lag mit dem Gesicht auf der Erde. In seinem Mantel, zwischen den Schulterblättern, wo die Kugel eingedrungen war, befand sich ein kleines Loch.

Ljoschka stand erschüttert da. Alles, was bisher geschehen war, erschien ihm jetzt gering und nicht beachtenswert. Das »Revolutionsspielen« war vorbei. Ljoschka war in diesem Augenblick zum Mann geworden, der seinen Lebensweg endgültig und unwiderruflich gewählt hatte.

Gewiß – Ljoschka sagte sich das alles nicht, aber er fühlte es, und er fand dabei nur die Worte: »So ist das also...« Er sah sich um. Die Straße war leer, einige Tote lagen auf der Erde. In der Nähe ertönten Schüsse und Schreie.

Ljoschka nahm das Gewehr des Deutschen und lief um die Straßenecke, wo seine Kameraden kämpften.

Den ganzen Tag – es war der 20. März – befand sich Ljoschka in einem fieberhaften, unruhig-freudigen Zustand. Später konnte er sich beim besten Willen nicht mehr erinnern, was vorher und was nachher geschehen war. In seinem Gedächtnis vermischte sich alles zu einem bunten, dröhnenden Knäuel. Er war vor dem Gebäude der Stadtverwaltung, drang in die weiße Villa des Chersoner Millionärs Sokolow ein, wo der deutsche Stab untergebracht war, und stürmte das Waffengeschäft von Fricke in der Suworowstraße. Dann geriet er, immer noch mit der kleinen Abteilung Kostjukows, in die Howardstraße und sah, wie die Kameraden den Deutschen zehn Lastkraftwagen entrissen, mit denen der Feind aus der Stadt entkommen wollte.

Zwei durch Handgranaten gesprengte Lastkraftwagen wurden als Barrikade benutzt. Die Deutschen hatten unter ihren verschont gebliebenen Autos Deckung gesucht und eröffneten von dort MG-Feuer. Die Kameraden gingen darauf zum Bajonettangriff über. Schließlich raste Ljoschka auf einem eroberten Lastkraftwagen los und beteiligte sich an dem Aufstöbern von deutschen Soldaten, die sich in Höfen und auf Dachböden versteckt hatten.

Gegen Abend war Cherson befreit. Aber nicht für lange Zeit. Schon am nächsten Morgen kehrten die Überreste der deutschen Abteilungen und der Haidamaken, die sich nach Nikolajew zurückgezogen hatten, mit Verstärkung zurück.

Und alles begann von neuem. Man kämpfte in der Sabalka, im Stadtbezirk Sucharny, am Bahnhof und auf dem Friedhof, am Tropin-Krankenhaus und in dem Kasernenviertel. In den Hafenwerkstätten wurden Gewehre und Maschinengewehre repariert. Chersoner Jungen schwirrten in den vorderen Kampflinien herum und sammelten Geschoßhülsen. In vielen Höfen blakten primitive kleine Becken mit glühender Holzkohle – dort wurden Kugeln gegossen. Durch die Straßen eilten Hilfstrupps des Roten Kreuzes hin und her. Alle Krankenhäuser der Stadt waren mit Verwundeten überfüllt.

Endlich gelang es den Revolutionären, die Deutschen aus Cherson zu verdrängen und sie um fast dreißig Kilometer zurückzuwerfen. Die Macht ging in die Hände eines Fünferrats über, der sich aus Vertretern der Frontkämpfer und Arbeiter zusammensetzte.

Es war klar, daß man nicht lange auf einen neuen Angriff der Deutschen zu warten brauchte. Im Augenblick aber hatte die Stadt eine kleine Atempause erhalten.

Auch in Nikolajew brach der Aufstand los. Dort lebten bedeutend mehr Arbeiter und Frontsoldaten als in Cherson, doch die deutsche Garnison war ebenfalls stärker. Zur Unterdrückung des Aufstandes in Nikolajew wurden deutsche und österreichisch-ungarische Truppen in den Kampf geworfen. Es hieß, diese Einheiten befehlige General Böhm-Jermoly, der von der Westfront eingetroffen sei.

Die Ereignisse in Nikolajew lenkten für eine gewisse Zeit die Aufmerksamkeit der Deutschen ab. In diesen Tagen war das sonst recht lebendige Cherson nicht wiederzuerkennen. Es verödete mehr und mehr, seitdem sich die Front von der Stadt entfernt hatte. Lebhaft ging es nur in den Arbeiterbezirken zu. In den Hauptstraßen herrschte eine beängstigende Stille. Abends drang durch die Jalousien nur hier und dort ein vorwitziger Lichtstreifen. Vor den Türen der Geschäfte hingen große schwere Eisenschlösser. Die Schaufenster verbargen sich hinter dunklen Rolläden aus Wellblech.

Morgens bewegten sich Kolonnen mürrischer Bürger von Cherson mit Picken und Spaten zum Stadtrand. Auf Befehl des Revolutionsstabes mußten sie Befestigungen bauen.

Als Ljoschka eines Tages an einer solchen Kolonne vorüberging, hörte er, wie jemand seinen Namen rief. Rund dreißig Bürger, die sich so angezogen hatten, als sollten sie den Weg in die Verbannung nach Sibirien antreten, marschierten die Kusnetschnaja entlang. Sie wurden von zwei bewaffneten Arbeitern begleitet. Ljoschka erblickte am Ende der Kolonne seinen Schwager Gluschtschenko. Er trug hohe Wasserstiefel, eine Wattejacke und ein altes Käppi und zwinkerte Ljoschka verzweifelt mit den Augen zu.

Ljoschka begriff, was der Schwager von ihm wollte: Ljoschka sollte dafür sorgen, daß Gluschtschenko von dieser Arbeit freigestellt würde. Es gab in diesen Tagen viele, die mit einer derartigen Bitte zum Revoltuionsstab kamen.

Da kannst du aber lange warten, dachte Ljoschka. Andere müssen arbeiten, und du willst dich zu Hause herumdrücken? Nein, tu auch du mal ruhig was für die Revolution!

Er schien die Zeichensprache seines Schwagers nicht zu verstehen und ging seelenruhig weiter.

In der ganzen Zeit war Ljoschka nur einmal zu Hause gewesen. Er erschien bei seinen Verwandten, gegürtet mit einem breiten Lederriemen, den ihm Pachrja geschenkt hatte. Am Gürtel baumelte der Revolver in einer knarrenden gelben Ledertasche – Ljoschka hatte sie in einem von den Frontkämpfern beschlagnahmten Waffengeschäft ergattert.

Gluschtschenko unterhielt sich nicht mit ihm. Er maß Ljoschka verächtlich vom Kopf bis zu den Füßen und ging ins Nebenzimmer. Hinter der Tür zischte er leise, aber böse vor sich hin: »Ein würdiges Söhnchen seines Vaters, der Apfel fällt nicht weit vom Stamm!«

Ljoschka grinste.

Jekaterina begann zu weinen, als sie den Bruder erblickte. »Was machst du nur, Ljoschka! Man wird dich noch irgendwo töten! Was soll ich dann dem Vater sagen?«

»Dann sagst du ihm eben, daß ich gefallen sei«, erwiderte Ljoschka hart. »Brauchst keine Angst zu haben, dir passiert dabei nichts. Vater wird es verstehen...«

Er berichtete, daß er Melder bei Silin sei. Falls Jekaterina etwas benötige, solle sie direkt zum Stab kommen, und er würde ihr helfen.

Schließlich hatte er den Bitten seiner Schwester nachgegeben, einen Teller Borschtsch gegessen und die Wäsche gewechselt. Danach fühlte er sich als erwachsener und starker Mann.

Silin war jetzt Mitglied des Revolutionsstabs. Ljoschka verbrachte die meiste Zeit im Nowo-Petrograder Hotel in der Hannibalstraße, wo sich der Stab befand.

Vom frühen Morgen bis zum späten Abend ging es beim Stab laut und lebhaft zu. Es kamen und gingen Arbeiter und ihre Frauen, Bauern aus den Nachbardörfern, Bürger aus der Stadt. Man brachte Spekulanten, die die Lebensmittelpreise auf dem Markt in die Höhe geschraubt hatten, Plünderer, kleine Diebe und andere dunkle Elemente, die in den ersten Tagen des Aufstandes sehr rege geworden waren. Die meisten Verhafteten wurden wieder entlassen, nachdem man ihnen angekündigt hatte, daß man mit ihnen beim nächsten Mal »kurzen Prozeß« machen würde. Nur die Schlimmsten und Unverbesserlichen wurden aus der Stadt geführt und erschossen. Man hatte keine Zeit, sich mit ihnen lange zu beschäftigen.

Die Stadt bereitete sich erneut auf die Verteidigung vor. Aus Sewastopol war ein Kriegsschiff mit einer Abteilung revolutionärer Matrosen eingetroffen, um Cherson zu helfen. Die Begrüßung der Matrosen glich einem Fest.

Auch Ljoschka eilte mit einer riesigen Menge von Stadtbewohnern zum Hafen. Die Menschen überschwemmten die Hafenanlagen. Kinder stiegen auf Zäune und Dächer.

Der breite flache Minenleger »Xenia« drehte langsam, fast feierlich bei und legte an, nachdem er hohe Schaumwellen gegen die Hafenböschung gejagt hatte. Die schneidigen Matrosen, MG-Patronengurte über Kreuz auf der Brust, gingen an Land. Sie ähnelten einander wie alle Seeleute. An ihren Koppeln klapperten bedrohlich Handgranaten. Die Matrosen nahmen am Pier Aufstellung und boten in ihrer straffen Haltung und guten Bewaffnung einen begeisternden Anblick.

Irgend jemand rief: »Unsere Schwarzmeermatrosen, sie leben hoch!« Und die Menge stürzte unter lauten Begrüßungsrufen auf die Matrosen zu. Hunderte Hände griffen nach ihnen, schoben sie hin und her, umarmten sie und klopften ihnen auf die Schultern. Der Kommandeur der Abteilung, ein kräftiger, stämmiger Bursche, wurde auf die Arme genommen und immer wieder hoch geworfen. Dabei hielt er mit seiner Rechten die Handgranaten und die Pistole fest und suchte mit der Linken einen von denen zu umfassen, die ihn so schaukelten. »Halt!« schrie er, schon ganz heiser, »aufhören, verdammt noch mal! Hört auf, sage ich.«

Endlich gelang es ihm, einen hochgewachsenen Metallarbeiter von der Wadon-Werft zu erwischen. Er klammerte sich an dessen mächtigen Hals, riß seine Mütze mit dem bunten Band vom Kopf und rief: »Wir grüßen das heldenhafte Cherson! Wir werden den Deutschen einheizen, hurra!«

Die Menschenmenge stimmte ein: »Hurra!« Mützen flogen in die Luft.

Der Matrose ließ den Metallarbeiter los. »Und jetzt könnt ihr mich weiterschwenken!«

Und wieder schwebten seine schweren wasserdichten Stiefel über den Köpfen der Menge auf und ab.

Nach der kurzen Kundgebung traten die Matrosen an und marschierten vom Hafen unmittelbar zu den Verteidigungsstellungen, zu den Schützengräben, die in der Grassteppe vor Cherson ausgehoben worden waren. Die Menschenmenge begleitete sie durch die Stadt.

Am selben Tag erschienen in Cherson Menschen mit Gewehren, in abgerissener Kleidung, ruß- und schmutzbedeckt. Einige mußten gestützt werden, andere wurden auf Tragen transportiert, die man aus Stangen und Soldatenmänteln gefertigt hatte. Auf den verstaubten Verbänden schimmerten schwarze Blutflecken. Es waren Revolutionäre aus Nikolajew, denen es gelungen war, sich durch den deutschen Umklammerungsring nach Cherson durchzuschlagen.

Am nächsten Morgen erdröhnte in der Umgebung von Cherson der erste Kanonenschuß – die Deutschen waren im Anmarsch.

Der ungleiche Kampf um die Stadt begann.

Auf Wache

Silin rief Ljoschka zu sich. »Paß auf, mein Junge! Ich habe keine Zeit, mich lange mit dir zu unterhalten. Also ohne Widerrede... Wir haben wenig Menschen, jeder Mann ist kostbar, der Stab muß aber ebenfalls bewacht werden, nicht wahr? Nun gib gut acht: Ich streiche dich als Melder, und du wirst zur Wachmannschaft versetzt. Ist das klar?«

Ljoschka war alles klar: Jetzt war überhaupt nicht mehr daran zu denken, daß er in die vorderste Kampflinie gelangte.

Er versuchte zu widersprechen: »Genosse Silin, das ist...«

Aber Silin schnitt ihm das Wort ab. Während er seine Hand fest auf einen Stapel Papiere auf dem Tisch legte, erklärte er ebenso beherrscht wie bestimmt: »Der Fall ist sonnenklar. Geh zum Führer der Wachmannschaft, zu Waschtschenko, und melde dich dort, das ist alles!« Er sah Ljoschka an, dem vor Kränkung das Blut ins Gesicht gestiegen war, und fügte weniger hart hinzu: »Beeile dich nicht, ins Jenseits zu kommen, Freund Ljoschka! Wirklich, du brauchst dich nicht zu beeilen. Was glaubst du, wieviel Arbeit noch vor uns liegt!«

Jede Diskussion schien nutzlos.

»Zu Befehl!« sagte Ljoschka, preßte die Lippen aufeinander und meldete sich bei der Wachmannschaft.

Sie war in einem weiten Raum im ersten Stockwerk untergebracht, wo Holzpritschen mit Strohsäcken neben prächtig vernickelten Betten standen, die man aus den Hotelzimmern hierhergebracht hatte. In der Mitte des Raumes waren die Gewehre pyramidenförmig zusammengestellt. Auf den Tischen lagen Kochgeschirre und Essenreste. Drei Soldaten schliefen angezogen auf den Betten.

Der lange, hagere und gutmütige Waschtschenko lachte, als er Ljoschka sah. »Aha, nun hat man den Spatz in den Drahtkäfig gesperrt, er aber möchte flattern und davonfliegen! Macht nichts, Melder, gewöhne dich an Disziplin, das ist nun mal unser Soldatenschicksal. Na, setz dich schon hin und hör zu, was für einen Dienst du jetzt zu schieben hast!«

Eine Stunde später stand Ljoschka bereits auf Wache vor dem Hotel. Aus der Ferne, vom Westen, hallte Geschützdonner herüber. Dort auf der Zufahrtsstraße nach Cherson gab es wenigstens etwas Richtiges zu tun. Dort kämpften die Schwarzmeermatrosen auf Leben und Tod, dort befanden sich Kostjukow und Pachrja, mit denen Ljoschka Freundschaft geschlossen hatte. Die Stadt aber war öde und menschenleer. Der Wind fegte Staub und Sand durch die vereinsamten, stillen Straßen. Selten zeigten sich Passanten. Sie hasteten schnell vorüber, drückten sich an die Häuser und sahen sich jedesmal ängstlich um, wenn der Boden nach dem Einschlag einer schweren Granate bebte.

Während der ganzen Zeit, in der Ljoschka auf Posten stand, waren – abgesehen von verstaubten, vor Müdigkeit fast umfallenden Meldern – nur wenige Menschen zum Stab gekommen. Ein bärtiger Bauer mit einer Pelzmütze auf dem Kopf, begleitet von einem jüngeren mit strohblondem Haar, Sommersprossen und hängender Unterlippe, fragte: »Wo sind denn hier die Bolschewiki, die über alles kommandieren?«

Es stellte sich heraus, daß sie auf Kähnen von Aljoschki gekommen waren und Verpflegung gebracht hatten. Auf der Rückfahrt wollten sie Verwundete mitnehmen.

Ljoschka schickte sie in die Schreibstube.

Eine verweinte alte Frau kam, um sich nach dem Schicksal ihrer Söhne zu erkundigen. Schluchzend, den faltigen Mund mit einem Tuch bedeckend, beschwerte sie sich bei Ljoschka, daß ihre »Bengels«, ohne etwas zu sagen, weggegangen wären, und jetzt wüßte sie nicht, ob sie jemals wiederkämen. »Wo befindet sich die Obrigkeit, die das weiß?« fragte sie.

Ljoschka erklärte, daß jetzt kein Vorgesetzter da wäre, weil sich alle vorn, in der Kampflinie, befänden. Sie solle jedoch nicht weinen, ihre Söhne würden schon zurückkommen, wenn es soweit wäre.

Die Frau fragte: »Und wer bist du, Söhnchen?«

»Ich bin ein Wachposten, bewache den Stab«, antwortete Ljoschka.

Die Frau seufzte. »Hätte man doch auch meine Söhne hierhergestellt. Das sind solche Draufgänger...«

»Gehen Sie jetzt nach Hause, Mütterchen. Hören Sie nicht? Man schießt«, sagte Ljoschka.

Und sie entfernte sich.

Dann tauchte an der Ecke vor der Uspenskigasse ein stämmiger Bursche in einem langen Gymnasiastenmantel und mit Schülermütze auf, die keß auf ein Ohr gezogen war. Er sah Ljoschka flüchtig an und ging sofort auf die andere Straßenseite. Ljoschka erkannte ihn: Es war Viktor Markow, der dasselbe Gymnasium wie er besucht und in der nächsthöheren Klasse gesessen hatte.

Was treibt sich denn der hier herum? dachte Ljoschka und sah ihm nach. Dieser Mehlsack erscheint mit mehr als verdächtig!

In der Schule hatte Markow als Muskelprotz gegolten. Er machte bei allen Schlägereien den Rädelsführer. Sein Vater besaß eine Mühle auf der anderen Seite des Dnepr und eine Zille. Nach der Revolution gingen die Geschäfte von Markow senior schlecht, und er verschwand aus der Stadt, während Viktor bei der Mutter in Cherson blieb. Ljoschka begegnete ihm manchmal auf Kundgebungen.

Viktor trug stets ein schwarzes Russenhemd und sprach für die Partei der Sozialrevolutionäre. Er besaß eine flinke Zunge und verstand es ausgezeichnet, schöne Worte über die Rettung der Revolution vor den Anarchisten und Bolschewiki zu machen.

Markow hatte bereits die Straße überquert, er drehte sich aber um, als hätte er sich plötzlich an etwas erinnert, und ging geradewegs auf Ljoschka zu. »Sei gegrüßt!« sagte er beim

Näherkommen und grinste über das ganze Gesicht. »Wir sind ja alte Bekannte.«

»Guten Tag«, brummte Ljoschka.

»Sieh mal an, was aus dir geworden ist!« meinte Markow mit einem Blick auf Ljoschkas Gewehr und die gelbe Revolvertasche. »Du bist ja ein wandelndes Waffenarsenal.«

Er lachte. Er hatte breite Backenknochen und ein vorstehendes Kinn. Auf der linken Schläfe schimmerte ein kleines Muttermal. Seine kleinen grauen Augen zu schmalen Schlitzen zusammenkneifend, betrachtet er Ljoschka und tat so, als müsse er sich erst auf dessen Namen besinnen. »Tja, da gehe ich vorüber und denke: Ist er es, oder ist er es nicht? Dann sage ich mir: Nein, ich habe mich nicht geirrt! Du stehst also hier Wache?«

»Ja.«

»Na ja, so was muß auch sein. Willst du rauchen?« Er zog ein ledernes Zigarettenetui aus der Tasche. – »Ich rauche nicht.«

»Schade. Mit einem Stäbchen auf Wache wäre es lustiger.«

Markow zündete sich eine Zigarette an, sah sich nach allen Seiten um und fragte bieder mit einem breiten Lächeln: »Wie bist du denn unter die roten Soldaten geraten?«

»Soll ich etwa bei den Deutschen mitmachen?« grollte Ljoschka. Dieser überhebliche Kerl, der sich jetzt als »guter Bekannter« an ihn heranmachte, reizte ihn bis aufs Blut. Was will er bloß von mir, dachte Ljoschka. Warum bändelt er an?

»So hab' ich's ja nicht gemeint!« Markow zuckte die Achseln und atmete den Rauch aus. »Aber das hier ist doch eine verlorene Sache.«

»Was?«

»Nun, das alles hier. Mit den Deutschen werden wir nicht fertig. Schon ihre Artillerie allein schießt alles in Klump. Hörst du, wie sie uns Zunder geben?«

Ljoschka riß die Geduld. Dort vergossen Menschen ihr Blut für die Revolution, und dieser Bursche schwatzte daher wie Gluschtschenko.

»Hör mal«, Ljoschka umspannte den Gewehrkolben mit hartem Griff, »hau lieber ab, hier ist es verboten, stehenzubleiben!«

Markow runzelte die Augenbrauen. »Plötzlich so streng? Na schön. Ich selbst habe auch keine Zeit, lange mit dir zu plaudern. Übrigens muß ich gelegentlich noch mal bei euch vorbeikommen...«

»Weshalb?«

»Ich möchte was fragen.«

»Was denn?«

Hinter Ljoschkas Rücken schlug eine Tür zu, und er hörte die Schritte von Waschtschenko.

»Ach, es ist nichts Besonderes, betrifft rein persönlichen Kram«, antwortete Markow. »Hat Zeit bis zum nächsten Mal, eilt nicht so. Jetzt muß ich aber weiter, auf Wiedersehen!«

»Leb wohl!«

Markow nickte Ljoschka kurz zu und entfernte sich.

»Wer war denn das?« fragte Waschtschenko.

»Ach, so einer... Wir gingen zusammen zur Schule. Ein Kaufmannssöhnchen. Schwatzte allerlei dummes Zeug...«

»Der ist mir schon mal aufgefallen«, meinte Waschtschenko, »drückt sich hier herum! Na, und was macht dein Dienst?«

»Was ist das schon für ein Dienst!«

Waschtschenko lächelte nachsichtig. »Laß den Kopf nicht hängen, Spatz, auch wir werden noch ordentlich zu tun bekommen!«

Über den Häusern schwebten langsam Fetzen von tiefhängenden Rauchwolken dahin. In der Ferne erschütterten Granateinschläge dumpf und beharrlich die Erde.

Nachdem Markow um die Ecke gebogen war, beschleunigte er seine Schritte. Am Ende der Straße blieb er stehen und blickte sich um. Niemand war zu sehen. Schon wollte er weitergehen, da hörte er hinter seinem Rükken ein vorsichtiges Hüsteln. Unter einem Vordach, das über den Bürgersteig ragte, stand in der Nische eines großen Hauses ein langer, hagerer Mann. Er trug einen Militärmantel und eine Ledermütze. Es machte fast den Eindruck, als wäre er ein Mieter dieses Hauses, der vor der Tür in frischer Luft eine

Zigarette rauchte. Markow trat auf ihn zu. »Sie hier, Herr...?«

»Nicht so laut!« unterbrach ihn der Mann. »Die Herren sind im vergangenen Jahr abgeschafft worden.« Er sprach bedächtig und betonte jede Silbe. »Haben Sie unsere Bekannte gesehen?«

»Nein, es gelang mir nicht.«

»Warum?«

»Durch einen ganz dummen Zufall. Am Eingang stand ein junger Bursche Posten, der mich vom Gymnasium her kennt. Ich habe es nicht riskiert.«

»So. Und was beabsichtigen Sie jetzt zu tun?«

»Ehrlich gesagt, das weiß ich selbst noch nicht. Man muß abwarten.«

Der Mann schob seinen linken Mantelärmel etwas zurück. Unter dem rauhen Tuch trug er eine teure Uhr mit einem Armband aus massivem Gold. »In spätestens drei Stunden sind Sie mit unserer Bekannten zusammengetroffen – verstanden? Bleiben Sie in der Nähe! Passen Sie einen Augenblick ab, in dem dort mehr Menschen sind und dieser Kerl abgelöst ist. Denken Sie daran: nur drei Stunden!«

Er drückte seine Zigarette an der Mauer aus, wollte den Stummel wegwerfen, überlegte es sich aber und steckte ihn in die Tasche. »Ich verlasse mich auf Sie... Sie heißen doch Viktor, und Viktoria ist die Siegesgöttin.« Er verzog die schmalen Lippen seines verkniffenen Mundes zu einem Grinsen.

»Ich werde mir alle Mühe geben«, erwiderte Viktor.

»Viel Erfolg! Sie wissen, wo ich zu finden bin?«

»Gewiß doch.«

»Gut, ich warte.«

Der Mann ließ seine Blicke über die Straße wandern, ohne den Kopf zu wenden. Dann schob er die rechte Hand in Brusthöhe unter das Mantelrevers und ging schleppenden Schrittes davon. Man konnte ihn für einen verwundeten Frontsoldaten halten.

Pantelej Dymow

Ljoschka war mit seinem Dasein unzufrieden. Drei Tage lang verrichtete er nun schon einen langweiligen und seiner Ansicht nach völlig überflüssigen Wachdienst. In dieser Zeit hatte er mehr und mehr das Gefühl verloren, am Kampf und an der ehrenvollen Verteidigung der Stadt teilzunehmen. Die Ereignisse vom 20. März, das erste Gefecht am Postamt, die Erstürmung des Waffengeschäfts – alle diese Dinge erschienen ihm jetzt in weite Ferne gerückt, nebelhaft wie im Traum, als hätten sie sich nicht vor seinen eigenen Augen abgespielt.

Dabei wurde die Lage in Cherson immer bedrohlicher. Nachdem die Deutschen den Aufstand in Nikolajew niedergeschlagen hatten, warfen sie zwei Divisionen mit mehr als 20 000 Soldaten gegen Cherson in den Kampf. Damit befanden sie sich gegenüber den Verteidigern der Stadt in einer fast dreifachen Überlegenheit.

Die Front rückte immer näher an Cherson heran, und von Tag zu Tag war der Geschützdonner deutlicher zu vernehmen.

Über der Stadt tauchte mehrmals ein deutsches Flugzeug auf und warf Flugblätter ab. Der Kommandeur der deutschen Truppen kündigte darin an, daß sie Cherson in einigen Tagen einnehmen würden, und befahl, den Widerstand einzustellen.

Es wurde erbittert gekämpft. Die Bahnstationen und kleinen Dörfer an den Zufahrtsstraßen nach Cherson – Snegirewka, Stanislaw, Bobrowy-Kut und Alexandrowka – waren mal von dem und mal von denen besetzt. Die Reihen der Verteidiger von Cherson schmolzen zusehends zusammen, und die Deutschen wurden immer dreister. Bei einem unerwarteten Überfall am Bahnhof Kopani eroberten sie einen großen Train mit Futtermitteln, Proviant und Munition. In der Stadt munkelte man von Verrat.

All das erfuhr Ljoschka aus kurzen Satzbrocken der ständig hastenden Ordonnanzen und aus Fetzen von zufällig mitangehörten Gesprächen der Leute im Stab. Er kam sich überflüssig vor wie ein Außenstehender, und seine Wut auf Silin, der ihn auf diesen »Druckposten« gestellt hatte, wuchs. Gleichzeitig faßte er den Entschluß, dem Stab den Rücken zu kehren und sich zur Hauptkampflinie zu Kostjukow »abzusetzen«. Ja, dort würde er schon beweisen, wer er war!

Doch über Nacht änderte sich alles, und Ljoschka geriet in einen Wirbel von Ereignissen, die er nicht einmal in seinen kühnsten Träumen für möglich gehalten hätte.

Es begann damit, daß ihn sein alter Freund Pantelej Dymow im Stab aufsuchte.

Nachdem Ljoschka eines Tages gerade vom leidigen Wachdienst abgelöst worden war, ging er in den Hof, um Essen zu holen.

Dort dampfte, abfahrtbereit zur Front, eine erbeutete deutsche Feldküche.

Ljoschka empfing einen Schlag Weizengrütze und einen Kanten Brot. Mißmutig wie er war, hockte er sich auf einen Prellstein in einer Hofecke und aß. Die Köche schraubten den Kessel zu, löschten das Feuer und spannten ein scheckiges Pferd vor ihre Gulaschkanone. Das Gefährt zockelte gemächlich vom Hof. Dabei schwankte das lange Ofenrohr mit der Blechkappe hin und her. Der Hof leerte sich. Ljoschka schlenderte zum Waschraum zurück.

Der erste Mensch, den er erblickte, als er das Zimmer betrat, war Pantelej. Er saß am Tisch und hielt einen Stutzen zwischen den Knien.

»Nanu, du? Grüß dich!« sagte Ljoschka erfreut.

Pantelej erhob sich, um ihn zu begrüßen. Ljoschka fand ihn sehr verändert. Als erstes bemerkte er, daß Pantelej verwundet war. Der linke Ärmel seiner schwarzen, aus einer Matrosenbluse genähten Jacke baumelte leer hin und her. Der Arm hing in einer gestreiften Schlinge. Pantelej sah elend aus, und unter einem Auge leuchtete ein blaugelber, blutunterlaufener Fleck.

»Wo kommst du denn her?« fragte Ljoschka.

»Frag nicht«, erwiderte sein Freund finster. »Ich war überall dabei – habe mit das Zeughaus gestürmt, mich dann in der vordersten Linie herumgetrieben, und nun bin ich hier...«

»Aber wieso denn?«

»Man hat mich weggejagt.«

»Sicherlich wegen der verwundeten Hand, nicht wahr?«

Pantelej gab keine Antwort. Nach einer Weile verfinsterte sich sein Gesicht noch mehr, und er erklärte: »Ich komme mit einer Bitte.«

»Na, schieß los!«

»Bring mich unter, Ljoschka, bei euch. Ich treibe mich sonst sinnlos herum.«

Ljoschka wunderte sich. »Na, so was? Aber erzähl doch endlich, was geschehen ist!«

Pantelej setzte sich auf einen Hocker und blickte mißtrauisch auf die beiden Soldaten, die in der Ecke schliefen.

»Was gibt's da zu erzählen...«, begann er lustlos. »Nachdem wir uns getrennt hatten, ging ich zum Vater und sagte: ›Nimm mich in deine Abteilung, und basta. Fremde Söhne tun dir doch auch nicht leid!‹ Aber du kennst ja meinen Vater; er wurde böse und schnauzte mich an: ›Ich werde dir schon zeigen, wer mir leid tut und wer nicht!‹ Und du weißt auch, was für eine Handschrift er schreibt, wo der hinschlägt, wächst kein Gras mehr. Nun, ich ließ mich nicht mit ihm ein, zog los und dachte: Eine schöne Revolution ist das, wenn man dem Menschen nicht seinen Willen läßt. Doch ich werde auch ohne euch auskommen. Dann suchte ich dich – ohne Erfolg. Was sollte ich tun? Habe mir einen Eisenknüppel organisiert. Werde auf eigene Faust Krieg führen, dachte ich. Habe mich die ganze Nacht in der Stadt herumgetrieben, nach Deutschen Ausschau gehalten. Da sehe ich plötzlich: Die Frontkämpfer fahren irgendwohin. Ich hinterher. Sie legten sich in einen Hinterhalt neben dem Zeughaus, ich ließ mich in der Nähe nieder. Im Morgengrauen, als der Tumult losbrach, fingen die Frontkämpfer an, das Zeughaus zu stürmen. Ein furchtbares Geschieße begann, richtig wie an der Front. Die Deutschen liefen davon. Ich hatte hinter einer Ecke Stellung bezogen, und kaum sprang ein Deutscher heraus, da schlug ich ihm mit dem Knüppel über den Helm. Er fiel auf alle viere. Der nächste sprang heraus, ich wieder – bums! Vier Deutsche habe ich fertiggemacht!«

»Na, na, übertreib nicht«, warnte Ljoschka.

»So wahr ich hier sitze«, stieß Pantelej hervor. Er ließ sich aber nicht auf nähere Einzelheiten ein und fuhr fort: »Nachdem das Zeughaus erobert war, ergatterte ich natürlich ein Gewehr und wich den Frontkämpfern nicht mehr von der Seite. Es waren prima Kumpels. Ihr Kommandeur heißt Pawlenko, und man jagte mich nicht fort. So blieb ich bei ihnen.«

»Und weshalb hast du dich hier nicht sehen lassen?« fragte Ljoschka.

»Weil ich meinem Vater nicht begegnen wollte. Und woher sollte ich auch wissen, daß du hier bist. Na siehst du. Danach sind wir nach vorn zur Front gegangen. Herrje, Ljoschka, wenn du wüßtest, was da los ist. Die Matrosen machen die Deutschen mit Handgranaten fertig wie Karauschen. Dort erfuhr ich übrigens, daß du bei Silin bist. Das sagte mir ein Kamerad. Es ist ein junger Kerl, hat aber Haare auf den Zähnen.«

»Pachrja?«

»Stimmt, Pachrja! Wir lagen dicht beieinander. Na ja, und gestern abend, als es ruhig geworden war, setzten wir uns zum Abendessen hin. Da – plötzlich wie ein Blitz aus heiterem Himmel – kommt er!«

»Wer?«

»Na, mein Vater! Meine Schwester Werka war zu ihm gelaufen, verstehst du, und hatte ihm etwas zu essen gebracht. Dabei heulte sie, die Ziege, und erzählte ihm, ich wäre verschwunden, vielleicht hätte man mich schon getötet. Vater regte sich natürlich sehr auf, und da berichtete auch noch jemand, er hätte mich an der Front bei Pawlenko gesehen. Na, und nun packte Vater mich an der Brust und gab mir Zunder, und das vor allen Leuten. Ich hätte den Mund halten sollen, aber ich konnte es mir nicht verkneifen, zu sagen: ›Du bist ja nicht bei Trost, Vater!‹ Und auf die Revolution kam ich auch zu sprechen. Ich habe ihm erklärt, daß er wohl nur wenig davon verstehe. Na, und da war es ganz aus, jetzt legte er erst richtig los. Schau mal, was er mir für ein Veilchen unters Auge gesetzt hat, man schämt sich direkt vor den Leuten.« »Hm – tja«, machte Ljoschka, während er den blauen Fleck fachmännisch begutachtete. »Hat ganz schön zugehauen!«

»Ach was«, raunzte Pantelej. »Das Veilchen wäre nicht so schlimm, aber er hat mich fortgejagt, und er hat Pawlenko und den anderen Kommandeuren gesagt, daß sie mich an der Front nicht mehr dulden sollten. Und dabei gibt es da so viel zu tun, Ljoschka! Dein Pachrja ist mit seinen Leuten nachts zu irgendeinem Sondereinsatz losgezogen, und ich hätte auch so gut mitmachen können, wenn der Vater nicht gewesen wäre.«

»Wo sind die denn hingegangen?« fragte Ljoschka eifersüchtig. Er pflegte Kostjukows Abteilung immer noch als seine eigene zu betrachten.

»Das weiß ich nicht genau«, antwortete Pantelej, »man sprach von irgendeiner Eisenbahnausweichstelle. Und jetzt, Ljoschka, wußte ich keinen anderen Ausweg mehr als hierher. Kannst du mich also unterbringen oder nicht?«

»Ich werde es versuchen. Aber wie steht es mit deinem Arm? Wird er dich nicht behindern?«

Pantelej schielte schnell zur Ecke und sagte mit gedämpfter Stimme: »Der Arm – pah –, das ist 'n Dreck! Es hat mich am ersten Tag leicht erwischt. Ich trag ihn nur der Schönheit wegen noch in der Binde. Man würde mich doch in unserer Straße auslachen, wenn man alles erführe. Aber so sieht jeder: ein Verwundeter! – Der Arm ist längst heil.«

Er zog den Arm aus der Binde und schwenkte ihn in der Luft hin und her.

Das änderte die Sachlage gründlich. Ljoschka fühlte sich gleich zuversichtlicher: Eine richtige Verwundung im Kampf würde Pantelej in eine Reihe mit den alten Fronthasen gestellt haben. Aber jetzt befanden sie sich beide in derselben Lage.

»Du bist ganz schön ausgebufft.« Ljoschka

lachte. »Mach mal den Lappen ab! Wenn Silin den sieht, wird er dich nicht nehmen.«

Pantelej zog hastig die Armbinde über den Kopf, stopfte sie in seine Tasche, erhob sich und warf das Gewehr über die Schulter.

»Gehen wir!«

Schlechte Nachrichten

In der kleinen Schreibstube, in der die Schreiber in der Nähe des Fensters saßen, überholte eine Ordonnanz die beiden Jungen. Der Soldat stürzte in das Stabszimmer und schloß die Tür hinter sich. Ljoschka versuchte noch, hinter ihm durchzuschlüpfen, aber von drinnen ertönte der Ruf: »Draußen warten!« »Setz dich«, sagte Ljoschka und wies auf einen Stuhl. »Wenn sie fertig sind, gehen wir hinein.«

Kurz darauf öffnete sich die Tür, und aus dem Zimmer kam eine Frau in schwarzem Kleid heraus. Sie war jung, hager, mit glattem, in der Mitte gescheitelten blonden Haar. Nach einem kurzen Blick auf die Jungen setzte sie sich an einen neben der Tür stehenden Schreibtisch, auf dem eine große Schreibmaschine stand. Die Frau hatte ein bleiches Gesicht. Sie hielt die Augenlider gesenkt und kniff die Lippen streng und verächtlich zusammen. Es war die Stenotypistin des Soldatenrats, die beim Stab arbeitete, seit dieser in das ehemalige Hotel übergesiedelt war.

Beim Anblick der Frau sperrte Pantelej den Mund auf. Er zupfte Ljoschka am Ärmel. »Wer ist das?«

Ljoschka winkte ab. »Warte!«

Die Tür zum Stabszimmer war offengeblieben. Deutlich hörte man einige Stimmen. »Wo geschah es denn?«

»Direkt an der Eisenbahnweiche«, meldete die Ordonnanz atemlos. »Sie wollten gerade in Verteidigungsstellung gehen, aber die Deutschen lauerten bereits im Hinterhalt in den Gemüsegärten. Und dann ging's los...«

Noch war es Ljoschka unverständlich, wovon man sprach. Aber die Erwähnung der Eisenbahnausweichstelle, zu der sich – nach Pantelejs Schilderung – die Abteilung von Kostjukow begeben hatte, erfüllte ihn mit innerer Unruhe. Sie verband sich mit dem unbestimmten Gefühl, daß etwas Schreckliches passiert sein mußte.

»Berichte der Reihe nach, wie es war!« sagte man hinter der Tür. Ljoschka erkannte an der tiefen, energischen, etwas heiseren Stimme Popow, einen Bolschewik vom Fünferrat.

»Also – folgendes ist geschehen: Die Kameraden marschierten – wie befohlen – zur Ausweichstelle. Nach den vorhergegangenen Erkundungen, bei denen die ganze Umgebung überprüft worden war, gab es weit und breit keine Deutschen.«

»Die Deutschen haben auch gar kein Interesse an der Ausweichstelle«, flocht eine tiefe Baßstimme ein.

»Die Unseren kamen also an..., niemand zu sehen, ringsherum alles still. Kaum beginnen sie aber Stellungen auszuheben, da knattern von allen Seiten Maschinengewehre los und mähen sie nieder. Aus dem Hinterhalt.«

»Lebt Kostjukow noch?«

»Wie sollte er! Nur zwei sind übriggeblieben, sie wurden in das Tropin-Krankenhaus eingeliefert. Einer von ihnen liegt im Sterben. Die Kameraden meinen – es war Verrat.«

Ljoschka stockte der Atem. Er schaute sich geistesabwesend um, als wollte er sich davon überzeugen, daß er sich verhört hätte. Das konnte doch alles nicht wahr sein! Auch Pantelej war blaß geworden und blickte ihn mit seinen runden, dunklen Augen an. »Hast du es gehört?«

»Ja. Und ich wollte doch mit ihnen marschieren, Ljoschka!«

Ljoschka strich sich, ohne zu antworten, über die Wange. Kostjukow sollte tot sein? Das war doch nicht möglich! Ljoschka stellte sich die stämmige, kräftige Gestalt vor und sah das breite, runzlige Gesicht mit dem rötlichen Saporoger Schnurrbart vor sich. Einen solchen Menschen konnte man wohl kaum zu Boden werfen, geschweige denn töten. Und

Pachrja? Sollte auch er...? Dieser laute, quicklebendige, niemals verzagende Pachrja mit den schelmischen blauen Augen, die so durchsichtig waren wie Wassertropfen!

Wie von weit her hörte Ljoschka die entschlossene Stimme von Popow sagen: »Man muß feststellen, ob es Verrat war oder nicht. Aber das ist im Augenblick nicht das wichtigste. Wenn die Deutschen jetzt an der Ausweichstelle sind, hat sich die gesamte Lage verändert. Seht her!«

Ljoschka sah durch den Türspalt, wie sich einige Menschen in dem von Tabakrauch verqualmten Zimmer über die Karte beugten.

»Hier ist die Ausweichstelle«, erklärte Popow. »Von dieser Seite her wird unsere rechte Flanke unmittelbar bedroht, deshalb wollten wir sie auch befestigen. Begreift ihr jetzt, was uns bevorsteht? Wenn die Deutschen hier losgehen, könnt ihr sie zum Abend in Cherson erwarten.«

Die am Fenster sitzenden Schreiber blickten sich beunruhigt an. Die Stenotypistin beugte sich über den Tisch und suchte scheinbar einige Zeilen zu entziffern, die jemand allzu hastig geschrieben hatte. Hinter der Tür war es für einige Sekunden ruhig geworden. Dann sagte irgendwer unsicher: »Menschen müßten dorthin...«

»Wo willst du sie denn hernehmen, die Menschen?« widersprach man ihm.

»Wir werden sie sogar sehr schnell einsetzen müssen.«

»Und woher nehmen?«

Dann konnte man die Worte nicht mehr voneinander unterscheiden, denn alle redeten gleichzeitig. Als wieder etwas Ruhe eingetreten war, vernahm man die verhaltene Stimme von Silin: »Warum schreit ihr so. Popow hat recht. Die Flanke darf nicht offenbleiben – das steht erst mal fest. Woher wir die Leute nehmen sollen? Nun, eben von hier.«

Silin schlug vor, die Abteilung der Schwarzmeermatrosen zur Eisenbahnausweichstelle zu werfen. Das würde natürlich die Hauptstellung in der Mitte stark schwächen, aber die Deutschen hatten allem Anschein nach die Hoffnung aufgegeben, dort durchzubrechen; hatten sie doch bereits seit zwei Tagen den Druck auf die Flügelstellungen verstärkt, und im Abschnitt der Schwarzmeermatrosen herrschte zur Zeit Ruhe.

»Sie haben sich blutige Köpfe geholt und werden die Hauptstellungen nicht mehr heimsuchen.« Silin sprach so ruhig, als handelte es sich um ganz alltägliche Dinge. »Wir lassen dort eine kleine Maschinengewehrabteilung zur Deckung zurück. Das wird vorläufig ausreichen. Die Matrosen müssen die Deutschen von unserer Flanke vertreiben, dann können sie wieder ihre alte Stellung beziehen.«

Der Vorschlag wurde lange und heftig diskutiert und schließlich angenommen.

Aus dem Zimmer des Soldatenrats kamen Silin, Popow, ein weiterer Vertreter des Stabes, der große behäbige, finster aussehende Kirenko und der Melder, der die Nachricht über die Vernichtung der Kostjukowleute gebracht hatte. Der bewegliche, schwarzhaarige Popow, der ein abgetragenes Ziviljackett trug, ging zur Stenotypistin. »Schreiben Sie, bitte!«

Die junge Frau spannte zwei Blatt Schreibpapier mit einem Kohlebogen in die Maschine und legte erwartungsvoll die Finger auf die Tasten.

Popow begann zu diktieren: »An den Kommandeur der revolutionären Matrosenabteilung aus Sewastopol, Genossen Mokroussow...«

Silin bemerkte Ljoschka und ging auf ihn zu. »Was machst du denn hier?« Und ohne die Antwort abzuwarten, setzte er fort: »Ich habe einen Auftrag für dich, Alexej. Du gehst mit mir zum Tropin-Krankenhaus, und unterwegs werde ich dir alles erzählen. Hast du gehört? Kostjukow ist mit seiner Abteilung in einen Hinterhalt geraten!«

Ljoschka nickte. Silin schwieg und starrte auf den Boden. Schatten legten sich auf seine Wangen. »Ja, so war es... Geh zu Waschtschenko und sage ihm, daß ich dich mitnehme. Und wer ist das?« Silin schien Pantelej jetzt erst bemerkt zu haben.

»Das ist Pantelej Dymow. Er bittet, ihn ins Wachkommando aufzunehmen«, antwortete

Ljoschka. »Sein Vater hat in der Tabakfabrik die Kampfabteilung gegründet.«

»Timofej Dymow?«

»Na ja, der.«

Silin sah sich Pantelej aufmerksam an. »Gut, er kann mitkommen. Vielleicht können wir ihn gebrauchen.«

Pantelej wischte sich den Schweiß von der Stirn. Selbstverständlich wird man ihn gebrauchen können. Wen sollte man denn sonst gebrauchen, wenn nicht ihn!

Vornehme Bekanntschaft

Und so gingen sie zu dritt die vereinsamte Hannibalstraße entlang: Der große, breitschultrige Frontkämpfer und die beiden Burschen – der lang aufgeschossene, strohblonde Ljoschka im Gymnasiastenmantel mit dem Revolver am Koppel und der gedrungene, kräftige Pantelej, der sein Gewehr mit dem Lauf nach unten über der Schulter trug, was als besonders schick galt.

Der Frühling hatte sich endgültig durchgesetzt. Die Stadt war überstrahlt vom Schein der Abendsonne. Der leichte Wind trug einen würzigen Duft von Harz und schwellenden Knospen herbei. Gleichzeitig fegte er von den Höfen den Geruch von feuchter Erde und fauligen Blättern hinweg. Muntere Spatzen wirbelten den Straßenstaub auf. Und nur die Menschenleere und das unregelmäßige Dröhnen einer nahen Kanonade erinnerten an das ernste, bedrohliche Kriegsgeschick des belagerten Cherson. Silin verhielt sich seltsam. Nachdem er einige Straßenzüge schweigend zurückgelegt hatte, sah er sich plötzlich nach allen Seiten um und bog in einen Hof ein. Dort war es ganz einsam. In einer Hofecke standen unter kahlen Bäumen ein runder Tisch, dessen Füße in die Erde eingegraben waren, und rings um den Tisch niedrige Bänke. Silin wies die Jungen an: »Setzt euch!« Er selbst nahm ihnen gegenüber Platz. »Und nun, Jungens, spitzt die Ohren, was ich euch zu sagen habe!« Seine Augen blickten ernst und streng, und Ljoschka lief ein Schauer über den Rücken, weil er ahnte, daß das Gespräch wirklich ernst und wichtig sein würde.

»Es handelt sich um folgendes«, begann Silin. »Paßt mir aber ja auf, Burschen, und haltet die Klappe!« Dabei hielt er ihnen die geballte Faust unter die Nase.

»Klar!«

»Wir sind doch keine Babys«, fügte Pantelej hinzu. Er gab sich alle Mühe, Silin zu gefallen.

»Schon gut, ich möchte es nur auf alle Fälle gesagt haben. Also, paßt auf. Unsere Lage ist sehr schwer, wir haben zu wenig Leute. Die Deutschen sind dreimal so stark. Unsere Munition reicht auch nicht aus. Schlimm, aber wir müssen uns halten, bis Hilfe kommt. Nun ist uns jedoch etwas Merkwürdiges aufgefallen: Kaum gibt's bei uns irgendwo eine schwache Stelle, so haken die Deutschen sofort dort ein. Zum Beispiel bei Kostjukow und seiner Abteilung. Sie marschierten zu einem scheinbar sicheren Platz, wo weit und breit keine Deutschen vorhanden waren, gerieten aber in einen Hinterhalt. Glaubt ihr, daß das ein Zufall war? Nein, weit gefehlt! Irgend jemand weist den Deutschen den Weg. Wer ist es aber? Das ist eben die große Frage.« Er schwieg eine Weile und runzelte seine buschigen Augenbrauen. Dann sprach er weiter, als ob er laut dächte: »Bei uns im Stab ist ein mächtiges Durcheinander. Da treibt sich herum, wer will: Sozialrevolutionäre, Monarchisten und was weiß ich noch. Einen habe ich gesehen, den kenne ich ganz genau. Es ist ein ehemaliger Offizier, ein Monarchist, und ein Schweinehund dazu! Dieser Tage haben wir einen Pfaffen erwischt, der stand mit den Deutschen in Verbindung. Ich selbst habe keine Zeit, mich richtig darum zu kümmern, und da schleicht sich das Gesindel eben ein. So sieht's aus, Jungens.«

Silin schlug mit beiden Fäusten auf die rauhen Tischbretter. »Man muß den Spion fangen, der uns den Deutschen ausliefert. Und dabei brauche ich eure Hilfe.«

Er beugte sich mit dem Oberkörper vor und blickte die beiden Burschen fest und durchdringend an. »Hört zu: Solange ihr beim Stab bleibt, müßt ihr aufpassen, wer kommt, mit wem er sich unterhält, und in welcher Angelegenheit. Wenn euch etwas Verdächtiges auffällt, kommt sofort zu mir. Da erscheint zum Beispiel ein Mensch, der ganz unauffällig aussieht. Er scharwenzelt herum, tut schön und schwatzt allerlei einfältiges Zeug. In Wirklichkeit aber horcht er, spitzt die Ohren und merkt sich alles ganz genau. Das wäre eine Möglichkeit. Weiter: Vielleicht steht er auch schon in Verbindung mit jemandem vom Stab. Auf so einen muß man besonders aufpassen. Ein Feind im Stab – das wäre das allerschlimmste. Versteht ihr jetzt, was von euch verlangt wird?«

»Völlig, Genosse Silin!« antwortete Pantelej.

»Doch weiter: Ihr müßt mit Köpfchen vorgehen, damit keiner ahnt, was ihr macht. Ihr werdet mit mir, meinetwegen, auch mit Popow, in Verbindung bleiben. Er ist von allem unterrichtet. Aber zu keinem anderen auch nur ein Wort! Wenn euch etwas nicht klar ist, sagt's gleich, ich erklär's euch.«

»Alles sonnenklar!« beteuerte Pantelej noch einmal.

Ljoschka schwieg. Er war enttäuscht. Das hieß also, weiter im Stab sitzen, während die anderen kämpften! Er biß die Zähne zusammen und dachte: Ich laufe weg!

Silin bemerkte das Muskelspiel auf Ljoschkas Wangen. »Warum ziehst du einen Flunsch, Alexej? Die Sache behagt dir wohl nicht? Dabei stelle ich euch eine verantwortungsvolle Aufgabe. Überlege doch mal selbst: Solange die Spitzel unter uns sind, stehen wir vor den Deutschen wie nackt da, man kann uns von allen Seiten sehen. Mit Hilfe dieser Spürhunde haben sie auch Kostjukow, deinen Freund Pachrja und die anderen getötet. Und was meinst du, wie viele noch umgebracht werden können? Wir schicken sie mit einem Auftrag los, und die Deutschen wissen schon alles vorher. Dann ist Feierabend, und unsere Menschen gehen zugrunde. So sieht's aus!«

Er reckte sich über den Tisch und faßte Ljoschka fest an der Schulter. »Denk doch mal nach, was für eine wichtige Sache das ist. Die Deutschen schicken ihre Späher zu uns, und wir geben ihnen Kontra, bringen ihre Pläne zum Scheitern. Weshalb habe ich wohl dich und ihn ausgesucht? Ihr seid junge Burschen, auf euch wird niemand so achten. Doch darauf kommt's gerade an. Du bist ein gescheiter Junge und nicht auf den Kopf gefallen. Hier kannst du uns mehr nützen als an der Front. Du wirst unserer guten Sache helfen. Hast du verstanden, Alexej?« Er schüttelte Ljoschka an der Schulter.

»Ja«, sagte Ljoschka, »jetzt ist mir alles klar.«

»Die Sache ist nicht ungefährlich«, fuhr Silin fort. »Spione sind ein verwegenes Volk, zu allem bereit. Vielleicht müßt ihr kämpfen. Um sie zu erwischen, muß man Mut haben und hier drin auch etwas besitzen.« Dabei klopfte er mit dem Finger an den Kopf. »Kapiert?«

Er sah es dem Jungen an den Augen an, daß er alles begriffen hatte, ließ dessen Schulter los und richtete sich wieder auf. »Ich werde jetzt die beiden im Tropin-Krankenhaus besuchen. Dann gehe ich zur Hauptkampflinie. Ihr macht jetzt kehrt zum Stab, und noch einmal, Bengels, haltet die Zunge im Zaum, damit keiner merkt, was, wie und warum!« Er erhob sich.

Pantelej, der sich schon lange bemüht hatte, etwas zu sagen, hielt ihn zurück. »Genosse Silin, ich habe einen bestimmten Verdacht wegen der Spione, habe heute im Stab etwas beobachtet ...«

»Das geht ja schnell.« Silin lächelte. »Kaum bist du hier aufgetaucht, da hast du schon einen Spion entdeckt. Na, wen hast du denn gesehen?«

Pantelej wurde rot. »Lachen Sie nicht! Ich meine es ernst. Da sitzt bei Ihnen eine Frau, so eine semmelblonde ...«

»Die Stenotypistin?« »Ganz recht. Also die kenne ich: Es ist die Grevenetz, eine Baronesse.« – »Weeer?«

»Na, ich sage doch, von Grevenetz, die Gouverneurstochter!«

»Was? Bist du verrückt geworden?«

»Ehrenwort, Genosse Silin! Ich kenne sie.«

Silin sah Ljoschka an, als wollte er fragen: Hat dein Freund vielleicht den Verstand verloren? Aber Ljoschka blickte nur völlig verblüfft auf Pantelej.

Die Stadt Cherson ist nicht sehr groß, und ihr sechzehnjähriger Bürger Ljoschka glaubte, alle Bewohner der Stadt wenigstens vom Ansehen her zu kennen. Daher hatte er auch zunächst nicht darüber nachgedacht, wo er die blonde Frau im dunklen Kleid schon einmal gesehen hatte, obwohl sie ihm gleich bekannt erschienen war, als er ihr im Stab begegnete. Es hatte ihn nicht interessiert, aus welcher Ecke von Cherson sie stammte. Doch nun gaben Pantelejs Worte seinem Gedächtnis einen plötzlichen Stoß.

Eines Tages – es war schon lange her, und Ljoschka ging noch in die vierte Klasse – hatte der Gouverneur von Cherson, Baron von Grevenetz, einen gemeinsamen Ball der Jungen- und Mädchengymnasien besucht, der anläßlich des »Namenstages des geliebten Monarchen« veranstaltet worden war. Mit dem Gouverneur erschienen fünf Offiziere und eine junge Dame, ein hageres Mädchen mit einer blassen, ungesunden Hautfarbe und vollen Lippen. Sie trug eine üppige Frisur, und am Hals und an den Händen glitzerte wertvoller Schmuck.

Die Offiziere tanzten, herablassend lächelnd, mit den vor Glück und Verlegenheit benommenen Schülerinnen. Mit der jungen Dame tanzte der strenge, furchteinflößende Stadtschulinspektor Lewuschkin. Über den Schultern der Tänzerin wehte ein weißer Schal aus feinstem Tüll. Sie hielt beim Tanzen den Kopf unbeweglich und leicht nach hinten geneigt, als wollte sie sich die Mitesser auf dem wohlgenährten Gesicht des Inspektors genau betrachten. Nach dem Walzer ging sie auf die Offiziere zu, die in einer Gruppe zusammenstanden, und erzählte ihnen etwas. Dabei lächelte sie hochmütig. Die Herren lachten wie auf Kommando lauthals und küßten ihr abwechselnd die Hand.

Kurz danach fuhren alle wieder davon.

Die schlanke Dame war die Tochter des Gouverneurs, Elisa von Grevenetz, gewesen.

Und nun, da sich Ljoschka an die Stenotypistin im Stab erinnerte, schien es ihm auch, als seien sie und die Gouverneurstochter ein und dieselbe Person, obwohl sie jetzt ein bescheidenes Kleid trug und ihre Haare glatt gekämmt hatte wie eine Nonne.

Ljoschka war völlig irritiert. Die elegante, gepflegte, mit kostbarem Schmuck behängte, ironisch lächelnde, einer ganz anderen Welt entstammende Elisa von Grevenetz sollte Stenotypistin im Stab der revolutionären Frontkämpfer sein?

Silin sah, welchen Eindruck Pantelejs Worte auf Ljoschka gemacht hatte. Er wurde ernst und setzte sich wieder auf die Bank. »Nun schieß mal los! Wieso kennst du sie?«

Die Geschichte der vornehmen Bekanntschaft Pantelejs war sehr einfach.

Gegenüber dem zweiten Knabengymnasium in Cherson befand sich der sogenannte Sportclub. Einstmals hatte an dieser Stelle ein Velodrom mit einer ovalen Holzbahn für Radrennen gestanden; da es aber in Cherson zu wenig Anhänger des Radsportes gab, beschloß der Besitzer der Rennbahn, sie umzubauen und an ihrer Stelle Tennisplätze zu errichten.

Pantelej, der den Platzwächter kannte, ging selbstverständlich nicht dorthin, um dem damals noch so teuren englischen Sport zu huldigen, sondern weil er als Balljunge einige Groschen verdienen konnte, was für ihn nicht unwichtig war. In diesem Sportclub sah er einige Male die junge von Grevenetz. In einem kurzen, weißen Rock, der ihre dünnen, unbestrumpften Beine frei ließ, spielte sie Tennis mit den Offizieren der örtlichen Garnison und mit einem ausländischen Vizekonsul, Herrn Baudouin, der in Cherson akkreditiert war. Er war ein langaufgeschossener, magerer Mann mit einem glatten, faltenlosen Gesicht, grauen Schläfen und so dünnen Lippen, daß es aussah, als hätte er überhaupt keine. Nach einigen Tennispartien plauderte er längere Zeit mit dem Fräulein von

Grevenetz in einer fremden Sprache. Dabei hatte er ihr englische Zigaretten angeboten.

Damit hatten die Jungen alles, was sie wußten, Silin erzählt. »Das ist ja eine schöne Geschichte!« sagte er und strich sich kräftig über das Stoppelkinn.

Jetzt begann auch er sich an einiges zu erinnern. »Uns ist sie von dem Geschäftsführer des Hotels zugeschoben worden. Er hat uns was von einer Witwe erzählt, die schon vorher bei ihm gearbeitet hätte. Von Grevenetz? Der Name ist deutsch. Sieh mal einer an! Ein mutiges Weib! Aber sie ist doch sicherlich in der Stadt bekannt.«

»Wer soll die denn schon kennen«, widersprach Pantelej, »sie lebte gar nicht hier, sondern kam nur manchmal im Sommer nach Cherson. Und wenn sie da war, hat sie meistens zu Hause gesessen und hin und wieder den Sportklub besucht. Außerdem hat sie früher anders ausgesehen. Jetzt trägt sie einen schwarzen Fummel und hält die Augenlider ständig gesenkt. Selbst ich habe sie ja nicht sofort erkannt.«

»Tja...« Silin dachte ein paar Sekunden nach. Dabei betrachtete er Pantelejs erregtes Gesicht mit dem blauen Fleck unter dem Auge. »Paßt auf, Jungens«, erklärte er dann, »hier darf man nicht übereilt urteilen und muß alles genau nachprüfen. Ist sie wirklich eine Spionin, dann muß sie mit den Deutschen in Verbindung stehen. Ihr laßt euch vorläufig nichts anmerken, beobachtet sie aber gut. Sie wohnt doch wohl im Hotel?«

»Ja«, bestätigte Ljoschka.

»Hast du nicht bemerkt, ob sie zuweilen woanders hingeht?«

»Nein, weshalb sollte ich darauf geachtet haben.«

»Jetzt mußt du aber aufpassen. Du, Alexej, bist ihr bestimmt schon aufgefallen, Pantelej aber ist ein Neuer, also darf er sich ihr vorläufig nicht zeigen. Wenn jemand zu ihr kommt, macht keinen Lärm, sondern folgt diesem Menschen heimlich, still und beobachtet, wo er hingeht und mit wem er sich trifft. Klar?«

Er erhob sich und drückte den beiden fest die Hand, wie es unter Männern üblich ist. »So, Jungens, auf euch ruht unsere ganze Hoffnung. Ihr könnt uns sehr nützlich sein.«

»Und was geschieht, Genosse Silin, wenn sie türmt?« fragte Pantelej.

»Vorläufig läuft sie nicht davon, glaube ich. Sie wird hier hockenbleiben wie bisher. Gegen Abend komme ich zurück, dann werden wir beratschlagen, was weiter zu tun ist.«

Er betrachtete die auf den Hof führenden verbarrikadierten Fenster des Hauses und rückte seinen Schulterriemen zurecht. »Ich gehe jetzt als erster hinaus, und ihr wartet noch fünf Minuten. Viel Glück!« Er ging zum Tor, zwinkerte aber den Burschen noch einmal aufmunternd zu, bevor er auf die Straße trat.

Die beiden Freunde schauten sich an. Pantelej seufzte: »Ja, das ist eine tolle Sache!«

»Paß auf, Pantelej, ich schlage dich tot, wenn du deine Zunge nicht im Zaum hältst!« kündigte Ljoschka an. »Ich habe dich zu Silin gebracht, und ich bin für dich verantwortlich.«

»Paß lieber auf dich selbst auf«, knurrte Pantelej wütend.

»Setz du dich bloß nicht in die Nesseln!«

Markow

Beeindruckt von dem Gespräch mit Silin, war Ljoschka bereit, auf der Stelle zu handeln. Aber weder er noch Pantelej ahnten, daß ihre neue Tätigkeit schon so bald beginnen würde. Nachdem sie den Hof verlassen hatten und sich auf dem Weg zum Stab befanden, bemerkte Ljoschka einen breitschultrigen Burschen in einem Gymnasiastenmantel vor ihnen. Es war Markow. Ljoschka zuckte zusammen. Eine plötzliche Vermutung ging ihm durch den Kopf. Sollte dieses Kaufmannssöhnchen etwa eine bestimmte Absicht verfolgen, wenn er sich in der Nähe des Stabes herumtrieb? Ljoschka erinnerte sich an seine Begegnung mit ihm vor drei Tagen, an das seltsame Gespräch über die Deutschen und an die Mitteilung von Waschtschenko, daß Markow dort nicht das erste Mal gesehen worden war. Markow hatte den Stab aufsuchen wollen. Doch dann hatte er es sich aus irgendeinem Grunde anders überlegt. Sollte er wirklich? Ljoschka beschleunigte unwillkürlich seinen Schritt.

Markow ging jedoch am Hotel vorbei, bog in eine Seitengasse ein, und Ljoschka beruhigte sich wieder.

Nach der Ankunft im Stab führte er seinen Freund in die Wachstube, wo sich zu dieser Zeit niemand befand. Er selbst aber lief nach oben zur Schreibstube. Er wollte sich vergewissern, ob die Stenotypistin noch dort war.

Vor der Tür bemühte er sich, eine besorgte Miene aufzusetzen. Die Grevenetz saß auf ihrem Platz neben dem Eingang zum Zimmer des Soldatenrats. Ljoschka genügte ein Blick, um sich zu überzeugen: Ja, sie war es tatsächlich. Ein Irrtum war ausgeschlossen. Wie hatte er aber auch dieses blasse Gesicht mit den violetten, wie durch Schlaflosigkeit verursachten Schatten unter den Augen und mit den verächtlich heruntergezogenen Mundwinkeln nicht gleich erkennen können! Fräulein von Grevenetz schrieb auf der altersschwachen, klappernden Schreibmaschine die Einsatzbefehle des Fünferrats ab.

Ljoschka ging an ihr vorüber und murmelte vor sich hin: »Silin scheint nicht dazusein.« Dann drehte er sich um und ging wieder auf den Gang hinaus.

Auf dem Treppenflur stieß er fast mit – Markow zusammen.

Im ersten Augenblick war Ljoschka verdutzt. Er wußte nicht, was er machen sollte, und wollte schon an Markow vorbeigehen, als der ihn anhielt.

»Grüß dich!« sagte Markow und grinste über das ganze Gesicht. »Du kennst mich wohl nicht mehr?«

»Doch ... Guten Tag!« stammelte Ljoschka verlegen und hüstelte, weil plötzlich etwas in seiner Kehle zu stecken schien.

»Gut, daß ich dich getroffen habe«, plauderte Markow munter drauflos. »Ich wollte dich gerade aufsuchen!« Er streckte Ljoschka die Hand zur Begrüßung entgegen.

Der drückte sie fast mechanisch. Markow schien tatsächlich erfreut, ihn zu sehen.

»Wie gesagt, ich wollte dich sprechen. Hast du zu tun?«

»Nein. Worum geht's denn?«

Markow faßte Ljoschka an einem Mantelknopf und führte ihn beiseite.

»Es geht um folgendes«, begann er in vertraulichem Ton. »Ich möchte dir alles erzählen. Du bist hier zu Hause und wirst mir vielleicht raten können, was zu tun ist. Man hat Papas Vermögen beschlagnahmt, verstehst du. Nun, das ist eine allgemeine Erscheinung, und ich habe nichts dagegen einzuwenden. Ich bin ja schließlich selbst revolutionär eingestellt, wie du wohl wissen wirst. Doch Mutter und ich sind zur Zeit in großer Not. Man hat mir gesagt, daß der Fünferrat jetzt eine Geldentschädigung für die beschlagnahmten Sachen auszahlt. Hast du nichts davon gehört?«

»Nein.«

Markow seufzte betrübt. »Schade, daß man mich angeschwindelt hat! Was soll ich nun machen? Wir befinden uns in einer so katastrophalen Lage wie noch nie zuvor, du kannst es mir glauben. Na schön. Soll die Entschädigung ausfallen, aber unser Motorboot möchte ich wenigstens zurückhaben. Nach dem Gesetz durfte man es uns überhaupt nicht wegnehmen.«

Markow fing an mit vielen Argumenten zu beweisen, daß ein einfaches Privatmotorboot kein Produktionsmittel wäre und daher nicht der Beschlagnahme unterläge.

Ljoschka besah sich Markows graue, verschlagene Augen aus nächster Nähe, und es ging ihm durch den Kopf: Er macht mir hier nur was vor! Was soll ich bloß tun?

»Vielleicht kannst du mir raten, an wen ich mich wenden soll«, meinte Markow.

»Paß mal auf«, Ljoschka gab sich alle Mühe, ruhig zu erscheinen. »Du mußt dich direkt an ein Mitglied des Fünferrats wenden, denn über solche Dinge kann kein anderer entscheiden. Im Augenblick ist aber niemand da; warte, wenn du willst.«

»Wird es lange dauern?«

»Das kann ich dir natürlich nicht sagen. Du gehst am besten in die Schreibstube und wartest dort.«

Markow sah ihn kurz an, wandte dann den Blick zur Seite und erklärte in einem Tonfall, als wäre er mit sich ins reine gekommen: »Na schön, vielleicht lohnt es sich zu warten.«

Ljoschka führte ihn selbst zur Schreibstube und öffnete die Tür. Die Stenotypistin hob den Kopf und senkte ihn wieder.

»Nimm hier Platz, sicherlich wird bald jemand kommen«, sagte Ljoschka.

»Ich bin dir sehr verbunden«, erwiderte Markow herzlich. »Ich werde warten.«

»Nichts zu danken, aber ich muß jetzt gehen, ich habe zu tun.«

»Gut, jetzt werde ich schon selbst weitersehen.«

Ljoschka verließ die Schreibstube. Er raste förmlich die Treppe hinunter und brauste wie ein Sturmwind in den Wachraum.

»Pantelej, schnell!«

»Was? Was ist los?«

»Es ist einer zu ihr gekommen! Kennst du Viktor Markow, der ein Motorboot hatte?«

»Nein.«

»Wirst ihn gleich sehen ... Ein Gymnasiast, hat mit mir die Schule besucht. Los, mach schneller, sag' ich dir!«

»Ja, was denn schneller?«

»Lauf zur Ecke und versteck dich dort! Wenn du siehst, daß er hier 'rauskommt, geh hinterher. Ich komme dann nach. Mich kennt er nämlich.«

Pantelej wurde von Eifer gepackt. Er sprang auf und riß sein Gewehr an sich.

»Rasch!« spornte ihn Ljoschka an. »Doch halt – laß die Knarre hier, das fällt auf.«

»Was soll ich denn ohne Gewehr machen?«

»Das brauchst du doch gar nicht!«

»Ohne Waffe gehe ich nicht!« erklärte Pantelej eigensinnig.

Auf dem Tisch lag ein deutsches Seitengewehr, das zum Brotschneiden benutzt wurde. Ljoschka drängte es Pantelej auf. »Da nimm und versteck es unter der Jacke, aber beeil dich endlich, zum Teufel!«

Ljoschka hielt von Markow gewiß nicht viel, schon wegen seiner bourgeoisen Herkunft, aber er wollte nicht so recht daran glauben, daß Markow für die Deutschen arbeitete. Deshalb hatte er ihn auch selbst zu Fräulein von Grevenetz gebracht, um Klarheit zu gewinnen. Und was war geschehen? Die Stenotypistin hatte den eintretenden Markow nur einen Augenblick lang angesehen, doch Ljoschka hatte sofort bemerkt, wie das völlig ruhige und teilnahmslose Gesicht der Frau plötzlich einen gespannten Ausdruck annahm. Damit wurde Ljoschkas Verdacht zur Gewißheit. Er war jetzt überzeugt, daß die Grevenetz eine Spionin war.

Nach Ljoschkas Auffassung konnte zu einem solchen Verrat nur ein Mensch fähig sein, der die Revolution tödlich haßte; aber Markow sympathisierte doch mit den Sozialrevolutionären und rief auf den Kundgebungen revolutionäre Losungen!

Das waren wieder alles Dinge, mit denen Ljoschka nicht gleich fertig wurde! Er selbst hielt sich für einen Bolschewiken. Erstens war sein Vater, für Ljoschka der bedeutendste Mensch auf der Welt, ein Bolschewik. Zweitens entdeckte er gerade unter den Bolschewiki Menschen, die ihm das größte Vertrauen einflößten – Menschen wie zum Beispiel Silin –, und das, was sie über die Revolution sagten, erschien ihm am überzeugendsten von allem, was er auf zahlreichen Kundgebungen und Versammlungen gehört hatte. Die Revolution war etwas für ihn, für seinen Vater und für Pantelej. Zu Gluschtschenko paßte sie nicht, was ebenfalls zu ihren Gunsten sprach. Diese Revolution hatte einen schwindelerregenden Schwung. Die ganze Welt mußte durch sie entflammen, denn Ljoschka glaubte mit der Leidenschaft seines jungen Herzens an eine bolschewistische Weltrevolution.

Dabei gab es in Cherson viele Parteien, deren Mitglieder bereit waren, sich gegenseitig die Gurgel abzuschneiden, um zu beweisen, daß eben nur sie die einzig richtigen Revolutionäre wären.

Viele Jungen von Cherson hatten sich den

Sozialrevolutionären angeschlossen. Jeder brüstete sich damit, Revolutionär und Sozialist zu sein. Ljoschka selbst fand sich in den Parteiprogrammen nicht zurecht. Er lehnte die Sozialrevolutionäre vor allem deshalb ab, weil es die Bolschewiki taten. Aber in der Tiefe seines Herzens mochte Ljoschka auch den Sozialrevolutionären nicht einen revolutionären Geist absprechen, traten sie doch auf Kundgebungen stets sehr stürmisch auf.

Und nun stellte sich heraus, daß Markow – ein Anhänger der Sozialrevolutionäre – für die Deutschen arbeitete! Man müßte intensiv darüber nachdenken und sich mit klugen Menschen beraten. Im Augenblick aber stand für Ljoschka nur das eine fest: Ganz gleich, wer und was Markow auch gewesen sein mochte – jetzt war er ein Feind, der die Menschen verriet, die ihr Blut für die Revolution vergossen! Und das durfte niemals zugelassen werden.

Eine Viertelstunde nach ihrer Begegnung verließ Markow den Stab wieder. Ljoschka saß auf einem Stein vor dem Tor und schnitzte mit einem Taschenmesser an einem Stock. Er trug kein Gewehr, sein Revolver hing unter dem Mantel.

»Hier bist du?« fragte Markow. »Weißt du, ich werde nicht länger warten. Wie man mir sagte, kommen die hohen Herren nicht so bald. Am besten ist es, wenn ich noch mal wiederkomme. Dir bin ich natürlich dennoch zu Dank verpflichtet. Jetzt weiß ich wenigstens, an wen ich mich wenden kann.«

Er bedankte sich überschwenglich bei Ljoschka und erging sich in Betrachtungen darüber, daß alte Schulfreunde immer und besonders in diesen schweren Zeiten – einander helfen müßten. Ljoschka aber entdeckte in seinen Augen die Funken beißender Ironie.

»Ich komme also noch mal vorbei – vielleicht schon morgen.«

Ljoschka zuckte gleichgültig die Achseln.

»Bis dahin nochmals vielen Dank! Bist ein anständiger Kerl!«

»Macht nichts, macht nichts!« antwortete Ljoschka.

Als Markow die nächste Straßenecke erreicht hatte, drehte er sich noch einmal um und winkte Ljoschka mit der Hand zu. Der freut sich, dachte Ljoschka, und glaubte, daß er mich eingewickelt hat! Er beugte sich über seinen Stock und schnitzte eifrig am Griff.

Markow bog um die Ecke. Einige Sekunden später lief Pantelej im Zickzack über die Straße, wartete einen Augenblick an der Ecke und verschwand ebenfalls. Jetzt sprang auch Ljoschka auf, steckte das Messer in die Tasche, warf den Stock beiseite und rannte den beiden nach.

Der Mann im Soldatenmantel

Markow traf sich mit dem Mann im Soldatenmantel wieder unter dem Vordach des großen Hauses. Er übergab ihm etwas, das von weitem wie ein sorgfältig zusammengelegter schwarzer Lappen aussah.

Nachdem die beiden einige Worte gewechselt hatten, trennten sie sich. Markow ging geradeaus weiter, während sich der Unbekannte entgegengesetzt entfernte.

Vor dem geschlossenen Tor eines Hofes saßen auf einem Stapel alter, schwarz gewordener Balken zwei Jungen. Der eine war Gymnasiast, und der andere sah in seiner dunklen Jacke und der großen Schirmmütze wie ein Handwerksgeselle aus. Der Gymnasiast hielt eine Münze in der Hand, die er in der Luft hin und her schwenkte. Der Junge mit der Schirmmütze betrachtete neugierig den Unbekannten, als er sich den beiden näherte. Der Mann im Soldatenmantel hüstelte und verbarg sein Gesicht hinter der Hand.

»Paß auf!« rief der Gymnasiast. »Zahl oder Kopf?«

Die Jungen beugten sich über die zu Boden gefallene Münze. Sie schienen jetzt bei ihrem Spiel alles vergessen zu haben, was um sie herum geschah. Der Unbekannte ging langsam an ihnen vorüber.

Als er sich weit genug entfernt hatte, fauchte Ljoschka seinen Freund wütend an: »Warum hast du ihn so angestarrt? Willst uns wohl alles verpatzen?«

»Ljoschka, ich habe diesen Kerl schon irgendwo gesehen, seine Visage kommt mir so bekannt vor.«

»Wo hast du ihn gesehen?«

Pantelej fuhr mit allen fünf Fingern unter die Mütze und rieb sich einige Sekunden lang so stark den Kopf, als wollte er die Erinnerung herausschütteln. »Der Teufel soll mich holen, ich hab's vergessen.«

»Lauf Markow nach«, befahl Ljoschka, »und paß auf, wo er hingeht. Ich gehe dem hier hinterher. Dann treffen wir uns wieder im Stab.«

Sie trennten sich.

Der Mann im Soldatenmantel spazierte lange durch die Stadt. Er schlenderte gemächlich und mit wiegendem Gang dahin, wie ein Mensch, der nichts zu tun hat. Von Zeit zu Zeit blieb er vor einer Litfaßsäule stehen, von der die Fetzen alter Plakate herunterhingen, und sah sich schnell und scheu um. Wenn ihm Passanten entgegenkamen, ging er auf die andere Straßenseite. In einer Gasse, in die der Unbekannte einbog, befand sich ein Durchgangshof. Wenn man ihn passierte, konnte man eine Ecke abschneiden. Das tat Ljoschka. Er kletterte über einen Zaun, lief an mehreren Schuppen vorbei und erreichte das gegenüberliegende Tor. Ljoschka nahm dahinter Aufstellung und spähte durch einen engen Spalt über einer verrosteten Türangel.

Eine halbe Minute später erblickte er den Mann im Soldatenmantel. Der Unbekannte ging auf der anderen Straßenseite. Als er auf gleicher Höhe mit dem Tor angelangt war, hinter dem sich Ljoschka versteckt hatte, machte er plötzlich einen schnellen Schritt zur Seite und drückte sich an die Mauer hinter einem Hausvorsprung.

Was ist los? dachte Ljoschka überrascht. Das merkwürdige Verhalten des Unbekannten war ihm unverständlich.

Jetzt konnte er das glattrasierte längliche Gesicht gut sehen, an dem das Bemerkenswerteste der gerade und fast lippenlos erscheinende Mund war.

Als der Unbekannte ein bis zwei Minuten gewartet hatte, verließ er seine Deckung wieder und schaute sich vorsichtig um. Offensichtlich befürchtete er, verfolgt zu werden, und wollte wahrscheinlich seinen Verfolger überlisten. Wäre Ljoschka geradewegs hinter ihm hergegangen, so ständen sie sich jetzt sicherlich Auge in Auge gegenüber. Der Kerl war gar nicht dumm! Ljoschka zog die entsprechende Lehre daraus. Der Unbekannte wiederholte sein Manöver noch mehrmals. Manchmal ging er in einen Hauseingang und hielt sich dort lange auf. Ljoschka wartete geduldig im Schutz eines anderen Eingangs. Er wußte, daß es in der Nähe keine weiteren Durchgangshöfe gab, und er brauchte deshalb ein Entkommen des Unbekannten nicht zu befürchten. Im übrigen fühlte er sich wie ein Jäger, der seine Beute verfolgt. Alles ähnelte einem spannenden Spiel, und doch spürte Ljoschka, daß es um hochwichtige Dinge ging: Nicht umsonst stellte sich der Unbekannte so listig an!

Nachdem der Mann im Soldatenmantel auf diese Weise einige Straßenzüge hinter sich gebracht hatte, erreichte er den Potjomkinboulevard und blieb am Denkmal stehen. Dabei blickte er sich erneut nach allen Seiten um. Ljoschka verbarg sich hinter einem hölzernen Kiosk an der Straßenkreuzung.

Als er vorsichtig auslugte, befand sich sein Mann bereits am Ende der Straße. Er schien sich jetzt endgültig davon überzeugt zu haben, daß ihm keine Gefahr drohte, denn er ging ruhig zur Lutherstraße und verschwand hinter dem Eisentor einer schmucken weißen Villa, die einem ausländischen Vizekonsulat gehörte.

Sollte Ljoschka nun zum Stab zurückkehren? Er entschloß sich nach einigem Nachdenken, es nicht zu tun. Markow hatte dem Mann etwas übergeben, wahrscheinlich Spionageberichte. Wofür wurden sie gebraucht – für die Deutschen? Es war mit Sicherheit anzunehmen, daß der Unbekannte die Berichte entweder selbst weitergeben oder jemanden damit beauftragen würde. Richtiger war es also, zu bleiben und abzuwarten, was weiter geschah.

Andererseits gefiel es Ljoschka durchaus nicht, sich hier so allein herumzutreiben. Der Tag war bereits im Scheiden begriffen. Eine blaue, leicht dunstige Dämmerung hüllte die Stadt ein. Der Wind hatte sich gelegt, und es herrschte völlige Stille. Nicht einmal der übliche Kanonendonner war zu hören: Zur Nacht stellten die Deutschen die Kampfhandlungen ein.

Ljoschka schlich vorsichtig um die Villa. Was war nun zu tun? Wo sollte er Posten beziehen?

Das Haus besaß zwei Eingänge: Der Haupteingang lag in der Lutherstraße, und der Nebeneingang war durch einen einsamen, abgelegenen Weg zu erreichen. Ljoschka beschloß, auch die Hintertür zu beobachten.

Während Ljoschka noch hin und her überlegte und die Villa umkreiste, kam ihm ein Gedanke, der ihn in der Absicht bestärkte, dazubleiben: Sollten nämlich – so überlegte er sich – die von Markow übermittelten Nachrichten zu den Deutschen gelangen, dann wäre er, Ljoschka, schuld daran. War er es doch, der Markow geholfen hatte, mit der Grevenetz zusammenzukommen, als er sich von dem Verrat Markows überzeugen wollte. Und die Nachrichten mußten gewiß sehr wichtig sein, weil der unbekannte Mann so stark daran interessiert war!

Hinter der Villa stand zwischen den Bäumen ein halbverfaultes Wachhäuschen. Ljoschka machte es sich darin bequem und beobachtete die Villa durch den runden Fensterausschnitt. Er mußte lange warten, bis sich etwas zeigte. Eine halbe Stunde, vielleicht auch eine Stunde mochte vergangen sein. Es dämmerte immer mehr. Als es ganz dunkel geworden war, bemerkte Ljoschka, daß hinter den dichten Fenstervorhängen im Haus Licht brannte.

Ljoschka war müde geworden, aber er entschloß sich, noch einmal nach dem Vordereingang zu sehen. Er holte auf jeden Fall seine Waffe aus der Pistolentasche hervor, steckte sie in die Manteltasche und schlich, hinter den kahlen Akaziensträuchern Dekkung suchend, zur Lutherstraße. Die Vordertür der Villa war zugesperrt.

Als Ljoschka wieder zu seiner alten Beobachtungsstelle zurückkehren wollte, löste sich von der gegenüberliegenden Straßenseite eine dunkle Gestalt mit einem Gewehr und ging geradewegs auf ihn zu. Ljoschka sprang zur Seite. Sollte er weglaufen, oder sollte er sich verteidigen?

Plötzlich hörte er Pantelejs Stimme: »Bist du's, Ljoschka?«

Ljoschka mußte sich zusammennehmen, um nicht vor Freude laut loszuschreien: »Ja, ich bin's!«

»Wo hast du dich denn versteckt? Ich halte mich hier schon fast eine Stunde auf.«

»Still, komm mit!« flüsterte Ljoschka. Er brachte seinen Freund zum Wachhäuschen und fragte ihn aufgeregt aus. »Wie bist du denn hierhergekommen?«

Pantelej hatte Markow bis zur Wittestraße verfolgt. Den ganzen Weg dachte er darüber nach, wo er dieses verdächtige Individuum im Soldatenmantel schon einmal gesehen hätte. Dann fiel es ihm plötzlich ein: Er erinnerte sich an den Sportklub, an die Tennisplätze, an Fräulein von Grevenetz mit den nackten Beinen und an ihren Partner – den schmalgesichtigen, in seinen Bewegungen sehr beherrschten Ausländer, mit dem sogar ein so mächtiger Mann, wie es der Besitzer des Sportklubs in Pantelejs Vorstellungen war, schöntat.

Der Mann, mit dem sich Markow getroffen hatte, war also Vizekonsul Baudouin!

So unerwartet und unwahrscheinlich ihm dieser Gedanke auch erschien, Pantelej zweifelte keine Sekunde daran. Im übrigen hatte sich Pantelej seit der Begegnung mit der Tochter des Gouverneurs im Stab der Frontkämpfer vorgenommen, sich über gar nichts mehr zu wundern.

In der Wittestraße hatte Markow das Haus Nr. 5 betreten.

»Er wohnt dort, das weiß ich«, sagte Ljoschka.

Pantelej war zum Stab zurückgekehrt. Dort fand er Ljoschka nicht, Silin war von der Front auch noch nicht zurückgekommen, nur die Grevenetz saß nach wie vor auf ihrem Platz. Pantelej hatte sie durchs Schlüsselloch beobachtet. Im übrigen hatte er keine Lust gehabt, untätig im Stab herumzusitzen. So hatte er sich aufgemacht, um seinen Freund in der Nähe des Vizekonsulats zu suchen.

»Ich habe schon gedacht, der Kerl hat dich zusammengeschlagen.« Ljoschka erklärte seinem Freund, was ihn veranlaßt hatte, hierzubleiben. »Nun geh zum anderen Eingang«, sagte er, »und gib gut acht! Wenn was ist, komm schnell zu mir! Wir werden dann überlegen, was zu tun ist.«

Pantelej sträubte sich mit Händen und Füßen. »Das ist doch Quatsch«, erwiderte er. »Wir verschwenden hier nur nutzlos Zeit. Lieber passen wir auf die Grevenetz auf...«

»Du gehst, sage ich dir!« Ljoschka wurde böse. »Begreifst du denn nicht, was los ist? Markow hat dem Mann irgendwelche Berichte übergeben. Wenn wir jetzt etwas verpatzen, wird uns Silin schön auf den Kopf kommen!«

Pantelej brummte etwas, zögerte noch ein bißchen und ging dann hastig davon. Doch fast augenblicklich kam er zurückgestürzt und raunte heiser: »Da vorn geht einer, Ljoschka!«

Die beiden Burschen erstarrten und horchten.

Es war still und dunkel wie in einem Keller. Und nun hörte auch Ljoschka vorsichtige Schritte auf dem lockeren feuchten Boden. Das Tapsen entfernte sich und verstummte. Dann war es wieder zu hören.

Unmittelbar vor dem Wachhäuschen blieb der Mann unter einem Baum stehen. Man konnte in der Dunkelheit nur erkennen, daß er nicht sehr groß, aber stämmig war. Der Mann sah sich langsam um, löste sich von dem Baum und ging auf das Haus zu. Die Jungen vernahmen ein leises Pochen an die Tür. Kurz danach wurde die Tür geöffnet, dann war wieder alles still.

»Hast du gesehen?« hauchte Pantelej.

»Hör zu«, flüsterte Ljoschka, »lauf sofort zum Stab. Vielleicht ist Silin jetzt da. Wenn nicht, erzähl alles Popow oder wem du willst. Sie sollen hierherkommen, und zwar möglichst rasch. Ich werde warten. Nun mach schon, Pantja, aber schnell, mein Bester!«

Pantelej widersprach nicht mehr.

Allein zurückgeblieben, holte Ljoschka den Revolver aus der Tasche und entsicherte ihn. Dann schlich er zum Wachhäuschen und versteckte sich hinter den Akazienzweigen. Jetzt war er so nah am Haus, daß er die Tür gut beobachten konnte. Sein Herz klopfte bis zum Hals. Die Sekunden und Minuten zogen sich endlos dahin, daß er sie nicht mehr zählen mochte. Er sehnte nur noch eins herbei: Wenn Pantelej es doch schaffen könnte, irgendwen hierherzubringen, bevor der Mann wieder an der Tür erschien!

Es kam jedoch anders.

Ein Riegel klappte laut, die Tür ging auf, und die bereits bekannte gedrungene Gestalt trat heraus. Die Tür schloß sich sofort wieder. Der Mann durchquerte hastig den Garten. Als er an Ljoschka vorüberkam, sprang der hinter den Sträuchern hervor und schrie mit einer hohen Stimme, die sich überschlug: »Halt! Hände hoch!«

Für den Mann kam das so unerwartet, daß er sich erst kurz duckte und dann wie ein schwarzer Schatten zu den dicht stehenden Bäumen huschte.

»Halt!« brüllte Ljoschka. »Halt, oder ich schieße!«

Im selben Augenblick blitzte es auf, eine Kugel pfiff an seinem Kopf vorbei und fegte einen Zweig vom Strauch.

Ljoschka schoß in die Dunkelheit hinein – dorthin, wo der Spion verschwunden war. Ein-, zwei-, dreimal. Aber seine Schüsse wurden nicht beantwortet. Ljoschka wartete eine Weile. Es konnte doch sein, daß er getroffen hatte. Dann bewegte er sich vorsichtig vorwärts.

Hinter den Bäumen bemerkte er ein Loch im Zaun. Hier war der Feind entschlüpft! Ljoschka sprang auf die Straße. Ganz an ihrem Ende glaubte er eine Bewegung zu sehen. Er schoß auf gut Glück, rief noch einmal »halt« und hörte im selben Augenblick hinter sich im Garten das Geräusch eiliger Schritte.

»Ljoschka!« rief die helle Stimme Pantelejs. »Ljoschka, wo bist du?«

»Hier!« schrie Ljoschka. »Hierher zu mir!«

In der Zaunlücke tauchte Pantelej auf, hinter ihm Silin und weitere acht Kameraden. Ljoschka erkannte unter ihnen Popow im Zivilmantel.

»Wo ist er?« keuchte Silin.

»Weiß ich nicht..., ist hier durchgeschlüpft!« Ljoschka weinte beinahe. »Ich glaube, dorthin ist er gelaufen...«

Sie rannten schnell die Straße entlang. An der Kreuzung befahl Silin: »Waschtschenko, Sujew, Makarytschew und du«, er stieß Ljoschka mit dem Finger an, »nach rechts, die anderen mir nach!«

Sie rasten die Straße bis zum Ende hinunter, entdeckten aber niemanden mehr. Auf dem Rückweg durchstöberten sie alle Anwesen bis in den letzten Winkel.

Ljoschka biß sich die Lippen blutig. Was bin ich für ein Dummkopf! Was bin ich bloß für ein Idiot! Habe einen Spion laufen lassen! Warum habe ich nicht gleich geschossen, als ich hinter den Sträuchern stand? Hatte wohl den Verstand verloren...

Vor dem Vizekonsulat wurden sie bereits erwartet.

»Nichts entdeckt?« fragte Silin.

»Er ist nicht mehr da, er ist getürmt, der Hund!« antwortete Waschtschenko.

Silin fluchte kräftig. Ljoschka wäre jetzt lieber tot gewesen. Er fühlte sich an allem schuld.

Popow nahm Silin beiseite, beide berieten mit gedämpfter Stimme. Dann riefen sie Ljoschka und wollten ganz genau wissen, wie er den Unbekannten im Soldatenmantel beobachtet und wie der ausgesehen hatte. Ljoschka beschrieb das Äußere des Mannes, so gut er konnte.

»Stimmt haargenau«, rief Popow, »es ist Baudouin, wie er leibt und lebt! Und was machen wir jetzt, Petro?«

»Was wir tun müssen!« sagte Silin mit seiner tiefen Stimme. »Und zwar werden wir das tun, was du vorgeschlagen hast.« Silin ließ an beiden Eingängen des Vizekonsulats einen Posten zurück und befahl den anderen, ihm zu folgen.

Sie stiegen die Stufen zum Vordereingang hinauf und klopften an die Tür. Lange antwortete niemand. Die Villa war wie ausgestorben.

»Vielleicht sollten wir die Tür aufbrechen«, meinte Silin unsicher.

»Warte!« Popow pochte mit dem Revolvergriff einmal gegen die Tür. »Aufmachen!«

Endlich hörte man im Hause Schritte, und jemand fragte: »Wer ist dort?«

»Die revolutionäre Macht von Cherson!« antwortete Popow.

»Öffnen Sie!«

»Was wollen Sie?«

»Eine Untersuchung...«

»Kommen Sie am Tage. Jetzt schlafen alle.«

»Machen Sie sofort die Tür auf, oder ich sehe mich gezwungen, Gewalt anzuwenden!«

Hinter der Tür raschelte es. Endlich klirrte der Türriegel.

Popow und Silin traten in die Vorhalle. Vor einer weißen Marmortreppe stand ein schmächtiges altes Männchen mit einem Bronzeleuchter in der Hand. Fünf brennende Kerzen beleuchteten hell seine gebrechliche Gestalt. Er trug eine Art Dienerweste.

»Wer sind Sie?« fragte Popow.

»Ich bin der Hausmeister des Vizekonsulats.« Die Stimme des Alten zitterte vor Angst. »Sie wissen doch wohl, daß dieses Haus nicht russisches Eigentum ist? Hier ist ausländisches Territorium.«

»Wir müssen Herrn Baudouin sprechen«, antwortete Popow kurz. »Das ist unmöglich, meine Herren. Der Herr Vizekonsul schläft.«

»Dann wecken Sie ihn!«

»Aber wo denken Sie hin?« Der Alte winkte mit der Hand ab. »Herr Baudouin ist der diplomatische Vertreter einer europäischen Macht. Sie haben kein Recht..., das heißt, Sie dürfen hier nicht eindringen. Das gibt einen diplomatischen Skandal!«

Nun konnte sich Waschtschenko nicht mehr beherrschen und brüllte: »Was jammerst du hier herum? Weck ihn, sag' ich dir!«

Unter dem Donner dieser Stimme zuckte der Alte zusammen und verwandelte sich in ein Häufchen Elend. Der Leuchter in seiner Hand begann zu zittern, und der Widerschein der Kerzen tanzte an den Wänden. »Aber meine Herren, Sie wissen nicht, was Sie tun!«

»Schrei nicht, Waschtschenko«, sagte Popow. »Und Sie gehen jetzt zu Ihrem Herrn und melden ihm, daß ihn die Vertreter des Fünferrats zu sprechen wünschen. Über den Skandal machen Sie sich keine Gedanken: Die Verantwortung dafür tragen wir.«

»Wie Sie wünschen..., ganz wie Sie wünschen...«, murmelte der Alte. Er machte eine hilflose Geste mit der Hand und schlurfte hastig die Treppe hinauf.

Oben angelangt, stellte er den Leuchter auf die breite Balustrade des Treppengeländers und verschwand hinter einer hohen Eichentür mit glänzenden Türgriffen.

Ljoschka hatte solch ein Haus noch niemals gesehen. Hier trugen die Wände und sogar der Fußboden ein buntes Schachbrettmuster aus Marmor. Rechts und links von der Tür erhoben sich verhüllte Statuen. Ein großer ausgestopfter Bär hielt in den vorgestreckten Pfoten ein breites Gefäß aus grünem Gestein. An der Decke schwebten nackte Engelchen mit Libellenflügeln.

Und inmitten dieser ganzen Pracht standen schweigend Menschen in Soldatenmänteln, die nach Schweiß, Machorka und Rauch rochen – Menschen mit strengen Mienen, Männer, die die Macht in der Stadt besaßen.

»Es war falsch, ihn allein gehen zu lassen«, erklärte Silin unzufrieden. »Man hätte gleich mitgehen sollen, und basta!«

»Das darf man nicht, Petro«, klärte ihn Popow auf. »Er ist immerhin diplomatischer Vertreter.«

»Ich spucke auf einen solchen Vertreter!« meinte Waschtschenko. »Das ist ein Verbrecher und sonst nichts!«

»Na, na!«

Die Eichentür öffnete sich. Ein hochgewachsener Mann mit einem langen, bis zum Boden reichenden Morgenrock aus Seide trat heraus. Die Troddeln des geflochtenen Gurtes baumelten auf seinen Knien. Der Mann hatte ein glattes, unbewegliches Gesicht mit dem Ljoschka nur zu gut bekannten, fast lippenlosen Mund. Hinter ihm zeigte sich der alte Hausmeister.

»Herr Baudouin hört Sie an«, krächzte er.

Popow drehte sich zu Ljoschka um: »Ist es der Mann?«

Ljoschka nickte eifrig. »Ja, er ist es...«

Baudouin sah Ljoschka ebenfalls an und kniff leicht die Augen zusammen, als erinnere auch er sich, ihn bereits irgendwo gesehen zu haben.

Popow trat an den Ausländer heran, den Revolver in der gesenkten Hand. »Ich bin Mitglied des Fünferrats«, sagte er. »Wir müssen Ihr Haus durchsuchen.«

Der Hausmeister beeilte sich, Popows Worte zu übersetzen.

Baudouin antwortete etwas in abgehacktem Ton, und der Alte sagte: »Herr Baudouin protestiert gegen Ihre Handlungsweise. Er fragt den Herrn – ich habe nicht das Vergnügen, Ihren Namen zu kennen –, ob er wisse, was Exterritorialität ist?«

Das unbekannte Fremdwort versetzte alle außer Popow in Verlegenheit.

»Herr Baudouin hat wohl über Nacht verlernt, russisch zu sprechen?« fragte er ironisch. »Aber das spielt gar keine Rolle. Selbstverständlich kennen wir den Begriff. Die Exterritorialität gewährt einem diplomatischen Vertreter Unantastbarkeit, aber nicht den Bösewichtern, die er deckt. Wir haben soeben einen deutschen Spion verhaftet, als er Ihr Haus verlassen hat.«

Pantelej zupfte Ljoschka aufgeregt am Ärmel. »Was sagt er?«

Ljoschka preßte die Zähne zusammen und stieß ihn mit dem Ellbogen weg. Das entging nicht Baudouins Aufmerksamkeit. Der schmale, gerade Spalt seines Mundes zog sich ganz leicht auseinander.

»Wir haben Grund anzunehmen, daß sich hier noch jemand verbirgt«, fuhr Popow fort.

»Der Ausnahmezustand in Cherson erfordert, daß wir das Haus durchsuchen.«

Der alte Mann übersetzte wieder. Nachdem er die Antwort seines Herrn gehört hatte, erklärte er: »Herr Baudouin warnt Sie. Er sagt, daß er sich bei seiner Regierung beschweren werde, wenn man die Unantastbarkeit seiner diplomatischen Niederlassung verletze.«

Popow schüttelte ungeduldig den Kopf. »Das ist sein Recht!« Er wandte sich an seine Leute. »Waschtschenko, du bleibst am besten hier. Petro und Sujew, kommt mit!«

Baudouin flüsterte seinem Hausmeister schnell etwas zu, worauf der durch die Tür schlüpfte. Er selbst blieb stehen und versperrte den Eingang. Popow trat dicht an ihn heran und sagte: »Erlauben Sie, daß wir hineingehen!«

Aber der andere wich keinen Schritt zurück.

»Gestatten Sie, daß wir hineingehen, frage ich!« Popows Stimme nahm einen drohenden Klang an.

Baudouin wich einen Schritt zur Tür zurück. Dabei behielt er nach wie vor die Arme hinter dem Rücken verschränkt und begann plötzlich russisch zu sprechen. Langsam und jede Silbe einzeln betonend, erklärte er: »Im Namen der Großmacht, die zu vertreten ich die Ehre habe, protestiere ich entschieden gegen einen Einbruch in das Haus!«

»Aha!« entgegnete Popow lächelnd. »Sie haben plötzlich die russische Sprache wiedergefunden. Sie beherrschen anscheinend auch die deutsche Sprache sehr gut, wenn Sie die deutschen Spione so leicht verstehen... Schluß mit dem Geschwätz: Treten Sie beiseite, Verehrtester!«

»Ich wiederhole noch einmal...«, begann Baudouin. Aber er kam nicht zu Ende. Von der Straße her ertönten Schreie und Fußgetrappel. Schüsse fielen.

Popow drehte sich schroff um: »Was geht draußen vor?«

Silin gab ihm ein Zeichen zu bleiben und eilte hinaus, Ljoschka und Pantelej hasteten ihm nach.

Dicht vor dem Haus lag ein Mann. Ein anderer beugte sich über ihn.

»Was ist los?« rief Silin.

»Genosse Silin«, antwortete der Soldat, der vor dem Haus als Posten zurückgeblieben war, »dieser Mann ist plötzlich aus dem Fenster gesprungen. Ich schrie ihn an: Halt! Er aber schoß. Da war auch ich gezwungen abzudrücken.«

»Hast du ihn getötet?«

»Ich glaube, es sieht fast so aus...«

Silin trat näher und zündete ein Streichholz an.

Auf dem Kopfsteinpflaster lag ein Mann in einer kurzen, zerschlissenen Windjacke. Ein Arm war zur Seite gestreckt. Die Hand hielt noch die Pistole umklammert. Das flackernde Licht des Streichholzes spiegelte sich in seinen weitgeöffneten Augen. Ein flaches Käppi war vom Kopf gefallen, den kahlen Schädel entblößend. Silin knöpfte die Windjacke auf, unter der sich eine deutsche Uniformjacke zeigte.

Nachdem er den Toten sorgfältig durchsucht hatte, zog Silin mit Hilfe seiner Leute dessen Stiefel aus und tastete die Beine ab. In einer Wollsocke entdeckte er einen Umschlag mit Papieren. Dann kehrten sie ins Haus zurück.

»Ein bewaffneter Mann ist aus dem Fenster gesprungen«, klärte Silin Popow auf.

Der wandte sich wieder an Baudouin. »Nun, und was haben Sie dazu zu sagen?«

Baudouin gab keine Antwort. Er verstand es ausgezeichnet, sich zu beherrschen. Kein Muskel zuckte in seinem glattrasierten Gesicht.

»Na also«, meinte Popow und betrat, nachdem er Baudouin entschlossen mit der Schulter beiseite geschoben hatte, gemeinsam mit Silin und Sujew die Villa.

Alle schwiegen. Baudouin stand, an den Türrahmen gelehnt, unbeweglich da, sein spitzes Kinn emporgestreckt.

Als Popow mit seinen beiden Begleitern zurückkehrte, trug jeder von ihnen einen Packen neuer Gewehre über der Schulter. Popow blieb vor Baudouin stehen. »Die bei

Ihnen gefundenen Waffen russischer Herkunft werden von uns beschlagnahmt. Morgen wird Ihnen die Möglichkeit geboten, Cherson zu verlassen.«

Baudouin antwortete nicht und sah an ihm vorbei.

Popow lief die Treppe hinunter. »Das wäre alles. Wir können gehen.«

Elisa von Grevenetz

Nach der Rückkehr in den Stab erkundigte sich Silin sofort bei dem Posten, ob jemand das Hotel verlassen hätte. Der Posten meldete, daß er außer den Ordonnanzen niemanden hinausgelassen habe und daß kein Vertreter des Stabes – außer Kirenko – im Haus sei.

»Du, Waschtschenko, erledigst jetzt die Sache mit den Gewehren, und ihr, Jungens, kommt mit«, sagte Silin.

Zu viert gingen sie zum zweiten Stockwerk.

Die Schreibstube war hell erleuchtet, an den Wänden brannten mehrere Lampen. Die Schreiber schliefen, den Kopf auf den Tisch gelegt. Zwei Soldaten, die Silin als Posten zurückgelassen hatte, als er mit Pantelej weggegangen war, standen neben der Tür und rauchten.

Die Stenotypistin erhob sich von ihrem Platz. »Genosse Popow«, begann sie in ebenso forschem wie gekränktem Ton, »es ist mir unverständlich, weshalb man mit mir hier so umgeht! Diese Männer lassen mich nicht aus dem Zimmer. Ich bin ja schließlich keine Militärangehörige. Es ist bereits Nacht, und ich habe endlich Anspruch darauf, mich auszuruhen.«

»Wir werden gleich alles klären«, antwortete Popow und sah sie von der Seite an. Er verschwand mit Silin im Zimmer des Soldatenrats. Die beiden Jungen blieben in der Schreibstube zurück.

Ljoschka betrachtete die Stenotypistin und dachte: Wegen dieser Frau mußten also Kostjukow und Pachrja sterben!

Es war etwas Krankhaftes und Unehrliches in ihrem bleichen Gesicht und ihren unruhigen Augen, deren Lider stets halb gesenkt waren und bläuliche Schatten trugen. Ihre Bewegungen waren nervös und fahrig. Sie hatte sich wieder an ihren Arbeitstisch gesetzt und reckte den Hals, als wollte sie dem unverständlichen Stimmengemurmel im Nebenzimmer lauschen. Doch die Stimmen wurden lauter und lauter. Die Schreiber wachten auf.

Plötzlich wurde die Tür aufgerissen, und auf der Schwelle erschien der riesige Kirenko mit zerwühltem Haar. Silin und Popow wollten ihn zurückhalten, aber Kirenko riß sich los und ging mit schweren Schritten auf die Stenotypistin zu, daß die Lichter in den Lämpchen zu flackern begannen.

»Die ist es?« fragte er mit heiserer Stimme. »Dieses Weibstück?«

Die Frau sprang auf. Ihr Gesicht wurde wachsgelb. Kirenkos Blick schien durch und durch zu gehen. »Du warst es also, du hast Kostjukow auf dem Gewissen!« Er keuchte bei jedem Wort.

»Was meint er? Ich verstehe nicht...«, stammelte sie und sah Silin und Popow kläglich und verstört an.

»Was, du verstehst nicht? Warte du...!« Kirenko riß den Verschluß der Pistolentasche auf.

»Was tun Sie!« Die Frau wich zur Wand zurück. Ihre weit aufgerissenen Augen starrten auf seine Finger.

»Halt, Pawlo!« Silin packte Kirenkos Hand. »Wir wollen uns erst mit ihr über den Fall unterhalten.«

»Laß mich los!« ächzte Kirenko. »Laß los! Ich zerquetsche das Reptil.«

Silin gelang es, mit Hilfe Popows und der beiden Soldaten ihn zurückzudrängen.

»Ist Ihnen jetzt alles klar?« fragte Popow die Stenotypistin.

Sie konnte nur mit äußerster Anstrengung herausbringen: »Ich verstehe... wirklich... nichts.«

»Ach, Sie wollen immer noch nicht verstehen, Madame – oder wie man Sie sonst anspricht – von Grevenetz!«

Ihre Schultern zuckten. Sie machte mit ihren schmalen Händen eine abwehrende Geste, als wollte sie sich verteidigen. »Was wollen Sie überhaupt von mir? Was denken Sie sich eigentlich? Das alles ist eine Lüge!«

»Eine Lüge, sagen Sie? Und ist das vielleicht auch eine Lüge?«

Popow fuchtelte mit einem zerknautschten Blatt Durchschlagpapier vor ihrem Gesicht hin und her. »Erkennen Sie das?« Er hielt das Papier gegen das Licht und begann langsam zu lesen:

»›An den Kommandeur der revolutionären Matrosenabteilung aus Sewastopol, Genossen Makroussow ... Befehl ...‹ Das haben Sie doch geschrieben? Wir fanden dieses Dokument bei dem erschossenen deutschen Spion.«

Ljoschka sprang unwillkürlich auf. Er erinnerte sich an Markow und an den kleinen schwarzen Fetzen, den Markow Baudouin übergeben hatte. Das also war es!

Die Frau fuhr mit der Zungenspitze über ihre Lippen. »Ich weiß von nichts!« stieß sie hervor. »Das muß ein Irrtum sein!«

»Sieh mal einer an, ein Irrtum! ... Übrigens haben wir bei diesem Spion noch einen anderen Brief gefunden. In diesem Schreiben legt Sie Herr Baudouin dem deutschen Kommando mit den besten Empfehlungen ans Herz.«

Die Frau vergrub das starr gewordene Gesicht in den Händen und ließ sich auf den Stuhl fallen.

»Nun, ist das auch ein Irrtum? Und der Tod von Kostjukow und der Untergang seiner Abteilung? Oder die Erbeutung des Munitionszuges, die den Deutschen vor einigen Tagen so überraschend gelang? Sicher ist das alles ebenfalls ein Irrtum!«

Popows Gesicht verzerrte sich vor Zorn. Um seinen Mund gruben sich tiefe Falten. »Schluß damit! Schluß mit Ihren Irrtümern, verehrte von Grevenetz. Schade nur, daß Sie erst jetzt entlarvt wurden. Wir konnten Sie leider nicht früher durchschauen. Aber macht nichts. Wenn wir es noch nicht verstehen, das Gesindel Ihres Schlages rechtzeitig zu demaskieren, dann werden wir es lernen. Jawohl, wir werden es lernen! Nur eins kann ich nicht verstehen: Wie konnten Sie als russische ›Aristokratin‹ so tief sinken? Wollten wohl eine Heldin werden? Oder wollten Sie sich bei den Deutschen anschmieren? Ist mir unverständlich! Na, das ist ja jetzt auch nicht mehr wichtig«. Er drehte sich um und sagte: »Ruft Waschtschenko.«

Ein Posten verließ das Zimmer.

Popow setzte sich an den Tisch, griff nach einem Blatt Papier und nahm einen Bleistift zur Hand. »Ihr Familienname lautet von Grevenetz? Vorname, Alter?«

Sie bewegte lautlos die Lippen, ohne zu antworten.

»Ach, Sie wollen nicht? Nun, das ist Ihre Sache.«

Es wurde still. Pantelej atmete hörbar. Silin zupfte mit gerunzelten Augenbrauen Fusseln von seinem Mantel ab. Kirenko starrte die Stenotypistin unentwegt an. Seine Augen waren vor Wut rot unterlaufen.

Ljoschka saß da, die Finger in die Knie verkrampft, benommen von dem Klopfen seines Herzens. Er spürte, daß die Hauptsache noch bevorstand.

Waschtschenko trat ein, blieb an der Schwelle stehen und blickte fragend von einem zum anderen. Im Gegensatz zu Ljoschka schien er zu wissen, weshalb man ihn gerufen hatte. Das offene Gesicht des Frontkämpfers nahm einen gespannten, ja beinahe bekümmerten Ausdruck an.

Popow erhob sich, eine Hand auf den Tisch gestützt. »Diese Frau ist eine deutsche Spionin«, erklärte er mit belegter Stimme. »Der Soldatenrat hat beschlossen: Weg mit ihr! Führt sie ab!«

Waschtschenko rührte sich nicht, nur der Adamsapfel an seinem langen Hals begann krampfhaft zu zucken.

»Du hast das Urteil des Rates gehört«, beharrte Popow.

Waschtschenko ging eckig, als wäre er zu Stein geworden, auf die Stenotypistin zu und legte ihr die Hand auf die Schulter. »Mitkommen!«

Und nun ereignete sich das Schlimmste von allem, was Ljoschka in diesen Tagen durchgemacht hatte.

Die Frau begann hysterisch zu schreien. Sie riß sich los und zerfetzte dabei den Kragen ihres schwarzen Kleides, so daß ihre magere Schulter mit dem hervortretenden Schlüsselbein entblößt war. Ihre Haare lösten sich auf, und die strohblonden, storren Zotteln baumelten in wilder Unordnung um ihren Kopf herum. Verwünschungen, Drohungen und Bitten um Gnade wechselten miteinander ab. Dazwischen stieß sie durchdringende Schreie aus.

Ljoschka vergaß völlig, daß diese Frau eine Feindin war, eine furchtbare Feindin, die mit tierischer Hinterhältigkeit, heimlich und verschlagen, gehandelt hatte. Er dachte nicht mehr daran, daß durch die Schuld dieser Spionin viele Menschen zugrunde gegangen waren und vielleicht sogar die ganze gute Sache scheitern konnte, für die auf den Zufahrtsstraßen nach Cherson Blut vergossen wurde. Ljoschka sah in diesem Augenblick nur eine schwache, von wahnsinniger Angst ergriffene Frau, die sich in den Händen der kräftigen Soldaten hin und her wand.

Ihm wurde schwindlig, Übelkeit erfaßte ihn, und ohne zu wissen, was er tat, stürzte Ljoschka vor und wollte Waschtschenkos Hände von der Frau wegreißen.

Man stieß ihn beiseite.

Als Ljoschka wieder zu sich kam, befand sich die Grevenetz nicht mehr im Zimmer. Vor ihm stand Silin.

»Na, bist du endlich wieder bei Sinnen? Du bist mir ja einer! Wie kann man nur, Alexej, Aljoschka, Nikolais Sohn!« sagte er. »Geh nach unten, ich komme auch gleich. Wir sprechen noch über alles.« Und zu Pantelej gewandt: »Hilf ihm!«

Pantelej faßte seinen Freund sorgsam wie einen Kranken unter die Achseln, aber Ljoschka stieß ihn weg und verließ die Schreibstube, begleitet von den spöttischen Blicken der Schreiber.

Ein nächtliches Gespräch

Im Wachraum warf sich Ljoschka auf die Pritsche und vergrub das Gesicht in dem staubigen Bezug der Strohmatratze.

Pantelej fragte vorsichtig: »Ljoschka, soll ich dir etwas bringen?«

»Mach, daß du wegkommst«, knurrte Ljoschka.

Pantelej zog sich gekränkt zurück.

Weder damals noch später konnte sich Ljoschka erklären, was er eigentlich gefühlt hatte. Ihm war schlecht. Der ganze Körper schmerzte, und er spürte fast physisch die Last der auf ihn eingestürzten letzten Ereignisse – der Ereignisse eines einzigen Tages, die mit dem Gespräch mit Silin begonnen und mit der abscheulichen Szene im Stab geendet hatten. Das, was er in dieser kurzen Zeit erlebt hatte, erschütterte ihn und ließ die Welt, in der er gelebt hatte, aus den Fugen gehen.

Bisher hatte sich Ljoschka die Revolution als einen offenen, ehrlichen Kampf Auge in Auge mit dem Feind vorgestellt. In Wirklichkeit war alles ganz anders. Er war nicht auf ein »offenes Feld der Ehre« geraten. Dort kämpften andere, glücklichere Menschen als er. Ihm wurde das Schicksal beschieden, Dinge zu sehen und durchzustehen, die bei dem bloßen Gedanken daran noch Übelkeit hervorriefen.

In seinen Ohren klangen immer noch die durchdringenden Schreie der Grevenetz. Gewiß – sie war eine Feindin, eine Spionin, ein Gespenst aus einer unbekannten dunklen Welt, in der sich auch so unheimliche Gestalten wie Baudouin und Markow bewegten –, und doch schien ihm der Gedanke unerträglich, daß diese Frau vielleicht in diesem Augenblick von Waschtschenko, einem Mann mit gütigen Augen, einem guten, einfachen Menschen, erschossen wurde.

Ljoschka lag auf der Pritsche, den Kopf in die Arme vergraben. Ihm war schlecht.

Silin trat ins Zimmer und fragte: »Seid ihr hier, Jungens?«

»Ja«, antwortete Pantelej.

»Weshalb sitzt ihr denn im Dunkeln? Habt ihr keine Streichhölzer?« Er tastete auf dem Tisch herum. Dann zündete er die Lampe an, ging zu Ljoschka und setzte sich neben ihn. Das Lämpchen stellte er auf die benachbarte Pritsche. »Du schläfst doch nicht, Alexej? Komm, steh auf!«

Ljoschka erhob sich unwillig und hockte sich so hin, daß er nicht in das Licht sehen mußte. Silin betrachtete ihn forschend und bemühte sich, sein Lächeln zu verbergen. Dennoch machte er einen zerquälten Eindruck, seine Wangen waren eingefallen. Vor Müdigkeit wurde er sogar seiner Gewohnheit untreu, die Augen leicht zusammenzukneifen, und sie erschienen jetzt größer und heller. Unter den Augen hatten sich Säckchen gebildet.

»Da, nehmt, ich hab' euch Brot mitgebracht«, sagte er. »Ihr habt doch sicherlich nichts gegessen. Und wo ist Pantelej? He, Freund, warum verkriechst du dich in die Ecke? Komm, hol dir deine Ration!«

Pantelej trat schnell heran und setzte sich auf die nebenstehende Pritsche, mit untergeschlagenen Beinen wie ein Türke.

Ljoschka hatte keinen Appetit. Nur um so zu tun, als wäre bei ihm wieder alles in Ordnung, nahm er den Kanten Brot, den ihm Silin reichte, und knabberte mit einiger Überwindung daran.

Silin wurde lebhaft. »Fein, daß ihr mich nicht im Stich gelassen habt, Jungens, ihr seid richtige Detektive – wie Sherlock Holmes. Ihr wißt gar nicht, was für eine Verbrecherin euch ins Garn gegangen ist. Ganz im Ernst, ihr habt ein gutes Werk vollbracht. Sie war ein großes Miststück, und ihr braucht sie nicht zu bedauern.«

Er sah bei seinen Worten Ljoschka nicht an. Der fühlte sich auch jetzt noch nicht erleichtert. Ihm blieb buchstäblich der Bissen im Halse stecken.

Silin fuhr fort, als hätte er nichts davon bemerkt: »Natürlich – es ist keine einfache Sache, einen Menschen zu erschießen, besonders eine Frau, zumal, wenn man so etwas nicht gewohnt ist. Ich erinnere mich da an folgendes: An der Front – noch vor der Revolution – waren zwei Mann von unserem Bataillon weggelaufen, desertiert. Sie erreichten die Eisenbahn und versteckten sich in einem leeren Güterwagen, um ein Stück mitzufahren. Auf dem nächsten Bahnhof aber wurden sie entdeckt. Man brachte sie zu unserer Einheit zurück, und ein Kriegsgericht verurteilte sie zum Tode. Sie sollten vor versammelter Mannschaft erschossen werden, damit uns anderen nicht Ähnliches einfiele! Man führte uns in einen Wald und ließ das Bataillon Aufstellung nehmen.«

Silin zeichnete mit dem Finger ein großes Hufeisen auf dem Strohsack. »Nun bringt man die Deserteure. Diese Unglücklichen können kaum gehen. Der eine ist blutjung – wenig älter als ihr beide. Er weint. Der zweite, das ist so ein kräftiger Mann in den Vierzigern, aus Poltawa. Er stolpert nur noch dahin und schreit ein um das andere Mal: ›Habt doch Mitleid, Leute, ich habe eine Familie und kleine Kinder.‹ Tja, die Kinder würden wohl als Waisen zurückbleiben! Die Offiziere haben sich versammelt. Der General hält eine Rede: Die beiden wären Deserteure und damit eine Schande für das Regiment. Deshalb müßten sie von ihren eigenen Kameraden erschossen werden...

Versteht ihr, Jungens, worauf der hinaus wollte? Zuerst hieß es: ›Freiwillige vor!‹ Aber alle schwiegen, es fand sich kein einziger. Darauf befahl der General unserem Bataillonskommandeur, die Leute selbst zu bestimmen. Der gab natürlich dem Feldwebel den Befehl weiter, und der Feldwebel war ein Schweinehund, wie ich sonst noch keinem begegnet bin. Er schritt die Formation ab und suchte sich zehn Leute heraus.

Ich denke gerade: Gottseidank, ich bin nicht dabei. Da ruft er wie zum Trotz: ›Silin!‹ Und ich muß antreten, Jungens, um meine eigenen Kameraden zu töten.

Man stellte sie an einen Baum und verband ihnen die Augen mit irgendwelchen Fetzen. Der Feldwebel hatte den Feuerbefehl zu geben. Eine Salve erdröhnte, aber die Deserteure standen unversehrt da.

Ihr versteht, Jungens? Alle waren so gescheit gewesen wie ich und hatten in die Luft geballert. Der Feldwebel platzte fast vor Wut. Und der General brüllte: ›Verräterpack, ihr kommt alle vors Kriegsgericht!‹ Dann wurde das zweite Mal geschossen, und, glaubt mir, wieder hatte keine Kugel getroffen! Der junge Bursche hielt es vor Angst nicht mehr aus, warf sich zu Boden und rollte dort hin und her. Nie werde ich vergessen, wie er dabei geschrien hat. Man band ihn am Baum fest. Erst nach der dritten Salve war endlich alles vorbei...«

Silin starrte in das Licht der blakenden Lampe. Sie beleuchtete sein Gesicht von unten her, und es schien nur aus lauter Furchen und Schatten zu bestehen.

»Tja, so etwas gibt es, Jungens, so sieht es aus«, sagte er nach kurzem Schweigen. »Und wen haben wir damals gemordet? Die eigenen Brüder – arme Frontschweine, wie wir es selbst waren. Und sie wollten nur nicht für etwas kämpfen, das für sie keinen Sinn hatte. Diese Spionin aber würde ich glatt erschießen, ohne mit der Wimper zu zucken. Sie ist doch eine Feindin, nicht etwa nur eine Feindin von euch oder, sagen wir, von mir – nein, eine gefährliche Gegnerin der Revolution. Stellt euch einmal vor: Diese Person war eine sogenannte gnädige Frau, eine Generalstochter, ein Weibchen, das sein ganzes Leben in Saus und Braus verbracht hat und nichts anderes verstand als – Fremdsprachen! Unser Geruch allein war für sie schlimmer als Bockgestank. Aber trotzdem kam sie zu uns als Stenotypistin. Und warum? Um zu schnüffeln! Wie groß muß ihr Haß auf uns gewesen sein, daß sie das tat! Nun, sie hat gerade genug Untaten vollbracht, und es wäre schön, wenn die ganze Sache damit ein Ende hätte.«

Silin hüstelte in die hohle Hand. »Was wollte sie noch tun? Den Deutschen übermitteln, daß wir die Matroseneinheiten abgezogen und unsere Frontmitte geschwächt haben. Wenn die das erfahren, ist Feierabend.«

»Jetzt werden sie es aber nicht erfahren«, meinte Pantelej.

»Meinst du? Du hast wohl den Spion vergessen, der uns durch die Lappen gegangen ist!«

»Aber der hatte doch nicht die Unterlagen bei sich.«

»Na und – kann er die Nachricht nicht auch mündlich weitergeben?«

Pantelej verfiel in Nachdenken. Dann rutschte er aufgeregt auf der Pritsche hin und her. »Ja, das stimmt! Was machen wir jetzt, Genosse Silin? Wir müssen also die Matrosen wieder zurückholen.«

Silins Stimme klang etwas erbost, als er erwiderte: »Das sage ich ja auch! Doch Popow ist dagegen, kannst du dir das vorstellen? Er läßt sich einfach nicht überzeugen und bleibt stur: ›Es wird so gemacht, wie es beschlossen wurde!‹ Ach, wir haben eben zuviel Vorgesetzte, jeder bildet sich ein, ein Suworow zu sein. Kirenko hat ebenfalls seine Partei ergriffen, und da versuch einmal, mit ihnen zu diskutieren. Weißt du übrigens, Alexej, daß Kirenko auf dich wütend ist? Er meint: ›Warum hat sich der für eine Spionin eingesetzt? Der ist sicherlich selbst so ein weißer Strolch, ein Konterrevolutionär!‹«

Ljoschka sprang in die Höhe. »Wer, ich? Ich soll ein weißer Strolch sein?«

Silin zog ihn am Arm herunter und zwang ihn, sich wieder hinzusetzen. »Du bist selbst schuld daran, brauchtest dich ja nicht einzumischen. Und dann war das auch gerade die Richtige, die du verteidigen wolltest! Nun, ich sagte zu Kirenko: ›Du bist wohl verrückt, Pawlo, der Junge hat sie doch entlarvt!‹ Aber erst als ich ihm von deinem Vater erzählte, konnte ich ihn beruhigen. Tja, Alexej, ein anderes Mal mußt du vorsichtiger sein. Wir befinden uns im Krieg, und manchmal kommt es in der Hitze des Gefechts vor, daß man sich nicht mehr so recht auskennt, wer zu wem gehört. Glaubst du, ich begreife nicht, weshalb du die Nerven verloren hast? Ich verstehe, mein Bester, ich verstehe alles, und doch darf man so etwas nicht. Wir fangen erst an zu kämpfen, und es wird noch viel Blut fließen. Wir sind überall von Feinden umgeben. Die Deutschen? Sie allein würden uns nichts ausmachen. Aber es gibt noch einen schlimmeren Feind: Jeder Bourgeois möchte uns am liebsten in den Rücken fallen. Oder nimm den Baudouin! Ich habe jetzt gesehen, wie so was lebt, überall Porzellan, glänzende Parkettfußböden, an der Decke schweben Engelchen oder solche Dinger von Beleuchtungskörpern, wie ich sie noch nie gesehen habe. Aber was lag bei dem unterm Bett im Schlafzimmer? Gewehre. Da hast du die Unschuldsengelchen!«

»Genosse Silin«, unterbrach ihn Pantelej, »ich begreife nicht, was er davon hat, wenn er den Deutschen hilft. Sein Land führt doch ebenfalls gegen die Deutschen Krieg. Ich erinnere mich genau, wie er zu einer Kundgebung gekommen war. Es hatten sich viele Menschen eingefunden. Der Vorsitzende der Stadtverwaltung selbst hat gesprochen und uns erzählt, wie die Bundesgenossen uns helfen, die Deutschen zu besiegen. Dabei hat er dauernd auf den Baudouin gezeigt. Und der hat dann in das gleiche Horn geblasen.« »Was bist du doch für ein Kindskopf«, sagte Silin lächelnd. »Mit dem Bürgermeister war er verbündet, aber nicht mit den Bolschewiki. Jetzt ist aber alles ganz anders. Früher bestand hier eine ›Elektro-Company‹. Die besaß ihre eigenen Fabriken, und der feine Herr Baudouin hatte die meisten Anteile, war schon beinahe der Besitzer. Die Bolschewiki haben jedoch diese Fabriken zugunsten des Volkes enteignet. Und heute ist es dem Baudouin völlig schnuppe, wer hier herrschen wird – ob die Deutschen oder der Teufel selbst – Hauptsache, es sind keine Bolschewiki. Verstehst du? Er ist aus dem gleichen Holz geschnitzt wie die Deutschen!«

»Aber weshalb haben wir ihn dann nicht gleich mitgenommen?« Pantelej ließ sich nicht beruhigen. »Und Popow sagte sogar noch: ›Sie können das Land verlassen.‹«

Silin strich sich nach alter Gewohnheit über das Kinn. »Tja, mein Junge, das verstehe ich selbst nicht. Doch die Diplomatie ist eine Sache für sich. Wenn Popow meint, man darf nicht, dann muß er das besser wissen, er ist ein gebildeter Mensch. In Petrograd hat man, wie ich gehört habe, schon eine Sonderkommission gebildet – die Tscheka –, zum Kampf gegen die Konterrevolution. Eine Sonderkommission!« wiederholte er bedeutsam. »Man wird sich mit der Zeit auch diese Baudouins greifen. So sieht es aus, Jungens. Ihr seid nun mitten drin in diesem munteren Treiben, also müßt ihr auf euch aufpassen. Ihr selbst sagt doch: ›Wir sind keine kleinen Kinder mehr.‹ Warte ab, Alexej, mit der Zeit werdet ihr noch ganz große Revolutionäre.«

Silin lächelte und klopfte Ljoschka begütigend auf die Schenkel. »Aber ich wollte dir noch etwas sagen, Alexej.« Er runzelte die Stirn und tippte sich an die Schläfe. »Was war's denn nur? Nein, es fällt mir nicht ein. Na gut, das wäre dann alles. Ich muß jetzt gehen, bin so müde, daß ich kaum noch stehen kann.«

Silins Blick suchte sehnsüchtig eine freie Pritsche, und man sah es ihm an, daß er nur noch einen Wunsch hegte: sich langzulegen. Er seufzte. »Also, dann, ruht euch aus. Morgen holen wir uns den Gymnasiasten, der sie aufgesucht hat und...«

»Markow?« warf Ljoschka ein.

»Ja, ja, den. Wir wollen doch mal feststellen, was das für ein Bursche ist. Aber es kann natürlich auch sein, daß alles in Ordnung geht.«

Silin reckte seine Schultern, als wollte er eine schwere Last abwerfen, und stampfte zur Tür.

Ljoschka blies die Lampe aus.

»Ein feiner Kerl«, meinte Pantelej.

»Das kann man wohl sagen«, stimmte Ljoschka zu.

Dann fragte Pantelej: »Wollen wir jetzt schlafen, Ljoschka?«

»Ja, Pantja.«

Aber Ljoschka fand lange keinen Schlaf...

Noch vor Morgengrauen kehrten die Soldaten mit Waschtschenko zurück. Schweigend stellten sie ihre Gewehre zu einer Pyramide zusammen, und schweigend legten sie sich auf ihre Pritschen.

Allmählich wich die Nacht. Aus dem Dämmerlicht auftauchend, zeichneten sich die Umrisse der Gegenstände immer deutlicher ab. Es dauerte noch eine Weile, und hinter den hellgewordenen Fenstern färbte sich der Himmel rötlichgolden.

Der Morgen des 4. April war angebrochen – des Tages der Entscheidungsschlacht um Cherson.

Mit den ersten Sonnenstrahlen begannen vor der Stadt die Geschütze wieder zu feuern.

Der 4. April

Waren die Spionageberichte daran schuld, oder hatten die Deutschen selbst das unkomplizierte Manöver der Revolutionäre durchschaut? Jedenfalls begannen sie gleich in der Mitte der Front anzugreifen.

Die Abteilung der Arbeiter der Wadon-Werft war nicht in der Lage, den Druck aufzuhalten. Der Fünferrat setzte die Schwarzmeermatrosen wieder an ihrer alten Stelle ein, aber sie kamen zu spät. Die Front war durchbrochen, und die Deutschen versuchten, die Bresche schnell zu erweitern.

Gewiß – die Verteidiger der Stadt waren dem Feind von Anfang an weit unterlegen, sowohl in der Truppenstärke als auch in der Bewaffnung. Aber sie hatten bisher wenigstens eine feste und geschlossene Verteidigungsstellung gehabt. Jetzt verloren sie auch diesen Vorteil. Noch wurde am Bahnhof gekämpft. Noch floß Blut im Kampf um jedes Häuschen am Stadtrand. Noch feuerte das Minenboot »Xenia« Geschoß um Geschoß gegen die angreifenden Deutschen ab, so daß die Läufe seiner beiden kleinen Bordgeschütze glühten, aber Chersons Schicksal war bereits besiegelt. Die Stadt konnte sich nicht mehr halten.

Gegen neun Uhr morgens eroberten die Deutschen den Bahnhof und drangen in die Stadt ein.

Durch alle Straßen, die zum Dnepr führten, bewegten sich graugrüne Kolonnen...

Ljoschka hatte alle aus den Augen verloren, auch Pantelej und Silin. Er war zusammen mit der Wachmannschaft aus dem Stab gestürzt und fand sich – er wußte selbst nicht wie – auf der Howardstraße neben den alten Ziegeleischuppen wieder.

Dort wurde eine Barrikade errichtet. Frontsoldaten und Arbeiter hoben die Schuppentore aus den Angeln, fällten Maste und rollten Fässer heran. Auf die Straße ergoß sich ein kleiner Bach von würzig duftendem Gurkensaft. Man hatte von den benachbarten Höfen einige Pferdekarren herbeigezogen, umgekippt und mit ihnen die Straße versperrt. Von irgendwoher wurden Matratzen, Ballen und ein großes, altes Eichenbüfett herangeschleppt. Alles wurde übereinander gehäuft.

Als die Barrikade stand, näherte sich vom Bahnhof her eine Gruppe Matrosen, sechs Mann stark. Zwei von ihnen mußten gestützt werden, sie waren verwundet. Die Matrosen riefen: »Die Deutschen kommen, sie werden gleich hier sein!«

Die Verwundeten wurden zum Hafen gebracht, und nur zwei Matrosen blieben an der Barrikade zurück.

»Wer hat noch Patronen?« fragten sie.

Ljoschka hatte in seiner Patronentasche, die er mit dem Gewehr im Stab ergattert hatte, noch einige Patronen. Sie wurden ihm buchstäblich aus der Hand gerissen. Ljoschka lud sein Gewehr und kletterte auf einen Turm von Fässern, der sich in der Mitte der Barrikade erhob.

Die lauten und lebhaften Matrosen übernahmen sofort das Kommando auf der Barrikade. Einer von ihnen war ein besonders großer Bursche mit behaarten Händen und einem viereckigen Kinn.

»Geh in Deckung!« befahl er. »Mit dem Schießen nicht überstürzen, den Feind erst herankommen lassen!« Und Ljoschka rief er zu: »Wo bist du denn hingeklettert, du Dämlack. Da wird dich gleich einer abknallen. Sofort herunter mit dir!«

Der Matrose teilte jedem auf der Barrikade seine Aufgabe zu, stauchte einen bärtigen Frontkämpfer zurecht, der sich unter einem Karren niedergehockt hatte, und befahl schließlich, für den Fall eines Gegenangriffs, mit Brettern den Bürgersteig zu sperren.

Alle gehorchten ihm ohne Widerrede.

Die Deutschen kamen in einer dichten Kette die Straße entlang. Die Schöße ihrer graugrünen Mäntel waren hochgenommen und am Koppel festgehakt. Die hohen Stahlhelme saßen fast auf den Schultern. Die Bajonette glitzerten hell. Hinter der ersten Schützenkette erschien eine zweite, dann eine dritte.

Als sie die Barrikaden sahen, hielten sie an. Ein Offizier sprang vor, befahl etwas und schwang den Säbel. Die Soldaten rückten weiter vor. Von irgendwoher begann ein Maschinengewehr zu hämmern. Seine Kugeln prallten gegen die hölzerne Befestigung.

Der Matrose schrie: »Brüder, wir werden die Deutschen richtig bewirten. Alles hört auf mein Kommando: Feuer!«

Der Kampf war kurz. Die erste Garbe warf die Feinde zurück. Die Deutschen rollten eine Feldhaubitze zum Direktbeschuß heran.

»Das ist das Ende«, erklärte der Matrose hoffnungslos. »Wir müssen jetzt machen, daß wir wegkommen.« Im selben Augenblick traf ihn das erste Geschoß der Feldhaubitze. Ljoschka sah, wie der andere Matrose den Verwundeten an den Schultern rüttelte, sich über sein Gesicht beugte und ihn beim Namen rief. Dann öffnete ihm der Kamerad, mit Fingern, die von Dreck und Pulverrauch geschwärzt waren, die Lider und sah ihm in die Augen.

Gemeinsam mit den anderen lief Ljoschka bis zur nächsten Straßenecke zurück. Dort hielt er an. Er konnte einfach nicht wegrennen, ohne alles bis zum bitteren Ende miterlebt zu haben. Der Matrose schoß aus seiner Pistole, über seinem toten Kameraden stehend. Als er keine Patrone mehr im Lauf hatte, warf er die Pistole weg, drehte sich um und ging auf der Straße zurück. Er ging langsam, mit schleppenden Schritten, als hätte er die Gefahr vergessen, daß hinter seinem Rücken das deutsche Geschütz die letzte Barrikade von Cherson zertrümmerte. Zersplitterte Bretter flogen hoch in die Luft und überschlugen sich. Ein Rad sprang von einem Karren ab. Ein Strahl von Gurkensaft schoß als trübe Fontäne aus einem Faß gegen die nächste Hausmauer. Rauch verhüllte die Straße.

Als Ljoschka im Strudel der zurückflutenden Frontkämpfer in die Hannibalstraße geriet, sah er plötzlich Silin. Der versuchte, die Flüchtenden aufzuhalten, und schwang dabei eine große Maschinenpistole in der Hand. Völlig zerzaust, den Mantel an der Seite aufgerissen, lief er auf der Straße hin und her, packte die Männer an der Schulter und fluchte. Seine Stimme überschlug sich. Niemand hörte auf ihn. Irgend jemand rief im Vorbeirennen: »Alles umsonst, Petro, jetzt ist es aus!«

Silin blieb endlich stehen und überblickte nüchtern die Situation. Hatte er jetzt erst erkannt, daß nichts mehr zu ändern war? Die Männer, die panikartig zum Hafen zurückwichen, stellten keine Kampfeinheit mehr dar. Es war nur noch ein Haufen von Menschen, die von dem einzigen Bestreben besessen waren: Rette sich, wer kann! Viele warfen die Waffen weg.

Silin spuckte aus und schüttelte verdrossen den Kopf. Dann zog er die Schultern ein und ging ebenfalls davon.

In einer Seitenstraße holte ihn Ljoschka ein. »Genosse Silin, wo wollen Sie hin?«

Beim Anblick Ljoschkas zeigte sich Silin weder erstaunt noch erfreut. Aber er war auch nicht ärgerlich, er sagte nur mit müder Stimme: »Nun ist alles zu Ende, Alexej, Schluß!«

Zwei Frontkämpfer hasteten vorüber und rissen im Laufen ihre roten Armbinden – Kommandeurabzeichen – von den Mänteln.

»Wo wollen sie denn hin, wohin nur?« fragte Silin verzweifelt. »Alle Schiffe sind weg, man wird sie im Hafen niedermetzeln.«

»Und wo wollen Sie hin?« wiederholte Ljoschka hartnäckig. Er wußte nicht weshalb, aber in diesem Augenblick fühlte er sich stärker als dieser alte Frontsoldat.

Silin machte eine kraftlose Handbewegung. »Wir müssen uns bis zum Anbruch der Dunkelheit verbergen. Dann werden wir sehen, wie es weitergeht.«

»Kommen Sie mit, ich weiß ein gutes Versteck!«

»Führ mich hin.«

Es war höchste Zeit zu verschwinden. Die Deutschen besetzten einen Straßenabschnitt nach dem anderen. An einer Kreuzung sah Ljoschka, wie einige Kameraden ein Maschinengewehr auseinandernahmen und kampfunfähig machten. An einer anderen Stelle stand ein kräftiger untersetzter Arbeiter in einer speckigglänzenden Wattejacke hinter einer Litfaßsäule und feuerte aus einem Karabiner auf den Feind. Nachdem er seine Munition verschossen hatte, öffnete er das Schloß, packte das Gewehr kurzentschlossen am Lauf, riß es hoch und schlug es auf die Pflastersteine. Der Kolben zersplitterte, der Arbeiter verschwand um die Ecke.

Ljoschka führte Silin auf kürzestem Wege – durch Löcher in Zäunen und über Schuppendächer – zu seinem Elternhaus in der Kusnetschnaja. Dort war es verhältnismäßig ruhig. Der Kampflärm war nur von weitem zu hören und entfernte sich immer mehr zum Hafen.

Das Haustor war zugesperrt. Ljoschka kletterte über den Zaun, stieß den Riegel auf und ließ Silin ein.

Hinter dem leeren Hühnerstall neben der Bohlenwand eines Schuppens entfernte Ljoschka hastig die Reste des für den Winter gelagerten Kleinholzes. Darunter kamen dicht aneinandergelegte dicke Bretter zum Vorschein. Ljoschka schob sie auseinander. »Klettern Sie ’rein«, keuchte er, »schneller!« Silin sprang, ohne sich mit Fragen aufzuhalten, in die Grube, die sich unter den Brettern öffnete. Ljoschka kam nach und verschloß sorgfältig den Eingang.

Es war dasselbe Geheimverlies, in dem Ljoschkas Vater bereits seine Genossen vor der Polizei versteckt hatte. Nicht einmal der sonst so gut informierte Gluschtschenko kannte es.

Unten angelangt, konnte man sogar aufrecht stehen. In einer Ecke befand sich eine primitive Bretterpritsche, und eine Holzkiste ersetzte einen Tisch. Auf ihr stand eine verrostete Petroleumlampe ohne Zylinder. Es roch nach Erde und Feuchtigkeit, stank faulig und sauer.

Silin und Ljoschka hockten sich nebeneinander auf die Pritsche und horchten auf das Schießen.

»Unsere Leute sind wahrscheinlich im Hafen«, sagte Silin leise, »sie sterben jetzt.«

Ljoschka sah die Menschen vor sich, die zu einem Haufen zusammengedrängt waren und unter den Schüssen fielen wie jener Matrose auf der Barrikade. Er sah die Leichen, das Blut auf dem Boden. Dieses furchtbare Bild erstand so deutlich vor seinen geistigen Augen, daß ihm der Atem stockte.

»Daran bin ich allein schuld, Genosse Silin. Ich ganz allein! Ich habe den Spion laufen lassen. Ich bin schuld.«

»Hör auf mit dem Unsinn!« unterbrach ihn Silin grob. »Hast dir die richtige Zeit ausgesucht, um den Schuldigen zu finden. Alle sind schuld! Wir haben die Spionin nicht rechtzeitig entlarvt, Popow weigerte sich, die Matrosen rechtzeitig zurückzuziehen – so ist auch er schuld. Ich bin schuld, daß ich auf ihn hörte. Na, nächstes Mal werden wir gescheiter sein. Denkst du etwa, das ist das Ende? Nein, Bruder, das ist erst der Anfang! Es kommt der Tag, an dem wir zurückkehren.«

Er wollte noch etwas sagen, seufzte aber nur und schlug kräftig mit der Faust auf den Schenkel.

Sie saßen lange schweigend da.

Draußen war es ruhig geworden. Nur ab und zu fiel ein Schuß. Etwas später hörte man Stimmen: Gluschtschenko und Jekaterina, die im Keller Schutz gesucht hatten, kehrten ins Haus zurück. Alles war vorbei. Cherson war in der Hand der Deutschen.

Zu Hause

Zwei Stunden später verließ Ljoschka vorsichtig das Versteck, nachdem er Silin das Gewehr und die Pistole zurückgelassen hatte. Leise klopfte er am Hintereingang des Hauses.

Jekaterina öffnete die Tür. »Ljoschka«, jammerte sie. »Du lebst!«

Sie zog Ljoschka ins Zimmer und betastete seine Arme, seine Brust und seinen Kopf. Sie lachte vor Freude und wischte mit den Fingern rasch die Tränen hinweg. Dabei rief sie immer wieder: »Er lebt! Gott sei Dank, du lebst!«

»Ist dein Alter zu Hause?« fragte Ljoschka.

»Nein, er ist losgegangen, um die Deutschen zu sehen«, antwortete Jekaterina schluchzend.

Das war gut so; denn eine Begegnung mit dem Schwager hätte für Ljoschka nichts Gutes bedeutet.

»Kann ich mich waschen, Katja?« fragte er.

Geschäftig hastete sie davon, brachte eine Schüssel mit Wasser und saubere Wäsche. Und während er sich wusch und umzog, bereitete sie ihm das Essen. Dabei plapperte sie unaufhörlich – über Ljoschkas schlechtes Aussehen und darüber, daß er ihr so viel Kummer bereitet hätte. »Wenn der Vater das alles erfährt, wird er dir dein Verhalten niemals verzeihen!«

Als sie sich endlich beruhigt hatte, setzte sie sich Ljoschka gegenüber und starrte ihn mitleidig an. »Und was soll jetzt geschehen, Ljoschka, wie gedenkst du weiterzuleben?«

Er gab ihr darauf keine Antwort und sagte, dabei weiter kauend: »Mach mir ein Bündel mit Sachen fertig, Katja, und vor allem möglichst viel Verpflegung.« Seine Schwester schlug die Hände zusammen. »Du willst doch nicht etwa wieder weggehen? Das lasse ich nicht zu, hörst du! Ich lasse es nicht zu. Willst du mich denn unter die Erde bringen? Das werde ich Vater schreiben. Ich werde ...«

»Halt den Mund!« schrie Ljoschka sie an und schlug mit der Faust auf den Tisch, genauso, wie es sein Vater früher getan hatte.

»Heul' nicht mehr und hör zu, Katja!« setzte er in versöhnlichem Ton fort. »Ich mache mich heute nacht davon. Ich kann nicht in Cherson bleiben, denn irgendeiner würde mich todsicher verraten.«

»Ich verstecke dich, Ljoschka. Ich verberge dich so gut, daß keine Menschenseele etwas merkt.«

Ljoschka runzelte ungeduldig die Stirn. »Für mich gibt's nur eins: Weg von hier! Versuche nicht, mich zurückzuhalten, ich gehe so oder so.«

Der in letzter Zeit sehr männlich, aber auch sehr mager gewordene Ljoschka, dessen Wangenknochen sich unter der Haut deutlich abzeichneten, glich seinem Vater so sehr, daß Jekaterina nicht wagte, noch weiter zu widersprechen. Sie fragte nur schüchtern: »Wo willst du denn hin, Ljoschka?«

»Zur Roten Armee. Du kannst es dem Vater schreiben. Mach dir um mich keine Sorgen, Katja, ich werde dir einen Brief schicken. Sage aber deinem Mann vorläufig nichts davon.«

»Willst du denn wirklich gleich gehen, Ljoschka?«

»Aber ich sag's dir doch: heute nacht. Etwas zu essen aber kannst du mir sofort mitgeben, ich will es im Hof verstecken, damit Gluschtschenko nichts merkt. Und nun mach schon, Katja, verliere keine Zeit! Nanu, was ist denn da los?«

Von der Straße drang Lärm herein. In der Nähe des Hauses war ein Tumult ausgebrochen. Plötzlich schrie ein Mensch in höchster Verzweiflung. Gleich darauf krachte ein Schuß, die Fensterscheiben klirrten, und der Schrei brach ab.

Ljoschka sprang auf, stieß den Stuhl um und stürzte zum Fenster. Durch die dichten Fensterläden war nichts zu erkennen. Aber einige Sekunden später hörte er deutlich das Trampeln von schweren Stiefeln auf dem Bürgersteig. Fast im selben Augenblick bummerte es am Tor.

»Die Deutschen!« stieß Ljoschka hervor. »Sie durchsuchen die Höfe. Du mußt aufmachen, Katja.«

Jekaterinas Lippen bebten. »Sie kommen, um dich abzuholen, Ljoschka.«

»Blödsinn! Sie durchsuchen alles, geh, mach auf, sonst wird's noch schlimmer.«

Sie versuchte aufzustehen, aber die Füße versagten ihr den Dienst. Ljoschka wollte selbst zur Tür eilen, da fiel ihm etwas ein: Bereits im Hinausgehen schnallte er sein Koppel ab, schleuderte es unter den Tisch und rannte zum Hof.

Das Tor erzitterte unter den Kolbenstößen.

»Ich komme ja schon, ich komme!« rief Ljoschka. »Sofort!«

Der Türriegel klemmte, und Ljoschka gelang es nicht gleich, ihn zurückzuschieben.

Vor dem Tor standen die Deutschen.

»Warum dauert das so lange?« schrie einer von ihnen, ein stoppelbärtiger Dickwanst mit Offiziersaufschlägen.

»Aber ich habe mich doch schon so beeilt, es ging nicht schneller«, erwiderte Ljoschka und kannte seine eigene Stimme nicht. Sie war so heiser, als hätte er sich erkältet.

Der Offizier betrachtete mit zusammengekniffenen Augen das Hemd von Ljoschkas Gymnasiastenuniform.

»Wer bist du?« fragte er mit knarrender Stimme und in schlechtem Russisch. »Soldat? Frontkämpfer?«

»Ich bin Gymnasiast«, erklärte Ljoschka. »Gymnasiast, Gymnasium, Schüler, verstehen Sie?«

Der Deutsche musterte ihn ungläubig und mißtrauisch von Kopf bis Fuß, stieß ihn mit der Schulter beiseite und betrat den Hof. »Alles durchsuchen – aber schnell!« befahl er.

Die Soldaten verteilten sich auf dem ganzen Anwesen.

»Hat hier jemand Zuflucht gesucht?« fragte der Offizier.

Ljoschka schüttelte energisch den Kopf. »Aber nein, wo denken Sie hin, es war niemand da!«

»Wer wohnt noch im Haus?«

»Meine Schwester und ihr Mann. Er ist Händler, Kaufmann – Kommersant.« Das letzte Wort gehörte zu Gluschtschenkos Lieblingsausdrücken. Der Offizier maß ihn noch einmal mit den Augen und drehte sich um.

Hinter ihm stehend, sah Ljoschka mit angehaltenem Atem zu, wie die Soldaten das ganze Gehöft durchstöberten, mit ihren Bajonetten in einen Reisighaufen stachen, die Tür des Schuppens aufbrachen und in ihm herumwühlten. Ein Deutscher stieg in den Keller hinunter, während zwei andere den Hühnerstall inspizierten. Sie hielten sich dort nur einige Sekunden auf und kehrten zurück, ohne irgend etwas bemerkt zu haben. Ljoschka fiel ein Stein vom Herzen.

Während er hinter den Deutschen das Tor wieder verschloß, hörte er sie bereits in den Nachbarhof eindringen.

Ljoschka war vor Aufregung am ganzen Körper wie zerschlagen. Jetzt, nachdem die Gefahr vorüber war, schämte er sich darüber, daß er mit diesem fetten, anmaßenden Deutschen fast untertänig und beschwörend gesprochen hatte. Ach was! Jetzt konnte er darauf pfeifen! Hauptsache – er hatte Silin und Jekaterina gerettet. Denn auch sie hätte nichts zu lachen gehabt, wenn auf ihrem Hof ein versteckter Frontkämpfer entdeckt worden wäre. Außerdem wußte er jetzt, daß er in seiner Schüleruniform bei den Deutschen keinen Verdacht erweckte. Er hätte sogar ungefährdet in die Stadt gehen können, um zu sehen, was sich dort tat.

Jekaterina versorgte Ljoschka wie für eine lange Reise. Sie packte Wäsche, Socken und alle Eßwaren, die sie im Hause auftreiben konnte, in einen alten Beutel, den Vater benutzt hatte.

Ljoschka holte aus seinem Koffer ein sauberes Hemd und ein Reservekoppel mit einem weißen Schloß heraus, auf dem das Emblem des Chersoner Gymnasiums war. Er bat seine Schwester, das Hemd zu bügeln. Während Jekaterina sich mit dem Bügeleisen zu schaffen machte, trug er seinen Reisesack zum Versteck.

Silin schlief. Als ihm das Licht in die Augen fiel, fuhr er hoch und griff nach dem Gewehr.

»Ich bin es nur«, beruhigte ihn Ljoschka, »bringe Ihnen etwas zu essen.«

Er reichte Silin den Reisesack und einen Topf Wasser, den er im Vorbeigehen mitgenommen hatte. »Trinken Sie schnell, ich muß den Topf gleich zurückbringen.«

Silin trank gierig. »Ich danke dir, mein Junge. Meine Kehle war wie ausgedörrt. Warst du es, der sich mit den Deutschen unterhalten hat?«

»Ja.«

»Hoffentlich kommen sie nicht noch mal wieder.«

»Genosse Silin«, erklärte Ljoschka, »ich möchte in die Stadt gehen.«

»Weshalb?«

»Na, so... Vielleicht sehe ich jemanden von uns.«

»Du bist wohl lebensmüde?«

»Nicht im geringsten. Wer sieht mir denn schon an, wer ich bin? Diesen Deutschen ist doch auch nichts aufgefallen.«

Silin schwieg.

»Wie ist es also, Genosse Silin?«

»Paß auf, Alexej«, sagte Silin endlich. »Ich würde dich jetzt nicht schicken, aber wenn du selbst davon anfängst... Es handelt sich um folgendes, hör zu: Ich gebe dir eine Adresse. Es ist die Stelle, wo ich zuerst hingehen wollte. Du sagst dort, daß du mit einem Gruß von Pjotr Pawlowitsch kommst, um zur Befreiung zu gratulieren. Hast du es dir genau gemerkt? Ich komme von Pjotr Pawlowitsch, um zur Befreiung zu gratulieren, mußt du sagen.«

»Alles klar!« antwortete Ljoschka. Derartige Aufträge war er ja gewohnt.

»Dann erzählst du ihnen, wo ich bin und alles andere. Es sind vertrauenswürdige Leute, sie werden uns helfen, aus Cherson zu entkommen.«

Silin nannte die genaue Adresse in der Kupetscheskaja und ließ Ljoschka sie wiederholen. »Und vergiß nicht, Alexej, falls man dich erwischt: Es ist besser, mich auszuliefern, als diese Adresse zu verraten!«

»Aber wo denken Sie hin!« erwiderte Ljoschka gekränkt.

»Hör lieber zu und unterbrich mich nicht. Benimm dich vorsichtig in der Stadt, paß auf, daß man dich nicht beobachtet, und laß dich nicht in Abenteuer ein! Denk daran, daß es nicht um dich allein geht. Doch was soll ich dir viel erzählen, das wirst du ja schließlich selbst wissen. Und nun zieh los... Viel Glück – und sei vorsichtig!«

Ljoschka schob sorgfältig die Bretter zusammen und schaufelte Holzabfälle darauf.

»Vielleicht wird sich Gluschtschenko, der Mann meiner Schwester, hier herumtreiben. Verhalten Sie sich still!« warnte er. »Wenn ich wiederkomme, klopfe ich dreimal, so wie jetzt.«

»Gut, in Ordnung.«

Inzwischen war Ljoschkas Hemd gebügelt worden. Frisch gewaschen und in sauberer Gymnasiastenuniform sah Ljoschka völlig harmlos aus – ein Schüler der oberen Klassen.

»Vielleicht gehst du doch nicht, Ljoschka«, bettelte Jekaterina und wollte wieder losheulen. »Man weiß doch, daß du bei den Frontkämpfern warst. Geh lieber nicht, Brüderchen.«

Doch Ljoschka hörte es nicht mehr.

Cherson in deutscher Hand

Das erste, was Ljoschka auf der Straße sah, war eine Lache von geronnenem Blut auf dem Bürgersteig vor dem Nachbarhaus. Aber das war nur der Anfang.

Er kam auf die Suworowstraße und erkannte sie nicht mehr wieder. Gestern hatte es hier noch einsam und unwirtlich ausgesehen. Die Häuser mit den zugesperrten Fensterläden hatten Blinden geähnelt. Die Laternen hatte schon lange keiner mehr angezündet. Und es schien ein Wunder zu sein, wenn sich auf der Straße ein Zivilist blicken ließ.

Doch heute war alles wie durch Zauberei verändert: Die »Augen« der Häuser hatten sich weit geöffnet. Die schwarzen »Pflaster« vor den Schaufenstern der Geschäfte, die heruntergelassenen Rolläden, waren verschwunden, und im Schatten der leinenen

Markisen boten sich große Klumpen Butter, Pyramiden von Wurstringen und spitze Zuckerhüte den Blicken dar.

In dieser Stadt, wo die Menschen in den Arbeitervorstädten Tag und Nacht hatten anstehen müssen, um ihre Ration, ein Pfund Brot, zu erhalten, waren auf einmal riesige Reserven an Mehl, Fleisch und vielen anderen Lebensmitteln aufgetaucht.

Behäbige Bürger von Cherson belebten die Bürgersteige. Viele kamen mit ihrer ganzen Familie, und die Sprößlinge, die sie an der Hand führten, waren sonntäglich aufgeputzt. Es herrschte allgemeine Feststimmung.

In der Menschenmenge promenierten die »Protektoren« dieser festlichen Veranstaltung – deutsche und österreichische Offiziere. Man machte ihnen ehrfürchtig Platz. Die Herren zogen vor ihnen den Hut.

Vor der großen Konditorei von Golobew hatte ein deutsches Bataillon sein Lager aufgeschlagen. Die Soldaten warteten auf ihre Einquartierung und wärmten sich in der Sonne. Sie vertrieben sich die Zeit mit müßigem Geschwätz, rauchten und betrachteten neugierig die Gaffer, sie sie in einem dichten Haufen umringten. Der Besitzer der Konditorei, der stadtbekannte reiche Golobew, ein untersetzter Mann, in einem langen cutähnlichen Jackett, trat zu ihnen heraus.

»Für unsere lieben Befreier!« rief er und öffnete mit einer großspurigen Geste die Tür seines Geschäftes.

Seine Angestellten, die nach Pomade dufteten und schneeweiße Schürzen trugen, schleppten schwere Sperrholzkisten herbei. Sie waren bis an den Rand mit frisch aus dem Ofen kommenden, goldbraunen Brötchen gefüllt, die man in Cherson »französische Kuchenbrötchen« nannte. In der Luft verbreitete sich der süße Kuchengeruch.

»Von der dankbaren russischen Kaufmannschaft«, erklärte Golobew. »Ich bitte, herzhaft zuzugreifen!«

Die Soldaten drängten sich um die Kisten.

Einige aufgeputzte Damen klatschten Golobew Beifall. Ein Herr mit einem sorgfältig gepflegten Bärtchen rief: »Bravo!«

Ljoschka fielen Silins Worte ein: »Jetzt werden sie wieder ans Tageslicht kriechen und zeigen, wer sie sind.« Er hielt sich in Hausnähe und sah sich alles aufmerksam an. Die Konterrevolution »zeigte« sich wirklich ohne jede Scheu. Gut gekleidet, freudig erregte Menschen flanierten auf der Suworowstraße und verwischten mit ihren eleganten Schuhen die frischen Spuren von Blut, das noch am Morgen auf diesen Bürgersteigen geflossen war.

Wen sah man jetzt nicht alles: Kaufleute, wohlgesittete Vertreter der Stadtverwaltung und Gymnasiallehrer.

Ljoschka entdeckte auch seinen Schwager Gluschtschenko. Er trug einen weichen Filzhut mit aufgeschlagener Krempe. Diese Kopfbedeckung pflegte er nur an besonderen Feiertagen zu tragen. Einmal tauchte auch die stämmige Gestalt Markows kurz auf. Heute hatten sie alle ihren großen Tag. Heute lächelte ihnen die Sonne. An den Laternenmasten leuchteten auf weißem Papier die »Aufrufe des deutschen Kommandanten an alle Einwohner der Stadt Cherson«. Darin wurde mitgeteilt, der Leiter der neugeschaffenen städtischen Selbstverwaltung, ein Vertreter der Partei der Sozialrevolutionäre, habe den tapferen deutschen Truppen seine Zusicherung gegeben, »daß sich die Einwohner der Stadt für die Zeit des Verbleibens der deutsch-österreichischen Truppen in Cherson völlig loyal verhalten werden.« Die Deutschen – so hieß es weiter – »sind als Freunde hierhergekommen und wollen Ruhe und Ordnung wiederherstellen.« Dabei würden sie vor keiner Maßnahme zurückschrecken. Ferner wurde allen Einwohnern von Cherson befohlen, innerhalb von vierundzwanzig Stunden sämtliche Waffen, die sich in ihrem Besitz befanden, abzuliefern. Das Betreten der Straßen nach neun Uhr abends war verboten. »Zuwiderhandlungen gegen diese Bestimmungen werden mit dem Tode durch Erschießen bestraft.«

Vor den Anschlägen stauten sich die Bürger. In einer Gruppe ließ ein dürrer, buntgekleideter Mann mit einem Strohhut – einer sogenannten Kreissäge – seine singende Stimme ertönen, die einen Bewohner des Südens verriet. »Und ich sage Ihnen, meine Herrschaften, das ist durchaus logisch. Sie haben uns ja schließlich von der Unterdrükkung befreit, und sie wollen in Ruhe leben. Sie werden schon Ordnung hineinbringen, dessen können Sie gewiß sein.«

»Okkupationsordnung!« bemerkte irgend jemand.

Der Dürre fuchtelte mit seinen Händen, die in kremefarbenen Glacés steckten, in der Luft herum. »Ei, ei, ei, was sollen solche Worte! Okkupationsordnung, Okkupation, hören Sie doch bitte auf, Dummheiten zu reden. Die deutsche Besatzung bringt einem intelligenten Menschen viel mehr Freiheit als Ihr gesamtes bolschewistisches Paradies!«

Ljoschka konnte nicht mehr hören, wie dieser Streit ausging, denn plötzlich erhob sich am Ende der Straße ein lautes Geschrei. Vom Balkon eines Hauses herab rief jemand mit jubelnder Stimme: »Man hat sie erwischt, man hat Bolschewisten geschnappt!«

Auf dem Balkon stand auch ein kleiner Junge. Er hüpfte vor Begeisterung und Ungeduld von einem Bein aufs andere und schrie: »Bringt sie doch hierher, ich will alles sehen!«

Eine gutgenährte Dame versuchte ihn zu bändigen: »Hops nicht so 'rum, du fällst mir noch 'runter! Man wird sie schon noch herbringen, dann kanst du alles sehen.«

Die Menge schob sich den Verhafteten entgegen, und Ljoschka mischte sich in das Gedränge.

Die Deutschen führten drei Männer heran: einen jungen Burschen in einem blauen Mantel, an dem Bastbüschel hingen, und zwei Frontkämpfer in völlig durchnäßten Militärmänteln. Es sprach sich mit Windeseile herum, daß die Soldaten im Hafen ergriffen worden waren, wo sie sich unter der Anlegebrücke für Kohlendampfer – bis zum Hals im Wasser stehend – versteckt hatten. Der junge Bursche war auf dem Dachboden eines Hauses aufgestöbert worden.

Im Handumdrehen verwandelte sich die wohlgesittete Menge der Bürger in eine rasende Meute. Sie geiferte die Verhafteten an. »Hat man euch endlich erwischt, ihr Sauhunde, ihr Lumpen, ihr verdammten Bolschewisten?«

»Jetzt ist es aus mit eurer Herrlichkeit!«

»Stellt sie doch an die Wand!«

»Übergebt sie uns, wir werden sie selbst richten.«

Eine dicke Frau mit einer rosafarbenen Schute kreischte wie eine Furie. Sie schrie immer wieder nur das eine Wort: »Schweinehunde, Schweinehunde, Schweinehunde!«

Die Frontkämpfer sahen sich gehetzt und scheu um. Der eine war langaufgeschossen und hatte ein abgehärmtes Gesicht, das von schwarzen Stoppeln dicht bedeckt war. Den anderen kannte Ljoschka. Er hatte diesen gedrungenen, flinkäugigen Soldaten im Frontkämpferverband gesehen. Jetzt schleppte sich der Ärmste – gebeugt, und auf dem linken Bein hinkend – dahin und spuckte blutigen Speichel aus dem zerschlagenen Mund. Man hatte ihm die Fellmütze vom Kopf geschlagen. Seine nassen Haare fielen ihm in die Stirn, so daß er wie ein kleiner Junge aussah. Der junge Bursche in Zivil schwenkte wie ein verwundeter Vogel den Kopf hin und her und jammerte in kläglichem Ton: »Wofür nur, ihr guten Leute? Wofür wollt ihr mich bestrafen. Ich bin doch nur auf den Boden geklettert, um alles besser von oben zu sehen, habt Mitleid, ich bin unschuldig!«

An der Ecke Suworow- und Potjomkinstraße wurden die Verhafteten mit dem Gesicht an eine Hausmauer gestellt. Zehn Schritte entfernt trat eine Abteilung deutscher Soldaten an.

In der Menge fanden sich auch einige mitleidige Menschen. Eine Gruppe, die aus einem Lehrer des Gymnasiums, einem Studenten und einer energischen Dame mit einer langen Nase bestand, wandte sich an den deutschen Offizier und bat, wenigstens den jungen Burschen in Zivil zu begnadigen. Es könnte doch sein, daß er wirklich unschuldig sei.

Der Offizier ging mit mürrischer Miene auf den Burschen zu. »Zeig deine Hände!«

»Zeige deine Hände!« übersetzte der Student.

Der Bursche verstand nicht so recht, was man von ihm wollte, streckte aber seine Hände hin. Die Handflächen waren mit harten Schwielen bedeckt, die Haut war schwarz von eingefressenem Eisenstaub. Dieser Bursche konnte nur ein Arbeiter sein, und das entschied sein Schicksal.

Der Offizier zuckte die Achseln, als wollte er damit sagen: Nichts zu machen, meine Herrschaften! Dann befahl er den Soldaten: »Achtung, legt an!«

Ljoschka konnte nicht länger hinsehen. Mit den Ellbogen nach rechts und links stoßend, bahnte er sich seinen Weg durch die Menge und lief weg. Als er die Salve hörte, war es ihm, als hätten die Kugeln ihn, seinen Kopf, seine Brust und sein eigenes Herz getroffen. Erst in der Kupetscheskaja blieb er stehen. Hier war alles so still und einsam wie an den Vortagen.

Abschied

In dem von Silin angegebenen Haus in der Kupetscheskaja befand sich, wie Ljoschka später erfuhr, das illegale Parteikomitee des Gouvernements Cherson. Die Besitzerin des Hauses, eine große, schweigsame Frau, der Ljoschka die aufgetragene Parole hergesagt hatte, brachte ihn in einen geräumigen Keller, wo sich fünf Männer aufhielten. Einige hatte Ljoschka bereits auf Kundgebungen und im Stab der Frontkämpfer gesehen.

Ein schmalschultriger Mann mit einer langen Nase unterhielt sich mit ihm. Zuerst fragte er Ljoschka über Silin aus, dann teilte er ihm mit, daß das Parteikomitee vorhabe, die in Cherson zurückgebliebenen Partisanen nachts über den Dnepr zu den jenseitigen Schilfinseln zu bringen. Zur Arbeitersiedlung im Kasernenviertel würden Boote kommen. Man müßte also versuchen, sich nach Einbruch der Dunkelheit bis dorthin durchzuschleichen. Zum Abschied bat er, Silin einen Gruß von Sachar – so hieß er – zu übermitteln.

Ljoschka kehrte ohne Umwege nach Hause zurück. Das Stadtzentrum, das er durchquerte, war immer noch belebt. Aus der Ferne ertönte Musik. In der Suworowstraße war ein Café eröffnet worden.

Immer wieder tauchten deutsche Patrouillen auf. An einer Straßenkreuzung umgaben die Deutschen gerade einen kurz vorher ausgehobenen Schützengraben mit Stacheldraht. In der Mitte dieser Absperrung wurde ein Maschinengewehr aufgestellt.

Es ging auf den Abend zu. Über der Stadt schwebten rötlichschimmernde Wölkchen.

Da er Cherson für lange Zeit verlassen sollte, mußte Ljoschka noch einmal sein Elternhaus aufsuchen, um einen Mantel mitzunehmen. Am späten Abend – Ljoschka hatte Silin bereits auf den Hof hinausgeführt und ihn gebeten zu warten – klopfte er leise an die Wohnungstür.

Jekaterina jammerte wieder und flehte Ljoschka an dazubleiben. Sie weinte sich an seinem Halse aus, und sein Hemd wurde auf der Brust naß von ihren Tränen. Ljoschka strich ihr über das Haar, über ihre zuckenden Schultern, und er war selbst dem Heulen nahe. Seine Schwester tat ihm leid, und er bedauerte es sehr, sie so schwach und hilflos – allein mit Gluschtschenko – zurücklassen zu müssen.

Sie standen in der Küche und flüsterten miteinander. Aber Gluschtschenko hörte trotzdem etwas. Er betrat plötzlich die Küche und knallte dabei so mit der Tür gegen den Mülleimer, daß der umkippte.

»Ach, sieh mal einer an«, sagte er langgedehnt, »der kleine Bolschewik ist wiedergekommen!«

Sein wohlgenährtes Gesicht verzog sich zu einem höhnischen Grinsen. Durch die offene Tür sah man im Nebenzimmer eine Wodkaflasche auf dem Tisch stehen. Auch für Gluschtschenko war heute ein Festtag. »Da bist du also, du Bösewicht! Nachdem du genug Unheil angerichtet hast, möchtest du dich hier jetzt wohl verstecken, was?«

Jekaterina sah ihren Bruder erschrocken an. Ljoschka mußte sich mit aller Gewalt beherrschen, bevor er antwortete: »Regen Sie sich nur nicht auf, ich gehe wieder!« Gluschtschenko lachte schallend. »Schau an, du gehst direkt den Deutschen in den Rachen! Die würden dich doch mit deinem ganzen bolschewistischen Pack verschlucken...« Er schlug sich auf den fetten Nacken. »Ich weiß schon, wo du hingehen willst. Ich werde dich auf dem Hals haben, dich und deine Kumpane. Kommt nur alle her! Gluschtschenko hat ja einen breiten Buckel, da geht viel 'rauf! Jetzt ist der Gluschtschenko gut, als ich dich aber mal brauchte, hast du dich davongemacht. Nun kommst du angekrochen, wo es um dein eigenes Fell geht, und bettelst: ›Verstecken Sie mich bitte, ich habe Angst!‹«

»Paschenka!« stöhnte Jekaterina.

»Was heißt hier Paschenka. Stimmt das vielleicht nicht, was ich sage? Er hat sich bei seinen Vorgesetzten herumgedrückt, und ich mußte Gräben buddeln für dieses Dreckpack. So ein Verwandter ist das. Hör mal zu, du Vatersöhnchen, Katja zuliebe werde ich dich 'reinlassen, aber vergiß es nie in deinem Leben, du Ekel, wer dir das Leben gerettet hat! Und daß du dich hier ruhig verhältst! Ich dulde keine bolschewistischen Kapriolen. Wehe, wenn du dich hier mausig machst!«

»Ich spucke auf deine Hilfe«, erwiderte Ljoschka, »da, schau her!« Und damit spie er in die Ecke.

»Waaas?« Gluschtschenko taumelte zurück und schnappte nach Luft.

Ljoschka mußte sich zusammennehmen, um dem Schwager nicht in das verhaßte Gesicht zu schlagen. Doch er setzte mit leiser, vor Empörung zitternder Stimme hinzu: »Ich pfeife auf deine Güte. Mir langt's, ich hätte euch längst verlassen, mir tat nur Katja leid. Hätte ich dich doch niemals gesehen, du Lakai, du Speichellecker der Deutschen, du erbärmlicher Hund!«

Alles, was sich in der letzten Zeit im Innern Ljoschkas wie eine drückende schwere Last angehäuft hatte, machte sich jetzt Luft. Er schleuderte Gluschtschenko die schlimmsten Schimpfwörter entgegen, und er schien nicht nur Gluschtschenko damit zu bedenken, sondern sämtliche Kreaturen, mit denen sich sein Schwager heute auf der Suworowstraße herumgetrieben hatte. Dabei ging es ihm immer wieder durch den Kopf: Was richte ich hier an, Katja muß ja schließlich mit ihm weiterleben! Aber er konnte sich nicht mehr zurückhalten.

»Ich gehe jetzt, aber das will ich dir noch sagen: Ich kehre wieder zurück. Falls du Katja kränkst, werde ich dich überall finden, und wenn du dich in die Erde verkriechst. Ihr alle werdet euch verantworten müssen, du und deine ganze Verbrecherbande. Hast du mich verstanden? Leb wohl, Katja!«

Ljoschka riß den Mantel vom Haken, stieß mit der Fußspitze den Mülleimer beseite, der vor seine Füße gerollt war, und ging hinaus. Dabei warf er die Tür mit aller Kraft hinter sich zu.

Noch auf der Treppe hörte er, wie Jekaterina laut losheulte und der zu sich gekommene Gluschtschenko zu brüllen begann.

»Weshalb wart ihr denn so laut?« fragte Silin.

»Ach, es war nichts Besonderes«, antwortete Ljoschka schwer atmend. »Ich habe mich nur mit meinem Schwager ein bißchen unterhalten und Abschied genommen. Jetzt ist wieder alles in Butter.«

Es war gut, daß Ljoschka die Stadt so genau kannte. Er führte Silin auf Wegen, die nur den Jungen von Cherson bekannt waren. Es war dunkel und still. Fast auf jeder Straße patrouillierten deutsche Militärstreifen. Oft hieß es Haken schlagen, wieder umkehren und den Weg von neuem suchen. Nachdem sie die letzte deutsche Patrouille unbemerkt passiert hatten, gingen sie zum Dnepr hinunter und gelangten am Ufer zur Siedlung.

Die niedrigen, vom Alter schief gewordenen Hütten standen ungleichmäßig da – eine höher, die andere tiefer – und bildeten einen untergeordneten Haufen. Kein Lichtschein hinter den Fenstern, kein Rauchwölkchen über den Dächern, kein Hundegebell. Plötzlich versperrten drei dunkle Gestalten ihren Weg, und drei weitere tauchten hinter ihnen auf. Eine drohende Stimme fragte: »Wer ist da?«

Silin nannte seinen Namen und tastete nach der Handgranate. Ljoschka hatte ebenfalls die Hand in die Tasche gesteckt und zur Pistole gegriffen. Doch dann erkannte man Silin.

Als sie weitergingen, ließ sich Ljoschka nicht mehr durch die scheinbare Öde der Siedlung täuschen: Ringsum bemerkte er Bewegung und hörte gedämpfte Stimmen.

Am Ufer erblickten sie mehrere Männer. Sie zimmerten, vorsichtig mit den Beilen klopfend, ein Floß. Etwas weiter ragte ein langes Gebäude mit einem flachen Dach aus der Dunkelheit. Zu diesem Schuppen wurden sie geschickt.

In dem niedrigen Raum, in dem es scheußlich nach faulem Fisch stank, befanden sich viele Menschen. Sie saßen, lagen oder standen an den Wänden. Einige stützten sich auf Gewehre. Blakende Lampen verbreiteten ein trübes Licht.

In einer Ecke beugten sich zwei Frauen mit weißen Hauben über einen auf dem Boden liegenden Frontkämpfer, dessen Kopf verbunden war. Hatten die Anwesenden bisher geschwiegen, so rief die Ankunft von Silin und Ljoschka einige Bewegung hervor.

»Du lebst, Petro?«

»Komm hierher, Chef, nimm Platz!«

»Worauf warten wir noch?« fragte Silin.

»Auf gutes Wetter«, antwortete einer scherzend.

»Die Ruderboote müssen gleich kommen.«

Und wieder machte jemand einen schlechten Witz. »Wir werden bald unsere Vergnügungsreise antreten.«

Ljoschka erkannte in einem der Arbeiter, die schweigend an der Wand lehnten, Timofej Iljitsch Dymow, Pantelejs Vater. Ljoschka stieg über die Beine der auf dem Boden Liegenden hinweg und ging auf ihn zu. »Timofej Iljitsch!«

Dymow sah ihn mit trüben, verständnislosen Augen an.

»Ich bin doch Alexej Michalew, kennen Sie mich nicht mehr? Wo ist Pantelej?«

»Pantelej?« wiederholte Dymow und schüttelte den Kopf. »Es gibt keinen Pantelej mehr...«

»Wieso nicht?«

»Laß ihn in Ruhe!« sagte jemand. »Man hat seinen Sohn umgebracht.«

Die Ruderboote kamen erst nach drei Stunden.

Man stieg hastig ein. Die Boote mußten bis zum Morgengrauen mehrmals hin und her fahren: Am Ufer hatten sich viele Menschen angesammelt, und aus der Dunkelheit kamen immer neue hinzu.

Die Dollen knarrten, die Ruder platschten auf das Wasser. Das Ufer rückte in immer größere Ferne und war bald nicht mehr zu sehen.

Ein kalter Wind wehte über den Fluß. Auf der Wasseroberfläche spiegelten sich wie tanzende Irrlichter die flimmernden Sterne. Ljoschka saß eingezwängt zwischen den Frontkämpfern und preßte sein Gewehr fest an sich.

Ganz weit weg – irgendwo in der Gegend von Sucharny – verglomm langsam der flakkernde Schein einer Feuersbrunst. Davor zeichneten sich dunkel die Silhouetten von Häusern ab.

Das überfüllte Boot schwankte leise, und Cherson, die Stadt, in der Ljoschka seine Kindheit verlebt hatte, versank mehr und mehr in der Dunkelheit.

Zwei Jahre später

Nur sechzig Kilometer ist Nikolajew von Cherson entfernt, aber der Zug schleppte sich rund sieben Stunden über diese Strecke. Er war vollgestopft mit Flüchtlingen. Die meisten fuhren mit ihren Familien und hatten sich schon so an die Enge des Waggons gewöhnt, daß es manchmal schien, als hätten sie es gar nicht so eilig, ihr Ziel zu erreichen. Die Hauptsache war für sie, daß keine Banden den Zug überfielen und daß es ihnen gelang, einige Säckchen Kartoffeln und ein paar Mohrrüben – im Austausch gegen ihnen verbliebene Sachen – für ihre Kinder zu ergattern. Dann konnte man weiterleben. Doch was einen am Ende der Reise erwartete – der Teufel mochte das wissen.

Es kam Alexej vor, als wäre er der einzige Mensch im ganzen Zug, der wirklich darauf brannte, Cherson wiederzusehen. Während der Fahrt hockte er im Bremserhäuschen des letzten Wagens. Außer ihm und dem buckligen Schaffner hatten sich hier noch sechs Personen niedergelassen. Er betrachtete die Steppe und die öden Felder, die hier und dort mit weißleuchtenden Sträuchern bewachsen waren.

Im Chersoner Gebiet war es drückend heiß, die Steppe war völlig abgeblüht. Am Himmel hingen flache Wolken, die wie trockene Aschehaufen aussahen.

Der Zug traf in Cherson gegen drei Uhr nachmittags ein. Kaum hielt er, da sprang Alexej herunter und eilte ins Bahnhofsgebäude. Nachdem er der Patrouille seine Papiere gezeigt und sich nach dem Amtssitz der Tscheka erkundigt hatte, trat er auf den breiten, verödeten Bahnhofsvorplatz hinaus und sah sich um, in der Hoffnung, ein Gefährt zu entdecken. Aber es gab nicht einmal einen Bauernpferdewagen. Alexej warf seinen Kleidersack über die Schulter, betrachtete mißtrauisch seine Stiefel – ob sie es wohl noch aushielten? – und machte sich auf den Weg.

Vor dem Tropin-Krankenhaus holte er einen Bauern mit einem leeren Zweispänner ein. »He, Onkel, kann ich mit?«

Der Fuhrmann hatte gerade einen kleinen Fetzen Zeitung an die Unterlippe geklebt und schüttete die Reste aus seinem Tabakbeutel in die Handfläche. »Hast du Machorka?« fragte er.

»Aber ja doch, Militärsorte!«

Der Bauer zog die Schnur des leinenen Beutels weit auseinander. »Tu mal ordentlich was 'rein!«

Als er seine Tabakzuteilung hatte, schob er im hinteren Teil des Wagens etwas Heu zusammen und sagte: »Da, nimm Platz!« Dann trieb er die Pferde an.

Bald fuhren sie die Howardstraße entlang.

Alexej fühlte einen Stich im Herzen. Ihm war beklommen beim Anblick der weißen Häuser mit ihren Ziergittern vor den Fenstern, mit den Mauern aus gelbem Lehm und mit den verstaubten Lindenbäumen rechts und links der Straße. Alles kam ihm so vertraut vor. Endlich war er wieder daheim!

Zwei Kriegsjahre sind eine lange Zeit. Cherson hatte vieles erdulden müssen. Hier hatten die Weißgardisten Denikins und die Banden des Atamans Grigorjew gehaust. Auf Schritt und Tritt sah man die Spuren ihres Treibens: verkohlte Balken, den Stumpf eines Baumes, der von einer Granate zerfetzt worden war.

Zur Zeit belagerte Wrangel die Stadt. Ebenso wie vor zwei Jahren hörte man in der Ferne das Dröhnen der Artilleriegeschütze. Irgendwo am Dnepr wurde gekämpft. Die Detonationen der Abschüsse und der Einschläge erschütterten die Luft.

»Wo schießen sie denn?« fragte Alexej.

Der Fuhrmann knurrte, wobei er, wer weiß auf wen, böse war: »Was heißt hier schießen? Da mußt du nachts erleben, was hier los ist.«

Die Stadt sah verkommen und unwirtlich aus. In den Straßengräben faulten Abfälle, verwilderte Hunde wühlten darin. Die glühendheiße Luft war mit einem widerlichen Gestank geschwängert.

Die Einwohner schlichen, ohne rechts und links zu schauen, mit bekümmerten Mienen umher. Man merkte, daß sie sich schon lange an diese Verkommenheit, an den Dreck, an das Artilleriefeuer und an vieles andere gewöhnt hatten. Sie schienen sich über nichts mehr zu wundern. Wie wenig ähnelten sie doch den fröhlichen, lebenslustigen Menschen von Cherson, wie sie Alexej aus seiner Jugendzeit kannte!

Nun ja, auch er war schließlich nicht mehr der langaufgeschossene Schüler Ljoschka, der in einer Aprilnacht im Jahre achtzehn mit den Überresten der von den Deutschen zerschlagenen Frontkämpfereinheit auf einem Fischerboot zu den Schilfinseln entkommen war. Bevor er in die Heimatstadt zurückgekehrt war, hatte ihn sein Weg kreuz und quer durch die Ukraine, durch Rußland und weit nach Norden bis Perm geführt. Und erst nach vielen Irrfahrten hatte Alexej in das Gebiet von Cherson zurückgefunden.

Fast ein Jahr hatte Ljoschka als Ordonnanz bei Silin verbracht, der ein Infanterieregiment der Roten Armee befehligte. Dann arbeitete Silin hauptsächlich für die Partei und wurde anschließend zum Kommissar einer Kavalleriedivision ernannt. Er nahm Alexej mit sich. Alexej begann dort auf eine Empfehlung Silins in einer Sonderabteilung zu arbeiten.

»Der Junge hat lange genug als Ordonnanz gedient«, erklärte Silin. »Er besitzt einen klugen Kopf und muß noch immer Meldegänge machen – das ist nicht in Ordnung!«

Sieben Monate war Alexej als Untersuchungsrichter in der Armee tätig. In dieser Zeit wurde er in die Partei aufgenommen.

Im April 1920 bezog die Division in Werchni Tokmak Quartier. Als sie weiterzog, mußte Alexej zurückbleiben. Der Typhus warf ihn aufs Krankenlager. Er konnte nicht einmal zuschauen, wie die Division weiterzog, und durfte sich nicht von seinen Kameraden verabschieden. Doch als er sich endlich wieder auf dem Wege der Besserung befand, entdeckte er auf seinem Nachttisch im Krankenhaus ein dickes Bündel Briefe von seinen Regimentskameraden und Zeugnisse, die ihm Silin und der Leiter der Sonderabteilung, Golowin, ausgestellt hatten.

Mit diesen Papieren in der Tasche reiste er nach seiner Entlassung aus dem Krankenhaus nach Charkow zur Zentralverwaltung der Tscheka. Von dort war er, nachdem er zwei Wochen auf einen neuen Einsatz gewartet hatte, der Chersoner Tscheka zur Verfügung gestellt worden.

Und nun fuhr ein ausgewachsener, kurzgeschorener, durch die Krankheit abgemagerter Rotarmist auf einem Bauernwagen in die Stadt hinein. Sein Mund sprach von Energie, und seine Wangen waren von Wind und Sonne tief gebräunt. Seinem Aussehen nach konnte man ihn höchstens auf neunzehn Jahre schätzen. Nur seine wachsamen graugrünen Augen blitzten noch ebenso kalt und ruhelos wie vor zwei Jahren.

Alexej war sehr schlecht gekleidet. Seine Feldbluse und seine Hosen waren völlig zerschlissen. Den traurigsten Anblick aber boten seine Stiefel. Die Schäfte zerfielen fast, die durchlöcherten Sohlen waren notdürftig mit Draht geflickt und zur Sicherheit noch mit Strippen an die Schäfte gebunden. Aus den Löchern ragten die Enden von Fetzen heraus, die auf die Bezeichnung Fußlappen keinen Anspruch mehr hatten. Einen Mantel besaß er überhaupt nicht.

An der Lutherstraße, wo Alexej – damals noch Ljoschka genannt – auf den Spion aus dem Vizekonsulat geschossen hatte, bog der Bauer mit seinem Wagen nach links ein.

»Halt, Onkel, wo willst du denn hin?«

»Und du?«

»Ich muß geradeaus.«

»Na und – dann geh doch, wer hält dich denn?«

Alexej sprang vom Wagen. Es war zwecklos, sich mit dem Mann zu streiten.

Es tat ihm übrigens nicht leid, daß er die letzte Strecke zu Fuß zurücklegen mußte. Endlich ging er wieder die Suworowstraße entlang, im dichten und kühlen Schatten ihrer breiten Linden. Er dachte dabei merkwürdigerweise nicht an das Jahr achtzehn, nicht an die Deutschen und nicht an die Erschießung der Frontkämpfer, sondern an die so unwahrscheinlich weit zurückliegende Zeit, in der er hier noch als kleiner Junge herumgelaufen war.

Da war auch die Straße, in der sich sein Gymnasium befand, und hier die Konditorei des Deutschen Laubmann, in der es das prächtig erfrischende Scherbett gegeben hatte, eine Speise, die aus verschiedenen

Eissorten, Konfitüre und Nüssen bestand und der Wunschtraum aller Kinder von Cherson gewesen war. Diese köstliche Leckerei hatte man auch »Neapolitanische Fruchtspeise« genannt. Jetzt war das Café geschlossen. Die Schaufenster waren mit Brettern vernagelt. Darauf klebte ein Plakat: »Die Lebensmittelstelle ist in die Wittowskaja verlegt.«

Man hörte die Abschüsse und Einschläge der Granaten deutlicher, aber trotzdem waren mehr Leute auf der Straße: Hausfrauen mit mageren Einholetaschen, irgendwohin hastende Angestellte des Stadtsowjets, Rotarmisten, Bauern, Matrosen und Flüchtlinge mit traurigen und hungrigen Augen. Die Suche nach etwas Eßbarem hatte die Menschen vom Bahnhof bis hierher getrieben. Im Schatten der verödeten Holzkioske lungerten scharenweise Besprisornis herum – verwahrloste, obdachlose Jugendliche.

Alexej bog in die Richelieustraße ein und ging noch einige Straßenzüge weiter. In einer Seitengasse stand ein schönes zweistöckiges Haus mit großen »venezianischen« Fenstern, das früher einem reichen Fabrikbesitzer gehörte. Jetzt patrouillierte vor dem Eingang ein Posten auf und ab. In diesem Haus befand sich die Tschka des Gebietes.

Die Gänge waren belebt, und überall herrschte ein geschäftiges Treiben. Der Wachhabende – ein rotwangiger Bursche mit einer Kosakenmütze auf dem Kopf und einer Pistole am Koppel – führte Alexej in die zweite Etage. Dort öffnete er eine Tür, steckte den Kopf ins Zimmer und meldete: »Zu Ihnen möchte ein Mann, von außerhalb.«

»Herein mit ihm«, antwortete eine Stimme hinter der Tür.

Der junge Bursche ließ Alexej vorbei und zwinkerte ihm aufmunternd zu. »Gehen Sie ruhig 'rein – Kopf hoch, Genosse!«

Der Mann, der hinter einem gewaltigen Schreibtisch saß, war Brockmann, der Vorsitzende der Tscheka, ein kräftiger, breitschultriger Lette. Er trug eine graugrüne Uniform von englischem Schnitt.

Vor ihm auf dem Schreibtisch standen ein massives Tintenfaß ohne Deckel und eine Granathülse, die als Aschenbecher diente. Neben ihm auf dem Schemel hatte ein Kasten mit einem Feldtelefon Platz gefunden.

Brockmann studierte eingehend Alexejs Papiere. Sie besagten unter anderem, daß der Untersuchungsrichter der Sonderabteilung Alexej Nikolajewitsch Michalew nach seiner Ausheilung im Lazarett zur Tscheka des Chersoner Gebietes abkommandiert wurde.

In der dienstlichen Beurteilung hieß es: »Er ist der Sache der Arbeiter und Bauern treu ergeben und hat des öfteren sein Leben für die Sowjetmacht eingesetzt. Stets bewies er Mut und Besonnenheit im Kampf gegen unsere Feinde. Als gebildeter Mensch und Mitglied der Partei der Bolschewiki hat er unerschütterlich darüber gewacht, daß die Gerechtigkeit gewahrt bleibt...«

In dem Schreiben der Zentralverwaltung der Tscheka wurde empfohlen, Alexej mit operativer Arbeit zu betrauen.

Alexej betrachtete Brockmann, während dieser seine Papiere las. Der Vorsitzende der Tscheka hatte eine vorspringende Stirn und ein starkes Kinn. Seine sorgfältig gescheitelten grauen Haare schienen an seinem runden Kopf zu kleben. Er besaß große knochige Hände mit starken Fingernägeln.

Brockmann legte die Dokumente beiseite und fragte: »Und wo stammst du her?«

»Von hier, aus Cherson.«

»Ach, du bist hier zu Hause? Du kennst also die Stadt? Hast du hier Verwandte? Wo hast du bisher gekämpft? Verwundet? Wann und wo? Welche Vorbildung?«

Er stellte diese Fragen abgehackt, mit kaum merklichem lettischem Akzent.

Nachdem er Alexej über seine Tätigkeit in der Sonderabteilung ausgefragt hatte, holte er eine kleine kurze Tonpfeife aus der Tasche, und während er sie mit Machorka aus einer kleinen Blechschachtel stopfte, musterte er Alexej mit gerunzelter Stirn.

»Na, mir schickt man vielleicht Gestalten her«, sagte er dann durch die Zähne, »eine abgerissener als die andere! Besitzt du wenigstens eine Waffe?«

Alexej zog aus der Gesäßtasche einen kleinen belgischen Browning hervor – ein Geschenk von Silin.

Brockmann winkte ab. »Das ist doch keine Waffe für einen Tschekisten.« Er ging zur Tür, öffnete sie halb und rief: »Felzer soll kommen!«

Dann setzte er sich wieder hinter den Schreibtisch und vertiefte sich in die Papiere, als wäre Alexej überhaupt nicht im Zimmer.

Einige Sekunden später stürmte ein kleiner, schmächtiger Mann mit spitzer Nase ins Zimmer. Die Militärmütze war ihm in der Eile ins Genick gerutscht. »Sie haben gerufen?« fragte er mit fliegendem Atem.

»Das ist unser neuer Mitarbeiter, Genosse Michalew«, sagte Brockmann. »Man muß ihn einkleiden, damit man sich seiner nicht zu schämen braucht. Und dann soll er sich eine Waffe aussuchen.«

Der Leiter der Wirtschaftsabteilung musterte Alexej und schüttelte den Kopf. »Hm, keine leichte Aufgabe bei der Figur. Sieht aus wie ein Recke aus der Sage, wie Ilja Muromez. Na schön, wir werden schon irgend etwas für ihn finden.«

»Und dann schau dir mal seine Stiefel an. Hast du überhaupt welche auf Lager?«

Das Gesicht des Befragten nahm einen träumerischen Ausdruck an, als wollte er sagen: Schön wär's ja!

»Es sind also keine da«, stellte Brockmann fest. »In diesem Fall mußt du einen Sessel opfern.«

»Genosse Vorsitzender«, begann der Beherrscher der Bekleidungskammer mit flehender Stimme, »vielleicht geduldet sich der Genosse Michalew noch ein bißchen. Man hat mir versprochen, in ein bis zwei Wochen eine Partie Stiefel zu liefern. Wir haben im Haus keine Sessel mehr, die nicht gebraucht werden.«

»Denkst du vielleicht, ich will Empfänge veranstalten?« fragte Brockmann empört. »Und meine Leute laufen nackt herum!« Dann wandte er sich zu Alexej. »Setz dich, hier ist Papier, und schreibe!« Alexej verstand überhaupt nichts.

Brockmann diktierte ihm den Text einer Anweisung. Alexej schrieb: »In Anbetracht des Fehlens von Schuhen bitte ich,

mir 1 (einen) Ledersessel für Stiefel auszuhändigen...«

Brockmann unterschrieb mit weitausholender Schrift: »An die Wirtschaftsabteilung, genehmigt Brockmann.«

»Jetzt geht«, sagte er. »Wenn alles in Ordnung ist, kommt wieder zu mir. Um ein Quartier mußt du dich selbst kümmern. Ich habe keinen Platz mehr. Ein bis zwei Nächte könntest du hier irgendwo auf einem Sofa schlafen. Dann mußt du sehen, wo du unterkommst, einnisten kannst du dich bei uns nicht.«

»Ich werde schon unterkommen, ich bin doch von hier«, antwortete Alexej, gerührt von dem freundlichen Empfang. »Ich danke Ihnen.«

»Schon gut, nichts zu danken! Kannst dich durch gute Arbeit revanchieren.«

In der Bekleidungskammer fand sich eine prächtige Reithose mit Ledereinsatz, die Alexej paßte. Aus einem Haufen alter Kleidung buddelte Felzer eine noch gut erhaltene Offiziersjacke heraus. Sie war lediglich stark von der Sonne ausgeblichen und an zwei Stellen von Kugeln durchlöchert. Aber die Löcher waren ordentlich geflickt. Da sie sich auf der linken Brustseite befanden, konnte man leicht das Schicksal des ehemaligen Besitzers dieser Uniform erraten.

Felzer wies mit dem Finger auf die Flicken. »Damit Sie es wissen: Das ist ein gutes Zeichen! Dieselbe Stelle wird selten zweimal getroffen. Na, und eine bessere Jacke gibt's ja gar nicht, sitzt wie angegossen.«

Dann gingen sie nach oben in einen Saal. Dort standen einige Ledersessel an der Wand. Felzer wählte den Sessel aus, der am stärksten abgewetzt war, und half Alexej, das braune knarrende Leder abzureißen.

Anschließend war Felzer wahrhaft königlich großzügig. Er ging mit Alexej noch einmal in die Bekleidungskammer und nahm dort aus einem Regal ein Stück dickes Leder, das sich für Sohlen und Absätze eignete.

Im Waffenlager suchte sich Alexej einen Nagan aus. Er war gewohnt, mit dieser Pistole umzugehen, außerdem war sie zuverlässiger als die schweren Parabellum-Pistolen. Seinen Browning behielt er aber. Er liebte ihn, weil er so leicht und so klein wie ein Spielzeug war. Zudem handelte es sich um ein Andenken an Silin.

Von Felzer trennte er sich wie von einem guten Freund.

Von oben bis unten neu eingekleidet, mit dem Nagan an der Seite und der Lederrolle unter dem Arm, erschien Alexej wieder bei Brockmann. Dabei schämte er sich fast wegen seines schicken Aussehens. Doch Brockmann, der stark beschäftigt war, sah ihn nur flüchtig an und wies auf einen Stuhl. »Nimm Platz, ich bin gleich fertig!«

In Wolken von Machorkarauch gehüllt, machte Brockmann in allerlei Dokumenten Vermerke, sortierte dann die Unterlagen in Häufchen und ließ den Wachhabenden kommen. »Bring das in die Abteilungen! Diese Leute hier kommen vor das Tribunal, und diese sollen sofort entlassen werden, man hat sie unnötig erschreckt. Sag Illarionow, er soll sich das nächste Mal die Menschen genauer ansehen, bevor er sie verhaftet, sonst bekommt er es mit mir zu tun! – Ist Filippow schon da?«

»Nein, noch nicht.«

»Gut, du kannst gehen.«

Der Wachhabende entfernte sich. Erst jetzt betrachtete Brockmann Alexej näher. Er schien mit dem Ergebnis seiner Musterung zufrieden zu sein. »In Ordnung. Und jetzt hör zu, Michalew, bevor du bei uns arbeitest, muß ich dir etwas Wichtiges erklären.« Er kam hinter dem Tisch hervor, ging leicht hinkend in seinem Arbeitszimmer auf und ab und blieb schließlich vor Alexej stehen. »Hör aufmerksam zu, Genosse, und merk es dir: Unsere Arbeit ist schwierig, eine schmutzige Arbeit, wie die der Goldwäscher. Und doch muß man dabei saubere Hände behalten, verstehst du mich?« Alexej nickte.

»Dann ist es gut! Alles Nähere kann ich dir im Augenblick nicht erklären, du wirst dich nach und nach schon selbst zurechtfinden. Du bist ein intelligenter Bursche. Bei uns gibt es wenige, die das Gymnasium besucht haben. Die Hauptsache ist folgendes ...« Brockmann fiel das Stehen sichtlich schwer. Er zog einen Stuhl heran, setzte sich Alexej gegenüber und sprach langsam weiter, mit Betonung, als wollte er Alexej Zeit lassen, über jedes Wort nachzudenken. »Unsere Aufgabe ist der Kampf gegen die Konterrevolution. Und uns wurde zu diesem Zweck eine große Macht über die Menschen eingeräumt. Aber es ist eine ganz besondere Macht. Wenn du dabei deinen eigenen Vorteil suchen solltest, machen wir kurzen Prozeß.«

»Das brauchen Sie mir nicht zu sagen.«

»Reg dich nicht auf!« schnitt ihm Brockmann das Wort ab. »Es gibt Dinge, die muß man offen aussprechen. Und jeden Tag sollte man daran erinnern – nicht etwa dich allein, sondern uns alle. Bei einer Arbeit, wie wir sie tun, kann man leicht den Kopf verlieren. Läßt du dich aber dazu verleiten – so richtest du einen schlimmen Schaden an. Wir hatten da einen, der mochte es ebenfalls nicht, daß man ihn an gewisse Dinge erinnerte. Er mußte es mit seinem Leben bezahlen. Er prügelte die Häftlinge. Merk dir das, wir sind keine Gendarmen! Auf uns sieht das Volk wie auf die Sowjetmacht, und wir dürfen das keinen Augenblick vergessen.«

Brockmann stand auf und nahm wieder am Schreibtisch Platz. »Für dich sieht das folgendermaßen aus: Es wird Tag und Nacht viel Arbeit geben und keinen freien Tag. Die Konterrevolution kennt auch keine Feiertage. Zunächst kommst du zur Abteilung für militärische Angelegenheiten und Spionageabwehr, da du ja schon gewisse Erfahrungen auf diesem Gebiet besitzt. Dein Chef heißt Welitschko. Er ist zur Zeit im Einsatz, so daß du dich erst morgen bei ihm vorstellen kannst. Heute ruh dich aus, sieh zu, wo du unterkommst, und bestell dir deine Stiefel! Felzer wird dir einen Schuster empfehlen.«

»Hat er bereits getan.«

Der Wachhabende steckte den Kopf durch die Tür. »Filippow ist gekommen.«

Alexej stand auf.

»Bleib ruhig noch ein bißchen sitzen, wenn du Lust hast«, sagte Brockmann, »und gewöhne dich an die Atmosphäre. Dieser Filippow ist der Chef unserer Fliegerabteilung. Ein wichtiger Mann, aber ein Früchtchen...«

Er konnte nicht zu Ende sprechen. Filippow betrat das Zimmer.

Neue Begegnungen

Man sah dem Eintretenden auf den ersten Blick an, daß er Flieger war. Seine Haut war von Wind und Wetter dunkel gebräunt, und er trug einen von Flecken bedeckten blauen Overall. In der Ellenbogenbeuge hingen eine Schutzbrille und ein Sommerhelm. An den Seiten baumelten an langen Riemen die Kartentasche und eine Mauserpistole in einem hölzernen Etui.

Filippow meldete sich zur Stelle.

»Guten Tag, setz dich«, sagte Brockmann. »Das ist Michalew, unser neuer Mitarbeiter.«

Filippow nickte Alexej kurz zu und setzte sich. Die Kartentasche und seine Mauser legte er auf den mit grünem Tuch bezogenen Tisch. Er war selbstbewußt und hatte eine etwas überhebliche Haltung, wie ein Mensch, der sich seines eigenen Wertes bewußt ist.

»Was hast du mit Issakow gehabt?« fragte Brockmann.

»Aha, der hat sich also schon beschwert.« Filippow grinste. »Es ist nicht der Rede wert.«

»Warum hast du dich heute geweigert zu fliegen?«

»Werde wohl meinen Grund gehabt haben. Bin gestern geflogen, und das genügt. Auch für mich fällt kein Treibstoff vom Himmel.«

»Für dich gilt wohl nicht der Befehl des Chefs des Militärbezirks? Oder bist du erst einen Tag in der Armee, daß du von Disziplin nichts gehört haben willst?«

»Schrei mich nicht so an, Genosse Brockmann«, entgegnete Filippow ruhig. »Mir hat Issakow gar nichts mehr zu befehlen.«

»Weshalb denn nicht?«

»Deshalb – schau her!« Filippow holte ein Blatt Papier aus der Kartentasche und reichte es Brockmann. »Ich habe diesen Befehl aus Nikolajew erhalten. Wir sollen mit dem gesamten Personal und den Maschinen zur neuen Basis in die Etappe...«

Brockmann las den Befehl und erbleichte. Er faltete langsam das Papier zusammen, überlegte eine Weile und warf es in den Tischkasten.

»Hör zu, Filippow... Du wirst hierbleiben und nicht dorthin fliegen.« Seine Wange zuckte.

»Ach, was du nicht sagst«, meine Filippow mit leichter Ironie.

»Nichts wirst du! Ich hebe diesen Befehl auf.«

»Dazu hast du kein Recht, Genosse Vorsitzender.«

»Das ist nicht deine Sache. Dieser Befehl ist – Verrat!«

»Du witterst überall Verrat.«

»Denkst du! Überleg es dir doch selbst: Wo seid ihr jetzt notwendiger – hier oder in der Etappe?«

»Nehmen wir an, hier, aber es handelt sich doch nicht darum...«

»Eben darum!« unterbrach ihn Brockmann. »Für uns sind die Flugzeuge fast das einzige Mittel zur Artillerieerkundung. Euch unmittelbar vor der Offensive in die Etappe zu verlegen – ja, das kann sich doch nur der Feind ausgedacht haben!«

»Was geht mich denn das an.« Filippow runzelte verärgert die Stirn. »Du sagst doch selbst: Disziplin! Man befiehlt, und ich muß dem Befehl Folge leisten.«

»Ich wiederhole: Du wirst nicht dorthin fliegen. Ich schreibe sofort den Befehl, daß ich dir unter Androhung der Verhaftung verboten habe, diesen Befehl Nummer zweihundertsechzehn, Strich achtzehn, zu befolgen, da ich ihn als feindlichen Trick betrachte. Genügt dir das?«

Filippow schwankte offensichtlich.

Brockmann erhob sich und umschloß mit

der Faust den bronzenen Kopf des Löschers.

»Hör zu, Filippow!« erklärte er nicht laut, aber so, daß der Flieger einen raschen Blick auf ihn warf. »Wenn ich nicht wüßte, daß du ein Bolschewik bist, würde ich anders mit dir reden. Dort im Stab haben sich irgendwelche Schweinehunde eingenistet. Ich sage dir das als Parteigenossen. Und ich warne dich: Eine Erfüllung derartiger Befehle bedeutet Verrat an der Revolution. Ich trage eine größere Verantwortung als du. Ich lasse dich nicht fliegen. Solltest du es dennoch versuchen, dann werde ich dich überall zu finden wissen. Überleg es dir also lieber und richtig!«

Alexej bemerkte, daß Filippow klein beigab. Der Flieger widersprach nicht mehr und schaute Brockmann nur groß an. Dabei runzelte er seine hellen, von der Sonne gebleichten Augenbrauen. Für Alexej war es schwer zu beurteilen, ob Brockmann recht hatte oder nicht. Aber das ganze Auftreten des Vorsitzenden der Tscheka und seine Haltung strömten soviel Festigkeit und Kraft aus, daß sie überzeugten. Bei seinem Anblick dachte Alexej: Das ist ein Mann, ein ganzer Kerl!

Er wartete den Schluß der Aussprache nicht mehr ab. Brockmann und Filippow schienen seine Anwesenheit vergessen zu haben. Er nutzte diesen Umstand, nahm seine Sachen und stahl sich aus dem Zimmer.

Im Gang stieß Alexej auf den rotbäckigen Burschen, der als Wachhabender fungierte.

»Alles in Ordnung?« fragte er teilnahmsvoll.

»Ja. Ich werde bei euch arbeiten.«

Der Wachhabende reichte ihm die Hand. »Freut mich, Sie kennenzulernen. Ich heiße Fjodor Fomin und bin Mitarbeiter der operativen Abteilung.« Dann ging er zum kameradschaftlichen Du über. »Und wie gefällt dir unser Vorsitzender?«

»Kluger Kopf und hart!«

»Aber wie!« Fomin hob bedeutsam den Finger in die Höhe. »Die Energie persönlich.«

Fomin war sehr hilfreich. Er sauste los, holte von irgendwoher Marken für das Mittagessen und ging mit Alexej in die Kantine. Sie aßen Hirsebrei mit Leinöl und tranken ungesüßten Tee. Fomin schilderte Alexej die Menschen, die an den anderen Tischen saßen, wobei er jeden von ihnen mit großartigen, schmückenden Eigenschaften ausstattete.

»Siehst du den da in der Ecke? Das ist Adamtschuk«, flüsterte er und wies auf einen älteren Tschekisten mit dichtem weißem Haar, das kurzgeschnitten war. »Leiter der Bandenbekämpfung, Schrecken der Banditen. Er war es, der den Anarchisten Kuska eigenhändig geschnappt hat... Und der dort, das ist Illarionow. Ein Kerl, sagte ich dir, ein Kämpfer durch und durch. Bei dem gibt es keine Gnade für den Feind. Wenn der eine Sache anpackt, dann ist er wie mit Sprengstoff geladen!«

Illarionow hatte ein feingeschnittenes, intelligentes Gesicht. Die hellblauen, tiefliegenden Augen hielten den Blick niemals lange auf die gleiche Stelle gerichtet. Er schien nervös und unausgeglichen zu sein. Dafür strahlte der dritte Tschekist, auf den Fomin wies, eine Ruhe aus, die für drei Menschen gereicht hätte. Sein Name war Nikita Bodenko. Von riesigem Wuchs, mit Schultern so breit wie ein Panzerschrank und gemächlich in seinem ganzen Gebaren, machte er einen einfachen und gutmütigen Eindruck. Sein Nacken schien viel zu kräftig für den Hemdkragen, und der Tisch, an dem er saß, wirkte, an seiner Gestalt gemessen, wie ein Kindertischchen. Fomin erklärte mit Begeisterung in der Stimme: »Eine Kraft hat der – wie ein Bär! Ein richtiger Recke. Der würde sogar einen ausgewachsenen Ringer aufs Kreuz legen – der Schlag soll mich treffen, wenn's nicht stimmt.«

Fomin war erst vor kurzem vom Bezirkskomitee des Komsomol zur Tscheka delegiert worden, und seine Arbeit erfüllte ihn mit einem Stolz, den er trotz größter Bemühungen nicht verbergen konnte. So sagte er mit Vorliebe: »Wir Tschekaleute«, oder: »Unsere Tschekistenarbeit...« Bei solchen Redewendungen nahm dann das rotbäckige Gesicht des Burschen einen bedeutungsvollen

Ausdruck an, der ihn jedoch meist noch kindlicher erscheinen ließ, als er mit seinen siebzehn Jahren wirklich war. Fomin hielt Brockmann für das Muster eines Tschekisten. Er erzählte Alexej – und überschlug sich dabei vor Begeisterung –, wie Brockmann vor einer Woche persönlich eine Razzia gegen politische Banditen geleitet habe, die sich in Sucharny versteckt hatten. Brockmann selbst habe einen starken und kräftigen Banditen kampfunfähig gemacht und gefesselt, obwohl ihm dieser kurz vorher noch durch die linke Wade geschossen hatte.

»Und weißt du, was das für eine Wunde ist?« fragte Fomin. »So'n Ding! Wie eine Faust so groß. Doch wenn du nun glaubst, Brockmann hätte sich auch nur einen Tag ins Bett gelegt, dann bist du groß im Irrtum. Nein, mein Lieber, sowas macht dem gar nichts aus!«

An ihren Tisch trat ein gutgebauter, schwarzlockiger junger Bursche in einem schwarzen Russenhemd. Dazu trug er einen kaukasischen Ziergürtel. Die hinten am Gurt hängende Revolvertasche schob das Hemd etwas in die Höhe.

»Was spinnst du hier herum, Fedja?« fragte er und maß Alexej mit einem feindseligen, mißtrauischen Blick.

»Hier gibt's keine Spinner, die mußt du dir anderswo suchen!« erwiderte Fomin beleidigt.

Der Bursche, der wie ein Zigeuner aussah, zog ihm darauf die Mütze auf die Nase. »Gib bloß nicht so an, du kleiner Tschekist!«

»Nimm deine Finger weg«, rief Fomin. »Du hast dir auch schon feine Manieren angewöhnt!«

Der Bursche lachte laut und ging zum Schalter der Essenausgabe. Er schaute durch die Luke in die Küche und erzählte etwas, worauf man dort ebenfalls lachte. Er sah wirklich hübsch aus – mit seiner braungetönten Haut, seinen schwarzen Augenbrauen, seiner mädchenhaft schlanken Taille und den dunklen Locken, die sich unter seinem Samtkäppi hervorringelten.

»Das ist übrigens auch ein unverwüstlicher Bursche«, erklärte Fomin halblaut. »Sergej Nikischin. Den haben schon mal die Weißen in der Mache gehabt und ihm in ihrer Abwehrabteilung alle Rippen gebrochen. Und weißt du, was er hier ist? – Hauskommandant! Deshalb spielt er auch den Zackigen und gibt so an. Aber sonst ist er ein ganz brauchbarer Kerl...«

Fomin mußte aufhören zu schwatzen, da er zum Dienst gerufen wurde.

Nach dem Essen ging Alexej in die Stadt.

Er suchte die Schusterwerkstatt auf, deren Adresse ihm Felzer gegeben hatte. Der krummgebeugte und stark kurzsichtige Schuhmacher versprach ihm, die Stiefel in drei Tagen anzufertigen.

Jetzt blieben noch zwei Dinge zu tun: die Schwester aufzusuchen und sich ein Quartier zu verschaffen.

Alexej hatte schon lange jede Verbindung mit Jekaterina verloren. Im letzten Jahr hatte er keine Zeile mehr von ihr erhalten. Und obwohl es im Bereich des Möglichen lag, daß ihn die Briefe seiner Schwester an der Front einfach nicht erreicht hatten, war Alexej, der in diesen Jahren so manches hatte erleben müssen, auf jede Überraschung gefaßt.

Er ging die alte, so vertraute Straße entlang und fand alles wieder, was er nie vergessen hatte: die Akazienbäume an den Bürgersteigen, die mit Kalkplatten ausgelegt waren, die Zäune, in denen er jeden Durchschlupf kannte, die granitenen Prellsteine vor den Toren und die verrosteten Blechschilder mit den Hausnummern, die sich mit der Zeit verbogen hatten.

Je näher er seinem Hause kam, desto langsamer wurden seine Schritte.

Ein unbekannter alter Mann öffnete ihm die Tür.

»Die sind schon lange nicht mehr hier, schon über ein Jahr,« sagte er. »Haben das Haus vermietet. Wer weiß, wo sie hingefahren sind. Man sprach erst von Kopani, und dann hieß es, sie wären in Jekaterinoslaw... Nein, geschrieben hat auch keiner von ihnen. Sind Sie vielleicht ein Verwandter?«

»Ich wollte nur einen Gruß vom Bruder

übermitteln«, sagte Alexej und verabschiedete sich.

Er fühlte sich innerlich nicht wohl bei dem Gedanken, daß in seinem Elternhaus fremde Menschen wohnten. Auch der Gedanke an die Schwester machte ihn unruhig. Zu alledem war jetzt auch noch seine Hoffnung geschwunden, wenigstens etwas über den Vater zu erfahren, von dem Alexej ebenfalls seit langem nichts mehr gehört hatte. Und die Schwester würde er gewiß nicht so schnell wiederfinden. Jekaterinoslaw lag weit weg...

Die Quartierfrage wurde dennoch ganz einfach und rasch geregelt: Fjodor Fomin erwies sich als Retter in der Not, als Alexej ihn fragte, ob er nicht wüßte, wo in der Nähe ein Zimmer zu vermieten sei.

»Komm doch zu mir«, schlug er vor. »Ich wohne mit meiner Mutter und meiner Schwester Ljuska zusammen. Sie werden sich freuen. Na, kommst du mit?«

»Natürlich!« antwortete Alexej. »Ich bin froh, wenn ich weiß, wo ich schlafen kann.«

Fomin meldete sich schnell ab. Dann führte er Alexej in die Sabalka, den Stadtbezirk, in dem er wohnte.

Fomins Mutter und seine Schwester, ebenso stupsnäsig und rotbackig wie ihr Bruder, nahmen Alexej herzlich auf. Sie luden ihn zu Tee mit Sacharin ein, und Alexej fühlte sich gleich wie zu Hause.

Man richtete ihm ein Bett in einer winzigen Kammer, wo nur eine schmale Kasernenpritsche und ein rundes Tischchen Platz hatten. Nachdem sich Alexej hingelegt hatte, dachte er noch einmal an die Reise und die Heimkehr.

Jenseits vom Dnepr feuerten die Geschütze. Das Häuschen erbebte ununterbrochen.

Alexej schloß die Augen. Nun war er endlich wieder in Cherson! Und morgen begann ein neues Leben...

Die Untersuchung

Alexejs neuer Chef – Welitschko – glich Brockmann aus unerfindlichen Gründen in vielem: Er war ein Mann in mittleren Jahren mit einer Glatze und einem pockennarbigen Gesicht. Aus seinen Augen sprachen Klugheit und Wachsamkeit. An der linken Hand fehlten ihm drei Finger. Es hieß, er habe sie bereits bei der Revolution 1905 im Kampf verloren. Welitschko war in Petrograd zu Hause. Dort hatte er den Dienst in der Tscheka aufgenommen.

Seine jetzigen Mitarbeiter paßten großartig zu ihm: der verschlossene und immer etwas verdrossene Grubenarbeiter aus dem Donezbecken Nikolai Kurlin, der lungenkranke Lehrer aus Poltawa, Josef Tabatschnikow, und der breitschultrige Iwan Petrowitsch Woronko aus Odessa, ein ehemaliger Matrose und Teilnehmer des Aufstands auf dem Panzerkreuzer »Otschakow« mit einem prächtigen Schnurrbart und einer gewaltigen Stimme. Alle drei waren zuverlässige und umsichtige Menschen. Alexej erhielt seinen neuen Arbeitsplatz im Zimmer von Woronko. Es war mit zwei Stühlen, einigen Hockern und einem Sofa ausgestattet, auf dem zwar eine Decke lag, aber Kissen und Schlummerrollen fehlten. In einer Zimmerecke lagerte etwas, was bis zur halben Wandhöhe hinaufreichte und mit Sackleinewand zugedeckt war.

Woronko fragte Alexej gleich am ersten Tage: »Magst du Bücher?«

»Was für Bücher?« antwortete Alexej, der die Frage nicht verstand.

»Alle möglichen.«

»Och, ich lese schon ganz gern.«

»Dann gewöhne es dir lieber ab, und du hast mehr Ruhe!«

Der geheimnisvolle Haufen in der Ecke entpuppte sich als ein Bücherstapel. Bücher waren Woronkos Leidenschaft. Er sammelte sie, wo er nur konnte, und erlaubte keinem, seine Bibliothek zu berühren.

Es war spaßig zu beobachten, wie dieser große erfahrene Mann jeden Morgen die Leinwand vorsichtig herunternahm und nachprüfte, ob auch noch alle Bücher da seien. Er strich dann mit seinen kurzen ungeschickten Fingern zärtlich über die glänzenden Bucheinbände und pustete den Staub weg. Dabei spitzte er seine spröden vollen Lippen, als wollte er pfeifen. Zuweilen zog er ein Buch heraus, blätterte darin, seufzte und legte es wieder an seinen Platz. Zum Lesen fehlte ihm leider die Zeit. Schließlich verhüllte er seinen Schatz wieder. Er tat das sehr liebevoll und auf so besondere Art, daß er es gleich merken mußte, wenn ein Unbefugter sein Heiligtum angerührt hatte.

Im übrigen, das heißt, sofern es sich nicht um Bücher handelte, war Woronko ein umgänglicher und uneigennütziger Mensch, der mit einem Kameraden das Letzte teilte. Seine Leidenschaft für Bücher kommentierte er nur ganz kurz, als schämte er sich, seine innersten und intimsten Gefühle vor fremden Augen bloßzulegen. »Ich achte den Geist im Menschen«, erklärte er. »Wenn man unsere Leute an die Bücher heranließ, so würden viele sie auf der Stelle plündern, um sich mit dem Papier Zigaretten zu drehen. Und so was würde ich nicht überleben!«

Eines Morgens kam Welitschko ins Zimmer gestürzt und rief: »Im Lazarett I randalieren die Verwundeten, sie haben die Ärzte eingesperrt, saust mal hin und seht nach, was da los ist!«

Im Lazarett gerieten Woronko und Alexej mitten in eine Protestkundgebung hinein: Auf dem Hof drängten sich die Leichtverwundeten in Soldatenmänteln, die sie über ihre Unterwäsche geworfen hatten, um einen zweirädrigen Sanitätswagen. Auf ihm stand ein dunkelhaariger Rotarmist. Er stützte sich auf eine Krücke, streckte das eine dickverbundene und geschiente Bein in die Höhe, um das Gleichgewicht zu halten, und fuchtelte aufgeregt mit den gespreizten Fingern seiner rechten Hand in der Luft herum. Dabei schrie er aufgebracht: »Was soll man dazu sagen, Genossen: einem verwundeten Menschen den letzten Bissen zu entziehen! Und nun beantwortet mir bloß eine Frage: Wem dient es, wenn ein verwundeter Rotarmist Hunger leidet? Da gibt's nur eine Antwort: Der weißgardistischen Hydra ist das dienlich und sonst niemandem! Habe ich nicht recht?«

»Sehr richtig!« erklang es von allen Seiten.

»Das weißgardistische Ungeheuer will nicht, daß wir unsere beschädigte Gesundheit kurieren und wieder auf seinen Schlangenleib einschlagen, und zwar so lange, bis die Weltrevolution endgültig gesiegt hat.«

»Der Bursche hat kein übles Mundwerk«, meinte Woronko anerkennend und dämpfte seine Stimme. »Tja, sie haben es gelernt, schöne Worte zu machen. Komm mit, Michalew!«

Er mischte sich unter die Menge, schob die Verwundeten vorsichtig zur Seite und drängte sich bis zum Sanitätswagen vor. Alexej folgte ihm.

Beide wurden erkannt.

»Die Tschekisten sind da!«

»Aha, her mit ihnen!«

»Wo treibt ihr euch denn herum, während hier die Konterrevolution wieder aus ihrem Loch herauskriecht?«

»He, du, klettere 'runter!« rief Woronko dem schwarzhaarigen Rotarmisten zu. »Hast nun genug geredet. Erzählt mal, was bei euch los ist.«

Alle wollten auf einmal sprechen, nur mit großer Mühe konnte man daraus folgendes entnehmen: Dem Lazarett war Fleisch geliefert worden. Zwei Verwundete, die in der Küche tätig waren, argwöhnten, daß sich der Koch ein größeres Stück davon aneignen wollte. Sie verlangten, daß das Fleisch vor ihren Augen abgewogen würde. Als das Mittagessen gekocht war, ließen sie das Fleisch noch mal wiegen, und es stellte sich heraus, daß es über zwanzig Pfund weniger waren.

Die Kunde von diesen Vorgängen verbreitete sich mit Windeseile durch alle Krankenzimmer. Die Verwundeten gerieten in Erregung, und alle, die irgendwie laufen konnten, belagerten die Küche.

Der Koch gab sich alle Mühe, die Angelegenheit zu klären, indem er schwor, daß das Fleisch beim Zubereiten einfach eingekocht sei. Doch keiner wollte seinen Versicherungen glauben. Ein Gewichtsschwund von zwanzig Pfund allein beim Kochen – das war ja unwahrscheinlich! Wo gab's denn so was: zwanzig Pfund! Mit einer derartigen Menge konnte man doch vierzig Menschen satt machen! Der Fall erschien sonnenklar: Unterschlagung, Konterrevolution!

Das ganze Lazarett war in Aufruhr geraten. Einige Stimmen der Vernunft verhallten in der allgemeinen Empörung. Der Koch und – für alle Fälle – auch seine sämtlichen Helfer wurden gefesselt und im Keller eingesperrt. Irgendwer kam dabei auch auf den Einfall: Der Koch konnte nie und nimmer ohne Wissen der Vorgesetzten so gehandelt haben! Ohne lange zu überlegen und um auch ja keinen Fehler zu begehen, griff man sich den Wirtschaftsleiter und den Chefarzt. Gemeinsam mit ihnen sperrte man noch zwei Ärzte in den Keller, die versucht hatten, sich für die Verhafteten einzusetzen.

Die Luft roch nach Lynchjustiz. Zum Glück war einer vom medizinischen Personal auf die Idee gekommen, die Tscheka zu Hilfe zu rufen.

Alexej und Woronko waren von allen Seiten eingekeilt. Jeder wollte seine Ansicht äußern und seine Beweise für die Schuld des Kochs und seiner Komplicen vorbringen.

Ein rothaariger Bursche mit einer himbeerfarben abgesetzten Kosakenmütze zerrte Alexej am Ärmel und schrie ihm ins Ohr: »Das letzte Stück wollen sie einem klauen, und ich könnte vielleicht gerade durch dieses Stück zu Kräften kommen, und vielleicht habe ich überhaupt schon vergessen, wie Fleisch schmeckt.«

Woronko hob den Arm. »Ruhig, Genossen, es wird sich alles aufklären. Wir nehmen die Verhafteten gleich zur Tscheka mit und untersuchen dort, wer schuldig oder unschuldig ist.«

Der schwarzhaarige Rotarmist schrie: »Wir geben sie nicht heraus, wir werden selbst über sie zu Gericht sitzen!«

»Wir lassen die Strolche nicht aus dem Lazarett heraus!« unterstützten ihn andere.

»Das kennen wir schon, sie geben euch Fleisch, und ihr laßt sie wieder laufen!« rief der rothaarige Kosak, der sich kurz vorher an Alexej gewandt hatte.

»Waaas?« Woronko drehte sich zu ihm um. »Was hast du gesagt?« Er schritt drohend auf den Verwundeten zu und tastete nach der Gesäßtasche, in der sich seine Pistole befand. »Die geben uns Fleisch? Das heißt also, man kann uns kaufen, oder was meinst du?«

Der Soldat wich zurück und suchte Rükkendeckung bei seinen Kameraden.

Es wurde plötzlich totenstill, und eine Spannung lag in der Luft, die nichts Gutes verhieß. Alexej fühlte erschrocken: Woronko begeht einen Fehler! Ein Zusammenstoß mit den Verwundeten in dieser bis zum Äußersten gespannten Atmosphäre konnte zu einem neuen Ausbruch der Empörung führen.

Er sagte warnend: »Genosse Woronko!«

Aber dieser hatte sich alles schon selbst überlegt. Er zuckte die Achseln, wandte sich von dem Rothaarigen ab und rückte mit energischem Griff die Kartentasche an seiner Seite zurecht. »Gut, machen wir es so, wie ihr wollt. Wir wählen eine Kommission und prüfen alles an Ort und Stelle.«

»Das ist schon etwas anderes!« Von allen Seiten ertönte Zustimmung.

»Das hättet ihr auch gleich sagen können.«

»Wer von euch lesen und schreiben kann«, sagte Woronko, »der möge vortreten.« Er hatte sich bereits beruhigt und lächelte freundlich, nur sein Schnurrbart sträubte sich noch etwas. Einige Verwundete drängten sich durch die Menge. Woronko suchte vier von ihnen aus, gesellte ihnen den schwarzhaarigen Rotarmisten zu, der so feurig gesprochen hatte, und richtete seine Blicke auf den rothaarigen Widersacher, der ihn gekränkt hatte. »He, Rotkopf, du kommst mit in die Kommission!«

»Was soll ich bei der Kommsission?« winkte der Angeredete ab, und hielt sich vorsichtshalber möglichst weit im Hintergrund.

»Du sollst selbst mitmachen, weil du anderen nicht traust.«

»Die Kommission interessiert mich nicht, es ist sowieso schon alles klar.«

»Na, vielleicht erfährst du noch was über die Tschekisten.«

»Versprechen Sie ihm, daß er was zu fressen kriegt, dann ist er gleich dabei!« rief jemand. »Bei dem geht alles durch den Magen.«

Die Verwundeten lachten. Die Spannung war gewichen. Man schubste den Rothaarigen nach vorn.

»Aber ich kann doch kaum lesen und schreiben!« versuchte er sich herauszuwinden.

»Wirst schon irgendwie zurechtkommen. Wenn dir der Bauch knurrt, dann bedeutet das eben, daß etwas nicht stimmt.«

Schließlich ließ er sich überreden.

Woronko unterbrach mit seiner sonoren Stimme den Lärm. »Ruhig. Kennt ihr diese Leute?« fragte er, auf die Kommission deutend. »Und habt ihr Vertrauen zu ihnen?«

»Und ob wir die kennen!«

»Die sind in Ordnung.«

»Also, dann Schluß mit dem Rummel: Die Kommission wird ihre Arbeit aufnehmen, und kein anderer hat sich mehr einzumischen.

Und nun — auf zur Küche!«

Die Menge begleitete die Kommission zu dem etwas abgelegenen einstöckigen Küchengebäude. Vor der Tür standen zwei Verwundete, mit Gewehren bewaffnet, und bewachten das nichtausgegebene Essen. Die Kommission begab sich in die Küche, die Verwundeten drängten sich an der Tür oder besetzten die geöffneten Fenster.

Auf einem langen Anrichtetisch lag das gekochte Fleisch – noch feucht, aber inzwischen kaltgeworden.

»Setzt euch, Bürger«, sagte Woronko zu den Mitgliedern der Kommission. »Wir beginnen mit der Arbeit.«

Alexej hatte den Eindruck, daß sich der Matrose über alles, was hier vorging, heimlich amüsierte.

Woronko setzte sich mit einem Hocker mitten in die Küche, legte seine Kartentasche auf die Knie, stemmte die Arme in die Hüften und betrachtete alle Anwesenden mit einem listigen Blinzeln unter seinen gerunzelten Augenbrauen.

Alexej stellte sich an die Tür, um den beiden Wachposten zu helfen, die Neugierigen zurückzuhalten.

Die Kommission nahm auf einer Küchenbank an der Wand Platz. Die Prüfung des Sachverhaltes begann.

Zunächst wurden die beiden Verwundeten vernommen, die den Koch »in flagranti ertappt« hatten. Der eine war ein kleiner Rotarmist mit einem verbundenen Auge unter dem dichten Haarschopf, der andere ein kräftiger, aber hinkender Matrose in gestreiftem Matrosenhemd und gelben zerschlissenen Unterhosen.

Der junge Soldat berichtete aufgeregt, daß schon der gewichtige Körperbau des Kochs einen gewissen Verdacht in ihm erweckt hätte. »Denn wie kommt es, so dachte ich mir, daß dieser Kerl so dick und fett ist, während alle anderen, die wirklich was tun, so abgemagert sind. Der kann sich doch nur auf Kosten von uns Verwundeten mästen!«

Mit dieser Vermutung – so erklärte der Zeuge weiter – habe die Sache angefangen. »Der Koch ist auch gleich unverschämt geworden und hat sich geweigert, das Fleisch abzuwiegen. Angeblich könnte er sonst das Essen nicht rechtzeitig fertigbekommen. Na, wir haben nicht lange gefackelt, haben ihn an seinem dicken Wanst gepackt, und schon hat er das Fleisch gewogen. Als sich der bewußte Schwund herausstellte, erklärte er nur: Das ist eingekocht. Zwanzig Pfund sind eingekocht, haha, da wird es doch wohl einem Säugling klar, was gespielt wird. Du brauchst nicht zu denken, daß ich durch meine Verwundung nur auf einem Auge sehen kann: Die Konterrevolution würde ich jederzeit erkennen, und wenn ich ganz blind wäre!«

Die Verwundeten lachten zustimmend.

»Wieviel Fleisch war zuerst da?« fragte Woronko und runzelte die Stirn.

»Frischfleisch? Etwas über vierundsiebzig Pfund«, antwortete der Rotarmist mit Nachdruck. »Und als es gekocht war, waren es genau – fünfzig Pfund. Vierundzwanzig Pfund haben sich in nichts aufgelöst.«

Woronko schob die Mütze zur Seite, kratzte sich am Kopf und wandte sich an die Kommission. »Und nun muß man die Gegenseite hören. Bringt mal den Koch her! Aber paßt auf und macht keine Dummheiten. Wenn ihr ihm auch nur ein Härchen krümmt, dann kriegt ihr's mit mir zu tun! Michalew, geh doch mit und sieh nach dem rechten!«

Man brachte den Koch. Schwerfällig und unnatürlich dick, konnte er nur kurze Schritte machen. Bei jedem Zuruf zog er den Kopf ein wie eine Schnecke.

Er wurde zu Woronko geführt.

»Sei ehrlich, Koch, hast du Fleisch gestohlen oder nicht?« Der Dicke begann zu greinen. Seine feisten Wangen zitterten, als er Stein und Bein schwor, daß er während seiner dreißigjährigen Tätigkeit als Koch auch nicht das kleinste Körnchen veruntreut hätte. Das Fleisch sei doch nur eingekocht. Im übrigen habe er eine alte gebrechliche Frau, und seine Tochter sei von einem roten Kommandeur schwanger.

»Laßt doch keinen Unschuldigen leiden!« rief er aus und rang nach Atem. »Ich habe immer ehrlich gearbeitet, Gott sei mein Zeuge!«

»Eure Ehrlichkeit kennen wir!« rief der Rothaarige. Aber niemand unterstützte ihn. Die Verwundeten betrachteten die Dinge schon ruhiger, und der Anblick des Jammergreises bedrückte sie. Woronko zupfte an seinem Schnurrbart. »Nun sag mal, Koch, wie groß ist gewöhnlich der Verlust durch Einkochen?«

»Ganz verschieden, lieber Herr!« Der Koch schluchzte.

»Das kommt ganz auf das Fleisch an. Manchmal geht ein Drittel des Gesamtgewichts verloren.«

Ringsum wurde es wieder laut.

»Ruhe, Leute!« rief Woronko mit erhobener Stimme. »Wir müssen herausbekommen, ob er schwindelt oder nicht. Hast du noch frisches Fleisch da, Koch?«

»Ja, fürs Abendbrot zurückgelegt.«

»Her damit!«

Nachdem man das Fleisch herangeschleppt hatte, befahl Woronko dem Dicken: »Nun schneide genau drei Pfund ab, aber paß auf, haargenau drei Pfund – bis auf die kleinste Faser!«

Alle schauten argwöhnisch zu, als der Koch das saftige Stück Fleisch auf die Waage legte.

»So, und nun setz den Topf aufs Feuer!« befahl Woronko. »Wir werden das Stück jetzt gleich kochen, Genossen, und dann sehen, wieviel übrigbleibt. Dann erst können wir entscheiden, ob der Alte schuld ist oder nicht.«

»Das dauert aber ganz schön lange«, meinte einer unzufrieden.

»Tja, einen Menschen erschießen, das geht bekanntlich schneller!« Woronko runzelte die Stirn. »Egal – auch du wirst so lange warten können.«

»Richtig«, meinten viele Verwundete, »die Sache ist durchaus in Ordnung!«

Das Fleisch kochte über eine Stunde. Die ganze Zeit hindurch überwachten die Mitglieder der Kommission und die Verwundeten den Topf. Die Küche füllte sich mit Brodem. Es begann nach fetter Fleischbrühe zu riechen, und man hörte laute Seufzer.

»Ach, nun kriegt man erst richtig Kohldampf! Na ja, wir haben doch bis jetzt noch kein Mittagessen bekommen.«

»Hätten wir bloß nicht randaliert, wir wären schon lange satt!«

Endlich wurde das gekochte Fleisch gewogen. Sein Gewicht hatte sich um ein Pfund und dreißig Gramm verringert.

Alle fingen an zu rechnen. Woronkos und Alexejs Bleistifte wurden in sechs Stummel geschnitten, und jedes Kommissionsmitglied erhielt ein Blatt Papier, das man aus einem Heft gerissen hatte.

Nachdem alles ausgerechnet war, stellte sich heraus, daß der durch Einkochen bedingte Schwund von vierundzwanzig Pfund – verglichen mit der Gesamtmenge des für das Mittagessen bestimmten Fleisches – gar nicht so groß war. Es hätte noch mehr einkochen können.

»Na? Was sagt ihr dazu, Leute?« fragte Woronko.

Die Mitglieder der Kommission sahen sich gegenseitig an, und der eine oder andere kratzte sich am Hinterkopf.

»Und wen stellen wir jetzt vor Gericht?« fuhr Woronko fort.

»Oder wollen wir den Alten trotzdem erschießen?« Uns macht's ja nichts aus.«

»Mach keine schlechten Scherze«, murmelte der schwarzhaarige Rotarmist beschämt. Er hielt die Augen auf das Blatt Papier geheftet, das vor ihm lag und mit ungelenken Zahlen vollgekritzelt war. »Es kann doch alles mögliche passieren!«

»Ja, da sieht man's wieder – alles mögliche!« witzelte Woronko. »Wenn der Bregen nicht arbeitet, kann vieles vorkommen. Ihr hättet einen Menschen getötet, und wir sollten dann die Schuldigen finden! – Wo ist denn unser Hauptzeuge? Komm doch mal her und erzähl uns noch einmal, wie du die Konterrevolution erkannt hast?«

Der Befragte machte eine ängstliche Miene. «Na ja«, stammelte er, »mir ist ein kleiner Fehler unterlaufen.«

Woronko packte ihn an der Brust. »Man sollte dich dafür auf der Stelle erschießen!« brüllte er. Dabei sträubten sich seine Schnurrbartenden vor Wut.

»So was kann doch mal passieren«, suchte sich der Soldat zu rechtfertigen. »Ich habe noch nie in meinem Leben so viel Fleisch gekocht. Woher soll ich denn wissen, daß dieser Teufelsbraten dermaßen einschmoren kann!«

Woronko wandte sich an die übrigen Verwundeten. »Vielleicht bringen wir ihm das Kochen bei, damit er sich das nächste Mal nicht mehr irrt! Ich schlage vor: Wir stopfen ihn in einen Topf und sehen dann zu, wieviel von ihm übrigbleibt? – Na, wie wär's?«

Eine Lachsalve bildete die Antwort.

»Oho, das war gut gesagt!«

»Sieh mal an, was für ein tüchtiger Tschekist!«

»Laß den Miesmacher laufen, ist doch nur Haut und Knochen!«

Alle lachten, die Kommissionsmitglieder, die Verwundeten und die Tschekisten. Sie lachten laut und aus vollem Herzen, gleichzeitig waren alle von einem Gefühl der Erleichterung erfaßt, daß sie froh stimmte. Man klopfte dem Koch begütigend auf die rundlichen Schultern, und er lächelte ebenfalls. Dabei wischte er sein speckiges Gesicht, das wie ein großer roter Apfel glänzte, mit dem Schürzenzipfel ab.

Jetzt erinnerte man sich auch der anderen Verhafteten, und die Menge wälzte sich zum Keller. Die Ärzte wurden feierlich wieder ans Tageslicht geholt. Dann geleitete man die »Häftlinge«, die völlig durcheinander waren und überhaupt nichts mehr verstanden, über den Hof zum Lazarettgebäude zurück.

»Komm, Michalew, wir gehen«, sagte Woronko nach einem Blick auf die Taschenuhr. »Wir haben viel Zeit verloren.«

Kurz vor dem Tor holte sie der rothaarige Kosak ein. »Wartet, einen Augenblick!«

»Was willst du noch?«

Der Rotkopf kam heran und sah ihnen schuldbewußt in die Augen. »Ich möchte um Entschuldigung bitten für das, was ich da vorhin so unüberlegt gesagt habe.«

»Schon gut, du Döskopp!« meinte Woronko großmütig, »ich verzeihe dir deine Dummheit!«

Als sie auf der Straße waren, erklärte er: »Ich habe es mir doch gleich gedacht, daß der Koch unschuldig ist. War ich doch selbst mal Gehilfe bei einem Schiffskoch, verstehe also was vom Fach!«

Alexej lächelte. Es war ihm festlich zumute, aber er konnte sich den Grund nicht erklären. Sie hatten doch nicht einen Verbrecher entlarvt, niemanden verhaftet, keine Verschwörung aufgedeckt – trotzdem war das, was sie getan hatten, echte Tschekistenarbeit, und der an seiner Seite gehende Mann war ein guter, ein wahrer Mensch.

Der Befehl

Am Vormittag des 11. Juli fuhr Brockmann mit einem Auto zur Gouvernementsleitung der Tscheka in Nikolajew. Am nächsten Morgen kehrte er zurück, rief sämtliche Mitarbeiter der Abteilung für Militärische Angelegenheiten und Spionageabwehr zu sich und ließ sich über alles berichten.

Welitschko erstattete Bericht.

Während des einen Tages der Abwesenheit von Brockmann hatte sich etwas Außergewöhnliches ereignet, und wieder war der Leiter der Fliegerabteilung, Filippow, in diese Angelegenheit verwickelt.

Die Flieger hatten den Befehl erhalten, die Feuerstellungen des Gegners zu erkunden und aufzuzeichnen, denn die Weißen sollten – Berichten zufolge – Verstärkung bekommen haben. Aus bestimmten Gründen konnte der Aufklärungseinsatz nur zur Zeit des Artilleriefeuers durchgeführt werden.

Den ganzen Tag befanden sich die Flugzeuge der Abteilung in Bereitschaft. Die rote Artillerie beschoß hartnäckig das linke Flußufer, um ein Gegenfeuer des Feindes herauszufordern, der jedoch mit keinem einzigen Schuß reagierte. Zum Abend, als es bereits dunkelte, hielt Filippow eine Einsatzbereitschaft nicht mehr für notwendig. Er entließ die Flieger in ihre Unterkünfte und betrank sich mit Freunden bis zur Bewußtlosigkeit.

Genau zu diesem Zeitpunkt eröffneten die Weißen plötzlich eine Kanonade, die stärker war als alle Artillerieüberfälle, die die Wrangeltruppen seit ihrem Vormarsch auf Cherson unternommen hatten. Die Beschießung der roten Artilleriestellungen war auffallend treffsicher, obwohl diese Stellungen erst einen Tag vorher verlegt worden waren. Es gelang dem Feind auch, eine Batterie der Schiffsartillerie auf dem Koschewaja mit ihren sämtlichen Geschützen zu versenken.

Als sich Filippow ausgeschlafen und erfahren hatte, was inzwischen geschehen war, ließ er – ohne die Aktion mit anderen Befehlsstellen zu besprechen – seine gesamte Fliegerabteilung aufsteigen und ein langes und wütendes Bombardement auf eine Ansammlung von Booten durchführen, die von den Wrangeltruppen zur Flußüberquerung zusammengezogen worden waren.

»Ist Filippow verhaftet?« fragte Brockmann.

»Nein.«

»Dann nimmt Kurlin ein Auto und bringt ihn sofort hierher«, befahl Brockmann.

Kurlin ging, und Welitschko berichtete weiter. »In der vergangenen Nacht wurden am Ufer erneut Lichtsignale beobachtet. Zum erstenmal hatte man sie vor einer Woche im Bezirk Sabalka bemerkt. Seitdem wiederholten sich diese Signale mehrfach. Razzien und heimliche Beobachtungen waren bisher erfolglos.«

»Und wo hat man gestern signalisiert?« Brockmann begab sich zu dem Stadtplan von Cherson, der an der Wand hing.

Welitschko zeigte die Stelle. Brockmann zog mit einem Bleistift einen Kreis um sie, in dessen Mitte er die Zahl fünf eintrug. Vier Kreise mit Nummern befanden sich bereits auf der Karte, und zwar längs des Dneprufers.

»Um welche Zeit war das?«

»Genau wie früher, zwischen zwölf und ein Uhr nachts.«

»Und konnte man herausfinden, was signalisiert wurde?«

»Ja. Angaben über unsere Artilleriestellungen«, meldete der magere Tabatschnikow mit den großen Augen und hüstelte trocken fast nach jedem Wort. »Die Weißen sind stets bestens über alle Veränderungen unserer Stellungen informiert. Unsere Artillerie ist der des Gegners weit überlegen, dennoch befinden wir uns im Nachteil, weil er bedeutend günstigere Stellungen besitzt. Seine Batterien liegen gut getarnt im Schilf, während unsere Geschütze beinahe ohne Deckung auf den Straßen der Stadt stehen. Wir schießen im Grunde genommen blind, aber sie brauchen nur einen Spion hierherzuschicken, und die Stadt liegt vor ihnen wie auf der offenen Hand.«

»Einen Spion?« wiederholte Brockmann.

»Es sieht dannach aus. Und durch ihn erhalten sie wahrscheinlich die Orientierungszeichen für den Beschuß.«

»Ich frage mich, ob das alles nur ein Spion bewerkstelligt? Ich fürchte, hier gibt es eine ganze Horde. Ich möchte euch folgendes mitteilen...« Brockmann ging zum Schreibtisch und holte aus der Schublade ein mit Schreibmaschine beschriebenes Blatt heraus. »Vor einigen Tagen hatte Filippow einen Befehl aus Nikolajew erhalten, mit seiner ganzen Abteilung zu einer neuen Basis in der Etappe zu fliegen. Ich habe diesen Befehl aufgehoben, da er nicht dem Generalplan für die militärischen Aktionen entsprach. Ich habe den Befehl auf eigene Faust annulliert und darauf gewartet, daß es ein Donnerwetter gebe. Übrigens erhielten die Dokumente aus Nikolajew kein Wort über diesen Befehl. Seltsam... So bin ich nur zu dem Zweck nach Nikolajew gefahren, um an Ort und Stelle zu klären, was eigentlich los war. Und ich habe es geklärt...«

Brockmann nahm den Tintenlöscher, legte ihn auf eine andere Stelle und machte die halboffene Schublade des Schreibtisches mit einem Knall zu. »Man wußte dort von keinem Befehl an Filippow. Jawohl, es gab ihn überhaupt nicht. Dieser Befehl ist gefälscht, die Unterschriften sind nachgemacht, und nur das Siegel ist echt. Schaut euch das Ding an!«

Das Papier ging von Hand zu Hand. Das Dokument war gewissenhaft ausgestellt: Ausgangsnummer, zwei Unterschriften, die des Stabschefs und seines Sekretärs. Sogar noch eine unleserliche, aber den amtlichen Charakter wirkungsvoll verstärkende Anmerkung – mit Rotstift in der oberen Ecke quergeschrieben.

»Doch weiter. Während der Rückreise habe ich ununterbrochen über die Frage nachgedacht: Warum hat der Gegner das gemacht? Nehmen wir einmal an, Filippow hätte mir diesen Befehl nicht gezeigt und wäre nach Nikolajew abgeflogen. Wie es in der Order heißt, sollte er am vierten Juli, Punkt vier Uhr morgens, also in der Morgendämmerung, dort sein. Nach einer, höchstens zwei Stunden hätte man die Fälschung aufgedeckt und die Flieger nach Cherson zurückgeschickt. Natürlich hatte der Feind das einkalkuliert. Es war ihm also nur daran gelegen, die Flieger für drei bis vier Stunden von Cherson fernzuhalten. Aber warum? Dann fiel es mir ein: Die Weißen hatten doch ausgerechnet am vierten Juli in der Morgendämmerung versucht, den Dnepr zu überqueren. Wißt ihr noch?«

»Ja, das stimmt, am vierten.«

»Da habt ihr die Antwort: Man wollte unsere Flieger während dieser Aktion loswerden. Das wäre der eine Grund, aber es gäbe noch einen zweiten. Ich bin davon überzeugt, daß man Filippow und seinen Fliegern bei der Ankunft an der neuen Stelle einen warmen Empfang bereitet hätte. Vielleicht wäre keiner von ihnen mehr zurückgekehrt.«

»Und haben Sie Filippow selbst nicht im Verdacht?« fragte Tabatschnikow.

Brockmann antwortete nach einer Pause: »Ich halte Filippow nicht für einen Verräter. Sagt doch selbst: Erstens brauchte er mir den Befehl nicht zu zeigen, oder er konnte, nachdem er es getan hatte, trotzdem abfliegen. Zweitens, muß man doch zugeben, daß er im Kampf seinen Mann steht. Drittens könnte er sich, wenn er ein Verräter wäre, in seine Maschine setzen, und das Schlußlicht zeigen, und wir könnten sehen, wie wir ihn aus den Wolken zurückholten. Andererseits sind natürlich Gründe zum Mißtrauen vorhanden: Er säuft immer mehr und ist überheblich geworden, weil er weiß, daß wir nicht so leicht einen anderen für ihn finden. Na schön, wir werden den Dingen nachgehen. Was wir im Augenblick wissen, ist folgendes: In Cherson ist eine Spionagegruppe am Werk, die ihre Leute im Etappenstab hat. Die Tscheka in Nikolajew befaßt sich bereits mit diesem Fall. Nun zu uns: Wir haben keine Zeit zu verlieren. Die Offensive steht vor der Tür, drum ist Eile geboten. Und was geschieht bei uns? Jemand gibt Signale. Eine Schande ist das! Direkt vor unserer Nase verrät uns ein Spion an den Gegner. Wir müssen ihn unter allen

Umständen fassen, das ist dir wohl klar, Welitschko. Wen willst du damit beauftragen?«

Welitschko schien bereits darüber nachgedacht zu haben.

»Woronko und Michalew«, antwortete er. »Die anderen haben zur Zeit alle zu tun. Tabatschnikow hat die Sabotage im Kommissariat für Lebensmittelversorgung noch nicht geklärt, und Kurlin kann jeden Augenblick die Bande des Anarchisten Tiunow ausheben. Ich kann sie nicht von diesem Einsatz abziehen.«

»Gut.« Brockmann wandte sich an Woronko und Alexej, die neben ihm saßen. »Schafft ihr es? Es gibt im Augenblick für uns nichts Wichtigeres als diese Sache.«

»Machen wir«, antwortete Woronko.

Alexej nickte zustimmend.

Brockmann wollte Näheres über den Anarchisten Tiunow wissen, und Welitschko teilte ihm Einzelheiten mit. Alexej hörte nicht hin, sondern er starrte auf die Karte von Cherson, und seine Gedanken beschäftigten sich mit dem bevorstehenden Einsatz.

Der Vorsitzende hatte recht. Man mußte die Aufklärung des Falles damit beginnen, daß man den signalisierenden Spion fing. Eine Verbindung zu den Weißen und der Verrat militärischer Geheimnisse waren das, womit sich die Spionageabwehr vordringlich zu befassen hatte. Diese Verbindung zu zerreißen bedeutete, alle Anstrengungen der Spione sinnlos zu machen. Aber wie konnte das geschehen? Aus den Bleistiftkreisen auf der Karte war zu ersehen, daß der Spion niemals zweimal an ein und derselben Stelle auftauchte. Deshalb würde er schwer zu greifen sein.

Welche Stelle auf der langen Linie des Chersoner Dneprufers mochte er sich heute aussuchen?

Kurlin kam zurück. »Ich habe ihn mitgebracht«, meldete er kurz und legte Filippows Kartentasche und dessen Mauserpistole auf den Tisch des Vorsitzenden.

Filippow wird verhört

Der Flieger kam herein, begleitet von zwei Mitarbeitern des Außendienstes. Nach einem Blick auf die im Zimmer sitzenden Tschekisten kräuselte er bei der Begrüßung die Lippen zu einem ironischen Lächeln. »Einen schönen guten Morgen!«

Niemand erwiderte den Gruß. Brockmann sagte bloß: »So, Genossen, das wäre alles, Ihr könnt jetzt gehen.«

Nur Welitschko, Alexej und Woronko blieben im Zimmer. Brockmann wies auf einen Schemel. »Nimm Platz!«

Filippow setzte sich, schlug ein Bein über das andere und stülpte seinen Lederhelm sorgfältig über das Knie. Die bevorstehende Auseinandersetzung schien ihn keinesfalls zu beunruhigen.

»Ich habe einige Fragen an dich, Filippow«, begann Brockmann. »Erinnerst du dich noch an das Datum des Tages, an dem du den Befehl zum Abflug nach Nikolajew erhalten hast?«

»Du meinst den Befehl, der von dir dann aufgehoben wurde? Ja, ich erinnere mich, es war wohl der dritte ... Nein, ich erhielt ihn am zweiten Juli abends.«

»Und wo hast du diesen Befehl empfangen?«

»Was heißt wo? Im Stab selbstverständlich.«

»Im Stab? Denke bitte genau nach: Hast du ihn persönlich entgegengenommen, oder hat man ihn dir zugestellt?«

»Warte mal! Tatsächlich, er wurde mir in die Wohnung gebracht.«

»Und wer brachte ihn – eine Ordonnanz oder ein Kurier?«

»Der Schlag soll mich treffen, das weiß ich nicht mehr. Wozu brauchst du denn das?«

»Fragen kannst du später stellen. Im Augenblick frage ich!« Die Stimme des Vorsitzenden der Tscheka klang schneidend wie Metall.

Der spöttische und betont unbekümmerte Gesichtsausdruck Filippows verschwand zusehends. Er hatte erwartet, daß Brockmann ihn wegen seiner Sauferei vom Vorabend auszanken würde, die einen Flugeinsatz verhindert hatte. Ähnliche Anpfiffe war er vom Stab der Chersoner Armeegruppe und von der Sonderabteilung der 6. Armee gewohnt. Doch ihn konnte nichts erschüttern – weder Hausarrest noch das Abnehmen seiner Waffe. Und wüste Beschimpfungen zogen bei ihm ebensowenig wie die Drohung, ihn zu erschießen. Der mit allen Wassern gewaschene Pilot Filippow, dieser Teufelskerl, der sich vor nichts fürchtete, war als Kommendeur der Fliegerabteilung nicht zu entbehren, davon war er überzeugt. Man hatte ihm schon vieles nachgesehen, ihn immer wieder belobigt, und über die Heldentaten seiner Flieger wurden Legenden erzählt.

All das war Filippow zu Kopf gestiegen. Seinen Vorgesetzten gegenüber benahm er sich unverschämt: Im Frontstab lag bereits ein Bündel von Meldungen vor, in denen man sich über sein freches Verhalten und über seine anmaßende Überheblichkeit beschwerte. Diese führte sogar so weit, daß er bestimmte Befehle einfach nicht befolgte. Doch über die Beschwerden machte sich Filippow nicht die geringsten Sorgen. Die Geschichte endete gewöhnlich folgendermaßen: Man benötigte ihn wieder einmal dringend zur Luftaufklärung, rief ihn zum Stab und verwarnte ihn streng: »Es ist das allerletzte Mal, daß wir Ihnen verzeihen!« Damit bekam er seine Pistole zurück, und der Zwischenfall galt als erledigt – bis zum nächsten Mal!

Diesmal war es aber anders. Brockmann las ihm nicht die Leviten, sondern verhörte ihn, und schon an der Stimme des Vorsitzenden der Tscheka merkte der Flieger, daß Ernst gemacht wurde.

»Versuche dich gefälligst darauf zu besinnen, unter welchen Umständen du den Befehl erhalten hast.«

Filippow strich sich über die Stirn. »Warte, gleich komme ich darauf... Am zweiten war ich doch abends in der Markassowgasse... Stimmt! Ich erinnere mich. An dem Abend war ich bei einer meiner – nun, wie soll ich es dir sagen – Bekannten. Dorthin brachte man mir auch das Schreiben.«

»Direkt zu dieser Bekannten?«

»Nun ja, es war nicht das erste Mal. Im Stab weiß man meistens, wo ich zu finden bin.«

»So ist es also! Kennst du sie schon lange?«

»Na, lange wäre zuviel gesagt, aber zwei Wochen werden es sein.«

»Wie heißt sie?«

»Nadeshda Dunajewa.«

»Und wo wohnt sie?«

»Na, sag mal, wozu willst du denn das wissen?« fragte Filippow verwundert. »Willst sie mir wohl ausspannen? Da wirst du wenig Glück haben!«

»Ich frage dich, wo sie wohnt«, wiederholte Brockmann. »Ich habe keine Zeit, hier mit dir Späße zu treiben.«

»Donnerwetter, bist du hartnäckig! Na schön: Markassowgasse fünf.« Alexej und Woronko notierten sich die Adresse. Filippow saß mit dem Rücken zu ihnen und bemerkte es nicht.

»Und nun erkläre mir folgendes«, sagte Brockmann. »Die Melder vom Stab kennen dich gut. Sie bringen dir sogar Geheimbefehle in die Wohnung deiner Freundin. Wie kommt es, daß du dich nicht darauf besinnen kannst, wer dir den Befehl überbracht hat?«

»Was willst du eigentlich von mir, Genosse Vorsitzender?« brauste der Flieger auf. »Ich verstehe nicht, was du gegen mich hast. Natürlich kenne ich alle Melder genau. Ich sage dir aber, ich kann mich nicht erinnern, wer an jenem Abend kam. Ich war nämlich nicht mehr ganz bei mir.«

»Betrunken?«

»Aha, so sieht es aus. Doch vielleicht kann sich deine... Bekannte daran erinnern?«

»Woher soll ich das wissen. Fragt sie doch! Nur glaube ich nicht, daß sie dazu in der Lage ist.« Filippow grinste.

»Kannst dir wohl denken, daß ich nicht allein getrunken hatte...«

»Ver–ste–he«, sagte Brockmann gedehnt. »Ja, jetzt verstehe ich alles!«

Er holte seine Tonpfeife aus der Tasche, stopfte sie und rauchte sie an. Alle schwiegen.

Fillipows Stiefelspitze klopfte auf dem Parkettfußboden den Takt eines Marsches. Dann nahm er als erster das Gespräch wieder auf. »Vielleicht bist du so freundlich und erklärst mir wenigstens, worum es sich handelt?«

»Das wirst du noch früh genug erfahren. Zunächst erzähle mir mal, du hochwohllöblicher Kommandeur der Fliegerabteilung, wie du gestern den Weißen geholfen hast, unsere Artillerie zu versenken?«

Gesicht und Hals des Fliegers liefen langsam rot an. Auf seinem Gesicht breitete sich ein schiefes Lächeln aus. Aha, jetzt kam das, was er von Anfang an erwartet hatte: ein Donnerwetter wegen seiner Sauferei am Vorabend! Und obwohl sich Flippow schuldig fühlte, erschien ihm das doch wesentlich angenehmer als das peinliche Verhör, dessen Sinn er nicht begriff.

»Überlege dir, was du sagst, entgegnete er. »Bisher haben die Weißen an meiner Hilfe keine Freude gehabt.«

»Und dann erzähle weiter«, Brockmann überhörte geflissentlich Filippows Worte, »wie du es als Flieger und Kommandeur in der Roten Armee fertigbringst, dich mit Schnaps vollaufen zu lassen, anstatt am Kampf teilzunehmen. Wie soll man so etwas nennen: Feigheit oder Angst?«

»Was, du willst mir Feigheit vorwerfen?«

»Ich werfe dir gar nichts vor, das mag deine Freundin tun. Ich interessiere mich nur für folgendes: Wenn es nicht Feigheit war, dann war es einfach Verrat! Oder was soll man dazu sagen? Du hast den Befehl nicht ausgeführt, die Feuerstellungen der Weißen zu erkunden, hast nicht versucht, das Feuer ihrer Artillerie zu ersticken, und hast deine Bomben auf leere Äppelkähne abgeworfen! Wie soll man das bezeichnen?«

Filippow wollte etwas einwenden, aber Brockmann ließ ihn nicht zu Worte kommen. »Schau dich einmal an, wie du aussiehst, Filippow, du, ein Bolschewik aus Petrograd! Doch wem ähnelst du jetzt? Einem Angeber, der vor Einbildung strotzt. Und was tust du? Du ersäufst die Revolution im Schnaps! Merkst du denn gar nicht, daß die Feinde mit Hilfe von Alkohol einen Hanswurst aus dir gemacht haben?«

»Na, na, Brockmann, mäßige dich ein bißchen!«

»Du glaubst mir wohl nicht, was? Denkst du, ich sage so etwas für nichts und wieder nichts? Vielleicht erinnerst du dich daran, daß du im Suff schon mehr als einmal die erhaltenen Befehle verweigert hast.«

»Daß ich getrunken habe, ist meine Schuld«, gab Filippow zu.

»Aber deswegen bin ich noch lange kein Hanswurst – für niemanden!«

»Wie groß deine Schuld ist, das bleibt noch zu klären«, betonte Brockmann, »und dann wirst du dafür zur Verantwortung gezogen. Aber daß die Feinde mit dir machen, was sie wollen, das steht bereits fest. – Weißt du übrigens, daß der Befehl, den ich damals annullierte, gefälscht war?«

»Das habe ich bereits gehört.«

»Du weißt aber noch nicht alles: Im Stab hat nie einer auch nur eine Sekunde lang daran gedacht, deine Abteilung in die Etappe zu verlegen.«

»Was?«

»Ja, eben das!« Brockmann berichtete in knappen Worten über seine Farht nach Nikolajew und was er dort erkundet hatte. Filippow hörte zu und ließ seine schweren Hände auf die Knie sinken. Er war ehrlich entsetzt.

»Du hast offenbar vergessen, in welcher Zeit wir leben«, fuhr Brockmann fort. »Wir sind rings von Feinden umgeben. Sie beobachten uns auf Schritt und Tritt und lauern nur darauf, daß jemand stolpert. Besonders unsere Flieger sind ihnen ein Dorn im Auge: Mit den Händen kann man sie nicht erreichen und mit den Kugeln nur sehr schwer herunterholen. Doch siehe da, sie entdecken ein Mittel: Schnaps! Als sie sich diese Sache mit dem Befehl ausdachten, kalkulierten sie durchaus richtig. Erstens – so überlegen sie – ist Filippow ein Säufer, und im Suff wird er nicht bemerken, woher der Wind weht. Zweitens ist er maßlos überheblich geworden. Die Vorgesetzten sind ihm keinen Pfifferling wert. So was wie er ist ein gefundenes Fressen für uns. Ist es ein Wunder, daß der Feind so denkt? Wie lebst du denn? Du läßt dich gehen und treibst dich mit Weibern herum. Einen anderen würden sie vielleicht zu beseitigen versuchen – dich nicht. Warum sollte man dich umbringen? Dann würde ein anderer an deine Stelle kommen, ein festerer Kerl. Du jedoch entsprichst völlig ihren Wünschen: Da haben die Roten eine Luftwaffe und haben sie doch nicht. Denn im Augenblick, da es darauf ankommt, ist ihr Kommandeur sternhagelvoll, und man kann ihm dann zuschieben, was man will...«

»Genug!« sagte Filippow mit dumpfer Stimme. Sein braungebranntes Gesicht war aschgrau geworden. »Es reicht, Brockmann!«

»Nein, noch lange nicht, Freundchen, du wirst mich zu Ende anhören müssen. Wir haben dich lange genug verhätschelt nach dem Motto: Das ist doch unser Adler – ein stolzer Vogel und kein gewöhnlicher Mensch! Er kann sich mehr erlauben als andere ... Ja – du bist schon ein Vogel, bloß nicht der richtige! Ein Gockelhahn bist du und kein Aar. Doch was soll ich mit dir anfangen? Dich vor das Revolutionstribunal stellen?«

Filippow zuckte nur mit den Schultern.

»Warum schweigst du? Es hat dir wohl die Sprache verschlagen?«

»Was kann ich dazu sagen, Vorsitzender«, erwiderte der Flieger durch die Zähne. »Wenn du willst, bring mich vors Gericht. Ich hab's verdient. Diesmal habe ich es verdient, das spüre ich selbst. Aber ich hatte von allem, was damit zusammenhängt, keinen blassen Schimmer. Wirklich!« Er begann zu schreien: »Was schaust du mich so an? Glaubst du mir etwa nicht?«

»Brüll mich nicht so an!« erwiderte Brockmann ruhig. »Wer schreit, hat unrecht. Mit wem hast du in letzter Zeit herumgesoffen?«

Filippow nannte einige Namen. Es waren in der Hauptsache Angehörige des Stabes, die der Tscheka bekannt waren.

»Und Saufkumpane, mit denen du nur zufällig am Tisch zusammengetroffen bist, hast du nicht gehabt?«

»Nein.«

»Lüge nicht!«

»Nein, wirklich nicht.«

»Und dann hätte ich noch eine Frage«, meinte Brockmann. »Du hast doch unterschrieben, als du den Befehl erhieltest?«

Filippow starrte einige Sekunden angestrengt auf eine Stelle, bewegte die Lippen und schüttelte dann resignierend den Kopf.

»Nein, daran kann ich mich nicht erinnern.«

»Hat dir die Dunajewa vielleicht diesen Befehl in die Tasche gezaubert, als du betrunken warst?«

»Die bestimmt nicht«, wehrte Filippow ab, »dazu ist sie zu dumm!«

»Und wenn sie es doch getan hat?«

»Nein, nein, das glaube ich nicht.«

»Wer hat dich denn mit ihr zusammengebracht?«

Filippow konnte sich darauf ebenfalls nicht besinnen. Da war mal irgendein Budenzauber gewesen, und einige hatten ein paar bekannte Frauen eingeladen. Unter ihnen hatte sich auch die Dunajewa befunden... Mit wem sie gekommen war? – »Darauf habe ich überhaupt nicht geachtet.«

»Na schön, machen wir Schluß.« Brockmann warf einen langen Blick auf den Flieger. Dabei kniff er ein Auge zu, als könnte er ihn so durch den Tabakrauch besser erkennen. »Geh und warte draußen auf dem Gang, bis wir dich wieder hereinrufen!«

Die Ansichten gingen auseinander. Woronko tobte: »Vor Gericht mit diesem Hurenkerl! Der ist ja außer Rand und Band geraten und glaubt, daß er sich alles leisten kann.«

Welitschko meinte, daß Filippow zwar ein liederlicher Bursche sei, aber einen guten Kern besitze. Deshalb sollte man ihn nicht vor Gericht stellen, sondern durch die Partei erzieherisch auf ihn einwirken.

Alexej äußerte sich ähnlich. Die Bestrafung eines Armeeangehörigen wegen Verstoßes gegen die Disziplin sei Sache des Armeekommandos und nicht der Tscheka.

»Ich denke etwas anders«, sagte Brockmann nachdenklich.

»Filippow kann sich nicht erinnern, ob er

den Empfang des bewußten Befehles quittiert hat oder nicht. Sicherlich hat er nichts unterschrieben und den Menschen, der das Schreiben gebracht hat, überhaupt nicht gesehen. Wahrscheinlich hat es die ›Dame des Hauses‹ entgegengenommen. Man müßte sie vernehmen, vielleicht könnte sie uns den Boten näher beschreiben.«

»Na, das ist doch einfach«, warf Woronko ein.

Welitschko starrte in Gedanken versunken auf einen grünen Akazienzweig, der im Wind gegen das Fenster tippte. Alexej runzelte die Augenbrauen. Er fühlte sich unbehaglich unter dem forschenden Blick des Vorsitzenden, als er sagte: »Ich würde die Frau vorläufig in Ruhe lassen.«

»Warum?«

»Man müßte sie heimlich beobachten. Sie war doch an dem fraglichen Abend allein mit Filippow. Ich denke, sie hat ihn mit einer ganz bestimmten Absicht betrunken gemacht. Genosse Brockmann, Sie haben doch auch schon den Verdacht, daß sie ihm den Befehl zugesteckt hat.«

»Es vergeht nur zuviel Zeit, wenn wir sie erst lange beobachten«, gab Woronko zu bedenken. »Wenn wir die Personenbeschreibung hätten, dann würde ich das Subjekt in ein bis zwei Tagen schnappen.«

»Was sind schon äußere Kennzeichen?« fragte Alexej, ermuntert durch das aufmerksame Zuhören von Brockmann und Welitschko. Die kann man leicht verändern. Falls die Dunajewa aber eine Spionin ist, würde sie uns sowieso nicht die Wahrheit sagen.«

»Michalew hat recht«, erklärte Brockmann. »Bei dieser Sache gibt es wenig Anhaltspunkte: das Signalisieren vom Ufer aus und die Geschichte mit Filippow. Man muß sehr vorsichtig herangehen. Sollte die Dunajewa nichts damit zu tun haben, sind ihre Aussagen nicht viel wert; denn was wird sie im Trunk schon gemerkt haben. Ist sie aber nicht so einfältig wie Filippow glaubt, dann wird ihr Verhör die ganze Bande alarmieren, und dann wird jede Verbindung mit ihr abbrechen. Ich schlage vor: Wir werden Filippow entlassen. Seine Verhaftung könnte ebenfalls Verdacht erwecken. Ich telefoniere mit dem Stab, erkläre, daß sein Verhalten keine politischen Hintergründe hat, und sie sollen mit ihm machen, was sie für richtig befinden. Du, Welitschko, warnst ihn davor, über unsere Unterhaltung auch nur das geringste auszuschwatzen. Wenn er danach gefragt wird, soll er sagen, man hätte ihn wieder mal wegen seiner Sauferei ins Gebet genommen, wie schon so oft. Ich werde auch noch mit ihm reden.«

Brockmann sah Alexej an. »Um auf die Dunajewa zurückzukommen: Du hast doch den Einfall gehabt, sie zu beobachten. Tu das, mein Junge, aber merk dir eins: Ihr darf nicht das geringste dabei auffallen.«

»Ganz klar!«

»Aber das sind alles Nebensächlichkeiten, die dazu gehören – das wichtigste ist: Fangt mir den Signalgeber!«

Signale in der Nacht

Der Plan, nach dem der geheimnisvolle Signalgeber dingfest gemacht werden sollte, war einfach und entsprach den gegebenen Möglichkeiten. Woronko gelang es mit viel Mühe, sieben Leute zusammenzutrommeln: Nikita Bodenko, Fedja Fomin und fünf Leute von der Abteilung für Sondereinsatz, diensteifrige Genossen, die jedoch noch wenig Kampferfahrung besaßen.

Die fünf bezogen bereits am Tage einen Hinterhalt in der Nähe der Stellen, an denen die Signale beobachtet worden waren. Die übrigen gingen mit Einbruch der Dunkelheit am Ufer auf Streife, und zwar paarweise – Woronko mit Bodenko und Fomin mit Alexej.

Die Bleistiftkreise auf der Karte des Vorsitzenden, mit denen die Signalisierstellen gekennzeichnet waren, zogen sich längs des Ufers zickzackförmig dahin. Am dichtesten beieinander lagen sie an der Wadon-Werft. Nur zwei Kreise befanden sich im äußersten

Stadtbezirk am Flußufer – im Kasernenviertel.

Hier, wo der größte Abstand zwischen den Kreisen vorhanden war, wurde der erste Patrouillenabschnitt festgelegt. Diese Streife wurde Alexej und Fomin übertragen.

Woronko und Bodenko übernahmen einen sehr großen Bezirk. Er umfaßte die Werft, die Hafeneinfahrt und den Hafen selbst sowie den großen Marktplatz am Ufer des Koschewaja, der hier den Denpr als breiter Nebenarm verläßt. Diese und andere Stellen hatte der Spion bisher noch kein einziges Mal benutzt. Aber gerade am Markt standen Ruinen, die sich nach Woronkos Ansicht ausgezeichnet zum Signalisieren eigneten.

Die Tschekisten streiften drei Nächte lang unablässig an dem dunklen, von Granattrichtern durchlöcherten Ufer auf und ab. Morgens – nach ihrer Rückkehr in die Tscheka – vermieden sie es ängstlich, Brockmann zu begegnen. In der Zwischenzeit erschienen auf der Karte des Vorsitzenden zwei weitere Bleistiftkreise mit den Nummern sechs und sieben.

»Vielleicht sollte man einen Platzwechsel vornehmen?« schlug Alexej vor.

»Das kommt nicht in Frage!« widersprach Woronko. »Wir dürfen die Geduld nicht verlieren. Früher oder später läuft er uns in die Arme.«

Die vierte Nacht war besonders finster und still. Alexej pirschte mit Fedja Fomin bereits drei Stunden am Dnepr entlang. Die Gegend war völlig verödet und von Truppen unbewacht. Die Artillerie hatte bis zum Einbruch der Dunkelheit hie und da einen Schuß abgefeuert, dann war sie verstummt. Ab und zu pfiffen einzelne verirrte Gewehrkugeln vom anderen Flußufer durch die Luft.

Die Ufersiedlung war durch Artilleriebeschuß stark beschädigt worden. Die Bewohner hatten sie schon lange verlassen und waren in die Bezirke des Stadtzentrums gezogen.

Ein leichter Wind mahnte wieder zur Vorsicht, indem er dies oder jenes auf den breiten, von Trümmern bedeckten Ruinenplätzen rascheln ließ. Brandgeruch erfüllte die Luft. In der Ferne ballten sich die Häuser zu schwarzen Schemen zusammen, als befänden sie sich hinter einem dichten, fast undurchdringlichen Vorhang. Vor diesem Hintergrund mußte man schon von weitem den geringsten Lichtschimmer entdecken.

Die Tschekaleute schritten bedächtig dahin, blieben oft stehen und verharrten dann lange unbeweglich, mit angehaltenem Atem, als wollten sie sich in der Dunkelheit und Stille der Nacht auflösen.

In nahezu drei Stunden hatte sich noch nichts ereignet, und die beiden glaubten schon nicht mehr daran, daß sich der Spion heute bemerkbar machen würde. Nach Alexejs Berechnungen war dessen »Lieblingsstunde« längst vorüber. Doch als unter den Füßen des leichtsinnig gewordenen Fedja Fomin irgend etwas laut knarrte, erinnerte ihn Alexej so nachdrücklich an den Ernst des Augenblicks, daß sich Fedja noch lange danach die angestoßene Stelle rieb. Gleich sollte sich zeigen, daß Vorsicht geboten war.

Auf einem verlassenen Grundstück stand ein niedriger, strohgedeckter Holzschuppen, der wie durch ein Wunder heil geblieben war. Er befand sich auf einem kleinen Hügel, und die dreieckige Dachluke starrte zum Denpr. Auf dem Dachboden hatte sich, nach beiden Seiten durch die abfallenden Seiten des Strohdaches geschützt, der Spion eingenistet.

Fedja Fomin, der dicht vor Alexej ging, entdeckte als erster seine Anwesenheit. Diese Entdeckung kam so plötzlich, daß er aufgeregt schnaufte. Alexej, der noch nicht erkannt hatte, worum es ging, zischte ihm wütend zu: »Still doch, kannst du denn nicht leise sein?«

Da blitzte seitlich ein greller Lichtschein auf, traf sein Gesicht wie ein Schlag und blendete seine Augen.

Alexej packte Fomin an der Schulter und drückte ihn zu Boden. Einige Sekunden verstrichen, und wieder flammte das Licht auf: Einmal, zweimal, dreimal. Wieder eine kurze Pause. Dann signalisierte es von neuem: lang – kurz – lang.

Der Urheber dieser Lichtsignale befand sich in nächster Nähe, höchstens hundertfünzig Meter entfernt. Wie die beiden Beobachter feststellten, wurden die verräterischen Zeichen mit einer gewöhnlichen viereckigen Eisenbahnlaterne gegeben, deren Kerzenlicht in bestimmten Abständen abgedeckt wurde. Jetzt gab es nichts mehr zu überlegen. Ohne auf den Weg zu achten, liefen die beiden in großen Sprüngen auf den Schuppen zu. Das ging natürlich nicht geräuschlos ab. Immer wieder stießen sie gegen Bretter und Trümmer, und ihre Stiefel blieben beinahe in Sand und Schotter stecken.

Sie waren höchstens noch fünfzehn Schritte vom Schuppen entfernt, da gellte ein lauter Pfiff durch die Nacht. Der Signalgeber war nicht allein, irgend jemand stand in seiner Nähe auf Horchposten. Unmittelbar nach dem Warnpfiff fielen dicht hintereinander drei Schüsse. Das Licht auf dem Dachboden erlosch. In der plötzlichen Stille vernahm man Schritte, die sich eilig entfernten.

Ohne anzuhalten und ohne die Schüsse zu erwidern, schrie Alexej: »Ihm nach, Fedja, ihm nach!« Er hörte, wie der Schotter unter Fomins Füßen wegrutschte, als der in die Dunkelheit hineinrannte.

Alexej erreichte den Schuppen. Er kam gerade noch zurecht; denn in diesem Augenblick sprang ein Mann vom Dachboden herunter. Schwer und ungeschickt plumpste er auf einen Strohhaufen, der neben der Hausmauer faulte. Noch ehe er sich erheben konnte, hielt ihm Alexej die Pistole vor.

»Hände hoch!«

Der Mann ächzte laut vor Angst und Überraschung und versuchte, auf allen vieren seitwärts wegzukriechen.

»Hände hoch«, rief Alexej noch einmal, »oder ich schieße!« Der Mann hob die Arme.

»So bleibst du stehen, sonst knallt's!«

Alexej nahm seinen Nagan in die linke Hand und tastete mit der rechten den Verhafteten ab. Erstaunlich – aber der Mann schien keine Waffe zu besitzen. Alexej entdeckte nichts außer einigen Papieren, die er behutsam in seiner Brusttasche verstaute.

Der Ertappte war mittelgroß und sah nicht gerade kräftig aus. Ohne Waffe war er ungefährlich.

Alexej befahl: »Geh voraus! Du kannst die Arme 'runternehmen. Wenn du Dummheiten machst, schieße ich dich über den Haufen.« Der Kerl winselte mit zittriger Fistelstimme: »Sie durchbohren mir ja den Rücken.«

Alexej hatte Widerstand erwartet und sich auf einen Kampf gefaßt gemacht. Und nun das! Er war nicht nur erstaunt, sondern fast enttäuscht. Hatte er sich doch die Begegnung mit einem Spion ganz anders vorgestellt. »Vorwärts, rief er, »ohne Widerrede!«

Hinter der nächsten Trümmerstätte blieben sie stehen. Alexej horchte, doch Fomin schien nicht in der Nähe zu sein. Weiter vorn peitschten zwei Revolverschüsse durch die Stille.

Bald darauf kamen ihnen fünf bewaffnete Rotarmisten entgegen. Sie gehörten einer Einheit an, die im Kasernenviertel lag, und waren geschickt worden, um festzustellen, wer in den Ruinen herumschoß.

Nachdem der Verhaftete in den hellerleuchteten Vorraum des Tschekagebäudes gebracht worden war, konnte sich Alexej ihn endlich näher ansehen. Er war ein sommersprossiger, blonder Mann von ungefähr dreißig Jahren. Er trug Zivilkleidung und eine Samtmütze mit einem technischen Abzeichen, wie es Studenten oder Angestellte der Baubehörden anzustecken pflegten. Der Man mußte sich lange nicht rasiert haben und war so bleich, daß die Äderchen an seinen Schläfen und auf dem Buckel seiner langen schmalen Nase bläulich durch die Haut schimmerten. Die Lider seiner wäßrigen Augen zuckten. Wenn man diesen Angsthasen so vor sich sah, konnte man kaum glauben, daß er mit dem Menschen identisch war, der mit erstaunlicher Geschicklichkeit und Frechheit unmittelbar vor der Nase der Tscheka den Weißen Zeichen gegeben hatte – verräterische Zeichen, die der schwimmenden Batterie auf dem Koschewaja zum Verhängnis geworden waren!

Welitschko und Kurlin waren nicht auf der

Dienststelle, sie befanden sich in Sucharnoje.

Brockmann war in seinem Arbeitszimmer. Aber Mischka Ganykin, sein Fahrer und Melder, der immer wie ein Zottelbär aussah und niemals leise sein konnte, lag lang ausgestreckt auf einer breiten Bank vor Brockmanns Tür und schnarchte, seine Ledermütze tief ins Gesicht geschoben. Alexej weckte ihn, aber Ganykin erklärte: »Und wenn jetzt ein Mitglied des Kriegsrates käme, ich würde es nicht 'reinlassen! Der Alte ist auch nicht aus Eisen, und einmal muß sich jeder Mensch ausschlafen.«

Der Einwand, daß Alexej einen Spion mitgebracht hätte, machte nicht den geringsten Eindruck auf den Leibwächter des Chefs.

»Na, wenn schon«, erklärte Mischka, »dein Spion wird bis morgen früh nicht sauer. Übergib ihn Nikischkin und laß dir eine Quittung darüber ausstellen!«

Damit streckte er sich wieder lang aus, bedeckte sein Gesicht mit der Mütze und blieb allen Vorhaltungen Alexejs gegenüber taub. Alexej übergab den Verhafteten dem Kommandanten und rannte zum Flußufer zurück, um Woronko zu suchen. An der Schwelle stieß er mit Fedja Fomin zusammen. Fedja schaubte vor Wut. Der andere Spion war entkommen!

Wer ist der Verräter?

Der Verhaftete wurde am nächsten Morgen vernommen. In der Hoffnung, sein Leben zu retten, schwatzte er alles aus, was ihm bekannt war, und erzählte dabei, wie sich später herausstellte, im großen und ganzen die Wahrheit. Leider wußte er nur sehr wenig.

Sein Name war Wladislaw Solowych. Er war Telegrafist aus Aljoschki. Dort wohnten seine ältere Schwester und ihr Mann in einem eigenen Häuschen.

Solowych hatte ruhig und bescheiden gelebt, und sich – wie er sagte – »nicht in die Politik eingemischt«. Dann tobten revolutionäre Stürme über Aljoschki hinweg, und die Wellen des Bürgerkriegs spülten in das Städtchen bald die eine, bald die andere Macht. Doch das Leben von Wladislaw Solowych verlief weiterhin gleichmäßig, soweit das in diesen Zeiten möglich war. Er besaß keine besondere Überzeugung, für die es sich gelohnt hätte, das Leben zu riskieren. Am meisten auf dieser Welt glaubte er daran, daß Wasser nicht unter einen festliegenden Stein fließen könnte. Sein Standpunkt war: Wenn das ganze Durcheinander doch bloß bald ein Ende hätte, dann käme ich schon weiter, ganz gleich wie.

In Erwartung dieser gesegneten Zeit morste er mit der Taste seines Apparates für die Weißen, für die Roten wie auch für die Banden. Es war ihm völlig egal, wer gerade Aljoschki besetzt hielt – einen Telegrafisten brauchten sie alle. So glich sein Leben einem ununterbrochen weiterlaufenden Telegrafenstreifen, dem es gänzlich gleichgültig ist, was die Punkte und Striche auf dem Band bedeuten.

Solowych hätte die ersehnten ruhigen Zeiten sicherlich auch erlebt, doch da funkte das Schicksal dazwischen!

Er wurde das Opfer eines bedeutend älteren Gefühls, als es die Vorsicht ist: Solowych verliebte sich. Und wie es in solchen Fällen oft vorkommt, erwies sich die Auserwählte seines ruhigen und kühl rechnenden Herzens als eine temperamentvolle, zum Überschwang neigende und von romantischen Vorstellungen erfüllte Person. Sie schwärmte für die Monarchie oder, wie man es noch großspuriger bezeichnete, für das »weiße Ideal«. Die Geliebte erklärte Solowych von Anfang an, sie könnte keinen Menschen lieben, der nicht für dieses hohe Ziel zu Heldentaten fähig wäre.

Im übrigen gefiel ihr der Telegrafist. Sie fand, daß die Farbe seiner Haare von seiner Zugehörigkeit zur nordischen Rasse sprach, welche die Wikinger hervorgebracht hätte. Solowych wußte zwar nicht, wer diese Wikinger waren, dennoch entdeckte er in seinem Herzen eine – nun, sagen wir einmal – Neigung zum Heroischen. Und noch etwas trug zum Erwachen seiner heldischen Ambitionen bei: drei Rivalen in Gestalt von strammen Offizieren der Wrangelarmee. Solowych kam sich in ihrer Gegenwart armselig vor, besonders wenn die Offiziere über ihre Kämpfe gegen die »roten Schweinehunde« und für ein unteilbares Großrußland prahlten. Beklommenen Herzens beobachtete er, wie der Gegenstand seiner Anbetung ihnen mit glühenden Augen zuhörte.

Eines schönen Tages meinte einer dieser Offiziere – er arbeitete in der Spionageabwehr, hatte den Leutnantsrang und hieß Karojew –, daß Solowych, wenn er nur wollte, den Weißen einen unschätzbaren Dienst erweisen könnte. Als unvergleichlicher Könner und Beherrscher des Morsealphabets wäre er gewiß in der Lage, Nachrichten über kurze Entfernungen nicht nur mit dem Morseapparat, sondern auch mit Hilfe einer einfachen Laterne zu übermitteln. Solowych hätte jetzt Gelegenheit, seine oft geäußerte Vaterlandsliebe durch die Tat zu beweisen.

Alle Anwesenden bekundeten großes Interesse an dem Vorschlag des Spionageabwehroffiziers, und dem verliebten Telegrafisten blieb nichts anderes übrig, als das gleiche zu tun. Der Leutnant entwickelte folgenden Plan: Solowych sollte heimlich zum rechten Ufer nach Cherson gebracht werden. Dort nähmen ihn zuverlässige Leute in Empfang. Solowychs Aufgabe wäre es dann, nachts zu einer bestimmten Zeit durch Lichtzeichen alles zu signalisieren, was ihm diese Leute mitteilten. Auf dem hiesigen Ufer würde man die Signale aufnehmen. Solowych brauchte sich sonst um nichts zu kümmern. Alles andere würden die Menschen tun, zu denen er führe. Er bekäme einen sicheren Unterschlupf sowie die Stellen zugewiesen, von denen aus er signalisieren könnte. Seine Sache wäre es nur, mit der Laterne zu blinken. Weiter nichts. Bloß ein bißchen blinkern! Nach vier bis fünf Nächten – höchstens – würde man ihn wieder zurückbringen.

Hätte dieses Gespräch zu einer anderen Zeit und an einem anderen Ort stattgefunden, wäre wahrscheinlich alles anders verlaufen: Solowych hätte gewichtige Gründe gefunden, die es ihm nicht erlaubten, den schmeichelhaften Vorschlag des Spionageabwehrmanns anzunehmen. So war zum Beispiel sein Gesundheitszustand nicht der beste, außerdem wurde er ja auch hier, auf seinem verantwortlichen Posten, dringend benötigt.

Aber im Augenblick saß er in der Mitte eines Kreises von verdienten Offizieren, die den einfachen Telegrafisten wie ihresgleichen und ihn sogar als Rivalen duldeten. Und erst die Blicke seiner Angebeteten! Sie verrieten so viel gläubiges Vertrauen zu ihm, dem direkten Nachkommen der Wikinger, und verhießen so viel Zärtlichkeit und Liebe, daß Solowych einfach nicht den Mut aufbrachte, nein zu sagen.

Leutnant Karojew nahm den Telegrafisten noch an diesem Abend zur Dienststelle mit. Dort unterhielten sich mit ihm zwei andere Offiziere, und er mußte etliche Papiere unterschreiben. In Cherson – so erklärte man ihm – sollte er sich zur Verfügung eines Mannes halten, der den Decknamen Krutscheny trug. Die Parole hieß: »Das Boot ist undicht, haben Sie nicht etwas Werg, um das Loch zuzustopfen?« und die Gegenparole lautete: »Sie brauchen nach Werg nicht weit zu gehen!«

Ferner wurde die Zeit verabredet, in der die Signale zu übermitteln waren: zwischen halb eins und ein Uhr nachts. Solowych erhielt den Auftrag, Krutscheny zu bestellen, daß die Zeichen auf den Abschnitten fünf und sechs zu sehen sein müßten. Na, und über alles weitere wüßte Krutscheny Bescheid.

Eine Laterne wurde geholt, und im Garten wurde eine »Generalprobe« der Signalgebung veranstaltet.

Solowych durfte nicht mehr nach Hause zurück. Es wurde ihm nur erlaubt, seiner Schwester eine Benachrichtigung zu schikken, in der er mitteilte, er sei überraschend nach Bolschije Kopani zu Überprüfungen der Telegrafenleitung abkommandiert worden. Sie solle sich also nicht beunruhigen, falls er einige Tage fortbliebe.

So wurde der harmlose Telegrafist Wladislaw Solowych aus Aljoschki zum Agenten des Wrangelschen Spionagedienstes.

In der nächsten Nacht brachte ihn ein verkleideter Offizier über den Dnepr und setzte ihn am Stadtrand von Cherson ab, unweit der Stelle, wo er später verhaftet wurde. Am Ufer wartete Krutscheny auf Solowych und brachte ihn nach Sabalka.

Dort war im Keller eines Hauses bereits eine Unterkunft vorbereitet, in der Krutschney den Telegrafisten bis zur nächsten Nacht warten ließ. Krutscheny kam immer nur, um Solowych zum Einsatz zu holen. Da es regelmäßig nachts geschah, war es Solowych nicht möglich, das Gesicht seines Chefs richtig zu erkennen. Nur einmal erblickte er es im Laternenschein, doch die Züge waren durch Schatten so entstellt, daß er nur die vorstehenden Backenknochen und ein spitz zulaufendes Kinn zu unterscheiden vermochte.

Krutscheny hatte eine heisere Stimme. Er war wortkarg, und alles, was er sagte, sprach er im Befehlston.

Die Offiziere hatten den Telegrafisten übrigens nicht getäuscht. Krutscheny machte wirklich alles selbst. Er suchte die Stellen zum Signalisieren aus, lieferte den Text und stand während der Übermittlung Schmiere. Solowych hatte weiter nichts zu tun, als die Texte auswendig zu lernen und zu signalisieren.

So verging einige Zeit. Nachts »arbeitete« Solowych, und am Tage hielt er sich im Keller auf. Eine alte Frau, wahrscheinlich die Hauswirtin, brachte das Essen.

Bisher war alles günstig verlaufen, und gerade gestern, kurz vor dem Abmarsch zum Signalisieren, hatte Krutscheny gesagt: »Solowych, noch zwei Tage, und dann bist du wieder in Aljoschki!«

»Hat Krutscheny Ihnen gegenüber irgendwelche Namen erwähnt?« frage Brockmann.

»Nein!«

»Hat er die Spionagenachrichten allein übermittelt, oder hat ihm jemand dabei geholfen?«

Auch darauf konnte Solowych keine befriedigende Antwort geben. Entweder wußte er wirklich nicht, woher Krutscheny das Nachrichtenmaterial hatte, oder er wollte es nicht wissen. Angeblich kannte er das Tagesversteck Krutschenys ebensowenig wie die Leute, mit denen dieser Verbindung hatte. »Man hat alles vor mir verheimlicht, da man wußte, daß ich im Grunde meines Herzens anders dachte als sie. Ich bin doch bloß durch einen gemeinen Trick in diese Sache verwickelt worden und besitze nicht mal eine Waffe, wie der Beamte bestätigen kann, der mich verhaftet hat. Ich war nichts als ein Spielzeug in den Händen des Spionagedienstes, ein armes, irregeführtes Opfer und kein Bösewicht!« Die Stimme des Telegrafisten riß immer wieder ab. Seine Lippen, die aussahen, als wären sie mit bläulichem Staub gepudert, bebten unaufhörlich.

Solowych zitierte aus dem Gedächtnis den Text aller Signalsendungen, die er übermittelt hatte. In der Hauptsache waren es Angaben für die Artillerie. Aber es kamen auch Sätze vor wie: »Das gestrige Abendessen war gut«. – »Dichter auf den Scheitel halten.« – »Der Flügel wird naß.« – »Gruß von Papa.« – »Matrosen achthundert gehen acht Punkt drei ...«

Die letzte Meldung ließ alle aufhorchen. Von welchen Matrosen war hier die Rede? Sollten es wirklich diejenigen sein, die am 8. des Monats den Dnepr überquert hatten?

Aus Nikolajew war am 7. Juni gegen Mittag eine achthundert Mann starke Abteiung Matrosen nach Cherson gekommen. Sie waren am Bahnhof unter den Klängen ihrer eigenen Kapelle durch die Stadt marschiert. Wie ein festlicher Wind brausten die Melodien ihrer lustigen Märsche in die weitgeöffneten Fenster.

Bereits am nächten Tag, noch fast in der Morgendämmerung, wurde die Abteilung auf drei Kähnen zur Potemkininsel gebracht. Dann rückten die Matrosen heimlich, um den Wrangelleuten einen plötzlichen Schlag zu versetzen, auf Aljoschki vor. Sie kamen jedoch nicht weit. Die Abteilung geriet in den Sümpfen, von denen die Insel durchzogen war, in einen Hinterhalt. Nur wenigen gelang es, sich zu retten. Auch der Kommandeur der Abteilung, Simaga, ein ehemaliger Obermaat, zählte zu den Opfern. Der tödlich verwundete Kommissar war in einem alten, halbverfaulten Paddelboot von zwei Matrosen nach Cherson gebracht worden.

»Wann haben Sie diese Meldung übermittelt?« fragte Brockmann den Spion.

»Das kann ich Ihnen nicht genau sagen, ich kann mich wirklich nicht darauf besinnen.«

»Na, denken Sie gut nach, war es vielleicht gestern oder vorgestern?«

»Nein, früher.«

»Vielleicht in der Nacht zum Achten?«

»Ja, das könnte sein.«

»So... Und was bedeutete der Text?«

Der Telegrafist preßte flehend die Hände auf die Brust. »Aber glauben Sie mir doch, bitte: Ich weiß wirklich von nichts. Er erklärte mir nichts, und ich fragte ihn auch nicht. Ich hockte in diesem verfluchten Keller und konnte es mir selbst nicht verzeihen, daß ich mich auf dieses Abenteuer eingelassen hatte. Ich habe niemals Fragen gestellt. Ich wollte nichts von ihrer schmutzigen Arbeit wissen, Sie können es mir wirklich glauben.«

Brockmann schlug mit den Fingerknöchelchen auf den Tisch. »Sie wollen uns für dumm verkaufen, Solowych, und versuchen, das Unschuldslamm zu spielen. Sie haben sich zu spät darauf besonnen, wie schmutzig Ihre ›Arbeit‹ gewesen ist. Abführen – »Ich glaube, dieses Subjekt war wirklich in nichts eingeweiht«, brummte Brockmann und stieß Rauchwolken aus seiner Tabakspfeife. »Sie wären ja auch Idioten, wenn sie ihm getraut hätten. So ein charakterloses Aas! Aber immerhin – wir haben einiges erfahren. Die Meldung über die Matrosen muß man so verstehen: Die Abteilung besteht aus achthundert Mann, wird am Achten über den Fluß gebracht. Der genaue Punkt der Flußüberquerung ist nach der Einteilung der Weißen beziffert. Beachtet bitte folgendes: Die Matrosen kamen am Siebten, mittags, nach Cherson, und abends um elf Uhr wurde beschlossen, daß sie bei Morgengrauen auf Aljoschki vorrücken sollten. Ich war selbst bei der Beratung anwesend und erinnere mich noch sehr gut an alle Einzelheiten. Der Beschluß wurde erst einige Stunden vor Beginn des Einsatzes getroffen, und trotzdem konnte Solowych die Information rechtzeitig erhalten und übermitteln. Sozusagen frisch vom Faß. Wißt ihr, was das heißt? Das heißt: Die Informationsquelle befindet sich im Stab, und der Spion – vielleicht ist es der sogenannte Krutscheny selbst – hat Zugang zu den geheimsten Kommandosachen!«

»Ich wollte gerade dasselbe sagen, Genosse Brockmann«, meinte Welitschko. »Es kommt mir schon lange verdächtig vor, wie schnell die Brüder reagieren, obwohl unser Kommando den Artilleristen keine ruhige Minute gönnt. Fast jeden Tag müssen sie mit ihren Batterien von einer Stelle zur anderen umziehen, aber kaum sind sie in Stellung gegangen, da hat die weiße Brut schon wieder genaue Angaben. Selbst wenn dieser Spion mit einem sechsten Sinn begabt wäre und dreimal soviel Helfer hätte, als wir annehmen, kann er diese schnellen Verlegungen nur unter einer Voraussetzung so rasch herausbekommen: Der Hauptverräter sitzt im Stab! Doch wer ist es? Das ist die Frage?«

»Tja, wer?« Brockmann fuhr sich mit der Hand über die Stirn. »Können Sie sich erinnern, wer bei der Einsatzbesprechung alles anwesend war?« fragte Alexej.

Brockmann nahm ein Stück Papier und begann folgende Namen untereinanderzuschreiben, während er sie vor sich hin murmelte.

1. Issakow – Leiter des Militärbezirks,
2. Iwanow – Kommissar,
3. Kudrejko – Stabschef,
4. Pankratow – Adjutant des Kommandeurs,
5. Kramow – Chef der Küstenartillerie,
6. Pankow – Chef der Schiffsartillerie,
7. Schalyga – Leiter der Sonderabteilung,
8. Simaga – Kommandeur der Matrosenabteilung,

9. Gorelik – Kommissar der Matrosenabteilung,
10. Stabssekretär . . .

»Jakow Stschawinski«, sagte Woronko. Er kannte alle Vertreter des Stabes.

»Tja, das wären wohl alle, die damals zugegen waren.« Brockmann seufzte. »Außer mir und den beiden Schreibern. Nun, Issakow und der Kommissar scheiden von vornherein aus.« Er strich die beiden ersten Namen von der Liste.

»Kudrejko?« Sein Bleistift blieb in der Luft hängen. »Kudrejko? Ehemaliger Agronom, ein Intelligenzler . . .«

»Den streich«, forderte Welitschko. »Für Kudrejko lege ich die Hand ins Feuer, der ist Bolschewik seit neunzehnhundertfünf.« »Na schön, weiter: Pankratow, Adjutant . . .«

Pankratow hatte früher in der Tscheka gearbeitet. Niemand hegte Verdacht gegen ihn.

Sorgfältig gingen sie sämtliche Namen auf der Liste durch.

Ebenfalls unverdächtig war der Leiter der Sonderabteilung, Schalyga. Der Kommandeur der Matrosenabteilung, Simaga, war gefallen. Und Kommissar Gorelik lag mit einem Brustschuß im Lazarett.

Welitschko telefonierte mit der Sonderabteilung der 6. Armee und erkundigte sich genau über die Stabsschreiber sowie den Sekretär des Kriegsrats, Stschawinski. Man charakterisierte alle drei als bewährte und zuverlässige Leute, die auf Empfehlung der Sonderabteilung zur Teilnahme an der Beratung kommandiert worden waren.

Schließlich blieben nur zwei Namen übrig: Pankow und Kramow. Beide waren ehemalige Offiziere.

Kramow trug seinerzeit den Leutnantsrang und war Batteriechef an der deutschen Front. In die Rote Armee war er im Jahre neunzehn eingetreten und hatte als Militärspezialist bei verschiedenen Armeestäben gearbeitet. Vor rund zwei Monaten war er als Artilleriechef des Militärbezirks Cherson nach dort versetzt worden.

Pankow war vom Kommandeur der Seestreitkräfte nach Cherson abkommandiert worden und erst vor einigen Tagen eingetroffen. Der umsichtige Welitschko hatte jedoch bereits Näheres über ihn in Erfahrung bringen können: Pankow war Seemann von Beruf, hatte vor der Revolution an der Ostsee gedient und sich bis zum Leutnant emporgearbeitet. Nach Ausbruch der Revolution hatte er sich eine gewisse Zeit den Anarchisten angeschlossen. Er war ein schwer zu nehmender, wortkarger Mensch, schwieg sich bei den Sitzungen des Kriegsrats aus, versuchte aber im Kampf stets seinen eigenen Kopf durchzusetzen.

Brockmann machte vor diesen beiden Namen ein dickes Fragezeichen. Nachdenklich meinte er: »Wer von ihnen könnte es sein?«

Felzers »Geschenke«

Woronko und Alexej durchsuchten die Stelle am Ufer, an der die Leute des Wrangelschen Spionagedienstes Solowych abgesetzt hatten, und entdeckten dabei ein kleines, sorgfältig geteertes Boot. Es war gut im Schilf versteckt. Unter dem Hecksitz lag ein ordentlich zusammengelegter Regenumhang – eine viereckige Zeltbahn mit einer Schnüröse an einer Ecke und einem Holzstäbchen an Stelle eines Knopfes am gegenüberliegenden Zipfel. Derartige Umhänge pflegten Fischer vom Dnepr, Flößer und Schiffer zu tragen. Auf dem Boden des Bootes lag der Rest einer langen, teuren Zigarette mit Pappmundstück.

Feste Eisendollen, reichlich mit Maschinenöl geschmiert, damit sie nicht knarrten, bereits ausgelegte Ruder, um beim Ablegen keine Zeit zu verlieren, der hinterlassene Regenumhang – für gewöhnlich läßt man so etwas nicht liegen – und das Pappmundstück einer teuren Zigarette, alle diese Dinge bewiesen, daß es sich um das Boot der Spione handelte.

Alexej blieb am Ufer zurück, während Woronko zur Tscheka ging. Eine halbe

Stunde später kam er mit einem jungen Burschen von der Abteilung für Sondereinsätze zurück. Man richtete ihm ein Versteck im Schilf in der Nähe des Bootes ein und erklärte ihm, was er zu tun habe.

Beim Abschied sagte Woronko zu ihm: »Sieh zu, daß du ihn lebend faßt! Sollte das nicht möglich sein, dann überleg nicht lange und knall ihn nieder. Wenn es dunkel wird, bring ich dir die Ablösung.«

Der junge Bursche wurde vor Aufregung blaß – es war sein erster Kampfauftrag. Er preßte die Zähne zusammen und starrte unentwegt auf das Boot.

Alexej und Woronko machten sich auf den Weg.

In der Nähe des Ufers riß ein Zug Rotarmisten einige Ruinen ab. Als Alexej und Woronko an ihnen vorbeigingen, schrie ein Soldat: »He, was schleicht ihr denn hier herum?«

Ein anderer wies ihn zurecht. »Mann, siehst du denn nicht, daß es Tschekisten sind?«

Woronko betrachtete Alexej kritisch von der Seite. »Ich begreife nicht, wieso man uns die Tschekisten kilometerweit ansieht?« fragte er. »An uns ist doch nichts Besonderes. Aber wo man auch hinkommt, haben es die anderen gleich spitz: Die Tscheka ist in der Nähe. Das ist nicht gut für uns. Man müßte sich Zivilsachen verschaffen.«

Alexej dachte dasselbe, zumal er die Dunajewa beobachten sollte. »Ja, das wäre gar nicht schlecht.«

»Wir werden Felzer rupfen«, entschied Woronko nach kurzem Überlegen.

Kaum angekommen, eilten sie zum Wirtschaftsleiter.

»Na endlich«, rief der, als er Alexej erblickte, »da bist du ja, und ich dachte schon, dieser Mensch hat wirklich kein Gewissen, sonst würde er mir wenigstens mal seine neuen Stiefel zeigen. Es sieht überhaupt so aus, als ob jetzt, wo die Revolution marschiert, alle das Gefühl für Dankbarkeit verloren haben? Fortgesetzt heißt es: Felzer, gib mal das, Felzer, gib mal jenes, aber keiner denkt daran, daß Felzer auch ein Mensch ist. Nur wenn sie etwas brauchen, kommen sie zu Felzer gerannt. Vielleicht willst du auch bloß wieder etwas haben?«

»Aber nicht doch, nein!« Woronko hatte die Situation richtig erfaßt und antwortete für Alexej. »Er setzt mir schon seit Tagen zu: ›Komm mit, zum Wirtschaftsleiter. Wir müssen ihn unbedingt mal besuchen!‹ Ich staune schon über so viel Liebe.«

»Na, na!« äußerte Felzer zweifelnd.

»Ich soll tot umfallen, wenn das nicht stimmt!« Woronko sah den Wirtschaftsleiter treuherzig an. »Wenn du darauf bestehst, bekreuzige ich mich.«

»Er will sich bekreuzigen! Schau mal einer an, das dürfte einem Gottlosen nicht schwerfallen, und du zeig mal deine Stiefel!« Felzer schleppte Alexej zum Licht. »Eijeijei, die sind aber fesch!«

Alexejs neue Stiefel waren wirklich wahre Schmuckstücke: spitz, mit höherem Absatz und Schaft – wie für einen General gearbeitet –, saßen sie wie angegossen und verliehen den Beinen einen Anstrich von Eleganz.

Nachdem sich der Wirtschaftsleiter an den Stiefeln satt gesehen und Alexej erneut daran erinnert hatte, daß er ohne ihn niemals zu so prächtigem Schuhwerk gekommen wäre, meinte Felzer: »Und nun ’raus mit der Sprache, was wollt ihr von mir?«

»Zivilklamotten!« erklärte Woronko geradeheraus, denn er hatte sich entschlossen, den diplomatischen Teil des Gesprächs zu beenden. Er erläuterte die Umstände.

Felzer hörte ihm zu wie ein Philosoph, den menschliche Unvollkommenheit nicht mehr erschüttern kann. Dann seufzte er und öffnete seine Schatzkammer. Von Schätzen konnte man kaum reden: Zwei bis drei abgetragene Jacken, ein paar geflickte und gestopfte Hosen, etwas angeschmutzte Wäsche und ein Bauernrock, der ekelhaft säuerlich stank – das war alles, was Felzer anbieten konnte.

»Ein bißchen mager«, bemerkte Woronko.

»Sieh mal an, er ist noch unzufrieden«, empörte sich der Wirtschaftsleiter. »Nehmt, was da ist, oder laßt mich in Frieden. Ich habe auch ohne euch genug zu tun.«

Alexej entschied sich für eine schwarze Jacke und ein gelbes, gesprenkeltes Hemd. Woronko nahm ein sehr weites Jackett mit abgeschnittenem Schoß, gestreifte Hosen und eine schwarze Schirmmütze, wie sie Kaufmannsgehilfen trugen. Nachdem die beiden den Empfang der Sachen quittiert und sich bei Felzer bedankt hatten, trennten sie sich.

Woronko wollte sich das Haus ansehen, in dem Krutscheny den Solowych versteckt gehalten hatte. Der ehemalige Telegrafist wußte weder die Adresse, noch konnte er näher beschreiben, wo das Haus stand, da Krutscheny ihn nur bei Nacht dort hingebracht hatte. Woronko wollte Solowych in die Stadt führen. Er sollte versuchen, den Weg nach dem Gedächtnis zu finden.

Alexej ging nach Hause und zog sich um. An Stelle der schönen Reithose und der neuen Stiefel zog er sich seine alte Soldatenhose und die kaum noch tragbaren, völlig zerschlissenen alten Schuhe an. Das Hemd war ihm zu klein, dafür paßte die Jacke recht gut. Als Kopfbedeckung wählte er eine verblichene Mütze mit zerbrochenem Schirm, die im Flur hing und einstmals dem seligen Vater von Fedja gehört hatte. Schließlich warf er sich noch den leeren Wäschesack über die Schulter. Jetzt konnte man ihn für Gott weiß wen halten, nur nicht für einen Tschekamann, und das war gerade das richtige. In die Innentasche versenkte er seinen Browning.

Als ihn Fedjas Schwester Ljuska sah, schlug sie die Hände über dem Kopf zusammen. »Ljoschka, wie siehst du aus? Herrje, du bist ja überhaupt nicht wiederzuerkennen!«

Er legte den Zeigefinger auf die Lippen und zwinkerte dem Mädchen zu, höchst zufrieden über den Eindruck, den er erweckt hatte.

Das Häuschen in der Markassowgasse

Es ging auf den späten Nachmittag zu. Die Luft war stickig, und in der Sonnenglut erlahmte alles Leben in der Stadt, schläfrig döste sie vor sich hin.

Alexej kam aus den vereinsamten Hauptstraßen in die noch stilleren Gassen am Stadtrand. Er ging mit schleppenden Schritten, als schlenderte er ohne bestimmtes Ziel umher. In der Markassowgasse besah er sich ein Haus nach dem anderen. Es waren winzige, flachgedeckte Häuschen, von Obst- und Gemüsegärten umgeben. Ein Ziegenbock graste am Straßenrain. Hinter den niedrigen Zäunen ließen schwarzgesichtige Sonnenblumen ihre Köpfe hängen. Spatzen pickten munter auf den trockenen Kuhfladen herum. Ein alltägliches Bild. Alles schien hier von jener hausbackenen, kleinstädtischen Ruhe und Geborgenheit durchdrungen, die nicht einmal durch Revolution ins Wanken zu bringen waren.

Und da war auch das Haus Nummer fünf. Es sah genauso aus wie die anderen, weiß und sauber. Die Fenster standen offen, und nur die geschlossenen, hellblau gestrichenen Läden dienten als Schutz gegen die Sonne. Ein Fensterladen klaffte etwas auf und ließ die blankgeputzte Scheibe und ein Stück weiße Gardine sehen. Hinter dem Haus befand sich ein großer Hof.

Es war riskant stehenzubleiben und sich alles näher anzusehen. Deshalb ging Alexej langsam weiter. Er besaß keinen festen Plan. Wäre jemand aus dem Haus gekommen, dann hätte er versucht, ein Gespräch anzuknüpfen, und zum Beispiel nach der Arbeit gefragt. Doch da sich niemand sehen ließ, empfahl es sich nicht, sich hier aufzuhalten. Ohne Aussicht, heute noch zu einem Erfolg zu gelangen, wollte er sich schon zum Gehen wenden, da kam ihm der Zufall zu Hilfe.

Das nächste Gebäude war ein Eckhaus. Eine Lehmmauer umgab es, die oben mit scharfen Glassplittern bestückt war. Im breiten Tor fehlte ein Flügel, und Alexej bemerkte beim Vorübergehen im Hof eine junge Frau in einer zerrissenen alten Bluse. Vor Anstrengung hochrot im Gesicht, versuchte sie den auf der Erde liegenden Torflügel aufzuheben. Alexej lief schnell in den Hof und wuchtete, noch ehe die Frau Einspruch erheben konnte, den schweren Flügel empor.

Die Frau blickte Alexej bewundernd an. »Recht schönen Dank auch!«

»Nichts zu danken. Kann ich dir sonst noch behilflich sein?«

»Ach, lassen Sie nur, das andere mache ich schon selbst.«

»Welches andere?«

»Na ja, ich wollte den Flügel einhängen.«

Alexej schleppte den schweren Torflügel einige Schritte weiter und lehnte ihn an den Torpfosten.

»Einhängen wolltest du den Flügel?« fragte er mit leichtem Spott. »Das ist eine Sache, die sogar einen Mann in Schweiß bringt, und nicht nur dich. Doch warum hast du ihn überhaupt abgenommen?«

»Das habe ich nicht getan, das Tor ist noch bei Denikin zerschlagen worden. Und ein Mann ist nicht im Haus, der's ganzmachen könnte. Na, hab' ich's eben selber versucht. Heutzutage treibt sich viel verdächtiges Volk herum, und ohne Tor kommt man nicht aus. Ich habe sogar Bretter unterderhand aufgegabelt.«

Alexej klopfte mit der Faust gegen die frischangenagelten Bretter – sie fielen sofort vom Querbalken ab.

»Und so was nennst du ganzgemacht!« Er schüttelte mißbilligend den Kopf. »Das kann man doch nicht mehr als Tor bezeichnen. Gib mal ein Beil her!«

Sein forsches Auftreten und der etwas rauhe, selbstbewußte Ton imponierte der jungen Frau. Sie reichte ihm das Beil und murmelte fast schuldbewußt: »Ich bin eben so was nicht gewohnt, es ist schließlich keine leichte Arbeit.«

Alexej klopfte die schief eingeschlagenen Nägel gerade und nagelte die Bretter fest. Dann hängte er den Flügel ein. Dabei mußte er unter das eine Ende einen Stein legen, das andere anheben, um die verrosteten Ösen in die Torangel einhängen zu können. Alexej schwitzte aus allen Poren, als es ihm endlich gelungen war.

Die Hausfrau war geschäftig hin- und hergelaufen, um ihm zu helfen. Aus ihren abgerissenen Reden hatte Alexej erfahren, daß ihr Mann bereits seit zwei Jahren irgendwo im Felde stand, während sie hier mit einem dreijährigen Kind und mit einer halbverrückten Schwiegermutter hausen mußte.

Während der Arbeit sah sich Alexej gründlich um und stellte fest, daß es keinen geeigneteren Platz zur Beobachtung der im Nachbarhaus wohnenden Dunajewa geben konnte. Ihr Grundstück lag – nur durch einen niedrigen Zaun getrennt – nebenan und konnte von hier aus völlig überblickt werden. Hinter dem Haus stand ein Schuppen mit überhängendem Heuboden, und dahinter dehnte sich ein großer Gemüsegarten aus. Er endete erst an der Grenze des nächsten Anwesens, das bereits in der Seitenstraße lag. Alexej konnte weder einen Zaun noch einen Graben entdecken, der die beiden Grundstücke voneinander trennte.

Endlich war das Tor richtig eingehängt, und Alexej wischte sich den Schweiß von der Stirn. »So, damit hat sich's! Jetzt bist du so sicher wie in einer Türkenfestung. Die Türangeln müßte man noch schmieren, damit sie nicht knarren.«

»Ja, das tu ich schon selbst, vielen Dank für die Hilfe.«

Alexej sah sich um. »Na, Hausfrau, vielleicht hast du doch noch ein bißchen Arbeit für mich?«

»Die gibt's natürlich immer. Ich bin doch allein, und in der Wirtschaft fehlen Männerhände. Aber wo soll ich die hernehmen? Für einen Knecht habe ich kein Geld.«

»Das kannst du sparen«, erklärte Alexej. »Wir werden uns schon einig. Kannst du mich beköstigen? Für Essen und Unterkunft würde ich es schon tun.«

»Wer bist du überhaupt?« fragte die Frau.

»Ich bin aus Odessa«, antwortete Alexej.

Er erfand schnell eine Geschichte von einem Fischereiboot, auf dem er als Matrose gearbeitet hätte. Dann wäre er typhuskrank geworden, und seine Kameraden hätten ihn hier im Krankenhaus zurückgelassen. Bald müßte sich ja die Front von der Stadt weg verlagern, die Fischer würden nach Cherson zurückkommen und ihn mitnehmen. Inzwischen müßte er sehen, wie er über die Runden käme.

»Beköstigen könnte ich dich natürlich«, sagte die Frau. »Du kriegst das, was wir selbst essen. Darfst dich natürlich nicht beschweren, wenn es nicht so üppig ausfällt.«

»Üppig braucht's gar nicht zu sein«, entgegnete Alexej fröhlich, »Hauptsache, es gibt recht viel! Wie sagt man doch bei uns? ›Was braucht man schon zum Leben: Ein kleines Stück Brot und einen Kessel voll Brei!‹«

Die Frau lächelte. »Na, dann komm mit!« Alexej schien ihr gut zu gefallen.

Als erstes begann er das Dach des alten Schuppens zu reparieren, in dem eine magere Ziege untergebracht war. Von diesem Dach aus konnte er das Nebengrundstück gut beobachten. Er zog einen Stapel trockener Stangen aus dem Schuppen, die noch der Ehemann dort untergebracht hatte, und besserte das schief gewordene Dachgerüst aus. Ehrlich gesagt, das war gar nicht notwendig, denn das Dach hätte noch eine Weile standgehalten. Andererseits aber machte diese Arbeit keine besonderen Umstände, und das war in diesem Fall wichtig.

Die junge Frau brachte Alexej eine Säge, eine Handvoll verrosteter Nägel und ging ins Haus, um das Essen zu kochen.

Vom Dachboden aus bemerkte Alexej eine seltsame Gruppe, die durch die Markassowgasse ging. Es handelte sich um drei Männer. Der eine steckte in einer viel zu weiten Jacke mit abgeschnittenem Schoß und hatte einen dichten Schnurrbart: Woronko. Sein Begleiter, ein riesengroßer Mann, war auch mit keinem anderen zu verwechseln. So sah nur Nikita Bodenko aus. Und zwischen den beiden lief, den Kopf in die Schultern eingezogen, Wladislaw Solowych. Der Telegrafist war kaum wiederzuerkennen. Man hatte ihm einen weiten Soldatenmantel umgehängt und eine spitze Rotarmistenmütze aufgestülpt. Ein Auge war mit einem Kopftuch zugebunden, unter dem die dünne, bläulich schimmernde Nase kläglich hervorguckte. Solowych führte die Tschekisten zu seinem ehemaligen Unterschlupf.

Alle drei kamen schnell näher.

Nanu, wo gehen die denn hin, dachte Alexej, etwa zur Dunajewa?

Doch die Gruppe ging vorbei.

Seltsam, überlegte Alexej, Solowych hat unsere Tschekaleute ausgerechnet zur Markassowgasse gebracht, er muß also hier in der Nähe versteckt gewesen sein. Oder hat der Zufall die Hand im Spiel?

Einige Minuten später sichtete Alexej endlich die Person, der zuliebe er sich als Zimmermann verdingt hatte.

Er baute gerade neben dem Schuppen ein Gestell zum Holzsägen, als eine Frau in einer buntbestickten ukrainischen Bluse mit einem blauen Seidenrock und eleganten Stiefeln mit hohen Absätzen aus der Tür des Nachbarnhauses trat. Ein dicker Zopf lag wie eine Krone um ihren Kopf und wurde durch ein breites Band zusammengehalten. Gut gewachsen, vollschlank und katzenhaft träge in jeder Bewegung, rekelte und streckte sie sich. Ihre volle Brust spannte sich unter der Bluse. Sie gähnte lange und genießerisch. Das leichtgeschminkte Gesicht mit den schmalen Augenbrauen drückte Langeweile und Erwartung aus.

Für Alexej war es klar: Das ist die Dunajewa!

Verdeckt durch die Akaziensträucher, die längs des Gartenzauns wuchsen, konnte er sie ungestört betrachten.

Die Frau streifte mit einem langsamen Blick die Sträucher, den Gemüsegarten und den abendlichen Himmel. Dann stieg sie gemächlich die kleine Vortreppe herunter und spazierte, sich in den Hüften wiegend, auf dem Hof auf und ab.

»Wie sie wieder dahinschwebt!« erklang es hinter Alexej. Er fuhr herum. Vor ihm stand seine Wirtin.

»Hast du dich auch schon in sie vergafft?« Sie kniff vorwurfsvoll die Lippen zusammen. »Paß nur auf, daß dir die Augen nicht aus dem Kopf fallen!«

Die junge Frau hatte sich umgezogen. Sie trug einen bunten Rock und eine schneeweiße Bluse mit weiten Ärmeln. Die Haare verdeckte ein sauberes Kopftuch aus Kattun. Jetzt kam ihr hübsches Gesicht erst richtig zur Geltung.

»Warum soll ich sie mir nicht anschauen?« meinte Alexej, und seine Stimme klang geringschätzig. »Es ist doch noch Tag, und die hat sich herausgeputzt wie zu einem Festabend. Deshalb mußte sie mir ja auffallen.«

»Ja, so ist es auch«, flüsterte die junge Frau. Die macht den Tag zur Nacht und die Nacht zum Tag. Sie kennt überhaupt nichts anderes, als sich herauszuputzen und zu amüsieren. Hat nur die Kerle im Kopf.«

»Kerle — was für Kerle?«

»Alle möglichen!« Alexejs Wirtin bekam große Augen. »Ein schamloses, ein gewissenloses Frauenzimmer. Dabei hat man ihren Mann erst im vergangenen Jahr beerdigt. Der hatte bei Denikin gedient. Er war verwundet worden und blieb heimlich in Cherson, als die Weißen abrückten. Glaubte, sich unter dem Rock seiner Frau verstecken zu können. Die Tscheka hat ihn aber doch erwischt.«

»Ach, so...«

»Na, der lag noch nicht mal ein halbes Jahr unter der Erde, da schwenkte sie schon wieder ihre Röcke. Jetzt hat sie's mit einem roten Flieger. Es ist schon gar nicht mehr zum Ansehen. Ja, wenn's bloß bei einem bliebe, aber so...«

Die junge Frau spuckte kräftig aus, zupfte die Bluse über der Brust zurecht und wechselte plötzlich ihren Ton. »Komm, wir wollen essen. Ich habe Borschtsch gekocht.«

»Aber das war doch nicht nötig, Chefin. Noch habe ich ihn mir nicht verdient!«

»Das wirst du schon tun. Mit leerem Magen kannst du ohnehin nichts schaffen.«

Beim Weggehen sah sich Alexej noch einmal zum Nachbarhof um. Die junge Frau erhaschte seinen Blick und meinte eifersüchtig: »Was seid ihr Männer nur für ein Volk. Ihr habt wohl eine Spürnase für leichtsinnige Weiber, was? Kaum hast du sie gesehen, und schon kannst du die Augen nicht mehr von ihr lassen. Was ist an der schon Besonderes dran. Geh nur hin zu ihr, sie hat ein großes Herz und wird dich nicht abweisen.«

»Hör auf, Chefin!« wehrte Alexej mit gut gespielter Verlegenheit ab. »Warum seid ihr Frauen bloß so futterneidisch?«

Seine Worte trafen ins Schwarze. Die junge Frau fuhr in die Höhe. »Was, ich und...? Die ist mir doch völlig schnuppe. Nicht mal die Hälfte von dem, was ich weiß, habe ich gesagt. Nachts schläft der Flieger bei ihr — als ständiger Freund. Nebenbei aber hat sie noch drei andere Kavaliere, die sie besuchen kommen. Das mußt du mal miterleben in der Nacht. Kaum ist der Flieger eingeschlafen, da fliegt das Täubchen schon hinaus in den Garten, wo die anderen auf sie warten...«

»Wer wartet?«

»Wer, wer! Na, sicherlich solche Kavaliere wie du.«

»Ich habe doch damit nichts zu tun.« Alexejs Stimme nahm einen einschmeichelnden Ton an. »Mich interessieren solche Weiber nicht. Sie sind langweilig und haben nur Liebe im Kopf. Ich mag so was nicht!«

Alexej beeilte sich, von was anderem zu sprechen, um die Aufmerksamkeit seiner Wirtin abzulenken. Er nahm sich jedoch fest vor, die Nacht über hierzubleiben, um festzustellen, ob die junge Frau die Wahrheit gesagt hatte.

Im Haus setzte er sich ans Fenster, so daß er die Straße im Auge behalten konnte. Neben ihm hockte ein buckliges, altes Muttchen mit trüben Augen, die wie mit Schimmel überzogen waren. Der kleine Sohn der Wirtin starrte ihn so erstaunt an, daß er dabei sogar vergaß, seinen Finger aus dem Mund zu nehmen.

Die Hausfrau deckte geschäftig den Tisch. Man merkte ihr an, daß sie die Anwesenheit eines Mannes im Haus anregte. Sie huschte eilfertig im Zimmer hin und her, und Alexej stieg der Duft von frischgebackenem Brot angenehm in die Nase. Die Frau plauderte ununterbrochen über ihr früheres Leben. Sie erzählte von ihrem Mann und von ihren Eltern, zu denen sie hinziehen wollte, sobald die Front abrückte. »So allein langweile ich mich ja zu Tode!«

Alexej paßte einen günstigen Augenblick ab

und fragte: »Chefin, ist es dir recht, wenn ich hier übernachte? Dann kann ich morgen bei Sonnenaufgang an die Arbeit gehen.«

»Was soll das – Chefin und immer wieder Chefin!« erwiderte sie gekränkt. »Schließlich habe ich einen eigenen Namen. Nenne mich Anna! Mein Familienname lautet Ussatschenko. Ich bin eine geborene Swiridowa. Mein Vater stammt aus der Gegend von Twer, oben in Rußland, schon fast bei Moskau.«

»Also, wie ist es mit Übernachten?«

»Bleib schon da!« Sie wurde rot und sah ihn nicht an. »Platz haben wir.«

»Ich brauche nicht viel Platz und werde mich auf dem Dachboden einrichten. Dort schläft es sich bestimmt nicht schlecht, und Heu ist genug da, das habe ich schon gesehen.«

»Gut, wie du willst...«

Alte Bekannte

Woronko tauchte mit seiner Gruppe nicht mehr auf. Anscheinend waren sie auf einem anderen Weg zur Tscheka zurückgekehrt. Als Alexej seine Arbeit wiederaufnahm, ging der Tag bereits zu Ende. Die Luft wurde reiner und würziger. Stille breitete sich aus. Die Wrangelsche Artillerie war für heute verstummt, sie wollte wohl ihre Munition nicht sinnlos verpulvern. Das war das erste spürbare Ergebnis der Operation vom Vortag. Die Verbindung zwischen den Spionen und dem linken Flußufer war auf unbestimmte Zeit unterbrochen.

Alexej schwang fröhlich sein Beil. Im Nachbarhof wirtschaftete eine alte Frau mit einer krummen Nase herum. Sie trug Witwenkleidung. Alexej hatte von Anna erfahren, daß sie die Mutter von Nadeshda Dunajewa war. Nadeshda selbst zeigte sich nur noch selten auf dem Hof.

Alexej überlegte. Der unklare Verdacht, den er dieser Frau gegenüber hegte, hatte sich verdichtet. Dunajewa war die Witwe eines Weißgardisten, den die Tscheka erschossen hatte. Das besagte bereits vieles. Ferner stand sie in Verbindung mit geheimnisvollen Personen, die sie nachts aufsuchten. Wenn diese Leute nicht der lebhaften Phantasie seiner Wirtin entsprangen, wer waren sie dann? Nur Nebenbuhler von Filippow? Oder vielleicht dieselben Subjekte, die ihm den Befehl zum Abflug nach Nikolajew zugespielt hatten?

Alexej ließ sich das alles durch den Kopf gehen und gratulierte sich zu dem glücklichen Zufall, der ihn hierher geführt hatte – zu dem Bodenausguck des alten Schuppens und zu der gastfreundlichen und zutraulichen Anna Ussatschenko. Hier hatte er Aussicht, alles zu erfahren.

Alexej arbeitete bis zum Dunkelwerden.

In der Abenddämmerung rollte vor dem Haus der Dunajewa mit einem Krach, der die ganze Gasse erfüllte, eine Pferdedroschke vor. Filippow sprang aus dem Wagen. Er winkte dem Kutscher mit der Hand zu und ging durchs Tor. Die Droschke klapperte wieder davon.

Die Dunajewa kam herausgelaufen, um Filippow zu begrüßen. Sie küßte ihn auf die Wange, und beide gingen eng umschlungen ins Haus. Als sie an der hinkenden alten Frau vorbeikamen, sagte Filippow laut: »Grüß Gott, Michejewna!«

Aber die Alte wandte sich ab und brabbelte böse etwas vor sich hin. Dabei schüttelte sie den Kopf.

»Komm schon, komm«, rief die Dunajewa und hakte sich bei dem Flieger ein.

Filippow lachte laut auf und verschwand mit ihr im Haus.

In diesem Augenblick tauchte Anna vor Alexej auf.

»Er ist gekommen!« sagte sie. »Das ist ihr Kavalier, der Hauptflieger der Roten – Filippow. Hast du schon mal was von ihm gehört? Die Alte kann ihn auf den Tod nicht leiden: Sie hatte ihren Schwiegersohn sehr gern. Doch der Dunajewa macht das gar nichts aus. Jetzt werden die beiden wieder feiern!«

»Na und? Laß sie doch!« Alexej spuckte wegwerfend zur Seite.

»Schau lieber her, wie schön ich das Dach

wieder in Ordnung gebracht habe. Jetzt hält es bis zum Jüngsten Tag.«

Nachdem sie zum Abendbrot die Reste des Mittagessens verzehrt hatten, schützte Alexej Müdigkeit vor und bat, schlafen gehen zu dürfen. Die junge Frau wollte ihm ein Bett in der Stube machen, aber Alexej erklärte, er könnte seit seiner Krankheit keine stickige Luft mehr vertragen. Er nahm die ihm als Unterlage angebotene alte Jacke aus Armeestoff und bestieg seinen Beobachtungsposten.

Die Nacht hatte sich rasch herabgesenkt. Über Cherson begannen die Sterne zu flimmern, und in der tiefen Dunkelheit verstummte allmählich jeder Laut.

Im Nachbarhaus »feierte« der Flieger. Ab und zu trat die Alte auf den Hof hinaus, und wenn sie die Tür öffnete, waren die Klänge einer Gitarre und der Gesang der Dunajewa zu hören. Sie sang mit kräftiger Altstimme etwas Trauriges. Filippow begleitete die junge Frau mit den Krächztönen seines heiseren Basses.

Dann wurden die beiden still. Der gelbe Lichtschein, der durch die Fensterläden schimmerte, verlosch. Ringsum herrschte eine Ruhe, als schliefe auch der Krieg.

Alexej lag auf dem Dachboden des Schuppens und horchte gespannt auf das kleinste Geräusch. Er hatte in den letzten zwei Nächten wenig geschlafen, und die Müdigkeit begann ihn zu übermannen. Um sich dagegen zu wehren, versuchte Alexej eine recht unbequeme Haltung einzunehmen: Er legte sich auf den Bauch und stützte das Kinn auf die Fäuste. Aber der Schlaf wich nicht von ihm und verwirrte seine Gedanken. Alles schien sich zu verschleiern, und Alexej verfiel in eine Lethargie, die seine Sinne abstumpfte. Doch plötzlich war es Alexej, als hätte ihn jemand in den Rücken gestoßen. Er fuhr zusammen und hob den Kopf. Im Nebenhof rührte sich etwas. Die Konturen des weißen Hauses verschwammen in der Finsternis, aber Alexej glaubte, daß sich dort, wo der Nachbarschuppen an das Haus anstieß, ein Schemen durch das Dunkel bewegte.

Alexej war jedoch noch ganz benommen vor Schlaftrunkenheit, doch das Geräusch von trapsenden Füßen entging ihm nicht. Wenige Sekunden später brauchte er nicht mehr so angespannt zu lauschen, um zu erfassen, was da vorging.

Die Hintertür des Nachbarhauses öffnete sich, und eine Frau – der Stimme nach die junge Dunajewa – flüsterte deutlich vernehmbar: »Gleich...«

Eine Männerstimme fragte ebenso klar: »Schläft er?«

»Ja. Gehen Sie zum Schuppen, ich komme nach...«

»Wo ist der Schlüssel?«

»Na da, wo er immer liegt.«

Die junge Frau verschwand. Ein Schatten huschte über den Hof. Man hörte, wie sich ein Schlüssel im Schloß drehte, dann knarrte eine Tür. Der Mann pfiff leise.

Vom Gemüsegarten her schob sich ein zweiter Schatten auf ihn zu. Aha, es sind zwei! dachte Alexej.

Nachdem sich die Schuppentür geschlossen hatte, kletterte Alexej von seinem Ausguck, schlich auf Fußspitzen zu dem niedrigen Zaun, kletterte hinüber und warf sich der Länge nach auf den Boden. Die Dunajewa war wieder aus dem Haus getreten. Ihre nackten Füße patschten dicht an Alexej vorbei, und dann verschwand auch sie hinter der Tür des Schuppens, in dem eine Laterne angezündet wurde.

Alexej tastete nach seinem Browning, pirschte sich an die Schuppenwand heran, entdeckte einen Spalt und starrte hindurch.

Zwei Männer waren dabei, eine lange, schwere Kiste, die sie anscheinend mitgebracht hatten, in einem großen Heuhaufen zu verstecken, der hinten im Schuppen lag. Die junge Frau leuchtete ihnen mit einer kleinen, primitiven Laterne. Ab und zu tauschten die drei ein paar Worte aus. Nachdem sie ihr Werk verrichtet hatten, wandten sie sich um.

Jetzt konnte Alexej erkennen, daß der eine der beiden Männer eine Uniform mit Schulterriemen trug. Der andere war in einen

Bauernrock aus grobem Tuch gekleidet und hatte einen breitrandigen Strohhut auf dem Kopf. Der Uniformierte wischte sich mit dem Ärmel über das Gesicht und befahl der Dunajewa: »Geben Sie her!«

Die junge Frau holte unter dem Tuch, das sie sich umgehängt hatte, einen viereckigen Gegenstand hervor. Alexej erkannte Filippows große Kartentasche.

Bis zu diesem Augenblick hatte Alexej noch gewisse Zweifel gehegt, und er hatte unter anderem die Möglichkeit in Betracht gezogen, daß die Dunajewa nur eine gewöhnliche Schieberin oder eine Hehlerin war, die gestohlenes Gut versteckte. Doch nun waren alle Unklarheiten mit einem Schlag beseitigt. Vor ihm standen Spione!

Der Mann in Uniform öffnete die Kartentasche und bedeutete der Dunajewa mit einem Blick, die Laterne höher zu halten. Als der Lichtschein auf sein verquollenes Gesicht fiel, erkannte Alexej ihn sofort: Es war derselbe Offizier, den er mit Fomin in Gesellschaft des Fliegers am Tag seiner Ankunft gesehen hatte.

Offenbar prüfte der Uniformierte den Inhalt dieser Kartentasche nicht zum erstenmal. Viele Papiere schien er bereits zu kennen, denn er beachtete sie kaum. Andere sah er flüchtig durch und legte sie vorsichtig wieder an die gleiche Stelle, um die Reihenfolge nicht durcheinanderzubringen. Schließlich entdeckte er etwas, was er wohl gesucht hatte.

»Hier ist der neueste Befehl«, erklärte er, nachdem er den Text gelesen hatte. »Filippow wird morgen nach Serogosy fliegen, um den Standort der Kavallerie von General Barabowitsch zu erkunden. Zur Nacht kehrt er nicht zurück, sondern fliegt nach Berislaw, um übermorgen noch weiter – nach Wesseloje – zu fliegen. Ich muß Sie leider enttäuschen, Nadeshda Wassiljewna. Morgen wird er nicht die Nacht in Ihren Armen verbringen können.«

»Das weiß ich, das hat er mir schon erzählt«, antwortete die junge Frau und zuckte mit schlecht gespielter Abscheu die Achseln.

Der Uniformierte grinste ironisch. Er wandte sich dem Mann mit dem Strohhut zu und erklärte, daß man die Abwesenheit des Fliegers auf alle Fälle ausnutzen müßte, um »die Leute zusammenzurufen und zu instruieren.«

»Eine bessere Möglichkeit wird sich uns kaum bieten«, sagte er. »Wir müssen unbedingt noch heute alle benachrichtigen. Und morgen nacht zwischen zwölf und halb zwei erwarte ich sie hier. Sie selbst kommen natürlich unter allen Umständen mit. Vielleicht finde ich inzwischen eine Möglichkeit, Sie zu den Unseren hinüberzubringen. Wir haben immerhin viel Neuigkeiten beisammen.«

»Vergessen Sie nichts«, sagte der Mann im Strohhut mit einer Stimme, die vor Erkältung heiser zu sein schien, »die Tscheka hat heute das Haus durchsucht, in dem sich der unglückselige Jammerlappen von Telegrafisten versteckt hielt. Und dieses Haus befindet sich ganz in der Nähe.«

Das muß Krutscheny sein, ging es Alexej blitzartig durch den Kopf.

»Ich weiß«, antwortete der Uniformierte, »aber trotzdem ist es hier gefahrloser als anderswo. Ein Haus, in dem der Flieger Filippow ein und aus geht, ist für sie unverdächtig. Gehen Sie und benachrichtigen Sie alle! Sie sollen auf jeden Fall nicht durch die Markassowgasse gehen, sondern durch die Gärten. Die Parole lautet..., nun, sagen wir, ›Abrechnung‹. Haben Sie mich verstanden?«

»Jawohl.«

»Übrigens, was ist mit dem Boot? Müssen wir es endgültig abschreiben?«

»Das Boot müssen wir vergessen. Heute fand sich ein Hinterhalt neben ihm. Ich hatte einen Besprisorny losgeschickt, um das Terrain zu sondieren. Er ist angehalten worden. Das macht aber nichts. Wir werden schon ein anderes Boot auftreiben.«

Alexej biß sich auf die Lippe.

»Nun, das wär's wohl.« Der Uniformierte reckte sich. »Sie, Nadeshda, machen, daß Sie zurückkommen! Hoffentlich ist unser roter Adler nicht aufgewacht. Wir verduften etwas später.«

Die Dunajewa übergab ihre Laterne dem Mann mit dem Strohhut, verbarg die Kartentasche unter dem Tuch und ging zur Tür. Der Augenblick war da, in dem sich Alexej entscheiden mußte: Sollte er die beiden Spione gleich fassen oder sie aus der Mausefalle entkommen lassen, in die sie selbst gegangen waren, und den morgigen Tag abwarten.

Die Entscheidung fiel ihm nicht leicht.

Der Zufall hatte ihm – er konnte es kaum fassen – eine nie wiederkehrende Gelegenheit verschafft und ihm zwei furchtbare Feinde in die Hände gespielt. Ihr Fang war zur Zeit die wichtigste Aufgabe der Tscheka, und diese Aufgabe konnte er, Alexej Michalew, allein und ohne fremde Hilfe bewältigen!

Andererseits lag jetzt klar zutage, daß es nicht nur um diese beiden Spione ging, sondern daß eine Organisation, eine Spionagezentrale, eine Verschwörung, bestand. Ihre Rädelsführer würden sich morgen hier versammeln. Man könnte also die ganze Bande mit einem Schlag vernichten.

Alexejs Entschluß war rasch gefaßt.

Er hatte am Tage ein großes ausgetrocknetes Regenfaß auf dem Hof gesehen und nahm jetzt dahinter Deckung.

Die Dunajewa kam aus der Tür, die sie schnell hinter sich schloß. Sie blieb einen Augenblick stehen, lauschte und eilte dann zum Gemüsegarten. Auf dem Rückweg klopfte sie im Vorbeigehen kurz an die Schuppenwand – wohl zum Zeichen, daß alles in Ordnung wäre.

Alexej schaute noch einmal durch den Spalt.

Die Spione standen abwartend in der Mitte des Schuppens. Der Mann mit dem Strohhut hob langsam die Laterne hoch und pustete sie aus. Sein Gesicht mit dem spitzen Kinn und den scharf hervorstehenden Backenknochen, das für einen Augenblick beleuchtet worden war, verschwand wieder in der Dunkelheit. Beim Anblick dieses Gesichts war Alexej zusammengefahren: Er hatte Viktor Markow erkannt!

Die Feinde entfernten sich. Als ihre Schritte im Gemüsegarten verklangen, kletterte Alexej wieder über den Zaun, lief durch Annas Hof auf die Straße und rannte, so schnell er konnte, zur Tscheka.

Etwa zwei Stunden später kehrte er zurück und stieg erneut auf seinen Dachboden. Lange lag er schlaflos und ließ sich alle Ereignisse durch den Kopf gehen.

Umzingelt

Der nächste Tag erschien Alexej als der längste seines Lebens. Der Gedanke, daß alles verloren wäre, falls irgendein unvorhergesehener Umstand die Feinde an der Zusammenkunft hinderte, ließ ihm keine Ruhe. Was wäre, wenn sich ihre Pläne änderten oder ihnen irgend etwas Verdächtiges auffiele? Er allein trüge dann die Schuld daran, daß zwei eingefleischte Spione weiter frei umherliefen. Und dann gäbe es für ihn keine Entschuldigung.

Einer von den beiden bereitete Alexej allerdings nicht soviel Kopfzerbrechen; Fedja würde sich bestimmt erinnern, wen sie seinerzeit in Gesellschaft des betrunkenen Filippow gesehen hatten. Er nannte damals auch den Namen des Betreffenden, aber Alexej hatte ihn überhört.

Doch nun zu Markow, Viktor Markow, diesem Mitläufer der Sozialrevolutionäre, der gleichzeitig als Spießgeselle der Deutschen an der Vernichtung der Frontkämpfer beteiligt gewesen war! Nicht auszudenken, wenn Markow entkäme. Dabei hatte er sich noch vor ein paar Stunden in Alexejs Gewalt befunden. Alexej hätte nur die Hand auszustrekken und den Riegel an der Schuppentür vorzuschieben brauchen, und die Spione wären in flagranti ertappt worden, war es doch ganz offensichtlich, daß sich in der von ihnen mitgebrachten Kiste Waffen befanden. Alexej hätte sie schon bis zum Morgengrauen in Schach gehalten, zumal Filippow in der Nähe gewesen wäre – immerhin einer der eigenen Leute.

Zu seiner eigenen Beruhigung sagte sich Alexej aus gewissen Anzeichen, die ein Uneingeweihter nie bemerkt hätte, daß das Haus bereits umstellt war und daß jetzt viele Augenpaare die junge Frau beobachten. Ihr ruhiges Benehmen verriet jedoch, daß sie nichts ahnte.

Er selbst fand seine Ruhe erst in der Nacht wieder, als durch die Gemüsegärten ein Schatten in den Hof der Dunajewa huschte. Es war der erste von denen, die er mit solcher Ungeduld erwartete.

Zu dieser Zeit lagen im Gebüsch am Gartenzaun, der Annas Grundstück von dem der Dunajewa trennte, drei Mann auf Lauer: Woronko sowie Wolodja Chramsow und Matwej Gubenko – zwei Mitarbeiter der operativen Abteilung.

Anna war längst schlafen gegangen. Vorher hatte sie angedeutet, daß sie reichlich böse auf Alexej wäre und auch ohne seine Hilfe auskommen könnte, wenn er morgen ebenso lustlos arbeiten würde wie heute.

Dann war es endlich soweit. Innerhalb von zwanzig Minuten schlichen weitere sechs Männer in das Nachbarhaus. Man hörte Türschwellen knarren und leises Geflüster vor dem Hausaufgang, wo jemand Schmiere zu stehen schien.

Das Haus verschluckte alle ankommenden Schatten. Sie wirkten wie unförmige Klumpen, die aus der dichten Finsternis ausbrachen. War doch die Nacht so dunkel, daß man kaum die Hand vor Augen sehen konnte.

Welitschko leitete die Aktion. Seine Umständlichkeit brachte Alexej zur Verzweiflung. Welitschko verteilte selbst die Leute auf ihre Posten und erklärte jedem haarklein seine Aufgabe, obwohl an dem Unternehmen erfahrene Tschekisten teilnahmen.

Eine halbe Stunde mochte vergangen sein, nachdem der letzte Schatten – es war der siebente – im Haus verschwunden war. Nun schlossen die Tschekaleute den Ring um das Gebäude. Welitschko schickte Nikita Bodenko vor, um die von den Verschwörern aufgestellte Wache zu beseitigen.

»Die Parole heißt ›Abrechnung‹, erinnerte er. Bodenko tauchte in der Dunkelheit unter.

Alexej hielt diesen Einsatz für falsch, denn der »Recke« aus Kiew erschien ihm zu ungeschlacht und schwerfällig für diese Aufgabe. Doch was geschah? Es war nichts zu hören als ein leises Poltern und Raufen am Haus. Und dann brachte Bodenko jemanden – die Dunajewa. Er trug sie unter dem rechten Arm und hielt mit der linken Hand ihren Mund zu, während er den Kopf der Frau an seine Brust preßte.

Nachdem die Frau gefesselt und mit ihrem zusammengedrehten Kopftuch geknebelt worden war, flüsterte Bodenko Alexej ins Ohr: »Hast du nicht 'n Läppchen bei dir? Das verdammte Biest hat mir den Finger bis auf den Knochen durchgebissen.«

Welitschko und nach ihm Alexej, Woronko, Bodenko und Chramsow stiegen die kleine Vortreppe hinauf. Im dunklen Flur, wo es nach dem Lindenbastgewebe der Türverkleidung roch, fanden sie nach langem Tasten die Klinke. Hinter der Tür hörte man undeutliches Stimmengewirr. Welitschko faßte den Griff. »Es ist soweit!«

Seine Gefährten drängten sich näher heran. Welitschko wartete noch einen Augenblick und riß dann mit einem Ruck die Tür auf.

»Hände hoch!«

Der scharfe Luftzug brachte die Lampe an der Decke ins Schaukeln. Ihr blendender Schein huschte über erstarrte Gesichter. Auf dem Tisch standen eine entkorkte Wodkaflasche und Gläser.

Das erste, was Alexej zu seinem Entsetzen feststellte, war: Markow befand sich nicht im Raum.

»Hände hoch!« wiederholte Welitschko.

Die Erstarrung wich. Arme hoben sich langsam in die Höhe. Sechs Mann umstanden den Tisch, der siebente, ein Mann mit aufgedunsenem Gesicht, war – auf dem Stuhl zurückgelehnt – sitzen geblieben.

Welitschko richtete den Lauf seiner Pistole auf ihn. »Was habe ich gesagt?« Hände hoch, aber rasch.«

Der Mann erhob sich schwerfällig, runzelte die Stirn und murmelte mit einer Stimme, als bliebe ihm die Luft weg: »Was ist denn los? Warum dringen Sie hier ein?«

»Spielen Sie keine Komödie, Kramow! Beschweren Sie sich bei der Tscheka, wenn es Ihnen nicht paßt. Ich wiederhole zum letztenmal: Nehmen Sie die Hände hoch!«

Das war also der Verräter: Kramow, der Chef der Artillerie des gesamten Chersoner Bezirks.

Mißmutig hob er die Arme hoch.

»Nun einzeln heraustreten, Sie machen den Anfang!«

Ein schwarzbärtiger Mann, der über seinem Militärhemd ein Jackett trug, sah sich verlegen nach Kramow um und ging dann zur Tür. Im Flur wurde er von Bodenko und Chramsow in Empfang genommen.

»Der nächste.«

Alexej erkannte seinen Vorgesetzten nicht wieder. Von der gewohnten Gutmütigkeit und Gemächlichkeit Welitschkos war keine Spur mehr zu entdecken. Er stand vor den Feinden mit leichtgespreizten Beinen, mit dem vernarbten Gesicht und dem großen Kopf, ganz gespannt, die Pistole im Anschlag, und schien alle gleichzeitig zu überwachen.

In dem Augenblick, in dem der Schwarzbärtige in den Flur hinaustrat, packte einer der Verschwörer – ein langaufgeschossener und dunkelhäutiger Bursche mit gezwirbeltem Schnurrbart – die Wodkaflasche und holte aus, um die Lampe zu zerschmettern.

Welitschko schoß, ohne seine Haltung zu verändern oder den Kopf zu wenden. Der Mann stürzte mit dem Gesicht auf den Tisch. Dann rutschte er zu Boden. Die Danebenstehenden rückten beiseite.

Fensterläden splitterten und barsten, Glasscheiben klirrten. Gewehrläufe starrten in die Stube.

»Will noch jemand Widerstand leisten?« fragte Welitschko mit etwas blassem Gesicht. »Ich warte noch auf Selbstmordkandidaten. Keiner? Na, dann ein bißchen dalli!« Nach einem kurzen Blick auf Kramow sagte er: »Michalew, durchsuch den Schuppen und sieh gut im Heu nach! Vielleicht findest du was.«

Solowych und die Verhafteten wurden gegenübergestellt. Der Telegrafist konnte Krutscheny unter ihnen nicht entdecken. Für Alexej war das nur ein Beweis mehr, daß Krutscheny und Markow ein und dieselbe Person waren. Ausgerechnet Markow war entkommen! Vielleicht hatte er sich zu der Zusammenkunft verspätet, vielleicht hatte ihn Kramow auch ans andere Ufer zu den »Unsrigen« hinüberschaffen können, wie er es versprochen hatte. Wie dem auch sei, er war verschwunden, und Alexej hatte seine Ruhe eingebüßt.

Alexej war sozusagen als Küken zur Revolution gekommen. Er hegte in seinem Innern weder einen starken Haß noch das Gefühl einer großen Liebe, sondern lediglich den blinden, jungenhaften Glauben an die Gerechtigkeit der väterlichen Sache. Viel Zeit und der Tod manches Kameraden, schweißgetränkte Marschwege, Gespräche mit Kumpeln am Lagerfeuer und lange Auseinandersetzungen mit sich selbst waren erforderlich gewesen, um die Sache des Vaters zu seiner eigenen zu machen – zu einer Angelegenheit des Herzens, die alles andere in den Hintergrund drängte. Alexej hatte gelernt, alles zu hassen, was ihm im Wege stand und was die Menschen, die mit ihm Freud und Leid des Bürgerkrieges teilten, von diesem Weg abzubringen versuchte.

Markow war ihm immer als die lebendige Verkörperung jener finsteren Welt erschienen, die sich vor ihm in einer Aprilnacht im Jahre achtzehn aufgetan hatte. Und Alexej war stets davon überzeugt gewesen, daß er Markow eines Tages finden und ihn zwingen würde, sich für seine Verbrechen zu verantworten.

Es war eine Ironie des Schicksals, daß er ihn dann wirklich gefunden und in der Hand gehabt hatte und daß er ihn dennoch entkommen lassen mußte.

Bei der Leibesvisitation fand man bei dem ehemaligen Chef der Artillerie ein Päckchen Dokumente im Unterhemd eingenäht. Aus diesen Papieren ging hervor, daß er mit richtigem Namen Stanislaw Stezewski hieß und Rittmeister des Gardestabs »Seiner Kaiserlichen Majestät« war. Am meisten über ihn sagte aber ein dreieckiges Papierschnipsel aus, das aus einer Visitenkarte geschnitten war. Für den Vorsitzenden der Tscheka von Cherson war dieses Stückchen Kartonpapier, auf dem nur zwei Buchstaben, »O« und »K«, standen, in der Tat die Visitenkarte des gefangenen Spions.

Im Jahre 1918 war in Jaroslawl ein antisowjetischer Aufstand ausgebrochen. An seiner Spitze standen Sozialrevolutionäre unter Leitung von Oberst Perchaurow, einem erbitterten Sowjetgegner, und des Terroristen und Agenten eines ausländischen Spionagedienstes Boris Sawinkow. Brockmann, der zu dieser Zeit bei der Allunionstscheka arbeitete, hatte an der Unterdrückung dieses Aufstands, der zu den blutigsten weißgardistischen Ausschreitungen gehörte, teilgenommen. Er wußte daher nur zu gut, was das bescheidene Papierdreieck mit den Buchstaben »O« und »K« bedeutete. Es war ein Geheimausweis, eine Parole, die an die zuverlässigsten Agenten des Spions Sawinkow ausgegeben wurde. Als Stezewski alias Kramow merkte, daß Leugnen nutzlos war und daß man die Versammlung von gestern nicht mehr als Saufabend von Freunden ausgeben konnte, gestand er, wie es ihm gelungen war, sich in die Reihen der Roten Armee einzuschleichen.

Nach der Niederwerfung des Aufruhrs in Jaroslawl hatte er versucht, sich mit einer Gruppe von Offizieren zu Denikin durchzuschlagen. Unterwegs gerieten sie in eine Razzia, und auf der Flucht verlor Stezewski alle Gefährten. Mit großer Mühe gelang es ihm, bis Charkow zu kommen. Dort konnte er sich einem Flüchtlingstransport anschließen, der nach Süden fuhr. In Kamenez-Podolsk bestieg ein älterer Mann in Uniform seinen Wagen. Er kam Stezewski bekannt vor. Sie unterhielten sich, und es stellte sich heraus, daß sie sich bereits vor dem Krieg in Moskau im Hause von Frau Kramowa getroffen hatte, der Schwester des neuen Reisegefährten.

In den langen Stunden während der Fahrt erzählte Kramow alles über sich. Er war Bauingenieur und hatte sein ganzes Leben lang liberale Ansichten vertreten. Im Jahre vierzehn war er zur Armee einberufen worden und hatte als Leutnant der Artillerie bis zur Revolution gegen die Deutschen gekämpft. An der Front hatte er seine politische Überzeugung revidiert. Kramow gehörte zu jenen Vertretern der russischen Intelligenz, die die Revolution ohne jeden Widerspruch hingenommen hatten. Zur Zeit war er zu einer Einheit der Roten Armee als Militärspezialist unterwegs.

Diese Begegnung im Zug warf alle Pläne Stezewskis über den Haufen.

Der Transport blieb oft auf der Strecke stehen. Eines Nachts, als der Zug in der Steppe hielt, stiegen Stezewski und Kramow aus, um frische Luft zu schnappen. Im Gebüsch schlug Stezewski seinem Reisegefährten mit dem Revolvergriff den Schädel ein.

Im Waggon wunderte sich niemand über das Verschwinden eines Fahrgastes. Unterwegs stiegen viele aus und blieben irgendwo zurück. Am nächsten Morgen aber zeigte Stezewski bei einer Ausweiskontrolle auf einem kleinen Bahnhof die Papiere des Ermordeten vor.

So wurde Stezewski zu Kramow. Die neuen Papiere bahnten ihm den Weg zu den Kommandohöhen bei der Roten Armee.

Auf vielen gewundenen Pfaden, von Armeegruppe zu Armeegruppe wandernd, gelangte Kramow-Stezewski schließlich nach Nikolajew. Er dachte nicht mehr im entferntesten daran, nach »drüben«, zu den Weißen, zu gelangen: Jetzt hatte er auch auf dieser Seite der Front genügend zu tun.

In Nikolajew begegnete Kramow-Stezewski unerwartet einem alten Waffengefährten aus Jaroslaw, der, ebenso wie er, bei den Roten als Militärspezialist tätig war. Sie fanden schnell eine gemeinsame Sprache.

Vor zwei Monaten wurde Kramow-Stezewski als Artilleriechef nach Cherson versetzt. Sein Freund gab ihm die Adresse des Treffpunktes der Konterrevolutionäre mit:

Markassowgasse fünf. Die Besitzerin dieses Hauses, die Witwe eines Denikinoffiziers, eine hübsche, gefällige und bedenkenlose Frau, erwies sich als ein sehr brauchbarer Mensch.

In Cherson freundete sich der neue Artilleriechef schnell mit Filippow an. Das war durchaus nicht schwer, denn beide zogen sozusagen am gleichen Strang: Der eine war Kommandeur der Artillerie, und der andere hatte die Aufgabe, feindliche Artillerie zu erkunden. Dennoch war gar nicht daran zu denken, den Flieger zur Arbeit für die andere Seite zu gewinnen. Kramow erkannte schnell, daß Filippow zu den Menschen aus »Granit« gehörte, und hütete sich daher, ihn ins Vertrauen zu ziehen. Doch auch bei einem Mann aus »Granit« fanden sich schwache Stellen: Filippow war ehrgeizig, stark liebebedürftig und gerade kein Antialkoholiker. Kramow brachte ihn mit der Dunajewa zusammen. Er arrangierte dieses Treffen so geschickt, daß Filippow später nicht mehr sagen konnte, wem er eigentlich die Bekanntschaft mit dieser Frau zu verdanken hatte.

Kramow wollte gleich zwei Fliegen mit einer Klappe schlagen: Erstens machte ein Verhältnis des Fliegers mit der Dunajewa deren Haus nach seiner Ansicht völlig unverdächtig, und zweitens hatte er dadurch die Möglichkeit, versteckt und unmerklich auf Filippow einzuwirken, wie es im Falle des fingierten Befehls geschehen war.

Um seiner Sache noch sicherer zu sein und bei Filippow keinen Verdacht aufkommen zu lassen, ging Kramow niemals mit ihm zusammen zur Dunajewa und ließ sich am Tage überhaupt nicht bei ihr sehen. Nachts aber traf er sich mit ihr und auch mit Krutscheny in ihrem Schuppen.

Krutscheny – Kramow hatte sich nie für dessen richtigen Namen interessiert – kannte die Stadt wie seine Hosentasche und stand mit vielen Menschen in Verbindung, die dann den Kern der illegalen Organisation bildeten.

Krutscheny war sehr mutig. Sein wütender Haß gegen die Roten setzte manchmal selbst einen so eingefleischten Konterrevolutionär wie Kramow in Erstaunen, zumal Krutscheny dem Alter nach sein Sohn sein konnte. Ohne Krutscheny hätte es der Artilleriechef sehr schwer gehabt. Krutscheny erledigte die gesamte »schmutzige« Arbeit. Niemand wußte, wo er schlief und bei wem er sich am Tage verbarg und woher er die Sachen zum Verkleiden hatte. Er erschien jedoch stets pünktlich zum Treffen mit Kramow. Dabei trug er einmal Bauernkleidung, das andere Mal hatte er einen Rotarmistenmantel an, oder er kam als zerlumpter Hafenstrolch. Immer aber meldete er »Alle Aufträge erfüllt!«

Krutschenys wichtigste Aufgabe hatte gelautet: Die Verbindung mit dem linken Ufer aufrechterhalten. Und Kramow hatte sich bis zur Verhaftung des Telegrafisten niemals darüber Sorgen zu machen brauchen. Er hatte in seinem ganzen Leben nie einen zuverlässigeren Helfer gehabt als Krutscheny. Und er konnte auch jetzt seine Genugtuung nicht verhehlen, daß es Krutscheny gelungen war, sich den Armen der Tscheka zu entziehen.

Brockmann war trotzdem mit dem Ergebnis der Aktion zufrieden. Man hatte bei der Dunajewa fast alle Führer der Kramowschen Organisation gefaßt. Kramow hatte seiner Gruppe gerade Instruktionen gegeben für den Augenblick, in dem die Roten beginnen würden, den Dnepr zu überqueren. Er hatte einen kühnen Plan gehabt: mitten in den Kampfhandlungen den Stab plötzlich zu überfallen und die roten Truppen der Führung zu berauben.

Im Schuppen der Dunajewa entdeckten die Tschekisten einige Kisten mit Gewehren und Handgranaten und bei einem Festgenommenen eine Liste der Mitglieder der Organisation. Verhaftungen begannen. Das Revolutionstribunal tagte fast ununterbrochen.

In diesen Tagen war der Kommandant der Tscheka, Sergej Nikischin, nicht wiederzuerkennen. Der junge Mann mit dem zugeknöpften Russenhemd und dem bis auf die Ohren gezogenen Samtkäppi zeigte sich selten. Er zuckte zusammen, wenn man ihn etwas fragte, gab zerfahrene Antworten, und er hatte einen abwesenden Blick.

II

Dina aus Aljoschki

In der Nacht zum 7. August begannen die Geschütze zu sprechen. Im Morgengrauen brauste eine kleine Flotte von Ruderbooten, Prahmen und rußgeschwärzten, schon recht klapprigen alten Dampfern, die bis zum Bersten mit Truppen vollgepfropft waren, dem linken Dneprufer entgegen. Über dem Fluß kreuzten sich unsichtbare Geschoßbahnen, Schrapnells stoben auseinander, und der Wind trug Pulvergeruch zu den Ufern. Die Offensive der Roten Armee hatte mit der Flußüberquerung begonnen.

Gegen Abend waren die Weißen aus Aljoschki verdrängt, und die Rotarmisten trugen ihren erfolgreichen Angriff auf Bolschije Kopani vor. Dabei vernichteten sie den linken Flügel der Truppen des Wrangelgenerals Drazenko. Das ganze Aufmarschgebiet geriet in Bewegung. Cherson, das durch den Dnepr vom Hauptkriegsschauplatz abgetrennt war, befand sich jetzt im Hinterland. Dagegen stieg die Bedeutung von Aljoschki ins Unermeßliche, die Masse der Truppen und der gesamte militärische Nachschub durchflutete das Städtchen.

Neben allem anderen mußten die Tschekaleute nun auch noch der Sonderabteilung bei den Verhören der Gefangenen helfen, die in großen Mengen von jenseits des Dnepr nach Cherson gebracht wurden. Es galt, die ausfindig zu machen, die aus Unüberlegtheit zu den Weißen geraten oder durch Drohungen und Täuschungsmanöver unter ihre Fahne gezwungen worden waren. Mit diesen Gefangenen wurden besondere Gespräche geführt, um sie über die wahren Gründe der Konterrevolution aufzuklären.

Für Kramow hatten in den nächstliegenden Dörfern viele Agenten gearbeitet. Um sie unschädlich zu machen, entsandte die Tscheka zwei Abteilungen. Zwei Tage vor Beginn der Offensive war Alexej mit einer berittenen Gruppe der Abteilung Sondereinsatz in die ländlichen Bezirke abkommandiert worden. Mit der anderen Formation war Woronko unterwegs.

Die Abteilung, in der sich Alexej befand, wurde von Filimonow, einem stämmigen Donkosaken, geführt, einem Mann, der aus Eichenholz geschnitzt zu sein schien. Er war voller Tatendrang und dabei unermüdlich wie eine Maschine. Über einen Monat hetzten die Tschekaleute durch die Dörfer und Gehöfte. Etliche Kramowagenten waren rechtzeitig gewarnt worden und konnten entkommen. Nur neunzehn von ihnen wurden verhaftet.

Alexej vernahm jeden Verhafteten über Markow. Ja, sagten sie, der wäre schon dabeigewesen, hätte Befehle von Kramow überbracht und sich nicht lange aufgehalten. Sein Äußeres beschrieben sie ganz genau. Man kannte ihn unter dem Namen Krutscheny. Und nur ein wohlhabender Pfaffe aus Snegirewka sagte: »Der hat einen anderen Familiennamen gehabt. Ich kannte schon seinen Vater; er war ein seriöser Kaufmann, Michail Stepanowitsch Markow. Es heißt, man habe ihm in der Tscheka den Garaus gemacht. Der Sohn ist ganz nach ihm geraten. Der wird Ihnen das mit dem Vater nicht verzeihen, glaube ich. Er ist böse und dringt auf Begleichung der Rechnung.«

»Und wo treibt er sich jetzt herum?«

»Äh, äh, Gott weiß, wo er steckt. Er kennt die Gegend wie seine Hosentasche, ganz gleich, ob hier oder hinter dem Dnepr. Wie ein

Wolf weiß er den kleinsten Durchschlupf zu finden und wird schon irgendwo 'rumstreunen. Vielleicht ist er auch mit Wrangel abgezogen. Das glaube ich allerdings kaum.«

»Weshalb nicht?«

Das Pfäfflein zwinkerte listig. »Na, ein Tier entfernt sich nie sehr weit von seiner Höhle. Bei uns hat schon mancher regiert: Denikin und Ataman Grigorjew sowie die Euren. Auch Fremde haben hier schon herumgewirtschaftet. Doch Markow war immer da, unter jeder Macht. Mal zeigte er sich bei vollem Licht, mal verbarg er sich im Schatten, aber ganz weg war er noch niemals. Er hat ringsum viele Verstecke.«

»Wo?«

»Woher soll ich das wissen? Ich erzähle nur, was ich gehört habe.«

»Und was haben Sie gehört?«

»Na ja, die Leute schwatzen halt, und was ist schon ein Gerücht? Spinnengewebe, fliegt vorbei, und fort ist es.«

»Und was erzählt man sich jetzt von Markow?«

»So mancherlei. – Aber ich kann ja nicht alles behalten. Mein Gedächtnis ist nicht mehr das jüngste.«

Der Pfaffe brachte dann alles durcheinander, und es war nichts mehr aus ihm herauszuholen.

Etwas später wurde ein Müller verhaftet, der seinerzeit mit Markow senior geschäftlich zu tun hatte. Man erfuhr von ihm, daß sich der jüngere Markow, gewissen Nachrichten zufolge, in Aljoschki oder in der Nähe des Ortes verbergen sollte.

Nach all diesen Vernehmungen begann sich Markow in Alexejs Vorstellung zu einer viel bedeutenderen Figur auszuwachsen, als sie ihm vorher erschienen war. Anscheinend waren auch an Markow die beiden letzten Jahre nicht spurlos vorübergegangen. Er hatte an Reife gewonnen und sich in einen erfahrenen, mit allen Wassern gewaschenen Gegner verwandelt, der sich auf illegale Tätigkeit und Spionage spezialisiert hatte. Unter Kramow hatte Markow die schwierigste Arbeit verrichtet, verbunden mit ständiger Gefahr. Dabei war er jedoch selbst stets unsichtbar geblieben. Alexej dachte nicht im entferntesten daran, dies einfach als Vorsicht auszulegen oder, richtiger gesagt, nicht nur als Vorsicht. Markows »Bescheidenheit« war für Alexej zugleich ein Beweis dafür, daß Markow als Überzeugungstäter handelte, hart und unerbittlich, als Feind, dem jedes Mittel recht war und der vor nichts zurückschreckte.

Filimonows Abteilung kehrte im September nach Cherson zurück. Auf drei Pferdewagen wurden die Gefangenen und auf dem vierten die verwundeten Soldaten transportiert. Filimonow war ebenfalls verwundet, wollte sich aber nicht in den Wagen setzen. In Cherson nahm man ihn vom Sattel herunter und trug ihn ins Lazarett.

Alexej war so ermüdet, daß er nach seiner Ankunft nur mit großer Mühe Welitschko Bericht erstatten konnte. Er ging gar nicht erst nach Hause, sondern legte sich im Dienstzimmer auf die Pritsche, wo er bis zum nächsten Morgen wie ein Toter durchschlief. Er frühstückte in der Kantine und suchte dann sein Arbeitszimmer auf.

Woronko war noch nicht aufgekreuzt. Dafür saß Fedja Fomin im Dienstzimmer und vernahm Gefangene. Seine Kosakenmütze hatte er bis zu den Augenbrauen heruntergeschoben. Das sollte seinem rosigen Gesicht einen besonders energischen Ausdruck verleihen. Auf dem Tisch vor ihm lag ein schußbereiter Revolver.

Drei Gefangene standen aufgeregt neben der Tür, traten von einem Bein aufs andere und warteten. Dabei schauten sie unterwürfig und ängstlich den furchteinflößenden Tschekisten an. Der vierte Gefangene, ein unscheinbar aussehender Bauer in einem englischen Militärmantel, in dem er wie eine Vogelscheuche wirkte, stand kläglich vor dem Tisch.

Als Fedja Alexej erblickte, wurde er unruhig. »Ah, da bist du ja wieder!« rief er mit allzu betonter Freude. »Hast du deinen schweren Kampfauftrag erfüllt und die Konterrevolution an Ort und Stelle unterdrückt?«

Die Gefangenen starrten daraufhin Alexej an, überzeugt, ein hohes Tier der Tscheka vor sich zu sehen.

Alexej war über diesen Empfang etwas erstaunt. Aber Fedja ließ ihn gar nicht erst zu Worte kommen. »Ich mußte deinen Arbeitsraum besetzen. Bei mir im Zimmer geht es zur Zeit nicht, weißt du, ich habe dort gerade so einen Fall ... Er kehrte sich bei diesen Worten von den Gefangenen ab und zwinkerte Alexej mit dem linken Auge zu, als wollte er sagen: Frag jetzt nicht viel!

Fedja besaß nämlich gar keinen eigenen Dienstraum, noch nicht mal einen ständigen Arbeitsplatz, und nun befürchtete er, Alexej könnte durch eine unbedachte Äußerung seine Autorität untergraben. Doch Alexej schaltete schnell und schwieg. Fedja hielt übrigens viel von Alexejs Selbstbeherrschung und Verschwiegenheit, ganz besonders seit der Verhaftung des Signalgebers. Alexej hatte nämlich keinem gesagt, daß Fedja in jener Nacht Krutscheny hatte entkommen lassen. Und da immerhin ein Spion verhaftet worden war, fiel der Ruhm dieser Aktion beiden gleichermaßen zu.

Fedja nahm befriedigt zur Kenntnis, daß Alexej auch jetzt seine Autorität in keiner Weise bedrohte, und setzte die Vernehmung selbstbewußt fort. »Wo stammst du her, Pjotr Kisselew?«

»Wir sind einfache Bauern«, antwortete der Mann mit näselnder Stimme.

»Hast du auf uns geschossen?«

Der Gefangene schlug die Augen nieder.

»Na, antworte schon, ganz offen, brauchst keine Angst zu haben!«

»Ja, ich habe geschossen.«

»Und weshalb?«

»Man hat es eben befohlen.«

»Wer hat es dir befohlen?«

»Na, wer schon, der Zugführer.«

Fedja sah ihn durchdringend an, und seine Stimme wurde lauter. »Und wußtest du, daß du auf die Sowjetmacht, auf deine eigene Bauernregierung, geschossen hast?«

»Ja.«

»Warum hast du es dann getan?«

»Man hat es mir doch befohlen!«

»Mensch, begreifst du nun wenigstens, was man mit dir dafür tun müßte?« Fedja sprach jedes Wort langsam und deutlich aus.

Der Gefangene betrachtete seine Stiefelspitzen, stampfte von einem Bein aufs andere und erklärte unsicher: »Man müßte mich erschießen, aber ich habe wirklich nicht gewußt...«

»Aha!« Fedja grinste mit Genugtuung. »Erschießen, meinst du? Nein, mein Lieber, das wäre noch viel zu wenig! Aber hau ab und paß das nächste Mal besser auf! Geh jetzt 'raus auf den Gang und links bis zur letzten Tür, zum Genossen Pawlikowitsch, er wird dich schon einweisen, wo du hingehörst.«

Nachdem Fedja die übrigen Gefangenen auf ähnliche Weise vernommen hatte, entließ er sie, und sofort verschwand auch von seinem Gesicht der dienstliche Ernst. Fedja stürzte zu Alexej. »Sei gegrüßt, Ljoschka! Bist also wiedergekommen. Alles heil?« Er betastete Alexej, als wollte er nicht glauben, daß dieser leibhaftig vor ihm stand.

»Und was hast du hier angerichtet, du Tschekist?« fragte Alexej auf die Bücher von Woronko weisend, von denen der Bezug abgenommen war.

»Ach nichts! Ich wollte bloß mal gukken...«

»Na, warte, wenn Woronko kommt, wirst du nichts zu lachen haben!«

Fedja pfiff geringschätzig. »Heute kommt er nicht, und morgen bin ich — hui, davon. Dann kann er mir höchstens nachpfeifen.«

»Wieso denn?«

»Ich fahre fort, um eine verantwortungsvolle Aufgabe zu erfüllen«, erklärte Fedja feierlich.

»Und wohin?«

»Nach Aljoschki. Außer mir wird eine ganze Gruppe hingeschickt.«

»Wozu?«

»In Aljoschki ist die Konterrevolution außer Rand und Band. Man knallt auf unsere Leute fast an jeder Ecke. Kurz, dort muß rigoros aufgeräumt werden. Die forschesten Burschen sind dafür ausgesucht worden. Ich habe mich übrigens nicht aufgedrängt. Welitschko hat mich bestimmt.«

»Wirklich?«

»Na, denkst du denn, ich lüge?«

Alexej lief umgehend zu Welitschko. »Stimmt es, daß eine Gruppe nach Aljoschki fährt?«

»Ja.«

»Lassen Sie mich mitfahren, Genosse Welitschko!«

»Dort gibt es schon genug Leute.«

»Genosse Welitschko, der verhaftete Müller Serdenko hat ausgesagt, daß sich Krutscheny jetzt in Aljoschki befinde. Ich bitte um Erlaubnis, diesen Fall weiterzubearbeiten.«

Welitschko zog die Unterlippe mit einem Finger herunter und versank in Nachdenken. »Wir gehen zu Brockmann«, entschied er schließlich.

Der Vorsitzende der Tscheka begrüßte Alexej freundlich. »Na, du Weltreisender, was gibt's?«

»Er bittet, ihn mit der Gruppe von Illarionow mitzuschicken«, erklärte Welitschko. »Er hat herausbekommen, daß Krutscheny in Aljoschki sein soll.«

Alexej wiederholte die Aussage des Müllers. »Diese Gerüchte sind natürlich nicht überprüft, aber immerhin bin ich doch der einzige, der ihn persönlich kennt, Genosse Brockmann.«

»Hm, und wie denkst du?« fragte Brockmann Welitschko.

»Ich bin folgender Ansicht: Mit Illarionow werden wir ihn nicht mitschicken. Warte doch, warte«, zügelte er Alexej, »du wirst allein fahren. Du bist noch neu bei der Tscheka, bist noch nicht so bekannt, und das muß man ausnutzen. Wir werden dich mit der Koroljowa zusammenbringen...«

»Mit welcher Koroljowa?«

»Nun, in Aljoschki gibt es eine Frau. Sie lebte dort unter den Weißen. Ist eine zuverlässige Person. Wird die Verbindung zwischen dir und Illarionow herstellen. Du selbst verhältst dich als Einzelgänger: Aljoschki ist ein kleines Nest, dort erfährt man alles im Nu. Illarionow werde ich informieren. Und nun zur Sache: Den Krutscheny muß man selbstverständlich erwischen. Aber paß auf und stell dich nicht nur darauf ein! Es geht nicht um ihn allein. In Aljoschki befindet sich der Stab unserer Armeegruppe. Die Truppen bevölkern jetzt die Stadt, und das ist die schönste Gelegenheit für Agenten. In den letzten Tagen haben sie drei Kommandeure und sechs Rotarmisten ermordet. Sicher haust dort eine ganze Bande. Und falls sich dein Krutscheny in Aljoschki aufhält, ist er gewiß nicht das fünfte Rad am Wagen. Ich meine, man sollte so vorgehen...«

Welitschko unterbreitete seinen Plan, Brockmann hieß ihn gut und sagte zu Alexej: »Vor deiner Abreise komm noch mal zu mir, ich will dir ein paar Zeilen an den Stabschef Sakownin mitgeben. Alter Bekannter von mir. Welitschko, du kannst Alexej die notwendigen Dokumente ausstellen.« Brockmann lächelte. »Aber erfinde für ihn einen besonders schönen Namen!«

»Er soll ruhig unter seinem eigenen fahren«, widersprach Welitschko. »Er ist doch von hier. Schließlich trifft er zufällig einen Bekannten, und alles ist gescheitert.«

»Du hast recht«, pflichtete ihm Brockmann bei. »Denkt alles ordentlich durch und schiebt die Sache nicht auf die lange Bank! Schick ihn schon morgen los, Welitschko!«

Marusja Koroljowa

Die von Illarionow geleitete Gruppe machte sich im Morgengrauen auf den Weg. Alexej reiste am Tage ab. In seiner Tasche befanden sich eine Kommandierung zur Armee als Stabsschreiber und eine Bescheinigung des Chersoner Lazaretts, nach der er dort angeblich »wegen Typhusrückfalls« auskuriert worden war.

Der Dampf und Rauch speiende alte Passagierdampfer »Pjotr«, der regelmäßig zwischen Cherson und Aljoschki verkehrte, fuhr Punkt drei Uhr nachmittags ab. Auf seinen beiden Decks saßen in fürchterlicher Enge

Flüchtlinge mit Säcken und Körben. Es gab wenig Männer unter ihnen. Die meisten waren völlig übermüdete und deshalb übel gestimmte Frauen. Schweigsame Kinder betrachteten gleichgültig die vorbeischwebenden Ufer. Der »Pjotr« stampfte mit seinen Rädern an den im Sommer ausgetrockneten niedrigen Uferwiesen, an Weidengestrüpp und dicht mit Schilf bewachsenen Uferstreifen vorüber. Weiße Reiher überflogen gravitätisch den Dampfer, ließen sich am Ufer nieder und erstarrten, ein Bein hochgezogen, unbeweglich im flachen Wasser.

Nach einer Stunde zeigten sich an der Mündung eines Nebenflusses des Dnepr, der Konka, die roten Dächer von Hafengebäuden, eine Dampferanlegestelle und dicht daneben ein Sandstreifen, der zum Ufer führte: Aljoschki war in Sicht.

Der »Pjotr« drehte schwerfällig bei, wozu er fast die ganze Flußbreite benötigte, und legte an. Das Aussteigen begann. Nachdem Alexej die Matrosen passiert hatte, die die Fahrkarten kontrollierten, sprang er auf den hölzernen Pier und ließ sich mit der Menschenmenge treiben, die zur Stadt flutete.

Er hatte in seiner Jugend oft seine Tante in Aljoschki besucht, die zu Beginn der Revolution gestorben war. Das Städtchen erinnerte damals an ein großes Dorf: weiße strohbedeckte Hütten, Melonenfelder, Obst- und Gemüsegärten, die sich zum Fluß hinunterzogen, stille, grasbewachsene Straßen, an deren Rand das Vieh ruhig graste. Doch jetzt war keine Spur mehr von jener sorglosen Stille zu entdecken, die einst ein Kennzeichen von Aljoschki war. Überall standen und fuhren Pferdewagen der verschiedensten Arten, an allen Ecken und Enden befanden sich Pfähle zum Anbinden der Pferde. Die Luft roch nach einem Gemisch von Dung, Teer und Brot, das in den Häusern für die Armee gebacken wurde. Überall wimmelte es von Rotarmisten und Matrosen. Dazwischen flitzten, durchdringende Warnrufe ausstoßend, berittene Melder hin und her. Alexej meldete sich beim Stab.

Die Bestätigung seines Diensteinsatzes als Schreiber nahm etwas Zeit in Anspruch. Stabschef Sakownin, ein wohlbeleibter, spottlustiger Mensch, überflog Brockmanns Zeilen und meinte: »Heute war schon einer von eurem Verein hier, ein gewisser Illarionow. Er kündigte Ihr Kommen an. Na ja, als Schreiber werden Sie wohl kein großes Licht sein, denke ich. Sie werden mir zugeteilt und können sich ohne besondere Erlaubnis entfernen. Wenn Sie etwas brauchen, wenden Sie sich an mich.«

Alexej grüßte und ging, um die Koroljowa aufzusuchen.

Sie lebte in einem alten, windschiefen Häuschen weit draußen am Rande der Stadt, hinter der sich eine endlose Steppe ausdehnt, trocken und wasserarm wie die Wüste.

Am Haus befand sich ein Gärtchen mit Gemüsebeeten, in der Hauptsache mit Kartoffeln bepflanzt. Am Tor – eine Hundehütte. Ein zottiger Köter mit schwarzer Schnauze fuhr sofort auf Alexejs Beine los.

Alexej blieb stehen, weil er annahm, daß sich auf das Hundegebell hin jemand zeigen würde.

Nach einiger Zeit kam auch ein Mädchen mit einem Kopftuch, einem gelben Sarafan und einem weißen Hemd mit aufgekrempelten Ärmeln aus dem Haus und rief böse: »Warum reizt du den Hund? Zu wem willst du?«

»Wohnt hier Frau Koroljowa?«

»Fomka, auf deinen Platz!« Das Mädchen trieb den Hund in seine Hütte und stellte ein Bein vor den Eingang, damit er nicht wieder herausspringen konnte.

»Geh ins Haus«, sagte sie zu Alexej und betrachtete ihn mit ihren hellen Augen.

Alexej mußte den Kopf einziehen, als er die niedrige Kate betrat. Im Innern stand ein großer russischer Lehmofen, die kleinen Fensterscheiben waren geputzt, alles war sehr sauber, und es roch nach getrockneten Kräutern. Am Fenster saß eine ältere Frau in einer großen Strickjacke. Sie hatte ein gebräuntes Gesicht, das von vielen gutmütigen Fältchen durchfurcht war. Die Frau rührte gerade irgend etwas in einer Tonschüssel an.

»Guten Tag!«

Die Frau nickte ihm zu. »Setz dich, setz dich, macht nichts.«

»Sie ist schwerhörig«, erklärte das Mädchen, das hinter Alexej die Stube betreten hatte. »Du mußt lauter mit ihr sprechen.«

»Wer ist hier Frau Koroljowa?«

»Wir beide«, sagte das Mädel, »und worum geht's?«

Alexej bemühte sich, sein Erstaunen zu unterdrücken, hatte er sich doch eine Vertrauensperson der Tscheka ganz anders vorgestellt.

»Welitschko übermittelt dir einen Gruß.«

»Bist du Michalew?«

»Ja.«

»Illarionow hat mir schon alles gesagt.«

Donnerwetter, sie hat ihn bereits gesprochen! dachte Alexej, und sein Erstaunen wuchs.

»Hast du etwas Schriftliches bei dir?«

»Ja, hier ist es...«

Sie las das Schreiben vom Lazarett sorgfältig durch und sah sich die Unterschriften der Ärzte genau an. Sie stammten – wie Alexej wußte – alle von Welitschkos Hand. Als die Koroljowa ihm das Papier zurückreichte, lächelte sie. Dabei wurde es Alexej klar, daß ihr strenges Aussehen, der eisige Ton beim Sprechen und ihr zurückhaltendes Auftreten nur gespielt waren. Ihre wirkliche Art müßte es sein, zu lächeln, schnell und viel zu sprechen, Freude und Mißfallen stürmisch zum Ausdruck zu bringen. Sie war klein, aber stämmig, hatte ein reizendes Gesicht mit Grübchen in den Wangen und einen kleinen Mund mit einer schmalen Oberlippe und einer schwellenden Unterlippe. Ihre Augen schauten auch gar nicht mehr so ernst drein. Sie waren übrigens erstaunlich groß und beinahe rund. »Guten Tag!« sagte sie und streckte Alexej die Hand entgegen. »Ich heiße Marusja. Man hat sich also doch an mich erinnert. Seitdem nämlich die Weißen von hier verjagt worden sind, sitze ich herum, als brauchte man mich nicht mehr. Ich habe bereits an das Bezirkskomitee des Komsomol geschrieben, ferner an Welitschko und Adamtschuk. Aber alle antworten mir: Bleib dort und warte ab! – Kommst du für längere Zeit hierher und in welcher Angelegenheit?«

Alexej sah sich nach der alten Frau um, die, ohne den beiden Beachtung zu schenken, mit ihrer Holzkelle in der Teigschüssel rührte.

»Sie hört nichts«, winkte Marusja ab. »Es ist meine Tante, Vaters Schwester, sie ist heilkundig und kuriert mit Kräutern. Im übrigen ist sie nicht mehr ganz richtig im Kopf. Du kannst in ihrer Gegenwart alles sagen.«

Alexej berichtete, weshalb er gekommen war. Marusjas Gesicht begann zu glühen. Sie schlug die Hände zusammen. »Ja, es stimmt, hier in Aljoschki ist nicht alles in Ordnung. Nach Abzug der Weißen ist soviel Gesindel zurückgeblieben – einfach furchtbar! Darunter verschiedene Offiziere und Kulakenpack. Die kann man sich sofort greifen. Wenn du willst, bring ich dich hin.« Sie sprang auf und zupfte sich ihr Kopftuch zurecht, um unverzüglich aufzubrechen.

»Halt, Marusja!« rief Alexej. »Hat dir Illarionow nicht gesagt, was zu tun ist?«

»Diesen Illarionow soll einer verstehen, einerseits soll ich dir helfen, anderseits ihm.«

»Auf Welitschkos Befehl stehst du mir als Verbindungsmann zur Verfügung. Wir wollen uns gleich auf eins einigen: Alle Befehle müssen genau und ohne Widerspruch befolgt werden, die Umstände sind nicht dazu angetan, die Dinge auf die leichte Schulter zu nehmen!«

In Marusjas Augen blitzten sekundenlang Funken des Widerspruchs auf, erloschen aber sofort. »Einverstanden!« sagte sie. »Mit mir sollst du keine Scherereien haben.«

»Weiß jemand hier in der Stadt, daß du illegal gearbeitet hast?«

»Nein, niemand!«

»Du hast auch unter den Weißen hier gelebt?«

»Ja.«

»Und was hast du getan?«

»Hat dir denn Welitschko nichts erzählt?«

»Nein.«

»Wirklich nicht?« – »Nein.«

Alexej hatte den Eindruck, daß Marusja etwas gekränkt war.

»Ich habe genug zu tun gehabt, kannst unbesorgt sein«, erklärte sie und runzelte ihre schmalen Augenbrauen. »Ich habe mit Anja Goldmann gearbeitet.«

Alexej sah sie ungläubig an. Er hatte zwar schon früher gehört, daß aus dem von den Weißen besetzten Aljoschki ununterbrochen Nachrichten über die Wrangeltruppen eingelaufen waren, aber er hätte nie geglaubt, daß die Informationen von einem so zierlichen Mädchen stammten, das fast noch ein Kind war.

»Unser Verbindungsmann war Frol Selemtschuk. Er ist Fischer auf der Konka«, erzählte Marusja. »Fast jede Nacht fuhr er nach Cherson hinüber. Dabei ist er ein alter Mann, hat rund dreiundsechzig Jahre auf dem Buckel. Wir haben uns hier so manches Stückchen geleistet: Ich ging zum Beispiel zu ihnen in den Stab, angeblich um Arbeit zu suchen. Das klappte allerdings nicht. Ein Offizier, so ein Sabbermaul mit fauligen Zähnen, hat mir schwer zugesetzt. Ich glaubte schon, ich käme nicht mehr lebend davon.«

Alexej entdeckte an dem Mädchen immer neue Züge. Er bemerkte jetzt zwei scharfe Fältchen zwischen ihren Augenbrauen, die wie mit einem Rasiermesser eingekerbt waren. Sie verliehen ihrem Gesicht einen eigenwilligen Ausdruck, der nichts Gutes verhieß. Ab und zu stopfte sie mit dem Daumen ein störrisches blondes Löckchen unter das Kopftuch. Es war eine nervöse Bewegung, die die Gewohnheit verriet, ständig auf der Hut zu sein.

»Und wo ist Anja jetzt?« fragte Alexej.

»Man hat sie gefaßt«, antwortete Marusja, und ihr Gesicht verfinsterte sich. »Dieser Zahnfäulige – Karojew heißt er – hat sie seiner Soldateska zur Belustigung ausgeliefert. Dann hat man sie an ihrem eigenen Zopf erhängt. Sie allein wußte von meiner Arbeit und hat nichts verraten. Uns beide hatte die Stadtleitung des Komsomol zur Tscheka delegiert.«

»Karojew?« Alexej wiederholte den Namen. Das war doch der Abwehroffizier, der den Telegrafisten Solowych angeworben hatte.

»Ja, die arme Anja hat man zu Tode gemartert«. Marusja runzelte die Augenbrauen und schob das Kinn vor. »Aber sie war selbst schuld daran. Mit mir hätten sie das nicht machen können.«

»Wieso – bist du besser als sie?«

»Ich bin nur besser dran.« Das Mädchen tastete mit den Fingern am Träger ihres Sarafans und brachte aus einer winzigen Geheimtasche ein Kügelchen zum Vorschein, das in Silberpapier eingewickelt war.

»Das«, sagte sie. »Weißt du, was das ist? Das stärkste Gift der Welt, wie mir ein Arzt gesagt hat. Wenn du dieses Ding in den Mund steckst und mit den Zähnen zerquetschst, ist es aus. Bist sofort tot. Ich habe das Zeug in Cherson ergattert, als die Apotheke beschlagnahmt wurde. Anja hatte ich gesagt, sie sollte es ebenfalls bei sich tragen, vielleicht könnte sie es einmal gebrauchen. Ich hätte noch genug. Sie meinte jedoch: ›Nein, das brauche ich nicht, dazu werde ich mich sowieso nie entschließen können!‹ Sich zu Tode foltern lassen, dazu konnte sie sich entschließen.«

»Paß mal auf, Marusja, gab es hier früher einen Telegrafisten Solowych?«

»Ja«, antwortete Marusja und steckte das Silberkügelchen wieder weg. »Er ist aber verschwunden, noch als die Weißen hier waren.«

»Weißt du, wo er gewohnt hat?«

»Nein.«

»Ich gebe dir seine Adresse. Er muß hier Verwandte besitzen. Versuche zu erfahren, was sie von ihm wissen, wie sie heißen und überhaupt alles über sie. Sprich mit den Nachbarn. Nur sei dabei vorsichtig, damit sie später nicht schwatzen und sagen können: ›Bei uns ist ein merkwürdiges Mädchen aufgekreuzt und hat uns ausgehorcht?‹«

»Ich habe verstanden.«

»Komm morgen früh zu mir in den Stab! Wenn man von dir wissen will, warum und wozu, dann sagst du ganz einfach, du wärst eine Bekannte von mir oder meine Braut. So genau kommt's nicht darauf an.«

»Gut.« Marusja zupfte wieder das vorwitzige Löckchen am Ohr zurecht. »Wird gemacht.«

Solowychs Verwandte

Den Tip, Solowychs Verwandte unter die Lupe zu nehmen, hatte Alexej von Welitschko erhalten.

Trotz seiner Feigheit hatte sich der leidgeprüfte Telegrafist geweigert, den Namen der Dame seines Herzens preiszugeben. Als man ihn bei der Vernehmung nach ihr fragte, wurde er plötzlich ein anderer Mensch.

»Nein, sie nicht!« rief er und preßte die Hände gegen die Brust, während seine Augen fiebrig glänzten. »Ich bin ein Opfer meiner Gutgläubigkeit, und sie ist es auch. Ich will gerne alles sagen. Wie ich sie hasse, diese Halunken! Sie haben sie genauso getäuscht wie mich. Ein wahres Märchenwesen ist sie. Sie hat nur an mich geglaubt, ich flehe Sie an, lassen Sie mich allein leiden und alles ausbaden.«

Solowych bekam aber gleich Angst vor seiner eigenen Courage und begann Stein und Bein zu schwören, daß er bloß unüberlegt gehandelt hätte, als er sich auf die Überredungskünste der feindlichen Agenten einließ. »Nie und nimmer ist mir dabei eingefallen, jemanden zu schädigen.«

Seine Hartnäckigkeit erweckte in Alexej fast so etwas wie Achtung: Die Art, wie er die Frau in Schutz nahm, sprach immerhin von einer gewissen Charakterstärke.

Vielleicht hatte der Telegrafist tatsächlich die Wahrheit gesagt, und das »Wesen«, das ihn so bezaubert hatte, war wirklich nichts anderes als ein Werkzeug in den Händen des gegnerischen Spionagedienstes. Aber Alexej und erst recht Welitschko wußten, daß Beziehungen zu einer solchen Organisation nicht so leicht abzubrechen sind. Selbst wenn die Frau getäuscht worden war und sich nicht bewußt von den Wrangelleuten ausnutzen ließ, mußte sie doch wissen, wen diese bei ihrem Abzug aus Aljoschki dort zurückgelassen hatten. Ja, hier bot sich ein Ansatzpunkt, und mit irgend etwas mußte man ja schließlich beginnen!

Alexej plante folgendes: Er wollte die Verwandten von Solowych aufsuchen und sich für einen Menschen ausgeben, der zusammen mit dem Telegrafisten bei der Tscheka gesessen hätte. Gleichzeitig gedachte er herauszubekommen, wer das »holde Geschöpf« war, von dem Solowych so schwärmte.

Bei dieser Erkundung würde Alexej zu verstehen geben, daß er rein zufällig in die Hände der Tscheka geraten war. Nein, er sei durchaus kein Konterrevolutionär im eigentlichen Sinne des Wortes, aber auch kein Roter, sondern lediglich ein Schwankender. »Ich lasse mich einfach vom Strom treiben, ohne zu wissen, wohin er mich trägt. Wenn ich dabei zu den Roten gerate, dann muß ich eben für sie arbeiten. Werde ich dagegen zu den Weißen fortgeschwemmt – desto besser! Leider ist dies bisher nicht der Fall gewesen. Doch was soll schon sein, es heißt eben abwarten, wie es weitergeht. Der Krieg ist ja morgen noch nicht zu Ende, da kann noch allerlei passieren.«

Wenn man Alexej fragen sollte, weshalb er von der Tscheka verhaftet wurde und warum er dann doch bei den Roten arbeiten durfte, wollte er den Fragestellern von dem »Aufruhr« im Lazarett erzählen. »Bei dem Krach um das eingekochte Fleisch habe ich mich dummerweise eingemischt, meine Klappe aufgerissen und verlangt, die Ärzte zu lynchen. Darauf haben die Burschen von der Tscheka mich und noch ein paar andere eingelocht, eine Zeitlang festgehalten und dann wieder freigelassen. Bei dieser Gelegenheit habe ich Solowych kennengelernt und drei Tage mit ihm in einer Zelle zugebracht. Wir teilten das Letzte miteinander, und als ich meine Freiheit wiedererhielt, bat mich der gute Solowych, seine lieben Verwandten aufzusuchen, falls ich mal nach Aljoschki kommen sollte.«

Das alles mußte glaubhaft klingen...

Am nächsten Morgen kam Marusja zu Alexej. In Solowychs Nachbarschaft, so berichtete sie, lebe eine alte Frau, die Marusjas Tante des öfteren aufsuche, um Heilkräuter zu erhalten. Von ihr hatte Marusja erfahren, daß die Schwester des Telegrafisten Wanda heiße und daß deren Mann, Wladimir Appolinarjewitsch, seinerzeit auf Askania Nowa, dem Gut des bekannten Gutsbesitzers Falzfein, gearbeitet habe. Solowychs Vater, ein ehemaliger Staatsbeamter, habe schon lange das Zeitliche gesegnet, und die Mutter sei vor etwa einem Jahr an einer Pilzvergiftung gestorben. Wanda und ihr Mann arbeiteten nicht in der Produktion, sondern betrieben irgendeinen Handel auf dem Markt.

Über den Verbleib des Telegrafisten war nichts bekannt. Die Schwester kannte vielleicht sein Schicksal, schien aber den Nachbarn gegenüber zu schweigen.

Alexej wies Marusja an, ihm am Abend zu erwarten. Dann machte er sich auf den Weg zu den Verwandten des Telegrafisten.

Sie besaßen ein kleines, einstöckiges Haus. Es stand auf Granitsockeln und hatte einen überdachten Treppenvorbau als Eingang. Hinter dem Häuschen lag ein Apfelgarten. Alexej erblickte dort einen dicken Mann in einem Nachthemd, das über die Hose hing. Seine bloßen Füße steckten in abgetragenen Pantoffeln. Er schnitt mit einer großen Gartenschere trockene Zweige von einem weißgekalkten Apfelbaum. Der Mann hatte eine Glatze, an deren Rande spärliche, aber lange Haare sprießten. Unter dem Hemd schwabbelte ein beträchtlicher Bauch. Aller Wahrscheinlichkeit nach war dieser Dicke der Schwager des Telegrafisten.

Alexej ging einige Male vor dem Hause auf und ab, bis er bemerkte, daß der Mann beunruhigt zu ihm herübersah. Nun trat Alexej mit leicht schaukelndem Gang an den Zaun, holte gemächlich seinen Tabakbeutel aus der Tasche und drehte sich eine Zigarette.

Solowychs Schwager hatte dieses Manöver verstanden. Von Baum zu Baum gehend, näherte er sich ebenfalls dem Zaun und blieb am äußersten Apfelbaum, wenige Schritte von Alexej entfernt, stehen.

Eine Weile schwiegen beide, dann begann der Dicke als erster zu sprechen. »Suchen Sie jemanden?«

Alexej sah sich vorsichtig um. »Wohnte hier Wladislaw Solowych?«

Der andere zögerte etwas mit der Antwort. »Ja, und warum wollen Sie das wissen?«

»Sind Sie vielleicht sein Schwager? Wladimir..., den Zunamen habe ich vergessen!«

»Appolinarjewitsch.«

»Richtig – Sie sind es also.« Alexej dämpfte seine Stimme und sagte hastig: »Er bat mich, Ihnen und seiner Schwester Wanda einen Gruß zu bestellen. Ferner läßt er Ihnen ausrichten, Sie sollten sich seinetwegen keine Sorgen machen. Er sei am Leben und hoffe, Sie bald wiederzusehen.«

»Aha...«

»Sie möchten sich wirklich nicht beunruhigen, meinte er, in Kürze bekämen Sie nähere Nachricht von ihm.«

»Soso!«

»Ja«.

»Gut, alles klar.«

Alexej erwartete weitere Fragen. Sie kamen aber nicht.

Der Dicke schwieg und schaute auf Alexej, während er mit der Gartenschere an einem Zweig herumschnippelte.

»Wenn Sie noch etwas wissen wollen, ich arbeite im Stab... als Schreiber. Fragen Sie nach Michalew!«

Alexej löste sich vom Zaun und ging davon, ohne sich umzusehen. Dabei spürte er, daß der andere ihm nachblickte.

Alexej kehrte mißmutig in den Stab zurück und begann dort irgendwelche Befehle abzuschreiben. Jetzt hieß es, alles aufs neue zu überdenken. Sein erster Plan war ihm so einfach und klar vorgekommen, und dennoch war er gescheitert! Wie war das möglich? Bei dem kurzen Gespräch mit dem Dickwanst hatte er sich doch richtig verhalten. Daß er dann rasch wieder gegangen war, konnte ebenfalls nicht falsch gewesen sein. Denn jede Aufdringlichkeit hätte ihn auf der Stelle verraten. Vielleicht hatte sich der Schwager nur erschreckt und überlegte sich jetzt alles in Ruhe. Ob er dann doch noch kommen würde, um Näheres über das Schicksal seines vom Pech verfolgten Verwandten zu erfahren? Nein, kaum. Gewiß hatte dieser mit allen Wassern gewaschene Bursche Verdacht geschöpft. Tja, man hätte sich besser nicht mit ihm unterhalten und dafür Wanda, das Schwesterlein, belauern sollen: Mit den Frauen hat man es gewöhnlich leichter. Na ja, so geht's, wenn der Verstand an der falschen Stelle sitzt!

Alexej überhäufte sich so lange mit Selbstvorwürfen, bis die Stimme des Wachhabenden im Stab seine fruchtlose Grübelei unterbrach. »Michalew, komm zum Eingang, du hast einen Gast: Eine Dame möchte dich sprechen.«

Die Schreiber freuten sich über die Abwechslung in dem öden Einerlei ihrer Arbeit und begannen grinsend zu lästern. »Donnerwetter, sieh mal einer an, kaum ist der Kerl hier, und schon hat er sich ein Mädchen angelacht.«

»Na ja, der hat es doch leicht. Kann kommen und gehen, wann er will. Möchte bloß wissen, womit er sich das verdient hat.«

Na warte! dachte Alexej, als er zur Pforte eilte. Ich habe ihr ausdrücklich gesagt, mich zu Hause zu erwarten, um den Leuten nicht unnötigerweise aufzufallen. Er war überzeugt, daß ihn Marusja erwartete.

Aber vor der Tür stand kein junges Mädchen, sondern eine große hagere Frau mit einem Gesicht, das von vielem Weinen verquollen zu sein schien. Kaum hatte er ihre vorstehenden, wäßrigen Augen und die hellen, wie gebleichten Haare erblickt, da erriet Alexej, daß es Wanda Solowych sein mußte. Sein Herz begann freudig zu schlagen.

Die Frau sah ängstlich auf die bewaffneten Männer, die vor dem Stab hin und her gingen, und zupfte nervös am Kopftuch.

Alexej schritt dicht an ihr vorbei, streifte sie leicht mit dem Ellbogen und raunte ihr zu: »Kommen Sie mit!«

Die Frau fuhr zusammen, preßte die Fransen in der Faust zusammen und folgte ihm.

Alexej bog in eine Nebengasse nach der anderen ein, um einen ungestörten Platz zu suchen. Endlich entdeckte er ein völlig einsames Gäßchen, blieb stehen und wartete, bis die Frau herankam. Sie trat näher. Dabei sprachen Furcht, Mißtrauen und Hoffnung zugleich aus ihrem Blick.

Nie hatte Alexej die ganze Schwierigkeit seiner Aufgabe so empfunden wie jetzt.

Solowych war ein Wrangelspion und durfte seiner gerechten Strafe nicht entgehen. Das war das unerbittliche Gesetz des großen Kampfes, den die Männer der Tscheka führten. In diesem Sinne besaß Alexej auch nicht einen Funken Mitleid für den Telegrafisten. Doch nun stand vor ihm eine Frau, eine nahe Verwandte des unansehnlichen Telegrafisten. Und die Furcht um das Schicksal ihres Bruders hatte sie, ungeachtet der Gefahr, in die sie sich begab, hierher getrieben. Der Ehemann hatte sie allem Anschein nach nicht gehen lassen wollen. Sie hatte geheult, wie ihr verquollenes Gesicht verriet, und war trotzdem gekommen. Alexej erinnerte sich an seine Schwester Jekaterina. Sie wäre in einem solchen Falle sicherlich ebenfalls herbeigeeilt und hätte alles andere vergessen, nur um eine Nachricht über ihn zu erhalten. Auch Gluschtschenko hätte sie nicht daran hindern können. Wo sie jetzt wohl sein mochte?

»Sie sind Wladislaws Schwester?« fragte er. Sie nickte schweigend.

»Ich habe mit ihm drei Tage bei der Tscheka gesessen.«

»Lebt er?«

»Ja, er lebt und läßt Sie grüßen. Sie sollen sich nicht allzuviel Gedanken um ihn machen.«

Diese Worte waren zur Beruhigung gedacht, hatten jedoch genau die umgekehrte Wirkung. Die Frau begann schwer zu atmen, und ihre Augenlider liefen rot an.

»Weinen Sie doch nicht!« tröstete Alexej sie leise. »Vielleicht wird noch alles gut.«

»Wofür ... hat man ihn ... eingesperrt?«

»Das weiß ich nicht genau. Man darf dort nicht zuviel sprechen. Doch ich glaube, er sitzt nur wegen einer Lappalie. Aber Wladislaw läßt nicht den Kopf hängen. Er hofft, wieder herauszukommen, und läßt Ihnen das bestellen. Außerdem hat er gesagt, daß irgendein Mann Ihnen nähere Nachrichten überbringen würde.«

Das war ein Versuchsballon, aber die Frau ging sofort darauf ein. »Jaja«, sagte sie, »da ist tatsächlich einer gekommen. Wir wußten nur nicht, ob man ihm vertrauen könnte. Mein Mann ist nämlich sehr mißtrauisch. Auch über Sie dachte er ähnlich. Sie müssen schon verzeihen. Wir leben in einer unsicheren Zeit.«

Alexej winkte großmütig ab. »Macht nichts. Heutzutage muß man jeden unter die Lupe nehmen. Und wann kam dieser Mann zu Ihnen, noch als die Weißen hier waren?«

»Nein, danach.«

Krutscheny, dachte Alexej, wer sollte es sonst sein!

»Entschuldigen Sie, und wie sind Sie dorthin geraten?« fragte die Frau schüchtern.

Alexej berichtete ihr in kurzen Worten von dem »Fleischaufstand« im Lazarett. Er erzählte ihr, daß ihn die Tscheka zur Abschreckung verhaftet hätte und daß Solowych und er dann in der gemeinsamen Zelle zu Freunden geworden wären. Ferner berichtete er, daß man in der Tscheka die Häftlinge recht gut verpflege und daß man es dort aushalten könne. Die Hauptsache sei, sich den Anschuldigungen zu entziehen.

»Immerhin sind die Beamten dort keine Unmenschen und erschießen niemanden ohne Grund. Als man mich entließ, sagte Wladislaw zu mir: ›Grüße Wanda‹ – Sie heißen doch Wanda? – ›sowie ihren Mann Wladimir und bestelle auch einen Gruß an sie!« Alexej dämpfte bei den letzten Worten gewichtig die Stimme.

Wanda wurde lebhaft: »Wer ist ›sie‹?

»Nun, eben sie... Wen er damit meint, werden Sie ja wohl selber wissen!«

»Dina?« Ihre Augen wurden sofort trocken. »Fedossowa? Diese Schlange?«

»Leise, bitte!« mahnte Alexej.

Doch die Frau vergaß alle Vorsicht. Sie lamentierte laut, daß »dieses Weib« das Unglück ihrer ganzen Familie wäre und daß sie Wladislaw auf dem Gewissen hätte, weil sie ihm durch ihre verrückten Ideen den Kopf verdreht hätte. »Wladislaw ist bereit, für sie alles zu tun, aber diese leichtsinnige Person hat sich seit seinem plötzlichen Verschwinden nicht ein einziges Mal mehr blicken lassen.«

»Sprechen Sie, bitte, leiser!« mahnte Alexej erneut. Jetzt wußte er alles, was ihn interessierte. »Man darf doch nicht so laut sein.«

»Entschuldigen Sie, bitte! Ich bin so nervös. Man hat aber auch zuviel durchzumachen.«

»Ich möchte wieder zurück«, erklärte Alexej und gab sich den Anschein, als fürchtete er sich vor der Unbeherrschtheit Wandas.

»Ja..., ich danke Ihnen. Leben Sie wohl!«

»Gehen Sie vor, ich komme nach«, sagte Alexej.

Sie wischte sich mit dem Tuch die Tränen ab, schluchzte, nickte ihm zum Abschied zu und ging davon.

Alexej wartete noch etwas und lief in entgegengesetzter Richtung los – zu Marusja.

Dina

»Dina Fedossowa?« fragte Marusja verwundert. »Aber die kennt doch jeder in Aljoschki.«

»Wer ist sie denn?«

»Na, die Tochter des hiesigen Postmeisters.«

»Was weißt du von ihr?«

»Nichts Besonderes. Sie hat das Gymnasium besucht, ist also gebildet.«

»Und wie sieht sie aus?«

»Sie ist hübsch.«

»Das ist kein Werturteil, du bist ebenfalls hübsch.«

Marusja preßte die Zähne zusammen, als wollte sie beweisen, daß sie unnahbar wäre, aber ihre Wangen wurden trotzdem rot. »Du vergleichst ein Huhn mit einem Fasan«, bemerkte sie trocken. »Dina hat beim Liebhabertheater alle möglichen besseren Damen, ja sogar Zarinnen gespielt. Warte mal ab, bis du sie siehst...«

»Wo wohnt sie?«

»In der Portowajastraße, in der Nähe des Hafens. Sie arbeitet auf der Post. Hat vor kurzem erst angefangen. Vorher saß sie nur zu Hause herum, denn ihre Eltern wollten eine ›Gnädige‹ aus ihr machen.«

»Und wie hat sie sich unter den Weißen verhalten?«

»Da sind ihr natürlich zahlreiche Offiziere nachgestiegen und haben mit ihr poussiert.«

»Nun, siehst du, und du sagst ›nichts Besonderes‹!«

»Aber hier gibt es doch genug von solchen, die sich mit den Weißen verbrüdert hatten. Dazu gehört eben auch Dina.«

»Wo finde ich sie?«

»In der Portowaja... Geh morgen früh zum Postamt, dort kannst du sie sehen.«

Alexej entdeckte die Fedossowa gleich, nachdem er das schmutzige, verwahrloste Postamt betreten hatte, wo zwischen den langen Tischen Zigarettenstummel und Papierfetzen auf dem Boden lagen. Am Eingang stand ein eisernes Becken mit Trinkwasser und einem an einer Schnur befestigten Krug. An den Wänden hingen Plakate mit verschiedenen Losungen wie: »Wir werden Wrangel vernichten!«, »Für die weißen Barone den Knüppel statt der Krone!« Die Ecken der Plakate waren abgerissen – zum Zigarettendrehen. Der Raum war durch eine Holzbarriere abgeteilt. Darüber befand sich ein Drahtgitter, das bis zur Decke reichte und halbrunde Öffnungen besaß – die Schalterfensterchen.

Hinter einem Schalter saß die Fedossowa.

Jetzt erst verstand Alexej, woher ihr Anbeter den Mut zu der Hartnäckigkeit aufbrachte, mit der er es ablehnte, über dieses Mädchen auszusagen.

Die Fedossowa war hübsch, sogar sehr hübsch. Sie hatte ein dunkel getöntes, leicht ovales Gesicht mit feinen, zarten Zügen und blaue Augen mit einem feuchten Glanz. Die langen gebogenen Wimpern berührten fast die schön geschwungenen Augenbrauen. Die Haare waren in der Mitte gescheitelt und zu einem dicken Zopf geflochten, der über die Schulter nach vorn geworfen war und auf ihrer Brust lag. Nur an den Schläfen kräuselten sich einige kastanienbraune Löckchen.

Ein junger Rotarmist mit strohblonden Haaren stand vor dem Schalter. Er hatte wohl gerade einige Postsendungen abgeliefert, stocherte aber weiter und in höchst überflüssiger Weise in seinem großen Leinensack herum. Dabei starrte er das Mädchen unentwegt an – wie verzaubert und mit einer Bewunderung, die er gar nicht zu verbergen trachtete.

Im Raum befanden sich noch zwei Männer, ein Kavallerist mit einer dichten Haartolle, frech und lustig, in einer Kosakenbluse und grauen Zivilhosen, an denen knallrote Seidenbänder anstatt der vorgeschriebenen Biesen angenäht waren. Der andere, ebenfalls Kavallerist und anscheinend sein Freund, war ein riesiger, langbeiniger Bursche, dümmlich und von sich selbst eingenommen, mit einer roten Schleife am Schulterriemen. Die Pferde der beiden hatte Alexej auf der Straße vor dem Eingang gesehen.

Der Langschopf klopfte mit der Reitpeitsche gegen die Scheide seines Ulanensäbels. Dabei beugte er sich zum Schalter hinab und flüsterte etwas. Augenscheinlich machte er dem Mädchen Komplimente. Die Fedossowa hörte ihm herablassend, geduldig-gelangweilt zu.

»Wir sind geborene Kundschafter zu Pferde«, gab er an, »und haben naturgemäß ein geschärftes Auge. Als wir hier auf unseren Kampfrossen vorüberritten, schaute ich zufällig durchs Fenster und sagte gleich zu meinem Kumpel: ›Afonja‹, sagte ich – er heißt nämlich Afanassi –, jetzt nichts wie abspringen, wir werden gleich was zu tun bekommen, das kannst du mir mit meiner Kampferfahrung glauben!‹ Habe ich das gesagt, Afonja?«

»Genau das!« Afonja wieherte laut und

zupfte die rote Schleife auf seinem Schulterriemen zurecht.

»Und dann sagte ich weiter: ›Ich glaube, Kamerad, daß jetzt eine völlige Schicksalswendung für die rote Aufklärung erfolgt und‹...« Er kam nicht dazu, den Satz zu beenden, und sah sich um, unwirsch darüber, daß man ihn gestört hatte.

Alexej war an den Schalter getreten und sagte das erstbeste, was ihm in diesem Augenblick einfiel: »Hätten Sie vielleicht einen Bogen Papier? Ich möchte einen Brief schreiben.«

»Ach, Sie wollen ein Stückchen Papier?« antwortete der Langschopf an Stelle des Mädchens und zwinkerte seinem Freund vielsagend zu. Seine frechen Augen musterten Alexej von Kopf bis zum Fuß. Er vermutete offensichtlich, daß diesen großen strammen Burschen durchaus nicht der Bedarf an Papier, sondern derselbe Grund hierhergelockt hatte wie ihn selbst. »Im übrigen ist hier kein Laden, hier wird nicht mit Papier gehandelt. Sie haben sich in der Adresse geirrt!« Er streckte bei diesen Worten schalkhaft das Kinn vor.

Afonja begann erneut fröhlich zu wiehern und richtete wieder seine schicke Schleife zurecht.

»Willst du was von mir?« Alexej kniff die Augen zusammen und sah den anderen an. »Hast du hier vielleicht auch etwas zu sagen?«

»Nein, ich meine nur so.«

»Ach, ›nur so‹! Dann halt lieber deine Zunge im Zaum, streck sie nicht zu weit heraus, wenn es nicht nötig ist!«

»O – ho!« konnte der Kavallerist nur erwidern; denn auf eine so entschiedene Abfuhr war er nicht gefaßt gewesen. »Du bist, scheint's, ein ganz Mutiger!«

»Denkst du, ich habe vor dir Angst?«

»Vielleicht doch. Paß auf, daß ich dir nicht auf die Hühneraugen trete!«

»Da würdest du nur stolpern.«

»Den Gefallen werde ich dir nicht tun!« Der Langschopf wurde wütend. »Wir sind schon mit ganz anderen Leuten fertig geworden!« Er lehnte sich mit dem Rücken gegen den Schalter, stützte sich mit den Ellbogen auf den Schaltertisch und versperrte so das Fensterchen.

Ein Zusammenstoß mit diesem Kerl vor den Augen der Fedossowa paßte Alexej gar nicht, aber zum Rückzug war es bereits zu spät. Das Mädchen betrachtete die Männer spöttisch und abwartend.

»Komm, laß mich jetzt 'ran!«

»Und wenn ich es nicht tue?« Der Langschopf lächelte listig.

»Dann wirst du schon sehen, was geschieht.«

»Vielleicht will ich das gar nicht sehen? Vielleicht will ich, daß du jetzt abhaust und die Tür von draußen zumachst, weil es zieht.«

»Ich sage dir noch einmal: Geh beseite!«

»Sonst?«

»Sonst werde ich dir deine Bänder von den Hosen reißen und sie einem Mädchen zum Zopfflechten geben.«

Der Langschopf lief rot an. »Waaas?« Er zog die Ellbogen vom Schaltertisch, und seine Finger trommelten auf dem Nagaikagriff herum.

Von links rückte Afonja wie ein Klotz auf Alexej zu. Die Lage wurde bedrohlich.

»Hören Sie bitte auf!« Die Fedossowa erhob sich hinter ihrem Schalter. »Wenn Sie etwas untereinander auszumachen haben, gehen Sie auf die Straße, hier ist nicht der richtige Ort dafür.«

»Warum stänkert ihr mit dem Mann herum?« Der strohblonde Rotarmist trat heran und stellte sich zu Alexej. »Was reißt ihr so das Maul auf? Dieser Kumpel ist friedlich hierhergekommen, um einen Brief zu schreiben.«

»Oho, da ist ja noch einer!« Der Langschopf tat verwundert. »Wo kommst du denn hergeschneit? Wer will denn was von dir?«

»Ich rate dir, mich nicht auch anzupöbeln«, entgegnete der Rotarmist, »sonst kann es dir schlecht ergehen!«

»Oho!«

»Ja, hinterher kannst du dann auch ›oho‹ sagen!«

»Hören Sie doch endlich auf! Hier haben Sie Papier.« Das Mädchen reichte Alexej ein Blatt über die Schulter des Kavalleristen. »Und nun Schluß!« Alexej nahm das Papier und faßte den Rotarmisten am Arm. »Fang mit denen nicht an, der Teufel soll sie holen!«

»Haut ab, haut bloß ab!« rief der Langschopf. »Sonst reißen wir euch noch die Beine aus, und ihr müßt kriechen!« Er drehte sich wieder zur Fedossowa um. »Bitte um Entschuldigung wegen der Ruhestörung, wir wollten nur nicht Ihre gute Laune verderben, sonst hätten wir ihm schon das Maul gestopft...« In diesem Ton prahlte er weiter, um Alexej möglichst stark zu verletzen.

Afonja assistierte ihm kräftig dabei.

Alexej aber hatte sich bereits in der Gewalt und schwieg.

»Na, dann auf Wiedersehen für heute«, erklärte der Langschopf schließlich, »wir kommen gelegentlich wieder vorbei.«

»Ach ja, bitte, kommen Sie nur!« ermutigte sie das Mädchen.

»Wir kommen bestimmt«, versprach der Langschopf. »Jetzt werden Sie uns nicht mehr so schnell los. Wir Kundschafter sind ein treues Volk. Gestatten Sie, Ihnen das Händchen zu drücken...«

Die Süßholzraspler verabschiedeten sich und wandten sich dem Ausgang zu. Als Afonja an Alexej vorbeiging, stieß er gegen den Tisch, an dem dieser saß. Gleichzeitig murmelte der Langschopf vor sich hin: »Wir begegnen uns noch, du Schwätzer!«

»Hau ab, Kundschafter, hau ab!«

Als die Tür hinter den beiden zuschlug, lachte die Fedossowa hell auf. »Nein, wie Sie ihn mit den Hosenbiesen aufgezogen haben! Das hat ihn bis ins Mark getroffen.«

Alexej lächelte und winkte mit der Hand ab.

»Angeber!« mischte sich der junge Rotarmist lebhaft ein. »Ganz gewöhnliche Troßfahrer sind es. Frontkumpel geben nicht an.

»Trotzdem haben Sie klug gehandelt«, sagte die Fedossowa. »Die beiden wären über Sie hergefallen, nur um ihre Tapferkeit zu beweisen.«

»In solchen Augenblicken überlegt man nicht lange«, widersprach Alexej. »Wissen Sie, man kann sich nicht immer zurückhalten.« Er beugte sich über das Papier, da er bemerkte, daß die Fedossowa ihn prüfend betrachtete.

In diesem Augenblick rief jemand durch die Tür, die im Hintergrund offenstand: »Dina!« Das Mädchen raffte schnell die vor ihr auf dem Tisch liegenden Briefe zusammen und eilte nach hinten. Dabei klapperten ihre Absätze leicht und schnell.

Der strohblonde Rotarmist schaute ihr nach. Dann wandte er sein begeistertes Gesicht zu Alexej und schnalzte mit den Lippen, als wollte er damit sagen: Donnerlittchen, ist das ein Mädel!

Er machte sich noch eine Weile mit dem Postsack zu schaffen, bat Alexej um Tabak, rauchte und studierte lange die Plakate an der Wand. Er hatte einfach keine Lust wegzugehen. Endlich seufzte er enttäuscht, klemmte den Postsack unter den Arm und machte sich ebenfalls davon.

Aelxej fand auf dem Tisch einen angeknabberten Federhalter, säuberte die Feder von der darauf haftenden angetrockneten Tintenschicht und dachte nach. Wem sollte er schreiben? Silin? Nein, war alles nicht das richtige. Das Mädchen arbeitete hier auf der Post, der Brief würde umgehend in ihre Hände geraten. Er wühlte in seinen Haaren und schrieb schließlich: »Lieber Sergej! – Nun schreibe ich Dir schon zum drittenmal und habe noch immer keine Antwort. Ich bin jetzt nicht mehr in Cherson, sondern in Aljoschki. Meine Angehörigen habe ich nicht gefunden. Katja ist mit ihrem Mann irgendwohin gefahren. Vom Vater habe ich keine Nachricht. In dem Lazarett, in dem ich gelegen habe, ist mir beinahe etwas Schlimmes zugestoßen...«

Alexej schilderte dann den »Fleischaufstand« und seine erdachte Beteiligung an diesem Vorfall. »Zur Zeit bin ich Schreiber im Stab. Es ist eine langweilige Beschäftigung, aber ich möchte gar keine andere haben. Ich hoffe immer noch auf eine gewisse Veränderung in meinem Leben – du weißt ja, was ich meine –, aber bisher bot sich keine Gelegenheit dazu ...«. Das Wort »Veränderung« unterstrich Alexej zweimal, sollte doch die Fedossowa erraten, was er damit sagen wollte.

Am Schluß seines Briefes ließ er irgendwelche von ihm erfundenen Gleb und Oleg grüßen.

Während Alexej schrieb, war die Fedossowa zum Schalter zurückgekehrt. Wenn er ab und zu, über den Text nachdenkend, den Kopf hob, erhaschte er jedesmal ihren prüfenden Blick.

Inzwischen waren nur wenige Kunden erschienen: zwei alte Mütterchen, eine schwangere Frau mit einem Kind auf dem Arm und ein älterer Rotarmist vom Troß, der einen Haufen Briefe auslieferte. Alle erschienen unverdächtig und hatten sich auch nicht lange aufgehalten.

Nachdem Alexej sein Phantasieprodukt noch einmal durchgelesen hatte, erfand er auch eine Adresse: An Sergej Petrowitsch Sokolow, Charkow, Kirchstraße. In jeder Stadt dürfte es eine solche Straße geben, hoffentlich auch in Charkow. Er faltete den Brief dreieckig zusammen und wollte ihn zum Briefkasten tragen, der neben der Tür hing.

»Na, haben Sie Ihren Brief geschrieben?«

Alexej blieb stehen. Das Mädchen lächelte ihm aus ihrem Schalterfenster zu.

»Ja ... Er ist fertig. Danke für das Papier.«

»Geben Sie ihn her, ich werde ihn vorrangig befördern.«

»Wenn Sie so freundlich sein würden.«

Sie nahm den Brief entgegen und betrachtete die Anschrift. »Nach Charkow? Haben Sie dort Verwandte?«

»Nein, nur einen Freund. Ich selbst bin von hier, von Cherson.«

»Ach, dann sind wir ja Landsleute.«

»Sind Sie auch aus Cherson?«

»Ich bin in Aljoschki geboren, aber es kommt auf das gleiche hinaus.« Sie lachte bei diesen Worten. »In Charkow habe ich aber auch gelebt – bei einem Onkel, in der Sumskajastraße, kennen Sie sie?«

»Kommt mir bekannt vor.«

»Sokolow, Sokolow«, wiederholte sie, als würde sie sich an etwas erinnern. »Ein bekannter Name. Ist es etwa der Fabrikant Sokolow?«

»Nein, er ist ... Rechtsanwalt, das heißt natürlich nicht mein Freund, sondern dessen Vater.«

»Also ist es ein anderer.« Sie legte den Brief zur Seite. »In Charkow lebte ein Fabrikbesitzer Sokolow, der Bruder eines bekannten Unternehmers. Und Ihr Sokolow ist also Rechtsanwalt? Ich glaube, ich habe ebenfalls irgendwie von ihm gehört. Und wie sind Sie nach Charkow gekommen?« fragte sie vertraulich.

»Ich selbst bin noch nie dort gewesen«, antwortete Alexej. Er beschloß, sich nicht zu sehr in Lügen zu verstricken, um nicht irgend etwas falsch zu machen. »Mein Vater war in der Jugend mit Sergejs Vater befreundet, und Sergej kam jeden Sommer zu uns zu Besuch.«

»Und, falls es nicht zu unbescheiden ist, darf ich fragen, welchen Beruf Ihr Vater hatte?«

»Mein Vater war auf der Wadon-Werft tätig«, erklärte Alexej in einem Tonfall, aus dem man entnehmen konnte, daß sein Vater zumindest ein Ingenieur sein mußte.

Das Mädchen fragte wie nebenbei: »Arbeitet er jetzt noch dort?«

»Zur Zeit weiß ich leider nichts von ihm.«

»Ach, entschuldigen Sie! Ja, es ist eine schreckliche Zeit, alles ist durcheinandergeraten, verändert, Brüder kämpfen gegen Brüder. Wann wird das ein Ende finden. Es kann doch nicht ewig dauern. Nicht war? Sie vom Militär müssen doch eigentlich wissen, wie lange es noch dauern wird?«

Alexej zuckte lächelnd die Schultern.

»Sehen Sie, so ist es, wen man auch fragt, man bekommt doch keine Antwort und muß alles selbst erraten.« Sie tat gekränkt und verzog ihre schönen roten Lippen zu einem Schmollmündchen.

»Ja, wer könnte Ihnen darauf auch antworten«, beschwichtigte Alexej sie lächelnd, bemüht, den leichten Plauderton beizubehalten, den das Mädchen angeschlagen hatte und in dem sich »Intellektuelle« zu unterhalten pflegten. »Ich arbeite beim Stab.« Das Mädchen zog die Brauen in die Höhe. »Und weiß es auch nicht. Gewiß, ich habe einen bescheidenen Posten, bin schließlich nur ein einfacher Schreiber, aber ich glaube, daß selbst der Oberkommandierende Ihre Frage nicht zu beantworten vermag.«

»Tja, Sie haben schon recht!« seufzte sie.

So plauderten sie am Schalter, und ihre Unterhaltung unterschied sich in nichts von Tausenden ähnlicher Gespräche, wie sie auf Bahnhöfen, an Dampferanlagestellen, in den Zügen, auf Märkten, kurz, überall geführt wurden, wo das Chaos des Krieges Menschen zusammengewürfelt hatte. Jeder wollte sich aussprechen, seine Nöte den anderen mitteilen, Näheres über die anderen erfahren, Nachrichten und Neuigkeiten austauschen. Auf diese Weise ergab es sich wie von selbst, daß Alexej Dina – sie bat ihn, sie so zu nennen – »alles« über sich erzählte. Er habe das Gymnasium besucht, seine Mutter sei gestorben, der Vater freiwillig zur Armee gegangen. Bei Ausbruch der Revolution sei der Vater verschollen, und Alexej habe nicht mehr von ihm gehört. Er berichtete von Katja und von ihrem Mann, den er bei dieser Gelegenheit zum Geschäftsinhaber beförderte. Er schilderte, wie er im Jahre achtzehn, vom stürmischen Drang eines Jungen beseelt, sich den Frontkämpfern angeschlossen habe. Als dann die Deutschen siegten, sei er gezwungen gewesen, aus Cherson zu fliehen. Später wäre er zur Armee gestoßen und hätte sich an vielen Orten herumgetrieben. Schließlich wäre er bei Werchni Tokmak an der Schulter verwundet und nach Hause beurlaubt worden. Unterwegs hätte ihn der Typhus erwischt, und statt zu Hause wäre er von neuem im Lazarett gelandet. Seine Verwandten habe er in Cherson nicht mehr vorgefunden, und es sei ihm nichts anderes übriggeblieben, als wieder bei der Armee zu landen.

Dina erzählte ihm ihrerseits, daß sie gerade noch das Gymnasium beenden konnte. Nein, ihr Leben sei natürlich nicht so stürmisch verlaufen wie Alexejs! Aber gäbe es denn einen Unterschied? Wäre das überhaupt noch ein Leben? Sie habe davon geträumt, Künstlerin zu werden. Sie habe an hohe Ideale geglaubt, irgend etwas Ungewöhnliches erwartet. Doch wo sei das alles geblieben? Alles nur Schall und Rauch. Wenn man sich wenigstens an irgend etwas halten könnte! Aber ringsum gäbe es nur rohe und uninteressante Menschen. »Das haben Sie doch selbst eben erlebt...«

Das Gespräch wurde nach und nach immer vertraulicher. Das war durchaus nicht ungewöhnlich. Beide hatten ungefähr die gleiche Erziehung genossen und das Gymnasium besucht. Es war doch interessant zu erfahren, wie sich ihre Schicksale in diesen schwierigen Jahren gestaltet hatten. Alexej zum Beispiel arbeite jetzt bei den Roten, und sie, Dina, kenne Menschen, die bei den Weißen dienen. »Und stellen Sie sich mal vor: Es sind auch keine schlechten Menschen! Wer von ihnen hat nun recht? Tja, es ist schwer, sehr schwer, sich da zurechtzufinden. Bei Ihnen gibt es sicherlich solche Zweifel nicht«, schloß sie und seufzte schwer. »Sie sind bestimmt fest davon überzeugt, auf dem richtigen Wege zu sein.«

»Leider kann ich das nicht sagen«, erwiderte Alexej. »Gewiß, früher war ich davon überzeugt, glaubte daran, war sogar Feuer und Flamme. Zu Hause hatte man mich nicht verstanden. Ich hatte mich mit allen entzweit. Ich bildete mir ein, daß die Revolution der Wunschtraum der Menschheit wäre... Aber was hat dieser ›Wunschtraum‹ der Menschheit bisher gebracht? Hunger, Flecktyphus, Zerstörung, doch es ist müßig, darüber zu reden!«

»Bleiben Sie noch lange in Aljoschki?« fragte Dina.

»Bis der Stab weiterzieht. Ich fürchte, es wird bald soweit sein.«

»Besuchen Sie mich mal, solange Sie hier sind. Wir können uns dann in Ruhe unterhalten.«

»Danke, ich komme bestimmt.«

»Kommen Sie zu mir nach Hause«, erklärte

sie. »Ich wohne bei meinen Eltern. Vielleicht werden Sie sie etwas seltsam finden, aber es sind gute Menschen. Ich wohne in der Portowaja, das vierte Haus von links, wenn Sie vom Hafen kommen. Haben Sie abends frei?«

»Seien Sie sicher – ich werde mich schon frei machen!«

»Dann abends um neun, ja? Sie als Stabsarbeiter haben doch gewiß einen Passierschein für die Nacht?«

»Aber selbstverständlich!«

»Das ist fein, ich werde Sie erwarten.«

Sie lächelte ihm so zärtlich zu wie einem alten Freund und reichte ihm zum Abschied die Hand.

Als Alexej an der nächsten Straßenecke angelangt war, machte er kehrt und ging noch einmal an der Post vorüber. Dabei schaute er schnell durchs Fenster.

Dina saß auf ihrem Platz und öffnete gerade seinen Brief.

»Einer von uns?«

Pünktlich um neun Uhr stand Alexej vor dem Haus der Fedossowa. Das Mädchen erwartete ihn bereits an der Gartentür. »Sie sind überpünktlich«, begrüßte ihn Dina lächelnd, »das gehört sich auch so, denn Sie sind immerhin beim Militär.« Dina trug ein weißes Kleid mit einem breiten Samtgürtel. Der Zopf lag in dichten Flechten um ihren Kopf. In der Dämmerung des warmen Herbstabends erschien ihre Gestalt besonders zierlich. Nähme man dieses Wesen auf die Arme, so wäre es schwebend leicht, dachte Alexej.

»Treten Sie näher«, lud sie ihn ein, während sie die Tür öffnete, »ich freue mich sehr, daß Sie gekommen sind.«

Das Haus stand auf dem abschüssigen Ufer der Konka. Sechs Fenster der Fassade führten auf die Straße. Das Haus hatte einen Aufbau über dem Mittelteil und ein Blechdach. Wie alle besseren Häuser in Aljoschki war es von einem Garten umgeben: Apfel- und Kirschbäume wechselten mit alten Akazien und Fliedersträuchern ab.

»Vielleicht gehen wir noch ein bißchen spazieren?« schlug Dina vor. »Es ist ein so schöner, milder Abend.«

Sie führte Alexej an einer von dichtem welkendem Efeu umgebenen Laube vorbei zum rückwärtigen Teil des Gartens, den ein niedriger Lattenzaun abgrenzte. Dahinter lag eine Wiese, an der die Konka vorbeifloß. Unmittelbar am Wasser sah man eine Badeanstalt, Holzstege und eine Bretterbude mit schrägem Dach. Das Wasser spiegelte den Abendhimmel wider und schimmerte rosig. Hinter dem Fluß hob sich dunkles Weidengebüsch ab. Kein Lüftchen rührte sich. Von irgendwo aus der Ferne erklangen flüchtige Akkorde einer Ziehharmonika.

Dina schwang sich auf den Zaun und blieb auf einem Querbalken sitzen. »Ja, so leben wir hier«, meinte sie, »gefällt es Ihnen?«

»Es gefällt mir sehr gut.«

»Ich liebe unseren Garten: Hier ist es still, und niemand stört einen. Papa wollte die Sträucher beseitigen und Wege anlegen. Er nennt das ›Ordnung machen‹. Aber ich habe es nicht zugelassen. So ist es doch schöner, nicht wahr?«

»Ja, finde ich auch.«

»Gut, daß alles heil geblieben ist«, fuhr Dina fort, »wir haben einfach Glück gehabt. Früher hatte ich mich immer darüber geärgert, daß wir nicht in einer Hauptstraße wohnen, und jetzt ist es ein Segen für uns. Wir wurden kein einziges Mal mit Einquartierungen behelligt. Außerdem arbeiten Papa und ich auf der Post, wir sind also Werktätige und keine Bourgeois!« Sie lachte und warf den Kopf zurück. »Auf diese Weise ist auch der Garten verschont geblieben. Ich mag ihn und komme gern hierher...« Auch mit Offizieren, dachte Alexej. Er mußte sich mächtig zusammennehmen, um dem beunruhigenden Charme dieses Mädchens und der Abendstimmung im Garten nicht zu erliegen.

»Im Frühling ist es hier bezaubernd!« plauderte Dina weiter und wippte auf dem Balken hin und her. »Wissen Sie, wenn die

Weiden blühen, scheint es überhaupt keine Luft mehr zu geben, sondern nur einen einzigen Duft. Waren Sie einmal im Frühjahr in Aljoschki?«

»Ja«.

Dina zog einen Flunsch. »Was ist mit Ihnen los, Sie antworten immer bloß ›ja‹ oder ›ich finde auch‹, als wüßten Sie keine anderen Worte? Heute morgen waren Sie viel gesprächiger!«

Alexej kratzte sich verlegen am Hinterkopf. »Ja, sehen Sie, ich hatte ... schon so lange keine Gelegenheit mehr, mich mit Menschen zu unterhalten, wie Sie es sind, und habe einfach Angst, etwas Unpassendes zu sagen.«

»Wie kann man nur so dumm sein!«

Dina klatschte bei diesen Worten in die Hände, klammerte sich aber gleich wieder am Balken fest, um das Gleichgewicht nicht zu verlieren. »Bitte, seien Sie mir nicht böse und sprechen Sie, wie Ihnen der Schnabel gewachsen ist. Gewiß werden Sie jetzt denken, sie ist eine scheußliche Schwätzerin. Doch das scheint nur so. In Wirklichkeit bin ich ganz ernst, Alexej. Alexej ..., darf ich Sie Aljoscha nennen? Aljoscha in Aljoschki – nein, ist das nicht furchtbar komisch?« Dina lachte ausgelassen. »Jetzt wird es aber kühl. Kommen Sie, ich lade Sie zu einem Täßchen Tee ein!«

Dina glitt vom Zaun, faßte Alexej bei der Hand und zog ihn zum Haus.

Die Fenster waren dunkel.

»Meine Leute schlafen bereits, sie legen sich früh hin. Wir gehen nach oben, dort ist mein eigenes kleines Reich.« Sie führte Alexej über die dunkle Treppe zum Dachgeschoß hinauf. Im Vorbau befanden sich zwei Zimmer: ein kleiner Schlafraum und ein größerer Salon. Im Besuchszimmer zog Dina die Vorhänge an den Fenstern zu, zündete eine dickbäuchige Petroleumlampe mit blauem Glas an, die auf einem kleinen runden Tisch stand, und schob diesen zu einer niedrigen, mit grünem Samt bezogenen Couch.

»Setzen Sie sich hierher, Aljoscha, ans Licht. Und genieren Sie sich nicht, fühlen Sie sich wie zu Hause, machen Sie sich mit allem vertraut! Wenn Sie einen Augenblick warten wollen, ich bin gleich wieder da.« Sie schwebte aus dem Zimmer, ließ ihre Absätze auf der Treppe klappern. Alexej blieb allein zurück und bewunderte die merkwürdige Umgebung, in die er geraten war.

Dina hatte in diesem Zimmer wohl alles zusammengetragen, was ihr von Wert zu sein schien: eine schrankgroße Standuhr mit Kupfergewichten, eine Couch, einen schönen Teppich, zwei tiefe Sessel und ein Harmonium, auf dem Noten und dicke Alben lagen. Über dem Harmonium hing eine Gitarre mit einer roten Schleife am Griff. Daneben ein Porträt von Dina: Die Augen schweiften träumerisch in die Ferne, während die Finger nachdenklich mit dem Zopfende spielten.

Alexej stand auf und betrachtete das Bild genauer. Wer war dieses Mädchen? Wirklich eine Feindin? Dinas Gesicht trug mehr südländische als russische Züge. Die Nasenflügel schienen nervös zu beben. Kein Wunder, daß Solowych so in das Mädchen verliebt war! Übrigens hatte ihn Dina bisher mit keinem Wort erwähnt. Nun, das konnte man verstehen. Doch was war mit den Offizieren? Vielleicht gingen Dinas Beziehungen zu ihnen wirklich nicht über den Rahmen einer losen Bekanntschaft oder einer flüchtigen Schwärmerei hinaus! Warum hatte sie dann seinen Brief geöffnet und gelesen?

Von der Treppe hörte er wieder das Klappern der Absätze. Dina betrat das Zimmer mit zwei Tellern in den Händen. Alexej saß auf der Couch so, wie sie ihn zurückgelassen hatte.

»Wissen Sie, was passiert ist?« fragte Dina kleinlaut. »Der Samowar war bereits kalt. Dafür habe ich Ihnen selbstgebackene Plätzchen von Mama und die schönsten Äpfel aus unserem Garten gebracht.«

»Wozu denn soviel Umstände? Es ist mir direkt peinlich«, sträubte sich Alexej.

»Aber nicht doch!« Dina stellte die Teller auf den Tisch. »Greifen Sie nur zu, so ein Gebäck haben Sie noch nie gegessen. Nun nehmen Sie schon, bitte.«

Sie drückte ihm einen knusprigen, kreisrunden Keks in die Hand, der mit Mohn bestreut war, nahm einen Apfel vom Teller und warf sich in den Sessel.

»Na, haben Sie sich ein bißchen eingelebt?« fragte sie. »Ich wohne doch ganz gemütlich, nicht wahr?«

»Sogar sehr gemütlich, man möchte fast sagen, ganz wie früher, als hätte sich in der Welt nichts ereignet und alles wäre in schönster Ordnung.«

In der Tat: In diesem anheimelnden Zimmer mit seinen hellen Fenstervorhängen, mit der Gitarre und den bequemen Möbeln konnte man völlig vergessen, daß draußen Krieg war, daß erst gestern – zehn Kilometer von Aljoschki entfernt – eine Kavallerieabteilung der Weißen abgefangen wurde und daß sich ununterbrochen Truppen durch das Städtchen bewegten, um sich zu sammeln und Wrangel den entscheidenden Schlag zu versetzen. Irgendwo außerhalb der Mauern dieses stillen Hauses waren die Tscheka, die Kameraden, Brockmann und Marusja zurückgeblieben, die im Träger ihres billigen Sarafans ein Klümpchen furchtbaren Gifts – als Schutz ihrer Mädchenehre – verwahrte.

Vor Alexej saß ein Mädchen, das Marusja so wenig ähnelte, daß es wie ein Wesen aus einer völlig anderen Welt erschien. Dieses Mädchen schaute ihn verträumt aus ihren rätselhaften blauen Augen an. Dina hatte etwas Beunruhigendes und gleichzeitig Anziehendes an sich, das dennoch zur Vorsicht zwang.

»Das haben Sie gut gesagt: ›wie früher‹«, meinte Dina. »Mir selbst kommt es ebenso vor. Wenn ich abends von meiner Arbeit nach Hause komme, glaube ich, um drei Jahre zurückversetzt zu sein. Hier ist es wie auf einer Insel: Ringsherum stürmt und donnert es, aber bei mir ist es still. Man hat die Illusion eines normalen Lebens.« Sie seufzte. »Man muß doch aber arbeiten... Übrigens, als ich Sie das erste Mal sah, dachte ich: Was für ein intelligentes Gesicht und dabei nur ein roter Soldat. Nicht einmal Offizier. Aber eins muß man Ihnen lassen: Sie haben sich ausgezeichnet gehalten zwischen solchen Verehrern mit Haartollen und Schmuckschleifen wie den beiden heute auf der Post. Wie Sie die Kerle zurechtgewiesen haben, einfach hinreißend! Dabei hätten die beiden mit Ihnen einen ganz schönen Tanz aufführen können. Mir blieb schon das Herz stehen. Doch Sie hatten Mut für zwei.«

»Aber, aber, Sie übertreiben!«

»Nein wirklich, Sie sind sehr mutig. Es waren immerhin zwei, und Sie waren ganz allein! Sie konnten doch nicht wissen, daß sich der kleine Soldat auf Ihre Seite stellen würde.«

»Letzten Endes sind auch wir zwei«, antwortete Alexej und deutete auf seine Pistole.

»Nein, so dürfen Sie nicht sprechen. Das wäre völlig sinnlos.« Dina hob abwehrend die Hände. »Aber als Sie sagten, daß man sich nicht immer beherrschen kann – Sie wissen wohl noch, daß Sie das gesagt haben –, erkannte ich gleich, wer Sie in Wirklichkeit sind!«

»Wer denn?«

Dina schmollte scherzhaft. »Aber Aljoscha, Sie zwingen mich, Ihnen Komplimente zu machen! Doch ich verrate Ihnen nicht, was ich damit meine. Da, nehmen Sie lieber noch etwas Gebäck, und begnügen Sie sich damit!« Sie beugte sich vor, nahm einen Keks vom Teller und warf ihn Alexej in den Schoß. Dann ließ sie sich wieder in den Sessel zurückfallen, legte den Kopf auf die Lehne. »Ja, sehen Sie, Sie sagten: ›wie früher‹. Doch erinnern Sie sich auch an das Leben von einst? Theaterbesuche, schöne gesellige Abende und erst die Bälle im Adelsklub? Ihr Gymnasiasten wart sicher nicht dabei, aber ich zweimal! Es ist unvergeßlich, Aljoscha, fürs ganze Leben. Und wissen Sie noch, was für Künstler hierherkamen? Rosanow zum Beispiel – ein großartiger Schauspieler.«

»Natürlich erinnere ich mich«, sagte Alexej. Er sah im Geist einige Plakate an den Litfaßsäulen.

»Ich fuhr mit Mama zur Stadt, um ihn zu erleben. Ich sehe ihn noch heute vor mir: bleich wie ein überirdisches Geschöpf. Übrigens war es gerade zu der Zeit, als die neuen Werften eingeweiht wurden.«

»Richtig..., und dann das Feuerwerk! Mich hatte damals der Vater mitgenommen.«

»Ja, es war herrlich!«

Zur Decke starrend, an die das Lämpchen einen runden Lichtschein warf, begann sich Dina der Jachtfahrten auf dem Dnepr zu entsinnen, die von der Odessaer Dampfergesellschaft zu Reklamezwecken veranstaltet worden waren. Sie schwärmte ferner von den Gastspielen des Kiewer Operettentheaters, von Kinobesuchen und insbesondere von dem Film: »Vom Glück verlassen, trage ich mein schweres Kreuz.«

Alexej erinnerte sich seinerseits an das bunte Treiben der Jahrmärkte im Frühling, an die Buden und Karussells, an die Wettkämpfe der Ringer im Zirkus, an den köstlichen Eiskaffee im Restaurant »Goldener Anker«, das Schüler nur in Begleitung Erwachsener betreten durften.

»Haben Sie das Erste Gymnasium besucht?« fragte Dina.

»Ja.«

»Hier lebt auch ein ehemaliger Schüler Ihres Gymnasiums, vielleicht kennen Sie ihn, er heißt, glaube ich, Viktor mit Vornamen.«

Alexej blieb ein Stück Gebäck zwischen den Zähnen stecken. Er schob es vorsichtig mit der Zunge zurecht und fragte möglichst gleichgültig: »Und wie ist sein Familienname?«

»Auf den besinne ich mich nicht mehr.« Dina blickte ihn dabei forschend an.

»In meiner Klasse war ein gewisser Viktor Korsakow. Wir hatten ihm den Spitznamen Pfannkuchen gegeben.« Alexej sprach sehr langsam. »Er war der Sohn des Vorsitzenden der Stadtverwaltung, ein furchtbarer Angeber und Petzer. Hat immer Klassenkeile gekriegt.«

Dina lächelte. »Nein, der Vater von dem, den ich meine, war – soviel ich weiß – Kaufmann. Sein Familienname lautet so ähnlich wie Mochow oder Makow...«

»Ach, vielleicht Markow? So einen gab es auch. Der war allerdings eine Klasse höher. Besaß ein Motorboot. Wir beneideten ihn alle darum.«

»Ich kann mich nicht so genau erinnern«, erklärte Dina, »aber der Name lautet ähnlich. Wie sah denn dieser Markow aus?«

»Tja, wie?« Alexej runzelte die Stirn, als dächte er scharf nach. »Er war ein kräftiger Bursche..., etwas kleiner als ich, hatte ein vorgeschobenes Kinn...«

»Und ein Muttermal auf der Stirn?«

»Ich glaube, ja.«

»Na, den meine ich. Kannten Sie ihn gut?«

»Nein, eigentlich nicht. Er war älter und furchtbar eingebildet.«

Alexejs Herz klopfte so stark, daß er fürchtete, Dina könnte es hören. Dennoch sprach er ruhig und lächelte sogar dabei, während seine Gedanken hierhin und dorthin rasten: Markow ist hier, daran ist jetzt nicht mehr zu zweifeln. Und Dina kennt ihn! Sie wird ihm von ihrer neuen Bekanntschaft erzählen. Und er? Wird er sich ebenfalls erinnern? Ganz gewiß. Na ja, was soll schon sein? Bin eben bei den Frontkämpfern gewesen! Schlimmstenfalls wird er mich für einen Dummkopf halten, der ihm seinerzeit half, in den Frontkämpferstab zu gelangen. Das wäre alles. Seitdem hat er mich nie mehr zu Gesicht bekommen, es sei denn, er hätte mich in jener Nacht erkannt, als Solowych gegriffen wurde. Doch nein, dazu war es zu dunkel.

»Soweit mir bekannt ist«, erklärte Dina, »ist dieser Markow ein interessanter Mensch«. Alexej zuckte die Achseln. »Wenn Sie wollen, kann ich Sie mal mit ihm zusammenbringen.«

»Warum denn nicht, gern...«

Wenn Dina ahnte, welche Mühe es Alexej kostete, die letzten Worte so gleichgültig auszusprechen.

Sie nahm einen zweiten Apfel vom Teller und biß nachdenklich hinein, während sie Alexej betrachtete. Er las sorgfältig die Krümel von seinen Knien auf.

»Wissen Sie, Aljoscha, ich habe heute den ganzen Tag über Sie nachgedacht.«

»Über mich?«

»Ja, über Sie. Tun Sie bitte nicht so

erstaunt, aber bilden Sie sich auch nichts ein, sonst werde ich böse.« Sie zeigte für den Bruchteil eines Augenblicks eine kokette Miene, die aber sofort wieder verschwand. Ihr Gesicht wurde ernster und erschien sogar älter. »Sie sind für mich ein Rätsel. Ja, ein richtiges Rätsel. Es ist mir zum Beispiel völlig unbegreiflich, daß ein Mensch wie Sie – und es kommt mir vor, als kennten wir uns schon jahrelang –, daß ein solcher Mensch sich mit seiner heutigen Lage einfach abfinden kann!«

Alexej merkte auf.

»Verstehen Sie mich bitte richtig, Aljoscha«, fuhr Dina freundlich und vertraulich fort, »ich selbst muß mich auch erst in dem Geschehen hier zurechtfinden. Alles ist so kompliziert, helfen Sie mir dabei! Nehmen wir zum Beispiel Sie selbst. Sie entstammen doch einer gebildeten Familie. Ihr Vater hat die Heimat verteidigt. Welche Heimat, Aljoscha? Diejenige, die wir beide seit unseren Kinderjahren kennen und lieben, in der wir in Liebe zu Gott und... dem Zaren erzogen wurden. Warum sollten wir voreinander Versteck spielen. Ist denn ihr Vater nicht dieser Ideale wegen in den Krieg gezogen und hat dort sein Blut vergossen? Aljoscha!« Dina preßte die ineinander verschränkten Finger der beiden Hände leidenschaftlich an die Brust. »Vielleicht erscheint Ihnen das, was ich jetzt sage, ungeheuerlich, dann sagen Sie es mir lieber gleich offen!«

Alexej sah ihr fest in die Augen, als er antwortete: »Nein, Dina.«

Sie sprach weiter. »Ich weiß nicht, warum, aber ich habe Ihnen vom ersten Augenblick an vertraut. Vielleicht habe ich mich geirrt, um so schlimmer, aber ich möchte Ihnen trotzdem alles sagen. Ich könnte es einfach nicht verstehen, wenn Ihr Vater für eine Heimat gekämpft hätte, wie sie jetzt ist – zerschlagen, zerrissen, ein Land, in dem das Heiligste mit Füßen getreten wird. Und wer hat das getan? Sie schweigen! Das haben doch die Menschen getan, denen Sie dienen. Jawohl, Aljoscha! Erklären Sie mir doch, was Sie an diese Menschen bindet. Sind Sie etwa davon überzeugt, daß sie im Recht sind? Sind Sie vielleicht selbst — Bolschewik?«

Alexej schüttelte den Kopf.

»Das wußte ich!« Dina fuhr vor Freude im Sessel hoch. »Ich habe mich nicht geirrt. Nun begreife ich alles, alles! Sie waren ein Junge, haben sich für die Ereignisse begeistert – alle Jungen sind so! Doch jetzt? Jetzt sind Ihnen wohl die Augen aufgegangen.«

Langsam, jedes Wort abwägend, erwiderte Alexej: »Ich habe bereits darüber nachgedacht, Dina, aber es fällt mir schwer, Ihnen gleich zu antworten. Ich...«

»Ist auch gar nicht nötig!« Dina nahm die Beine vom Sessel, beugte sich vor und faßte seine Hand. »Sie brauchen mir nichts zu sagen, das Wichtigste ist mir klar: Sie sind der, für den ich Sie halte. Doch wenn das so ist«, Dina preßte seine Finger zusammen, »weshalb suchen Sie nicht nach einem Weg, um das Böse wiedergutzumachen?«

»Ich suche ihn ja«, erklärte Alexej, und dabei log er nicht einmal.

»Wirklich?«

»Es ist die reine Wahrheit!«

»Dann kann ich Ihnen helfen.«

»Was, Sie?«

»Ja, ich!« Sie ließ seine Hand los und richtete sich auf. »Das haben Sie wohl nicht erwartet? Jawohl, ich kenne Menschen, die nicht die Hände in den Schoß legen, sondern kämpfen. Sie wundern sich vielleicht darüber, daß ich Ihnen das sage, einem Menschen, den ich so kurz kenne. Aber ich habe keine Angst. Ich glaube gerade an Sie und vertraue Ihnen. Mich hat mein Gefühl noch niemals betrogen. Außerdem fürchte ich nicht den Verrat. Sie können mir glauben«, sie reckte ihr Kinn in die Höhe, »ich bin durchaus nicht das, was ich vielleicht zu sein scheine: eine verträumte und spießbürgerliche ›höhere Tochter‹. Ich besitze Kraft genug, jedem Henkersknecht zu widerstehen. Es würde keinem gelingen, aus mir auch nur ein Wort herauszupressen, das ich nicht sagen will!«

Sie sprang aus dem Sessel auf und trat so dicht an Alexej heran, daß ihr Kleid seine Knie berührte. »So, Aljoscha, jetzt wissen Sie alles über mich. Möchten Sie, daß ich Ihnen helfe? Wenn Sie wollen, bringe ich Sie mit Menschen zusammen, die Ihnen im Denken bedeutend näherstehen als die Leute in Ihrer derzeitigen Umgebung.«

Alexej war bemüht, sich bei seiner Antwort ihrem Ton anzupassen. »Ja, das will ich.«

Lauernd sah ihn das Mädchen aus zusammengekniffenen Augen an. »Ich habe auch nichts anderes erwartet. Aber Sie werden natürlich verstehen, daß diese Menschen von Ihnen Taten verlangen.«

»Das ist mir klar.«

»Gut. Heute kann ich Ihnen noch nichts Näheres sagen. Es gilt einiges zu überlegen und vorzubereiten, das alles ist schließlich kein Kinderspiel. Noch trage ich allein das Risiko, aber dann... Wir kennen uns immerhin erst seit heute... Hoffentlich habe ich Sie mit meinen Worten nicht gekränkt?«

»Aber nein, Dina.«

»Dann wollen wir so verbleiben: Morgen suchen Sie mich im Postamt auf. Wann paßt es Ihnen? Können Sie am Tage kommen?«

»Ich werde es versuchen...«

»Am besten wäre es um drei Uhr nachmittags. Um diese Zeit sind wenig Kunden da. Und dann können wir uns endgültig verabreden, einverstanden?«

»Ja.«

»Prima!« Sie warf übermütig den Kopf in den Nacken und wurde sofort wieder die alte – lustig und kokett. »Ich freue mich sehr, Aljoscha, Sie können sich gar nicht vorstellen, wie! Ich fühle mich wie eine der ersten Christinnen. Das ist doch genauso, als hätte ich eine verirrte Seele gerettet. Ich bin fest überzeugt, das Richtige zu tun.« Ihre Worte klangen, als wollte sie sich selbst in ihrer Ansicht bestärken. »Ich habe doch recht, Aljoscha?«

Er nickte zustimmend.

»Wie sollte es auch anders sein! Übrigens habe ich mal wo gelesen, daß derartige Bekehrungsversuche niemals spurlos verlaufen. Entsinnen Sie sich noch an ›Quo vadis‹?! Dort geht es auch so ähnlich..., aber nun ist es genug, es ist schon spät. Sie müssen gehen.«

Alexej stand auf und nahm seine Mütze.

»Wie groß Sie sind!« sagte Dina und trat einen Schritt zurück, um ihn zu betrachten. »Groß und schlank. Ich erscheine neben Ihnen wie eine Pygmäe neben einem Riesen!»

»Aber, aber!«

»Doch, das stimmt. Warten Sie!« Sie nahm das übriggebliebene Gebäck vom Teller und steckte es Alexej in die Tasche.

»Aber wozu denn, das ist doch nicht nötig!«

»Ruhig! Sie werden das knabbern und dabei an mich denken.«

»Das werde ich auch ohnehin tun.«

»Schon gut, gehen Sie jetzt!« Sie schob ihn leicht zur Tür. »Bis morgen, kommen Sie aber nicht zu spät!«

Die Helfer

Draußen war es bereits ganz dunkel. Wind war aufgekommen. Er brachte von der Steppe feinste Sandkörnchen mit und roch nach warmen Wermutgräsern. Als Alexej auf die Straße hinaustrat, atmete er mit unverhoffter Erleichterung diesen bitteren wilden Duft der Steppenweite tief ein.

Auf dem Weg zum Stab versuchte er sich über die Ereignisse des heutigen Abends klarzuwerden: Man warb ihn für die Arbeit einer illegalen Organisation an. Das bedeutete, daß er in kürzester Zeit alle Verschwörer kennen würde, falls es ihm gelänge, den Leuten Vertrauen einzuflößen, für die Dina tätig war. Man würde ihn auf die Probe stellen, aber wie? Und Markow? Welche Rolle spielte er in dieser Angelegenheit? Anscheinend keine kleine. »Ein interessanter Mensch...« Gewiß, das war schon ein recht interessanter Mensch! Dina selbst hatte in Alexej allerlei Zweifel geweckt, die ihn zur Wachsamkeit verpflichteten. Und dann war da noch ein merkwürdiges Gefühl, das er sich schwer erklären konnte: Hatte sich Dina nicht auffallend rasch, ja fast allzu schnell entschlossen, ihn zu »bearbeiten«?

Sie geht gleich aufs Ganze, dachte Alexej, und sie ist sehr selbstbewußt...

Doch hier stockten seine Gedanken, und vor seinen Augen erstand das Bild des Mädchens im weißen Kleid mit den um denKopf gelegten Zöpfen und den dichten Augenbrauen, zwischen denen ein paar Fältchen eingekerbt waren. Und wie sie ihn beim Abschied angeschaut hatte! So eine Schlange!

Alexej schüttelte den Kopf und sagte laut vor sich: »Bei mir wird sie kein Glück damit haben!« Gleichzeitig dachte er mit einem gewissen Mitleid an Solowych, den unglücklichen Telegrafisten, der natürlich einem derartigen Ansturm nicht gewachsen gewesen war.

Jetzt galt es zu entscheiden, was weiter geschehen sollte. Dina mußte sich morgen bis drei Uhr nachmittags mit irgend jemandem treffen, um Instruktionen zu erhalten. Vielleicht sollte man Illarionow informieren, damit er seine Leute in der Nähe der Post aufstellte? Nein, die kleinste Unvorsichtigkeit konnte alles über den Haufen werfen. Es hieß abwarten.

Kavallerie zog über die Hauptstraße durch die Stadt. Das Pferdegetrappel auf dem Kopfsteinpflaster verschmolz zu einem einheitlichen Klang. Laut klappernd rollten Gespanne vorüber. Beim Anzünden von Zigaretten leuchteten hier und da Streichholzflämmchen auf und entrissen die bärtigen Gesichter der Reiter mit den spitzen Budjonnyhelmen für kurze Augenblicke der Finsternis. Alexej erspähte eine Lücke in dem Reiterstrom und lief schnell über den Damm zum Stab. Neben dem Stabsgebäude brannten Lagerfeuer. Als Alexej an ihnen vorüberging, rief ihn jemand an. Eine kleine Mädchengestalt tauchte neben ihm auf.

»Marusja?« Alexejs Stimme klang freudig.

»Wo treibst du dich denn herum?« fragte Marusja böse. »Ich warte schon über eine halbe Stunde. Komm, mach schnell!«

»Wohin soll's denn gehen?«

»Zu mir, dort ist Illarionow und noch einer, der aus Cherson gekommen ist. Sie haben mir befohlen, dich zu holen.«

»Was, zum Teufel, wollen sie von mir? Es war doch verabredet, uns nicht zu treffen.«

»Macht nichts, bei mir zu Hause kann man es tun.«

Sie entfernten sich rasch.

»Ist etwas passiert?« fragte Alexej.

»Ja, es wurden wieder drei Mann ermordet.«

»Wann?«

»Heute abend. Zuerst ein Melder, der wichtige Schreiben bei sich hatte. Man hat sie geraubt. Die beiden anderen waren einfache Rotarmisten.«

So stand es also! Während sich Alexej bei Dina aufgehalten hatte, waren ihre Helfershelfer nicht untätig geblieben. Wessen Werk mochte es sein? Markows?

Bei dem Gedanken an Markow blickte sich Alexej unwillkürlich um. Hier, irgendwo in einem Häuschen der schlafenden Stadt, verbirgt sich diese Bestie. Doch sie versteckt sich nicht nur, sie geht auch auf die Jagd – auf Menschenjagd! Aber sie soll es nicht mehr lange tun dürfen! Die Hauptsache ist, daß sich Markow hier befindet.

Als sie ein Stück weitergeeilt waren, fragte Marusja: »Hast du Dina gesehen?«

»Ja.«

»Und gesprochen?«

»Auch das!«

»Na, wie ist sie?«

»Wie soll sie schon sein! Ein normales weibliches Wesen... Halt, ich habe dir etwas mitgebracht. Hier, nimm!«

Das leckere Mohngebäck wanderte in Marusjas Hände. »Oh, woher hast du denn das?«

»Iß und frage nicht! Schmeckt's?«

»Und ob! Wunderbar süß.«

»Na, siehst du!«

Marusja fragte mißtrauisch: »Warst du etwa bei ihr zu Hause?«

»Erraten.«

»Und das Gebäck ist von dort?«

»Stimmt.«

Marusja schwieg eine Weile, dann sagte sie: »Paß auf, daß dich Dina nicht einwickelt. Das hat sie schon mit ganz anderen Leuten gemacht.«

»Abwarten.« Alexej zwinkerte Marusja selbstbewußt zu. »Einen Kerl wie mich wikkelt sie nicht so rasch ein!«

In dem niedrigen, nach Kräutern duftenden Häuschen warteten Illarionow und der aus Cherson gekommene Wolodja Chramsow, den Welitschko Alexej zu Hilfe geschickt hatte.

Chramsow arbeitete ebenso wie Alexej erst seit kurzem bei der Chersoner Tscheka, hatte es aber bereits verstanden, sich den Ruf eines zuverlässigen operativen Mitarbeiters zu erwerben. Wolodjas Lebenslauf hatte eine Besonderheit, die ihn aus dem Kreise der anderen Mitarbeiter hervorhob, obwohl er selbst niemals darüber sprach: In Moskau, seiner Heimatstadt, hatte Wolodja eine Zeitlang der persönlichen Leibwache von Lenin angehört. Es war indessen unmöglich, aus ihm auch nur das geringste über diese Periode seines Lebens herauszuholen: Wolodja zeichnete sich durch ungewöhnliche Verschwiegenheit aus. Seine Worte fielen so sparsam wie die Tropfen beim Brennen von schlechtem Schnaps: »drei Tropfen pro Stunde«. So drückte Woronko es wenigstens aus.

Wolodja, ein mittelgroßer, stupsnasiger Bauernbursche, traf mit seinem Revolver auf zehn Meter Entfernung ein silbernes Zehnkopekenstück. Und an Kraft übertraf ihn höchstens Nikita Bodenko. Gleich in den ersten Tagen seiner Tätigkeit bei der Chersoner Tscheka war Wolodja in einen Bandenhinterhalt geraten. Diese Falle war übrigens nicht für ihn, einen neuen und noch unbekannten Tschekisten, bestimmt gewesen, sondern für den gefürchteten Adamtschuk, dem die Banditen neben seiner Wohnung aufgelauert hatten.

Wolodja war ganz zufällig in den Hinterhalt geraten, als er Adamtschuk mit irgendeinem Auftrag aufgesucht hatte. Doch das war gerade das Pech der Banditen gewesen. Wolodja schoß zwei von ihnen nieder und brachte den dritten gefesselt in Adamtschuks Wohnung. Dort wurde der sofort vernommen und verriet vor lauter Angst ein »großes Ding«, das in Sucharny geplant war. – Übrigens wurde in der nächsten Nacht bei der Aktion gegen dieses »Ding« Brockmann verwundet. — Die Episode wurde dann durch Adamtschuk bekannt. Wolodja selbst hatte kein Wort darüber gesprochen.

Und noch eins war bekannt: Wolodja hatte sich, kaum in Cherson angekommen, in die Sekretärin der operativen Abteilung, Sonja Aginskaja, verliebt. Sie war ein lockeres Ding, das zur gleichen Zeit mit mehreren seiner Kameraden herumtändelte. Wolodja konnte jedoch in kurzer Zeit alle Kavaliere des Mädchens ausstechen. Den frechsten unter ihnen, Schurka Korobkow, einen Wichtigtuer und Schürzenjäger, der sich eine unehrerbietige Bemerkung über Sonja erlaubt hatte, machte er vor aller Augen im Wohnheim so fertig, daß Schurka für immer die Lust verlor, sich mit seinen Liebeserfolgen zu brüsten. Außerdem hatte Schurka auch noch ein zerrissenes Hemd zu beklagen.

So war Wolodja Chramsow. Seine Ankunft bedeutete zwar, daß Welitschko nicht ganz sicher war, ob Alexej die ihm gestellte Aufgabe allein lösen konnte. Trotzdem freute sich Alexej über diesen Helfer. Wolodja war ein Mensch, auf den man sich verlassen konnte.

Von Illarionow konnte man das nicht sagen.

Illarionow war ein ansehnlicher Mann: blaß, mit einer stürmisch gelockten Tolle strohblonder Haare, mit funkelnden kleinen Augen, die tief in ihren Höhlen lagen und immer etwas nach oben schauten. Dadurch entstand bei jedem Gesprächspartner der Eindruck, als sähe er ihn von unten herauf an. Illarionow drückte sich gern gelehrt aus und erging sich mit Vorliebe in wohlklingenden Phrasen. Er trug eine Mauserpistole mit Silberbeschlag und behielt selbst bei einem kämpferischen Einsatz seine Shagpfeife mit dem Goldring im Mund. Er war ein mutiger Mann, handelte aber oft voreilig und auf eigene Faust. Das brachte in die operative Tätigkeit eine unnötige Nervosität hinein. Seine wenig überlegten Entschlüsse und der übertriebene Elan, mit dem er an die Arbeit heranging, erzeugten zuweilen ein wahres Durcheinander. Ferner pflegte er jede gelungene Aktion unnötig breitzutreten. Seiner Meinung nach sollten »alle wissen, daß die Tscheka nicht schläft«!

Manchen Kameraden gefiel das nicht. Auch bei Alexej hatte er ein unbestimmtes Gefühl des Mißtrauens erweckt. Alexej bezweifelte zwar keineswegs Illarionows Aufrichtigkeit, aber ihm selbst war Zurückhaltung angeboren. Illarionow mochte Alexej ebenfalls nicht. Wie alle Menschen seiner Art hatte er ein feines Gefühl für die Sympathie seiner Umgebung.

Nicht ohne Schadenfreude teilte er jetzt Alexej mit, daß Wolodja Chramsow von Welitschko herbeordert worden sei, um mit seiner Einsatzerfahrung Alexej zu helfen. Gleichzeitig forderte er Rechenschaft über das, was Alexej in den letzten drei Tagen getan habe.

»Ich habe immerhin etwas erreicht«, erklärte Alexej ausweichend. Solange die Lage nicht ganz klar war, wollte er Illarionow in die Angelegenheit mit Dina nicht einweihen.

»Etwas, das ist wenig!« meinte Illarionow und klopfte mit seiner Pfeife auf den Tisch. »Ich brauche nicht ›etwas‹, sondern die Spionagezentrale. Drei Tage sitzen wir schon hier herum. Schluß mit der Zeitvergeudung! Ich habe folgendermaßen kombiniert: Neben der Kirche wohnt der ehemalige Lehrer des hiesigen Gymnasiums, Dugin, ein Sozialrevolutionär. Falls mich mein beruflicher Spürsinn nicht täuscht – und ich kann mich nicht entsinnen, daß er mich jemals getäuscht hat –, steht dieser Bursche mit irgend jemandem in Verbindung. Dich kennt hier niemand. Wir werden dich als Mieter bei ihm einweisen. Du wirst ihn überwachen und mich über alles informieren, was in seinem Haus geschieht.«

»Das wäre alles?« fragte Alexej.

»Vorläufig ja.«

»Und Wolodja? Er muß auch irgendwo wohnen, er soll mir doch helfen.«

»Für Chramsow werden wir vorübergehend eine andere Aufgabe finden. Inzwischen wirst du bei Dugin bestimmt etwas entdecken, dann könnt ihr gemeinsam weiterarbeiten.«

»Welitschko hat dir sicherlich gesagt, daß wir einen ganz anderen Plan haben«, wandte Alexej mit schlecht verhüllter Gereiztheit ein.

»Du meinst die Angelegenheit mit jenem Weib, mit der Geliebten dieses Signalgebers? Ja, davon hat er mir erzählt!« Illarionow seufzte, um damit zum Ausdruck zu bringen, wie es ihn langweile, allgemein bekannte Dinge wiederzukäuen. »Michalew, sei kein Kind! Gewöhn es dir endlich ab, wie ein Schuljunge alles blindlings zu befolgen, was dir Erwachsene sagen. Welitschko hat nur auf einer der vielen Möglichkeiten des operativen Herangehens an eine Aufgabe hingewiesen. Er hat sie als Beispiel oder, wenn ich mich so ausdrücken darf, als, hm..., op-ti-male Eventualität angeführt, aber er kannte nicht die hiesige Situation. Ich kennen sie aber, und ich sage dir: Die Suche nach diesem Weibsstück wird kostbare Zeit in Anspruch nehmen und keinerlei Nutzen bringen. Du wirst schon auf einer Linie mit uns arbeiten müssen.«

»Meinst du?« Alexej zog mit finsterer Miene seinen Tabakbeutel aus der Tasche, hielt ihn eine Weile in der Hand und steckte ihn wieder zurück, ohne zu rauchen. »Und wenn ich dir jetzt erkläre, daß ich dieses ›Weibsstück‹ bereits gefunden habe und daß man mich vor einer Stunde als Spion angeworben hat!«

»Was, dich?«

»Ja, eben mich.«

Marusja ließ beinahe den Topf fallen, den sie gerade in den Ofen stellte. Das Wasser schwappte über und ergoß sich über die Kohlen. Chramsow sperrte den Mund auf.

Illarionow sah Alexej mißtrauisch an: Ob der log? Nachdem er sich überlegt hatte, daß dies nicht gut möglich war, befahl er: »Erzähle!«

Alexej berichtete eingehend. Er begann mit seiner Begegnung mit Wanda und deren Mann und endete mit seinem Besuch in Dinas Wohnung.

Illarionow sprang auf. Er rannte im Zimmer hin und her und zog die sich kringelnden Tabakwolken mit sich. Auf seinen Wangen begannen die Muskeln zu spielen. »Also!« Er blieb mitten im Raum stehen. »Man muß die

Fedossowa ab sofort überwachen. Wir werden uns alle greifen, die zu ihr kommen. Morgen gehe ich an deiner Stelle selbst zu ihr mit meinen Leuten. Und was die Verwandten des Signalgebers angeht, so werden wir sie noch heute verhaften.«

Jetzt sprang auch Alexej auf. »Überlegst du dir denn überhaupt, was du da sagst?« stieß er fast schreiend hervor.

»Willst du denn alles verderben? Höre zu, Illarionow: Die Operation beginnt ja erst. Wenn du mich dabei nicht störst, gebe ich dir nach drei bis vier Tagen eine lückenlose Liste des gesamten illegalen Packs!«

»Vier Tage!« Illarionow machte einen Satz zum Tisch. »Morgen! Morgen abend werde ich bereits alles wissen, das Mädel wird alle verraten.«

»Nein, das wird sie nicht. Auf jeden Fall nicht gleich!«

»Doch, das wird sie tun!«

»Und ich sage — nein! Während du sie verhörst, werden sich die anderen davonmachen!«

»Da kennst du mich schlecht!« Illarionow riß die Pfeife aus seinem Mund und stieß sich mit dem Mundstück gegen die Brust.

»An einem Abend fange ich sie alle. Kein einziger von diesen Schweinehunden wird mir entkommen. Kurz, was sollen wir noch lange schwatzen: Es ist beschlossen, und damit basta.«

Alexej hätte sich jetzt am liebsten die Zunge abgebissen. Wie konnte er nur einen solchen Fehler machen! Er hatte doch gar nichts sagen wollen, aber dann hatte ihn der Teufel geritten. Und nun würde dieser Illarionow alles mit einem Schlag verderben.

Der Leiter der operativen Gruppe setzte sich bereits seine Kavalleriemütze mit dem nach hinten gezogenen Oberteil und dem kleinen, runden Schirm auf den Kopf.

»Warte, Illarionow, hör zu, was ich unternehmen will...«

»Interessiert mich nicht! Es ist alles klar. Komm, mach dich fertig und zeig mir das Haus dieser... Solowjows, oder wie sie heißen.«

»Solowych. Und was hast du mit ihnen vor? Weshalb willst du sie verhaften?«

Darüber hatte Illarionow noch nicht nachgedacht. Deshalb erklärte er auch ziemlich unsicher: »Was heißt, weshalb!« Doch gleich schrie er wieder, um sich nicht beirren zu lassen: »Verstehst du denn nicht, weshalb? Soll ich vielleicht Konterrevolutionäre frei herumlaufen lassen?«

»Gut, Chef«, sagte Alexej. »Tu, was du willst, aber ich mache nicht mit, sondern setze mich gleich hin und schreibe einen Bericht an Brockmann. Marusja wird ihn noch bis zum Morgen nach Cherson schaffen. Ich berichte genau über die Lage und über meinen Plan, den du dir noch nicht einmal anhören willst. Man wird alles bestätigen, und dann kannst du die Verantwortung für das Weitere tragen.«

Die Drohung, den Vorsitzenden der Tscheka um seine Entscheidung zu ersuchen, verfehlte ihre Wirkung auf Illarionow nicht. Außerdem ließ Wolodja, der während der ganzen Auseinandersetzung geschwiegen hatte, seine Baßstimme vernehmen: »Weshalb bist du so hitzig, Illarionow? Gib doch einem Menschen die Möglichkeit, das zu sagen, was er vorbringen möchte!«

Illarionow riß seine Mütze vom Kopf, warf sie wütend auf den Tisch und setzte sich auf die Bank. Er starrte eine Weile in die Ecke. Sein hageres Knie zuckte nervös auf und ab. Doch dann begann er ganz ruhig zu sprechen: »Da soll man nun was tun. Ihr seid mir die richtigen Mitarbeiter. Mit euch soll man was erreichen. Na, schön, wollen wir mal anhören, was du dir ausgedacht hast!«

»Vorläufig darf keiner verhaftet oder beschattet werden«, erklärte Alexej.

Illarionows Bein zuckte noch schneller, aber er hielt sich zurück.

»Ich werde der Feindorganisation beitreten und ihr Vertrauen erringen«, fuhr Alexej fort. »Das wird nicht viel Zeit in Anspruch nehmen: Sie selbst haben es eilig, das ist wenigstens anzunehmen. Sie werden mich auf die Probe stellen, wie – weiß ich noch nicht, aber wir können uns gleich gemeinsam darüber Gedanken machen. Wenn alles klappt, werden wir die ganze Bande mit einem Schlag hochnehmen und gleichzeitig feststellen, welche Verbindungen sie hat. Falls dies nicht gelingt, kann man die Fedossowa immer noch verhaften. Auf alle Fälle werde ich auch ohne Verhöre erfahren, wer für die Banditen arbeitet.«

»Quatsch!« Illarionow erhitzte sich wieder. »Mit solchen Varianten werden wir noch eine Woche Zeit vergeuden. Und was ist, wenn sie dich abknallen?«

»Hast du Angst um mich?«

»Was geschieht, wenn sie dich umlegen, bevor wir etwas wissen?«

»Dann kannst du nach deinem Plan handeln. Jetzt aber muß man die bestehende Möglichkeit ausnutzen, eine bessere wird sich uns nicht so schnell bieten. Ich bin folgender Ansicht: Chramsow soll mich überwachen, nicht die Fedossowa, sondern mich, verstehst du? Er wird das unauffällig tun können.«

»Zum Schutz oder wozu?« fragte Illarionow. Dabei zog er eine Augenbraue verächtlich hoch.

»Um auf dem laufenden zu sein und mir zu helfen, wenn es nötig ist«, entgegnete Alexej.

Illarionow klopfte mit den Händen auf sein Knie, wollte widersprechen, aber Chramsow kam ihm zuvor. »Michalews Vorschlag ist gut«, sagte er halblaut, »einen besseren könntest du ohnehin nicht ausdenken.«

Illarionow erkannte, daß das Kräfteverhältnis nicht zu seinen Gunsten stand, und änderte seine Taktik.

»Komische Leute seid ihr«, meinte er, »als ob ich was Schlechteres wollte. Bitte: Michalews Plan bezeichnet man nach der fachlichen Termi-no-lo-gie, hm ..., als ›doppeltes Spiel‹. Ich habe meine eigene Ansicht über die Methoden der Aufklärung, aber ich bestehe nicht darauf, bitte sehr. Auf andere Weise könnte man natürlich alles rascher, doch ...« Er zog die Schultern hoch und machte mit der Hand eine Geste, die wohl bedeuten sollte: Nicht mit solchen Hilfskräften.

»Du wirst also keine Überwachungen veranlassen?« vergewisserte sich Alexej.

»Ich tue es nicht.«

»Ach, ist das schön!« rief Marusja. Mit glühenden Wangen hatte sie die ganze Diskussion verfolgt. »Endlich seid ihr euch einig geworden!«

»Aber meinen Bericht schicke ich trotzdem ab«, beharrte Alexej, »und ich füge hinzu, daß du dich mit meinem Plan einverstanden erklärt hast.«

»Ja, schreib nur!«

»Wirst du ihn heute noch zustellen können?« fragte Alexej Marusja.

»Ich schicke Onkel Selemtschuk, er wird es bis morgen früh schaffen«, antwortete das Mädchen. Dabei schaute es Alexej an, als sähe es ihn zum erstenmal.

»Heute hat man einen Melder mit Dienstschreiben ermordet«, gab Illarionow zu bedenken.

»Und was enthielten die Papiere?«

»Nichts Besonderes: eine Bestätigung an den Frontstab, daß man die Operationskarte erhalten habe... Im übrigen merk dir eins, Michalew, ich muß über alle deine Handlungen informiert sein!«

»Na, das ist doch selbstverständlich«, erwiderte Alexej.

Sie einigten sich in gutem Einvernehmen über alle weiteren Einzelheiten. Illarionow war vernünftig geworden. Er sprach sachlich und rauchte dabei energisch seine Pfeife. Dann ging er davon, während Wolodja und Alexej im Haus blieben: Der eine übernachtete auf Marusjas Heuboden, und der andere schrieb seinen Bericht.

Begegnung auf der Insel

Auf der Post war viel Kundschaft. Alexej nahm auf der Bank neben der Tür Platz und wartete. Dina hatte ihn mit einem unruhigen Blick gestreift und nickte ihm kaum merklich zu. Die alte, morsche Tür blieb fast dauernd in Bewegung bei dem Hinein- und Hinausgehen der Kunden. Dina nutzte einen Augenblick, als sich im Dienstraum nur ein halbwüchsiger Wuschelkopf im Gymnasiastenhemd und eine Frau aufhielten, nach deren Diktat der Junge etwas schrieb. Sie hüstelte, um Alexejs Aufmerksamkeit auf sich zu lenken, und wies mit dem Bleistift über ihre Schulter auf den Eingang zum Nebenraum.

Er begab sich durch eine Klapptür dorthin.

In dem Zimmer mit den vergitterten Fenstern, mit vielen Schränken, zahlreichen kleinen Fächern für Briefe und einem gußeisernen Poststempel auf dem Tisch befand sich nur ein weißhaariger Mann. Er hatte ein spitzes Gesicht mit vielen Runzeln und war unrasiert. Der Alte schielte Alexej über seine Stahlbrille unfreundlich an.

»Papa, vertritt mich doch bitte am Schalter«, sagte Dina, die Alexej gefolgt war.

Ohne ein Wort zu sagen, entfernte sich der alte Mann. Dabei machte er um Alexej einen großen Bogen, als hätte er Angst, sich zu verbrennen.

Dina schloß die Tür und lehnte sich mit dem Rücken dagegen.

»Nun, was haben Sie mir zu sagen?«

»Sie sehen doch . . ., ich bin gekommen.«

»Haben Sie über unser gestriges Gespräch nachgedacht?«

»Ja.«

»Na, und?«

»Ich habe mich bereits entschieden, Dina.«

»Sind Sie sich sicher?«

»Ich habe keinen anderen Weg«, sagte Alexej leise. – Diese Antwort hatte er sich vorher gut überlegt.

Dina stieß sich mit dem Rücken von der Tür ab und machte einige Schritte auf ihn zu. »Sind Sie sich darüber im klaren, daß die Sache sehr ernst ist?«

»Ich habe mir alles genau überlegt.«

»Wenn es so ist, freue ich mich sehr«, meinte sie, musterte ihn jedoch mit einem Mißtrauen, daß er gestern nicht an ihr beobachtet hatte. Ich habe meinen Freunden von Ihnen erzählt, und ich muß gestehen, daß Sie mir vorgeworfen haben, leichtsinnig gewesen zu sein.«

Alexejs Mienen verfinsterten sich. Ein unangenehm kaltes Gefühl – das Vorgefühl des Mißerfolges – kroch in ihm hoch.

»Aber es ist mir trotzdem gelungen, sie zu überreden«, fuhr Dina fort, »sie haben sich bereit erklärt, sich mit Ihnen zu treffen.«

»Selbstverständlich kann ich durch nichts beweisen, daß ich . . ., daß man mir vertrauen kann«, erwiderte Alexej, »aber ich hoffe, Ihre Freunde werden sich selbst davon überzeugen.«

Dina war dicht an ihn herangetreten und legte eine Hand auf die Brusttasche seiner Uniformjacke.

»Ich glaube Ihnen, Aljoscha. Ich weiß, ich fühle es, daß Sie zu uns gehören! Und das werden wir den anderen gemeinsam beweisen, nicht wahr?« Sie wurde wieder fröhlich und lebhaft und begann hastig und halblaut zu sprechen, während sie sich von Zeit zu Zeit nach den Fenstern umsah: »Kommen Sie heute abend gegen neun zu mir, wie gestern, ich bringe Sie dann dorthin . . . Könnten Sie übrigens ein Boot auftreiben?«

»Ein Boot?«

»Ja, aber wo sollten Sie es wohl hernehmen.«

»Braucht man das Boot für längere Zeit?«

»Für rund zwei Stunden.«

»Vielleicht besorge ich eins.« Alexej fiel bei diesen Worten Marusjas Onkel Selemtschuk ein. »Ich habe hier einen Fischer kennengelernt, den werde ich um das Boot bitten, möglich, daß er es mir leiht.«

»Tun Sie das. Sollten Sie es nicht erhalten, kommen Sie auch so. Ich versuche dann selbst eins zu besorgen. Wenn es aber klappt – um so besser. Pfeifen Sie leise, ich komme hinaus. Wenn alles in Ordnung ist, werde ich die Lampe in meinem Zimmer anzünden und die Vorhänge zuziehen. Brennt jedoch die Lampe und die Vorhänge sind offen, dann müssen Sie warten. Und seien Sie vorsichtig, Aljoscha, achten Sie darauf, daß Ihnen niemand hinterher kommt!«

»Klar.«

Eine halbe Stunde später suchten Alexej und Marusja Onkel Selemtschuk auf. Der Fischer war noch nicht aus Cherson zurückgekehrt. Doch seine Frau, eine magere, lebhafte Alte, die von Marusja Tante Ljuba genannt wurde, führte die beiden selbst zum Ufer. Dort stand eine schiefe Fischerhütte, und Netze waren an Stangen aufgespannt. Onkel Selemtschuk besaß zwei Boote. Mit dem einen, das stabiler und mit Segeln versehen war, befand er sich unterwegs. Das andere – ein flacher Kahn, etwas größer als ein Paddelboot – lag in einer seichten und schmalen Bucht. Tante Ljuba erlaubte, diesen Kahn zu nehmen. Er wurde im Schilf versteckt.

Dann gingen die beiden zu Marusjas Wohnung, wo Alexej auf dem Heuboden alles mit Chramsow besprach. Anschließend begab sich Alexej zum Stab, um in den Stunden bis zum Abend seine Pflichten als Schreiber zu erfüllen.

Es war bereits finster, als Alexej mit dem Boot losfuhr. Die Nacht war klar, ein leichter Wind hatte den Nebel vertrieben. Das Wasser kräuselte sich im kalten Licht des Mondes.

Das Boot glitt mit der Strömung bis zur Dampferanlegestelle. Alexej hatte in der Dunkelheit das Fedossowsche Haus verpaßt und mußte ein Stück zurückrudern. Er lenkte das Boot dicht am Ufer entlang und erspähte bald das Badehaus. Es zeichnete sich grau im nächtlichen Dunkel ab, und seine Umrisse verschmolzen mit den Sträuchern. Dahinter aber, an dem hier ziemlich hohen Ufer, schimmerte durch die Bäume ein bläuliches Licht – das Fenster in Dinas Zimmer.

Alexej machte das Boot an einem glitschigen, moosbewachsenen Pfahl fest, sprang auf den Steg, ging über die Wiese und kletterte über den Zaun.

Im Hause war alles still. Dinas Fenster stand offen, die Vorhänge waren zugezogen. Alexej pfiff leise, wartete kurze Zeit und pfiff noch einmal.

Ein Schatten tauchte hinter den Gardinen auf. »Ich komme!«

Das Licht im Zimmer verlosch.

Eine Minute später wurde die Tür geöffnet. Der Kies knirschte auf dem Weg unter leichtfüßigen Schritten, und Dina erschien, in ein dunkles Tuch gehüllt. »Sind Sie es, Aljoscha?«

»Ja.«

»Haben Sie ein Boot?«

»Ja, es liegt am Badehaus.«

»Sie sind ein Prachtkerl! Mein Ehrenwort, Sie gefallen mir.« Sie drückte sein Handgelenk. »Nun kommen Sie aber schnell, wir werden bereits erwartet.«

Sie liefen zum Ufer hinunter. Alexej half Dina in das schwankende Boot einsteigen, sprang dann in den Kahn und stieß sich stark vom Steg ab. Das Boot flog förmlich auf das im Mondlicht gleißende Wasser hinaus. Alexej nahm die Ruder und lenkte den Kahn in den Schatten der Schilfinsel. »Wohin?«

»Fahren Sie mit der Strömung weiter. Ich zeige Ihnen die Richtung.«

Die Dollen knarrten.

Dina erschrak. »Leiser, sonst hört man uns! Setzen Sie sich ans Heck, paddeln Sie mit einem Ruder.«

Sich gegenseitig festhaltend, tauschten sie die Plätze. Langsam näherten sie sich der Dampferanlegestelle. Am Pier brannten Laternen, und man konnte gut Menschen erkennen, die mit Sack und Pack auf den letzten Dampfer aus Cherson warteten. Sogar ihre Stimmen waren zu vernehmen. Ein Kind weinte. Ein Mann mit einem Gewehr über der Schulter schritt auf und ab.

»Seien Sie um Himmels willen vorsichtiger«, flüsterte Dina. »Näher zum Ufer halten!«

Der Fluß verzweigte sich. Der eine Arm ging geradeaus weiter, der andere, mit der Fahrrinne für die Dampfer, bog nach rechts ab.

»Noch näher ans Ufer«, kommandierte Dina im Flüsterton.

Sie bogen in den schiffbaren Flußarm ab. Das Boot glitt haarscharf am Schilf vorbei. Alexej senkte das Ruder ganz vorsichtig ins Wasser und holte dabei kräftig, doch lautlos aus.

Die Hafenanlagen versanken in der Ferne! Als man das Boot vom Pier aus nicht mehr sehen konnte, befahl Dina: »Jetzt 'rüber zur Insel!«

Alexej drehte das Boot und ruderte quer über den Fluß, bis eine Sandbank vor ihm auftauchte. Der Boden des Bootes knirschte über den Sand, und die Spitze rutschte bremsend ans Ufer. Dina sprang als erste heraus. »Wir sind da!« seufzte sie erleichtert.

Alexej stieg aus, machte das Boot fest und schaute sich um. Sie befanden sich auf einer der größeren Inseln, die im Frühjahr überschwemmt sind und von denen es viele im Dneprdelta gibt. Weiden, die sich mit ihren Wurzeln am Ufer festklammerten, neigten sich zum Wasser hinab. Dahinter erstreckte sich weites, flaches Wiesensumpfland, und in der Ferne erhoben sich, wie eine schwarze Wand, dichtstehende Bäume. Es war ganz still, nur der leichte Wind verfing sich in den Zweigen. Plötzlich platschte es auf dem Fluß, sicherlich war es nur ein großer Fisch, der nach einem Luftsprung aufs Wasser zurückschlug, aber Alexej fuhr bei diesem unerwarteten Laut unwillkürlich zusammen. Wieder klatschte es.

Da wäre ich also, dachte Alexej und tastete mit dem Ellbogen nach seiner Pistolentasche.

»Nun, kommen Sie, was zaudern Sie so lange«, spornte ihn Dina an. Sie gingen durch das Weidengebüsch. Dina führte Alexej am Ärmel. Er stolperte wie ein Blinder dahin und konnte nichts sehen. Unter den Füßen quatschte Wasser. Doch Dina kannte den Weg gut. Sie wich Hindernissen sicher aus und warnte: »Vorsichtig, hier ist eine große Wurzel!... Achtung, Augen zumachen, dichtes Gestrüpp!« So führte sie ihn immer weiter in die Tiefe der Insel.

Plötzlich wurden die beiden angerufen: »Wer da?«

»Gute Freunde«, antwortete Dina.

»Wer, frage ich?«

»Die Pflichtgetreuen.« So lautete anscheinend die Parole.

»Sind Sie es, Dina?«

»Ja.«

Ein Streichholz flammte auf. Ein Mann zündete, sich vorbeugend, eine Laterne an. Dann näherte er sich ihnen und leuchtete den beiden ins Gesicht. »Haben Sie ihn hergebracht?«

»Wie Sie sehen.«

»Warum hat es so lange gedauert?« murrte der Mann mißgelaunt. »Kein Vergnügen, bei dieser Feuchtigkeit zu warten.«

»Haben Sie Angst, sich zu erkälten?« fragte Dina spöttisch. »Ist er hier?«

»Schon lange.«

Der Mann ging mit eingezogenem Kopf voraus. Er trug einen Militärmantel und ein Käppi, das bis zu den Ohren heruntergezogen war. Im Schein der Laterne tauchten Sträucher, ein schwarzer, matschiger Pfad und morsche Baumstümpfe auf. Trübe Lichtreflexe sprangen über die feuchten Blätter.

Der Pfad stieg an. Der Boden wurde trokken. Alexej konnte vor sich einen schmalen, gelblich leuchtenden Streifen unterscheiden – einen Türspalt – und schließlich das Gebäude selbst. Es war eine niedrige, fensterlose Hütte, deren Bestimmungszweck nicht zu erkennen war.

Ihr Begleiter öffnete die Tür, ließ erst Dina, dann Alexej hinein und folgte ihnen. In der Mitte des Raumes stand auf dem Lehmboden ein flacher runder Holzklotz und darauf – als primitive Beleuchtung – eine kleine Laterne.

Daneben, zur Tür gewandt und eine Hand in der Jackentasche – stand Markow.

Auf den ersten Blick erkannte ihn Alexej nicht. Die Laterne befand sich sehr tief am Boden, und Markows Gesicht lag im Schatten. Aber dann machte er eine Bewegung, beugte sich leicht vor, und Alexej sah die bekannten vorstehenden Backenknochen, das vorspringende Kinn und die schmalen Augen.

»Sie haben sich viel Zeit genommen«, sagte Markow mit heiserer Stimme und musterte die Ankömmlinge. »Hat Sie niemand gesehen?«

»Niemand, du kannst ganz ruhig sein«, antwortete Dina. »Hier ist der Mann, von dem ich dir erzählt habe.«

»Aha.« Markow hob die Laterne, betrachtete Alexej und verzog die Lippen zu einem breiten Grinsen. »Ja, jetzt geht mir ein Licht auf. Sie kommen mir igendwie bekannt vor. Haben wir nicht beide das Erste Gymnasium besucht?«

»Stimmt.« Alexej zwang sich zu einem Lächeln. »Und wir haben uns auch später noch einmal gesehen.«

»Natürlich, ich erinnere mich, das war, glaube ich, noch, als die Deutschen hier waren. Stimmt's? Wie war doch dein Name?«

»Michalew«.

Markow runzelte die Augenbrauen, als müßte er sein Gedächtnis anstrengen.

»Moment mal, jetzt fällt es mir wieder ein: Du hast mich damals in irgendeiner Angelegenheit zum Stab gebracht und mir verschiedenes erklärt... So war es doch?«

»So ähnlich.«

»Du hast dich aber inzwischen ordentlich 'rausgemacht, Bruderherz, kaum wiederzuerkennen. Sei mir willkommen, ich freue mich, dich wiederzusehen.«

Er stellte die Laterne auf den Holzklotz, streckte die Hand aus, und Alexej drückte sie.

»Nimm Platz«, forderte Markow auf, »schnapp dir einen Holzklotz zum Sitzen!«

»Witja, kann ich dich mal ganz kurz sprechen?« fragte Dina.

»Gleich.« Markow gab dem Mann, der die beiden hierhergeführt hatte, einen Wink mit den Augen. Der Kerl stellte sich an die Tür. »Gedulde dich, bitte, einen Augenblick«, sagte Markow zu Alexej und zog sich mit Dina in eine Ecke zurück.

Alexej entdeckte einen Holzklotz, setzte sich hin, legte die Arme auf die Knie und verschränkte die Finger ineinander. Nun war es soweit – er hatte Markow endlich entdeckt! Jetzt nur nichts falsch machen! Sich nur nicht irgendwie verraten! Dina tuschelte Markow hastig etwas ins Ohr. Er hörte schweigend zu und schüttelte manchmal den Kopf.

Markow trug eine kurze zerrissene Jacke über einem gestickten ukrainischen Hemd, das mit einem einfachen Strick umgürtet war, und dazu Leinenhosen, die in groben Stiefeln steckten. Auf dem Kopf hatte er einen breitkrempigen Bauernstrohhut, alles an ihm war völlig ländlich. Der einst so gepflegte Kaufmannssohn hatte sich sehr verändert. Er war nur ein oder zwei Jahre älter als Alexej, aber man konnte ihn so, wie er heute aussah, auf dreißig schätzen. Die Haut auf seinen Wangen wirkte wie Leder, die Augen waren schmaler geworden und lagen tiefer in ihren Höhlen. Die Schultern waren breiter geworden, und den Kopf hielt er gesenkt, den braungebrannten sehnigen Hals vorstreckend. Wie ein Wolf, dachte Alexej und erinnerte sich an die Worte des Pfaffen aus Snegirewka.

Während Markow Dina zuhörte, betrachtete er Alexej von der Seite. Alexej blickte weg und besah sich die bemoosten Wände. Allem Anschein nach wurde der Schlupfwinkel nur selten aufgesucht. Bestimmt hatte Markow diesen Ort nur für die Begegnung mit ihm – dem »Unbekannten« – ausgewählt. Auf dem Schilfdach – beim Stehen hatte es Alexej mit seiner Mütze berührt — raschelten die Blätter eines Baumes, und man hörte Wasser plätschern. Plötzlich heulte tief und heiser ein Nebelhorn, so daß alle Anwesenden zusammenfuhren: Der Dampfer aus Cherson stampfte vorüber. Dann riß der Ton ab, und man vernahm, wie die Schaufeln des großen Rades in das Wasser patschten.

»Gut, das werden wir gleich klären!« sagte Markow laut.

Er trat wieder zu Alexej und setzte sich auf einen Klotz ihm gegenüber. Dina blieb im Schatten stehen.

»So, nun beichte, alter Schulfreund, welcher Wind dich hergeweht hat.«

Markow grinste wieder so breit, daß sein Zahnfleisch zu sehen war. Die Mundwinkel kerbten sich dabei tief in die Backen ein, was ihm noch mehr Ähnlichkeit mit einem fletschenden Wolf verlieh.

»Was gibt es da schon zu berichten«, erwiderte Alexej mürrisch.

»Dina hat sicherlich schon alles erzählt.«

»Dina ist ein Ding für sich, ich möchte

Näheres aus deinem eigenen Mund hören. Du weißt hoffentlich, worauf du dich einlassen willst?«

»Klar, weiß ich es, bin doch kein Kind.«

»Das sehe ich, dazu bist du ein bißchen zu groß. Aber desto unverständlicher ist für mich deine Wandlung. Erkläre mir gefälligst, was mit dir geschehen ist! Du warst bisher bei den Roten, und nun hast du dir's von heute auf morgen anders überlegt. Warum?«

»Warum – ich werde schon meine Gründe dafür haben.«

»Und welche? Hab keine Angst, sprich dir ruhig alles von der Seele.«

Alexej sah sich zu Dina um, als wäre er unsicher, was er tun sollte. Das Mädchen nickte ihm ermunternd zu. »Sprechen Sie nur, Aljoscha! Sie können ruhig alles erzählen!«

Alexej ballte die Hand zur Faust. »Ich suche schon lange nach der richtigen Gelegenheit«, preßte er durch die Zähne, »und dienen kann man auf vielerlei Weise. Mir steht der Dienst jedenfalls hier!« Er bekräftigte seine Worte, indem er mit der Hand am Hals vorbeistreifte.

»Was ist geschehen? Hat man dich beleidigt? Hast du keinen höheren Posten bekommen?«

»Ich habe mich nie darum gerissen. Wenn ich gewollt hätte, wäre ich schon befördert worden.«

»Das heißt also, du hattest kein Interesse daran. Und weshalb?«

»Hör zu, Markow!« Alexej schob den Oberkörper zur Laterne vor und blickte offen in die grauen Augen des Spions. »Keine Silbe werde ich dir verraten. Wenn ihr die seid, für die ich euch halte, dann stellt mich doch auf die Probe. Überzeugt euch selbst von meiner Einstellung. Und wenn ihr nicht dazu bereit seid, werde ich andere finden, ihr seid ja nicht allein auf der Welt!«

»Sieh mal an, so einer bist du!« Markow richtete sich auf und sah Alexej einige Sekunden starr an, als wollte er in dessen geheimste Gedanken eindringen. Dann sagte er gedehnt: »Na, schön... Es gibt schließlich die verschiedensten Gründe. Gut, wir werden dich auf die Probe stellen. Solange du aber nicht bewiesen hast, daß du für unsere Sache zu allem entschlossen bist, erwarte von uns kein Vertrauen. Falls du uns aber verraten solltest... Ich muß dich warnen, Michalew: Dina hat dich entdeckt, sie allein ist für dich verantwortlich. Und wenn ihr irgend etwas geschieht, bleibst du nicht am Leben. Wir werden dich finden, selbst am Ende der Welt. Und dann hast du dir alles selbst zuzuschreiben.«

Alexej reizte einen Augenblick der Gedanke, alles hinzuschmeißen und die Pistole zu ziehen. Aber er verwarf ihn gleich wieder. Hinter seinem Rücken stand der zweite Bandit. »Das Einschüchtern kannst du dir sparen«, erklärte Alexej, »komm zur Sache!«

»Ich habe bereits Arbeit für dich. Du bist doch Schreiber, arbeitest beim Stab?«

»Ja.«

»Wenn du willst, daß wir dir glauben sollen, kannst du folgendes erledigen... Gestern hat der Stab die neue Operationskarte für die Front erhalten.«

»Aha.«

»Was ist dir darüber bekannt?« fragte Markow schnell.

»Nichts. Ich höre zu.«

»Diese Karte wird benötigt.«

»Ich soll sie also – stehlen?«

»Meinetwegen nenne es so! Wirst du sie besorgen können?«

Alexej schob die Mütze ins Genick und ließ seine Blicke von Markow zur Laterne und wieder zurück zu Markow wandern. Er tat so, als überlege er. Schließlich meinte er: »Das wird schwer sein.«

»Was ist daran schwer? Weißt du, wo sich die Karte befindet?«

»Das weiß ich schon...«

»Wenn du es weißt, kannst du einen günstigen Augenblick abpassen und sie an dich nehmen. Vielleicht in der Nacht.«

»Gibt's denn keine andere Arbeit für mich?«

»Wir brauchen die Karte!«

Dina trat auf Alexej zu. Sie legte ihre

weiche, warme Hand auf seinen Hinterkopf. »Das tun Sie doch, Aljoscha. Ich bin überzeugt, daß Sie es schaffen werden. Denken Sie daran, daß ich mich für Sie verbürgt habe!«

»Und wenn's herauskommt, daß ich es war?«

»Du mußt eben vorsichtig sein«, sagte Markow. »Und wenn die Sache platzt, ist es auch nicht schlimm. Wir werden dich so verstecken, daß dich kein Hund entdeckt. Du siehst doch selbst: Hinter uns sind sie ständig her, aber keinem gelingt es, uns zu fangen. Im äußersten Fall bringen wir dich zur Krim hinüber. Im übrigen kannst du mir glauben: Verdienste vergessen wir nie.«

»Nun entschließen Sie sich schon, Aljoscha!« Dina zupfte ihn ungeduldig am Hals.

»Gut«, entschied Alexej, »ich werde es versuchen. Aber, ehrlich gesagt, ich verstehe nicht, wozu Sie diese Karte brauchen.«

»Bist du wirklich so blöd?«

»Nicht ich bin blöd, sondern ihr. Nehmen wir mal an, ich klaue diese Karte. Dann wird sie doch noch am selben Tag geändert. Denkst du vielleicht, bei uns sind sie dümmer als du?«

»Ach, so meinst du das!« Markow grinste. »Sollen sie sie doch ändern, das macht nichts. Verstärkungen kann man nicht in zwei Tagen wechseln. Die Truppen sind bereits verteilt. Man müßte sie umdisponieren. Und wieviel Zeit das beansprucht, weißt du ja wohl selbst.«

»Und wohin soll die Karte?«

»Das geht dich nichts an. Wir bringen sie dorthin, wo sie benötigt wird. Ohne Umschweife. Kannst du sie beschaffen oder nicht?«

Alexej zog die Mütze bis zu den Augenbrauen herunter. »Ich will nicht lange herumreden, sondern mir alle Mühe geben.« Dina wechselte einen Blick der Genugtuung mit Markow.

»Reichen dir zwei Tage?« fragte der.

»Schwer zu sagen, ich denke aber, es wird reichen.«

»Du bringst die Karte zu Dina!« Markow schlug bereits einen Befehlston an. »Sieh zu, daß du nicht in Verdacht gerätst, denn deine Zugehörigkeit zum Stab ist auch weiterhin für uns wichtig. Sollte jedoch was schiefgehen, dann verzieh dich umgehend, versteck dich irgendwo und setze Dina davon in Kenntnis. Du darfst sie aber dann nicht direkt aufsuchen. Verstanden?«

»Alles klar.«

»Und denk daran, was ich dir vorhin über Verrat gesagt habe.«

»Schon in Ordnung!« Alexej machte eine beruhigende Handbewegung.

»Wir werden uns jetzt trennen. Du, Michalew, kehrst allein zurück. Dina bringen wir auf einem anderen Weg nach Hause. Laß dich übrigens bei ihr nicht sehen, solange du die Karte noch nicht hast, es könnte dich jemand beobachten. – Sewa, begleite ihn hinaus!«

»Los, ab!« befahl Sewa.

Alexej bemerkte erst jetzt, daß der zweite Spion ein mit Pickeln übersätes Gesicht hatte und so schmutzig war, als hätte er es eine Ewigkeit nicht gewaschen.

Dina trat mit den beiden vor die Tür. Draußen im Dunkeln legte sie die Arme um Alexejs Schultern. »Aljoscha, Sie werden doch alles tun, was Sie versprochen haben«, flüsterte sie. »Sie werden mich bestimmt nicht blamieren, davon bin ich überzeugt.«

»Ich werde alles tun, was ich kann«, antwortete Alexej.

Dina preßte ihre Stirn an sein Kinn, löste sich dann von ihm und lief zur Hütte zurück.

Alexej und Sewa stiegen vom Hügel zum Fluß hinunter. Sewa half das Boot abstoßen und blieb am Ufer stehen, bis Alexej verschwunden war.

Alexej ruderte über den Fluß. Am gegenüberliegenden Ufer ließ er sich mit dem Boot ins Schilf gleiten, um eine Weile zu warten: Von der Dampferanlegestelle mußte jeden Augenblick das Schiff zur Rückfahrt ablegen. Alexej wollte nicht, daß man ihn bemerkte, anhielt oder gar ausfragte.

Er mußte ziemlich lange warten. Das Wasser gluckste im Schilf. Wolken bezogen den Himmel und verdeckten die Sterne. Aus dem Schilf stieg ein süßlicher Duft von Fäulnis.

Plötzlich vernahm Alexej deutlich ein platschendes Geräusch, das gleiche, das er nach seiner Ankunft auf der Insel gehört hatte. Da wurde ihm klar, daß dieses Geräusch nicht von einem Fisch erzeugt wurde: Das Plätschern erklang gleichmäßig und kam näher und näher. Jemand überquerte schwimmend den Fluß und hielt dabei auf das Schilf zu, in dem sich Alexej verbarg. Nun konnte Alexej schon das Prusten des Schwimmers unterscheiden, der das geschluckte Wasser ausspuckte.

Dann tauchte, einige Meter von Alexejs Boot entfernt, ein Mann aus dem Wasser auf. Er hielt sich am Schilf fest und stapfte – die Beine mühsam aus dem Modder ziehend – ans Ufer. Er war nur mit einer Hose bekleidet, die hell durch die Dunkelheit schimmerte. Auf dem Kopf trug er etwas Eigenartiges, das teils wie ein Hut, teils wie ein viereckiges Päckchen aussah.

Der Mann nahm als erstes die merkwürdige Kopfbedeckung herunter und machte sich eine Weile mit ihr zu schaffen. Dabei steckte er etwas hinter den Hosenbund, schaute sich nach allen Seiten um und pfiff leise. Alexej hielt den Atem an und knöpfte seine Pistolentasche auf.

Der andere wartete noch ein paar Sekunden, horchte und rief plötzlich halblaut: »Michalew... He, Michalew!«

»Hierher!« antwortete Michalew.

Es war Chramsow. Er patschte wieder ins Wasser und bahnte sich durch das Schilf einen Weg zum Boot. Alexej half ihm beim Einsteigen. »Ja, wo kommst du denn her?«

Chramsow bibberte vor Kälte. Er hatte keine Hosen, sondern Unterhosen an, und das, was Alexej für eine Kopfbedeckung gehalten hatte, entpuppte sich als Revolvertasche. Wolodja hatte sie vor dem Schwimmen mit einem Riemen am Kopf befestigt, damit die Waffe nicht naß würde.

»Brrrr, gib mir irgendwas zum Überziehen..., ich friere!« Alexej warf ihm seine Jacke über.

Nachdem sich Wolodja etwas erwärmt hatte, erklärte er: »Ich dachte, man wollte dich beiseite schaffen. So blieb mir nichts anderes übrig, als zu schwimmen.«

»Warst du etwa auf der Insel?«

»Na ja...«

Alexej fragte nicht weiter. Er verstand: Wolodja hatte ihn und Dina beschattet, als sie zur Insel ruderten, weil er um das Leben seines Kameraden besorgt war. Außerdem war es vielleicht auch eine Kontrollmaßnahme. Wolodja war wirklich der richtige Helfer.

Als der Dampfer endlich an ihnen vorübergeschnauft und hinter einer Flußwindung verschwunden war, bugsierte Alexej den Kahn aus dem Schilf heraus. Wolodja hatte sich auf dem Boden hingestreckt.

»Bring das Boot ungefähr hundert Meter hinter die Anlegestelle«, sagte er, »dort habe ich meine Klamotten.«

Die von Markow gestellte Aufgabe war nicht leicht zu erfüllen. Und trotzdem war genau zwei Tage später die Karte der Wrangelfront in Alexejs Besitz. Das geschah folgendermaßen: Der Chef des Stabes, Sakownin, war ein verständnisvoller, erfahrener Mann. Es bedurfte bei ihm keiner langen Erklärungen.

»Wo nehme ich denn nur für Sie die Karte her?« meinte er und griff sich an sein massiges Kinn. »Ich kann Ihnen ja nicht die richtige Karte geben. Doch warten Sie, mir fällt etwas ein. Die Sache sieht so aus: Dieses Gesindel hat von der neuen Operationskarte durch das Dienstschreiben erfahren, das der ermordete Melder bei sich hatte. Die Brüder wissen aber nicht, daß zwei Tage vor Übersendung der neuen Karte eine andere geschickt worden ist, die einige grobe Fehler enthält und die deshalb ungültig gemacht wurde. Diese Karte könnte ich Ihnen geben. Moment mal, freuen Sie sich nicht zu früh. Die Karte sollte nämlich vernichtet werden, und das ist vielleicht schon geschehen. Wir werden es gleich erfahren.«

Er ließ den Wachhabenden kommen und den Leiter der Abteilung für Geheimsachen zu sich bitten. Der erschien bald.

»Ist die Operationskarte noch da, die wir vorgestern für ungültig erklärt haben?« fragte Sakownin.

Der junge Leiter der Abteilung für Geheimsachen lief rot an wie ein gekochter Krebs und begann sich zu rechtfertigen. Er sagte, daß er gerade heute die Karte zusammen mit einigen anderen Papieren vernichten wollte.

»Ist die Karte noch heil oder nicht?« fragte Sakownin scharf.

»Ja, sie ist noch da.«

»Man müßte dir eine richtige Abreibung verpassen für eine derartige Dienstauffassung. Nächstes Mal kommst du vors Kriegsgericht, merk dir das. Diesmal hast du noch Schwein gehabt. Schaff die Karte sofort her und schick gleichzeitig Tuljakowski zu mir.«

»Nun ist alles in bester Ordnung!« erklärte Sakownin dem erfreuten Alexej, nachdem der Leiter der Abteilung für Geheimsachen das Zimmer verlassen hatte. »Sie erhalten also Ihre Karte. Man wird sie nur ein bißchen ›frisieren‹ müssen. Die Fehler lassen wir stehen, alles andere aber, was darauf richtig ist – wie die Nummern der Formationen und ihre Standorte –, werden wir so ändern, daß keiner es merkt. Doch noch etwas: Die Karte kann ich Ihnen nicht gleich mitgeben. Das Ganze muß erst mit dem Frontstab abgesprochen werden, denn diese Karte darf nicht allein dazu dienen, Sie bei den Spionen in guten Geruch zu bringen. Überlegen Sie mal: Die Karte gelangt todsicher in die Hände der Weißen. Es ist möglich, daß sie – von den Kartenangaben ausgehend – etwas unternehmen werden. Das ist allerdings wenig wahrscheinlich, weil sie so gescheit sein dürften, sich zu überlegen, daß eine gestohlene und dechiffrierte Karte kaum unverändert bleiben würde, aber immerhin ... Kurzum, der Frontstab muß auf jeden Fall die Unterlagen kennen, die zu den Weißen gelangen. Ich werde meinen Adjutanten mit einem Bericht hinschicken. In zwei Tagen wird er es schaffen. Können Sie so lange warten?«

»Na ja, ein paar Tage ginge es schon, aber möglichst nicht länger.«

»Mehr Zeit wird nicht benötigt. Nach zwei Tagen erhalten Sie die Karte, falls der Stab keine Einwände macht. Im übrigen ist die kleine Verzögerung sogar besser: Schließlich ist es nicht so einfach, ein derartiges Dokument zu entführen.« Der Chef des Stabes zwinkerte seinem Gegenüber listig zu. Dann teilte er alle Überlegungen seinem Adjutanten Tuljakowski, einem schneidigen Offizier mit schwarzem Schnurrbärtchen, und dem Leiter der Abteilung für Geheimsachen mit, der die Karte gebracht hatte. Zufrieden, daß das Gewitter an ihm vorübergegangen war, machte der keinerlei Einwände.

Eine halbe Stunde später ritt der Adjutant zum Fronstab. Er wurde mit seinem Auftrag sogar schneller fertig, als man erwarten konnte: Schon am nächsten Abend kehrte Tuljakowski zurück mit der Erlaubnis, die Karte Alexej auszuhändigen. Die besprochenen Änderungen waren bereits auf ihr vorgenommen. Außerdem trug die Karte jetzt das Datum des 9. September, des Tages, an dem die neue Karte übersandt worden war. Die Änderungen waren so sorgfältig und sauber ausgeführt, daß sie selbst so gut unterrichteten Menschen wie dem Stabschef und dem Leiter der Abteilung für Geheimsachen nicht gleich auffielen.

»Und jetzt sehen Sie zu, daß Sie das Ding ohne weitere Verzögerungen an den Mann bringen«, sagte Sakownin zu Alexej. »Werden Sie es noch heute tun?«

»Nein, morgen wäre besser.«

»Gut, der ›Diebstahl‹ muß also heute nacht erfolgen. Und wir werden morgen früh Alarm schlagen ...«

Am nächsten Morgen geriet im Stab alles durcheinander. Bekümmert aussehende Adjutanten rannten hin und her. Viele Hilfskräfte – unter ihnen auch die Schreiber, einschließlich Alexejs – wurden zur Sonderabteilung gerufen und verhört, um festzustellen, wer in der Nacht im Stab geblieben war, weshalb und was er dort getan hatte. Nur fünf bis sechs Menschen war der wirkliche Sachverhalt bekannt. Unter den übrigen verbreitete sich das Gerücht, daß aus dem Zimmer des Armeekommandeurs ein Dokument verschwunden wäre. Um was für ein Papier es sich dabei handelte, welchen Inhalt es hatte und wer es benötigte – darüber konnte man die beliebigsten Mutmaßungen anstellen. Hinzu kam, daß der Kommandierende gerade an diesem Tag zum Frontstab fuhr. Seine Abreise wurde natürlich mit dem Vorfall in Verbindung gebracht.

Es regnete. Bereits im Morgengrauen waren die ersten Tropfen vom Himmel gefallen. Dann goß es den ganzen Tag über, und am Abend drohte Aljoschki in einem unvorstellbaren Schmutz zu versinken. Auf den Straßen wurde bis in die tiefe Dunkelheit hinein geschimpft und geflucht. Die Troßfahrer der aus Cherson ankommenden Einheiten mußten ihre Pferdewagen aus den schlammigen Straßenlöchern herausziehen. Der Regen hatte das ganze Leben in der Kleinstadt schon frühzeitig lahmgelegt. Bereits gegen zehn Uhr hatte sich die nächtliche Stille ausgebreitet. Ein feuchter, dunkler Dunst, in dem man kaum die Hand vor Augen sehen konnte, hüllte die kleinen Häuser ein. Dabei rauschte der Regen unaufhörlich weiter. Nur ab und zu hörte man die quatschenden Schritte einer Patrouille.

Beim Überklettern des Zaunes in Fedossows Garten strauchelte Alexej und bespritzte sich seine Hosen und die Uniformjacke bis zur Schulter mit Dreck. Bemüht, möglichst leise zu sein, schlich er um das Haus und sah zu Dinas Fenster hinaus. Die Vorhänge waren dicht zugezogen.

Alexej nahm eine Handvoll Sand und warf sie gegen das Fenster. Licht flammte auf. Ein Schatten erschien am Fenster, und das Mädchen gab ihm ein Zeichen zu warten. Alexej stellte sich unter das Vordach des Hinterausgangs.

Stiefelabsätze klapperten auf der Treppe, und Dinas Stimme ertönte: »Wer ist da?«

»Ich bin's, Alexej.«

Der Türriegel wurde zurückgeschoben, das Schloß schnappte zurück. »Ach, Sie sind es? Kommen Sie schnell herein!« Die beiden stiegen rasch zu Dinas Behausung hinauf.

»Ist die Karte da, haben Sie sie mitgebracht?«

»Ja.«

»Ich weiß es bereits: Die ganze Stadt spricht davon. Was sind Sie für ein Prachtkerl, Aljoscha. Sie sind einfach wundervoll. Und hat Sie niemand in Verdacht?«

»Anscheinend nicht. Ich mußte heute zur Sonderabteilung, wurde dort vernommen. Übrigens nicht ich allein, viele, doch bei der Vernehmung ist nichts herausgekommen.«

»Wo ist sie, geben Sie sie schnell her!«

Alexej schaute sich nach einer Sitzgelegenheit im Zimmer um.

»Was ist los?«

»Ich muß einen Stiefel ausziehen.«

»Setzen Sie sich doch auf die Couch.«

»Ich bin so schmutzig, bin hingefallen.«

»Ach, Unsinn, setzen Sie sich nur hin.«

Alexej ließ sich auf der Couch nieder und begann einen Stiefel auszuziehen. Dina wandte sich zur Tür, aber ihre Ungeduld war zu groß, sie kam sofort zurück.

Alexej wickelte den Fußlappen ab und holte die vierfach gefaltete Karte hervor. Dina riß sie ihm förmlich aus der Hand und öffnete sie bereits, bevor sie unter der Lampe angelangt war.

Während Alexej seinen Stiefel wieder anzog, beobachtete er, wie das Mädchen gierig die Eintragungen, die Unterschriften und das Stabssiegel prüfte. Dabei glitt sie mit dem Finger über die Zahlen, die die Truppeneinheiten kennzeichneten. Dann warf sie die aufgeklappte Karte auf das Tischchen, stürzte mit der Hast, mit der sie alles tat, zur Couch und kauerte sich neben Alexej.

»Aljoscha!« rief sie atemlos. »Aljoscha, Sie wissen nicht..., nein, Sie wissen wirklich nicht, was Sie getan haben!« Und plötzlich riß sie ihn an sich und bedeckte seine Wangen, seine Lippen und sogar das stachlige Kinn mit Küssen.

Alexej hätte sich vor dem strengsten Kameradengericht, vor jedem Tribunal rechtfertigen können, weshalb er Dina umarmte. Es blieb ihm ja nichts anderes übrig. Es war eine taktische Notwendigkeit, ein Schachzug, oder wie man es sonst nennen will.

Aber er würde keinem einzigen Menschen auf der Welt, auch sich selbst nicht, erklären können, warum er in diesem Augenblick in Erregung geriet und weshalb ihn ein starkes Mitleid mit dem Mädchen überkam, ein unangebrachtes Mitleid, das Dina gar nicht verdiente. Er sah ihre strahlenden, vor Freude glänzenden Augen ganz dicht vor sich, fühlte unter seinen Händen ihren geschmeidigen, nachgiebigen Rücken, und in einem entlegenen Winkel seines Gehirns meldete sich der verräterische, lähmende Gedanke: Handle ich denn richtig, wenn ich sie so grausam betrüge?

Und was das gefährlichste dabei war: Er fand in diesem Augenblick kein Gegenargument, das ausgereicht hätte, seine Zweifel zu besiegen.

»Warten Sie bitte, Aljoscha.« Dina entzog sich ihm plötzlich.

»Bleiben Sie sitzen, ich komme gleich wieder.«

Sie lief zum Tisch und legte die Karte zusammen, wobei sie das Papier vor lauter Eile etwas zerknüllte. Ungeniert öffnete sie ihren Kragen und schob die Karte in den Brustausschnitt. Dann nahm sie hastig ihr Kopftuch von der Sessellehne und rannte aus dem Zimmer. Sie sah dabei aus wie ein Geburtstagskind, das ein heißersehntes Geschenk erhalten hatte.

Alexej hörte, wie sie in den Garten ging und wie sich ihre Schritte in Richtung des Flusses entfernten.

Allein geblieben, fand er seine Ruhe wieder. Es war schon richtig, wie er handelte – alles mußte so und nicht anders geschehen. Nein, er war kein Solowych, ihn konnte man nicht mit derartigen Mätzchen einwickeln! Dennoch fühlte sich Alexej durchaus nicht so sicher, wie er es sich selbst einzureden versuchte.

Eine Viertelstunde später hörte er Schritte. Dina kam zurück, aber nicht allein.

Sie versteckt Markow also in der Nähe – stellte Alexej fest.

Die Treppe knarrte. Dina öffnete mit einem Ruck die Tür. »Hier ist er!« rief sie erregt.

Markow trat ein. Hinter ihm zeigte sich das picklige Gesicht seines Leibwächters Sewa.

Markow lächelte. »Grüß dich, Freund! Gratuliere!«

Auch Sewa beglückwünschte Alexej. Dabei verdrehte er schmeichlerisch seine Augen mit den wimperlosen, geröteten Lidern.

»Was habe ich euch gesagt«, triumphierte Dina. »Sie können sich nicht vorstellen, Aljoscha, wie sie mich Ihretwegen ausgeschimpft haben. Ich sei leichtsinnig, ein dummes, kleines Mädel, ja, sogar fast eine Verräterin. Und nun bitte, wer hatte recht?«

»Du natürlich, du«, meinte Markow gönnerhaft und breitete die Karte auf dem Tisch aus. »Ja, sie ist es! Wie gelang es dir überhaupt, an sie 'ranzukommen?«

»Frag nicht, zwei Nächte habe ich auf der Lauer gelegen!«

Alexej hatte sich eine glaubhafte Geschichte vom »Raub« der Karte ausgedacht. »Sie hing beim Armeekommandeur hinter einem Vorhang. Nachts befindet sich der Wachhabende im Zimmer. Im Nebenraum arbeiteten schichtweise die Schreiber. Ich hatte nun das Glück, in die Nachtschicht zu gelangen. Gegen drei Uhr nachts beendeten die Schreiber ihre Arbeit. Ich ging mit den anderen weg, blieb im Gang zurück und begab mich wieder in die Schreibstube, wo ich mich unter dem Tisch versteckte. Wie ich wußte, machte der Wachhabende von Zeit zu Zeit einen Rundgang durch das Gebäude. Einige Minuten später trat der auch wirklich seine Runde an. Ich schlüpfte sofort ins Zimmer, wo die Karte hing, nahm sie von der Wand und sprang durchs Fenster in den Hof. Vorher vergaß ich nicht, den Vorhang an der Wand sorgfältig zuzuziehen, damit man das Fehlen der Karte nicht gleich entdeckte. Mir gelang es, unauffällig am Posten vorbeizukommen, und alles weitere war dann ganz einfach: Die Karte versteckte ich unter einem Stein in der Nähe der Latrine. Das alles erforderte so wenig Zeit, daß ich noch vor meinen Kameraden im Wohnheim der Schreiber anlangte. Meine Kameraden hatten sich in der Stabsküche noch etwas zu essen besorgt, und als sie gesättigt zurückkamen, schlief ich bereits. Bei der Vernehmung haben sie das übrigens einmütig ausgesagt; einer von diesen Idioten hat sogar gesagt: ›Ich glaube mich zu entsinnen, daß Alexej die Arbeitsstelle vor uns verlassen hat. Er versteht es überhaupt immer, sich vor der Arbeit zu drücken.‹ Der Hauptleidtragende bei der ganzen Angelegenheit ist der Wachhabende. Man hat ihn in der Sonderabteilung eingelocht, und dort hockt er noch heute.« »Ganz schön gerissen!« bemerkte Sewa anerkennend. »Ich hätte aber den Wachhabenden umgelegt, wenn ich den Auftrag gehabt hätte, die Karte zu klauen.«

»Das hätte zuviel Lärm gemacht«, erwiderte Alexej. »Nein, so war es sicherer.«

»Dich hat also niemand im Verdacht?« fragte Markow.

»Bis jetzt nicht.«

»Wir warten zwei Tage ab, bis sich alles beruhigt hat, und dann bekommst du einen weiteren Auftrag. Doch jetzt hau ab, damit dich niemand vermißt.«

Alexej hätte sich eigentlich beeilen müssen, aber er wollte nicht gehen, ohne etwas bei den Spionen erkundet zu haben.

Markow kam ihm ungewollt zu Hilfe.

»Du hast doch einen Passierschein für die Nacht?«

»Ja.«

»Dann nimm Sewa mit, er muß die Karte wegbringen. Wenn ihr auf eine Patrouille stoßt, lenkst du sie ab. Und morgen mach mal einen Sprung zur Post! Dina wird dir sagen, was weiter zu geschehen hat.«

»Kannst du nicht wenigstens bis zum Morgen warten«, knurrte Sewa, »bei dem Regen jagt man nicht mal einen Hund auf die Straße. Dina könnte doch die Karte übergeben.«

»Halt den Mund!« brüllte Markow. »Da, nimm die Karte, steck sie gut weg und sage dort Bescheid, man soll sie gleich weiterleiten!«

Dina begleitete die beiden bis zur Gartenpforte. Beim Abschied sagte sie, als wolle sie sich entschuldigen: »Es liegt noch alles vor uns, Aljoscha.«

In der Räuberhöhle der Smagins

Auch auf der Straße hatte sich Sewa noch nicht beruhigt und knurrte: »Hat einen wieder abgewimmelt! Wie einen Köter auf die Straße gejagt...«

Sewa war ebenso groß wie Alexej, und seine gedrungene, eckige Gestalt verriet ungewöhnliche Kraft. Seine Stimme aber war weinerlich und hoch. Mit leicht singender Fistelstimme beklagte er sich: »Das ist ja auch kein Mensch, sondern ein ausgesprochener Egoist. Man kann sein Leben für ihn opfern, und er wird noch nicht einmal danke sagen. Du wolltest bei dem Mädchen bleiben, ich hätte ebenfalls nichts dagegen gehabt, aber nein, er verlangt, daß wir gehen.«

»Was phantasierst du da«, unterbrach ihn Alexej, »bei welchem Mädchen?«

»Nun tu doch nicht so.«

»Etwa bei Dina?«

»Na, bei wem denn sonst?«

»Wie kommst du darauf, du Dummkopf!« Alexej wußte selbst nicht warum, aber er geriet plötzlich in Wut. »Was redest du da für einen Blödsinn?«

»Na, du hast dich doch in sie verknallt«, erwiderte Sewa ruhig, »das sieht doch selbst ein Blinder, und du willst es nicht wahrhaben. Du bist bloß nicht der erste bei ihr und auch nicht der letzte, mein Junge.«

»Halt – wieso? Meinst du denn, daß sie mit Markow...?«

»Da schau einer an: ob ich meine! Sie sind doch mehr als verliebt. Stürmische Gefühle! Ich pfeife auf solche Gefühle. Ich könnte diese Dina eigenhändig erwürgen. Die ist nur gut als Lockvogel für solche Gimpel wie dich. Jetzt, wo sie dich haben, werden sie dich ausquetschen und den letzten Tropfen Blut aus dir herausholen, und du hast keine andere Sorge als die, daß dich deine Dina nur nicht betrügt!«

»Du Dämlack!« erwiderte Alexej. »Denkst du denn, ich tue alles nur wegen eines Weibstücks? Eure Dina ist mir völlig schnuppe.«

Sie bogen in die Hauptstraße ein. Sewa schwieg und ließ Alexej vorausgehen.

Sewa konnte natürlich übertreiben oder schwindeln, aber Alexej glaubte ihm in dieser Angelegenheit aufs Wort. Jetzt sah er die Blicke, die Markow und Dina getauscht hatten, in einem neuen Licht, denn sie enthielten mehr als eine einfache Verständigung. Mit anderen Augen betrachtete er nun auch die Tatsache, daß sie sich duzten und daß Dina Markow sogar mit dem Kosenamen Vitja ansprach. Nein, Sewa log nicht! Dann war es nur unverständlich, weshalb Dina ihm, Alexej, heute soviel Zärtlichkeit entgegengebracht hatte. Neulich wäre das vielleicht angebracht gewesen, als es ihr darum gegangen war, den einfältigen Burschen, für den sie ihn hielt, zu umgarnen. Doch warum hatte sie heute so getan, da die Karte bereits »erbeutet« war? Jetzt mußte sie doch der Meinung sein, daß sich Alexej in die ganze Angelegenheit schon völlig verstrickt hatte?

Sewa gab mit gedämpfter Stimme die Marschrichtung an: »Nun nach links..., geradeaus..., hier lang!«

Sie erreichten ohne jeden Zwischenfall den Stadtrand, passierten etliche Gassen und gelangten schließlich an Ort und Stelle.

Es war eine vernachlässigte Herberge, mit schadhaften, schuppenähnlichen Gebäuden und einem von zähklebrigem Viehmist bedeckten Hof, auf dem zerbrochene Pferdekrippen herumlagen. Ein niedriges häßliches Haus, aus rohen Balken gezimmert, hatte winzige Fenster. In der Mitte des Hofes standen Bauernwagen mit hochgestellten Deichseln, irgendwo im Dunkeln kauten Pferde.

»Komm mit«, sagte Sewa, »kannst dann gleich wieder nach Hause gehen.«

Auf ein verabredetes Klopfzeichen – drei doppelte Schläge und nach kurzer Pause ein weiterer Schlag – öffnete ein bärtiger, barfüßiger Bauer die Haustür. Er trug ein Hemd aus grober Leinwand, das über ausgeblichenen Soldatenhosen hing, und hielt eine gedrehte Kirchenkerze in der Faust. Als er neben Sewa einen Unbekannten erblickte, blies er sofort das Licht aus.

»Der gehört zu uns«, beruhigte ihn Sewa, »Krutscheny schickt ihn. Ist Grigori bei dir?«

»Er ist da..., pennt.«

»Dann weck ihn schnell!«

Der Bauer führte sie in einen großen Raum, der von mehreren blakenden Funzeln spärlich erleuchtet wurde. Doppelpritschen standen an den Wänden. Es roch widerlich nach feuchter Kleidung. Auf den Pritschen lagen Männer. Sie bewegten sich und hoben die Köpfe, als die Tür beim Öffnen knarrte.

»Es ist Sewa«, sagte der Hausherr.

Die Köpfe senkten sich wieder.

Der Bauer verschwand hinter einem Vorhang, der die Ofenecke abtrennte, und kehrte bald mit einem großen, verschlafenen Mann zurück, dessen Anblick Alexej auf den ersten Blick frappierte. Er trug eine geöffnete Studentenjacke mit glänzenden Knöpfen und Samtösen am Kragen. Die Beine steckten in Ziegenlederstiefeln, deren Schäfte harmonikaartige Falten bildeten. Unter der Jacke lugte der Griff einer Mauserpistole hervor. Nicht nur die Jacke, sondern auch jede Bewegung verriet einen Städter. Das von einem hellen Bart umrahmte Gesicht trug die Spuren ungehemmter Trunksucht. Dichte, zusammengewachsene Brauen zogen sich wie ein gerader Strich von Schläfe zu Schläfe, zerzauste, seit langem nicht geschnittene Haare fielen tief in die Stirn.

Der Mann musterte Alexej mit einem durchdringenden, mißtrauischen Blick, doch als Sewa wiederholte, daß Alexej zu ihnen gehörte, begrüßte er ihn mit einem kurzen Kopfnicken. Sie setzten sich an einen Tisch, steckten die Köpfe zusammen und begannen halblaut miteinander zu sprechen. Sewa übergab dem »Studenten« (so nannte Alexej seinen Gesprächspartner bei sich) die von Markow geschickte Karte mit dem strengen Befehl, sie sofort über Tschalbassy, Kalantschak und Nowotroizk weiterzuleiten. Alexej war gleich im Bilde: nach der Krim also!

»Wir schaffen sie hin«, erklärte der »Student« mit heiserer, versoffener Stimme. Dabei rieb er einen roten Fleck auf seiner Backe, der durch den Druck seines Kopfes auf das Kopfkissen entstanden war. »Ich fahre noch heute persönlich zum Gehöft und schicke spätestens morgen früh Martynenko los. Bestell das dem Chef. Doch wo habt ihr die Karte ergattert?«

»Der da hat sie uns beschafft.« Sewa deutete auf Alexej.

»Hast prima Arbeit geleistet.«

Der »Student« musterte Alexej erneut, diesmal mit größerem Wohlwollen. Sewa beugte sich zu seinem Kumpan hinüber und flüsterte ihm – den Mund dicht am Ohr des anderen – etwas zu. Das dauerte ziemlich lange, doch wie sehr sich Alexej auch anstrengte, er konnte nur einzelne Wörter heraushören:

»So eine Sache..., zum Teufel..., sagt dir..., möchtest dort warten..., vielleicht übermorgen..., erledigt sie selbst...« »Gut, alles klar«, sagte der »Student« endlich und begann sich anzuziehen. Er zwängte sich in einen engen, bis zu den Knien reichenden Mantel, stülpte sich einen breitkrempigen Bauernstrohhut auf den Kopf und sagte zu dem Wirt: »Chwylja, wecke Makarka! Und ihr beiden«, damit wandte er sich an Sewa und Alexej, »beeilt euch! Ich komme nach. Meldet Krutscheny, es geht alles in Butter.«

Vor dem Tor fragte Alexej: »Wer war denn das?«

»Das war Smagin, Grigori Smagin!« antwortete Sewa, erstaunt über so viel Unkenntnis. »Hast du denn von ihm noch nichts gehört?«

»Der Bandit?« fuhr es Alexej heraus.

Sewa blieb wie vom Donner gerührt stehen. »Du bist selbst ein Bandit, du dämlicher Hund!« zischte er. »Deine Rotbäuchigen, das sind Banditen. Er aber ist ein Inti-li-genz-ler. So was wie den kannst du in ganz Rußland mit der Laterne suchen. Bandit! Vielleicht bin ich nach deiner Ansicht auch ein Bandit? Grigori hat Bildung, hat Jura studiert, aber was verstehst du schon davon, du Blödian!«

Alexej hatte den Namen Smagin schon oft gehört. Er kannte ihn jedoch nur als Bestandteil der Bezeichnung: »die Smaginbrüder«. Es gab nämlich zwei – Grigori und Wassili.

Solange Alexej bei der Tscheka von Cherson gearbeitet hatte, war kaum eine Woche vergangen, in der nicht von diesem Räuberpaar gesprochen wurde. Und es ging dabei gewöhnlich laut zu. Man sparte nicht mit Vorwürfen gegen diesen oder jenen Mitarbeiter der operativen Abteilung. Besonders schlecht kam immer Adamtschuk weg, dessen Ressort für die Bekämpfung solcher Subjekte zuständig war.

Die Smagins führten eine Bande an, die auf dem rechten Ufer des Dnepr, irgendwo im Bezirk von Bolschaja Alexandrowka, hauste. Aber wie sehr man sich auch bemühte, es gelang nicht, den Hauptstützpunkt dieser Verbrecher zu ermitteln. Bereits dreimal waren Abteilungen der Tscheka gegen die Banditen eingesetzt worden, doch jedesmal waren sie unverrichteterdinge, ja sogar selbst schwer angeschlagen, zurückgekehrt. Die bewegliche, nicht sehr starke Bande – man schätzte sie auf hundertfünfzig Bewaffnete – startete ihre Überfälle blitzartig und entzog sich ebenso schnell wieder jeder Verfolgung. Ihre Spuren verloren sich hoffnungslos zwischen den reichen Dörfern und Gehöften des berüchtigten Kulakenbezirks.

Anfangs hatte man geglaubt, daß es sich bei den Smagins nur um »wilde Banditen« handelte, die sich von dem einfachen Motiv leiten ließen: Stiehl, solange du stehlen kannst! Aber Mitte August hatte sich in der Nähe von Bolschaja Alexandrowska eine Tragödie zugetragen, die das wahre Wesen der Bande aufdeckte. Die Smaginleute hatten den Sekretär des Chersoner Parteikomitees, der diese Gegend bereiste, und drei Begleiter – örtliche Funktionäre der Bolschewiki – gefangengenommen und so viehisch ermordet, wie polnische Banditen damals ihre Gegner »umzulegen« pflegten. Sie hatten ihnen die Augen ausgestochen, die Ohren abgeschnitten und die aufgeschlitzten Bäuche mit Getreide ausgestopft, um damit zum Ausdruck zu bringen: Hier habt ihr unser Bauernbrot zum Fressen, ihr Bolschewisten!

Inzwischen hatte man Näheres über die Smagins in Erfahrung gebracht. Beide entstammten dem Adel aus Feodossia. Der jüngere, Grigori, Jurastudent und fanatischer Sozialrevolutionär, setzte sich für die Herrschaft der Großbauern ein. Der ältere, Wassili, ehemaliger Freiwilliger der Denikinarmee, ein Sadist und Säufer, verrichtete in der Bande die Dienste des Henkers und überließ die leitende Rolle seinem Bruder Grigori, den er, wie es hieß, förmlich anhimmelte.

Diesen Grigori Smagin, der bisher nicht zu fassen war, hatte Alexej nun kennengelernt. Was sollte er tun? Sofort umkehren und den Kerl festhalten, um ihn nicht entkommen zu lassen? Zu spät! Außerdem würde es ihm allein nicht gelingen, zumal Sewa auch noch da war.

»Ein Bandit«, schimpfte Sewa weiter, »den Hals müßte man dir abschneiden für eine derartige Beleidigung. Du hast bei den Roten ja viel gelernt. Unsere Leute leiden für ihre Idee, und dann werden sie von allem möglichen Gesindel Bandit genannt!«

»Schon gut, schon gut, beruhige dich«, sagte Alexej, »man kann sich doch mal versprechen.«

Aber Sewa konnte sich lange nicht beruhigen.

Ein neuer Auftrag

Während Alexej seine Beziehungen zu Markow »freundschaftlich gestaltete«, war Illarionow ebenfalls nicht untätig. Ruhig berechnen, geschickt manövrieren und geduldig ausharren zu können, das gehörte nicht zu seinen stärksten Seiten. Das lebhafte und impulsive Wesen des Leiters der Operativgruppe neigte mehr dazu, im Kampf gegen die Konterrevolution schnell und direkt zuzuschlagen. Trotz aller Zusicherungen, die er Alexej gegeben hatte, hielt er den Neuen nach wie vor für einen blutigen Anfänger in der Spionageabwehr und wartete natürlich nicht ab, bis Alexej »endlich soweit war«. In seinem Ehrgeiz litt Illarionow sehr unter der Untätigkeit, zu der er sich in einer so gespannten Lage gezwungen sah. Deshalb entschloß er sich, »das Knäuel vom anderen Ende zu entwirren«, solange der ganze Fall noch in der Schwebe war. Zu diesem Zweck befahl er Marusja, eine Liste von allen Leuten aufzustellen, gegen die das Mädchen einen Verdacht hegte. Marusja schrieb die Liste. Sie enthielt die Namen von zwei Lehrern des privaten Mädchengymnasiums, einem Tierarzt und einigen Ortsansässigen, die früher mit den Weißen in Verbindung gestanden hatten, sowie von Kaufleuten und Kleinhändlern, die vor der Ankunft der Roten Armee gute Geschäfte gemacht hatten.

Als Alexej am nächsten Tag zum Postamt kam, führte ihn Dina in den hintersten Raum, aus dem – wie beim ersten Mal – Papa Fedossow vertrieben wurde. Äußerst erregt, warnte sie Alexej. »Aljoscha! Seien Sie vorsichtig, in der Stadt werden Bürger verhaftet. Es ist sehr wichtig, daß Sie dabei auf keinen Fall in Mitleidenschaft gezogen werden. In der augenblicklichen Situation sind Sie für uns der einzige Mensch, der hingehen kann, wohin er will. Im übrigen hat Markow angeordnet, Sie sofort zu ihm zu schicken, sobald Sie hierherkommen.«

»Wo steckt er denn?«

»Bei mir zu Hause. Im Garten, rechts vor der Gartenlaube, steht eine Reihe von Sträuchern. Dahinter befindet sich ein unterirdisches Gelaß. Geben Sie folgende Klopfzeichen...« Dina klopfte auf den Tisch dasselbe Signal, das Alexej bereits am Vorabend gehört hatte: drei doppelte Schläge und nach einer kurzen Pause ein einzelner.

»Bummeln Sie zuvor etwas in der Stadt herum«, riet Dina voller Unruhe, »es wäre furchtbar, wenn man Sie verfolgte. Wissen Sie, ich habe Angst, daß man auch mir bereits nachstellt.«

»Aber wie kommen Sie denn darauf? Ist Ihnen etwas aufgefallen?«

»Nein, das nicht, aber ich fühle es.«

Auf der Straße bemerkte Alexej sofort, daß Dinas Gefühl sie nicht betrogen hatte. Unweit von der Post sah er plötzlich jemanden, den er hier am wenigsten vermutet hätte – Fedja Fomin.

Die Hände unter den Gürtel geschoben, die Pelzmütze keß auf einem Ohr, spazierte Fedja mit gleichgültiger Miene am Zaun des Postamts auf und ab. Er studierte dabei die von Wind und Regen zerfetzten Überreste von Reklameplakaten, Bekanntmachungen über entlaufenes Vieh und Befehle örtlicher Behörden. Alexej ließ sich jedoch nicht täuschen: Es entging ihm nicht, daß Fedja jeden Besucher der Post genau beobachtete. Als Fedja Alexej entdeckte, wandte er sich mit dem Ausdruck völliger Gleichgültigkeit ab. Man mußte es ihm lassen: Beim Anblick seines alten Freundes gelang es ihm, nicht eine Miene zu verziehen!

Ohne diese zufällige Begegnung hätte Alexej vielleicht nichts gegen eine gewisse Aktivität Illarionows einzuwenden gehabt, unter der Voraussetzung, daß die Haupttäter in Ruhe gelassen werden. Aber nun wurde Alexej blitzartig klar, daß Illarionow auch nicht im geringsten daran dachte, die getroffenen Vereinbarungen einzuhalten. Ohne die Hilfe der alten Genossen würde Alexej ihn auch kaum davon abhalten können. Es blieb ihm also nichts anderes übrig, als »Verstärkung« aus Cherson zu holen.

Mit solchen Gedanken beschäftigt, erreichte Alexej das Fedossowsche Haus.

Im Garten neben der Laube erhob sich, von dichtem Himbeergebüsch verborgen, ein kleiner Hügel, der Alexej bisher nicht aufgefallen war. Die Bodenerhebung war mit Rasenplatten bedeckt, aus denen ein kurzes Stück Lüftungsrohr herausragte. An einer schmalen Eichentür befand sich ein schmiedeeiserner Riegel. In seiner aufgeklappten Öse hing ein großes Vorhängeschloß, Alexej klopfte wie verabredet.

Markow öffnete die Tür. »Komm herein«, begrüßte er ihn und schob seinen kleinen Revolver in die Tasche.

Alexej schlug ein Geruch von muffigen, verschimmeltem Kalk entgegen. Im Kellerraum, zu dem Lehmstufen hinunterführten, verschwamm das Licht der Grubenlampe wie ein trüber Fleck. Zwischen Einmachgläsern, Töpfen und Fässern mit eingelegtem Gemüse standen zwei Pritschen. Auf der einen schlief Sewa, in seinen Mantel gewickelt. Auf der anderen nahm Markow Platz, nachdem er sich einen Halbpelz aus Schafwolle übergeworfen hatte. Markows Gesicht wirkte in dem Dämmerlicht grünlich. Er forderte Alexej auf, sich neben ihn zu setzen, und fragte: »Willst du was essen?«

Auf einer Kiste, die den Tisch ersetzte, standen Teller, eine Flasche mit Schnaps und zwei Schüsseln mit Essen.

Alexej lehnte dankend ab.

»Was gibt es Neues?« fragte Markow. »Läßt man dich im Stab in Ruhe?«

»Ja, bisher ist keiner auf die Idee gekommen, mich zu verdächtigen.«

»Das ist gut. Hör zu, weswegen ich dich kommen ließ. Eine Unmenge Tschekisten sind plötzlich in der Stadt aufgetaucht. Gestern und heute wurden zwanzig Leute festgenommen, meist nur kleine Fische. Zwei bis drei waren allerdings darunter, die mehr oder weniger...« Markow machte mit seinen langen, hageren Fingern eine bezeichnende Geste in der Luft. »Aber im Grunde genommen können sie nichts von Bedeutung aussagen. Doch wie dem auch sei, die Lage ist gefährlich geworden. Ich und Sewa – wir können uns bis zum Einbruch der Nacht nicht auf der Straße sehen lassen. Dabei stehen wir unmittelbar vor großen Ereignissen. Hör zu: Dieser Tage beginnen die Unsrigen eine Offensive an der ganzen Front!«

»Wirklich?« Alexej konnte sich kaum beherrschen. »Woher weißt du das?«

Markow faßte Alexejs Erregung auf seine Weise auf. »Ich weiß es. Du kannst sicher sein, diesmal geht es den Roten an den Kragen. Eine Hölle wird entfesselt wie noch nie zuvor. Unsere Truppen schlagen am rechten Ufer los, und gleichzeitig geht aus Polen die Armee von General Jusefowitsch vor. Dieses Bolschewistenpack wird in die Zange genommen, sag' ich dir! Im Kiewer Gebiet hält sie Petljura in Schach, und in Belorußland packt sie Bulak-Bulachowitsch an. Und dann noch die Alliierten! Kurzum, bald ist es aus mit ihnen. In einem derartigen Augenblick darf keiner die Hände in den Schoß legen. Es gibt eine Aufgabe für uns. Falls es klappt, sind wir unbezahlbar, und dabei ist die Sache ganz einfach.«

Er rückte dicht an Alexej heran, stützte einen Ellbogen aufs Knie und blickte Alexej etwas von unten herauf ins Gesicht.

»Worum handelt es sich?« fragte Alexej mit heiserer Stimme.

»Um folgendes: Vor unserer Offensive...« – es war, als prägte Markow jedes Wort einzeln – »ist es nötig, daß der hiesige Stab zum Teufel geht. Hast du verstanden?«

»Nein.«

Markow rückte ungeduldig den Schafpelz auf den Schultern zurecht. »Muß man dir das wirklich näher erklären? Also hör gut zu! Wir besitzen hier so ein Ding..., es ist übrigens nicht von hier, nicht russischer Herkunft, das ist ungefähr so groß.« Er breitete die Arme aus. »Wie ein Koffer, und im Innern ist eine Einrichtung, eine Art Uhr mit Zifferblatt und Zeigern. Man kann sie auf eine bestimmte Zeit einstellen...«

»Eine Höllenmaschine?«

»Ganz richtig.«

»Na, und was soll's damit?«

»Du tust sie in einen Sack und bringst sie in den Stab. Dann legst du sie an eine geeignete Stelle – egal wohin, Hauptsache, es fällt keinem auf. Alles andere geht dich nichts mehr an. Die Adresse, wo sich dieses Zeug befindet, erhältst du von Dina, wenn es soweit ist. Die Sache muß unter allen Umständen klappen, und außer dir gibt es niemanden, der es tun könnte.«

»Na schön!« Alexej hatte mehrere Finger unter die Mütze geschoben. »Und was geschieht weiter?«

»Was heißt weiter?«

»Ich meine, was geschieht dann mit mir?«

»Darüber zerbrich dir nicht den Kopf. Wenn das Feuerwerk losknattert, sind wir schon über alle Berge. Zunächst geht's zu Smagin, du hast ihn ja gestern kennengelernt, und von ihm über die Frontlinie. Du kannst auch ins Ausland fahren, wenn du willst. Dort gibt es ein Plätzchen, wo man uns wie im Schoß der Familie aufnimmt. Auf jeden Fall werden wir fürs ganze Leben ausgesorgt haben, das kannst du mir glauben. Doch ehrlich gesagt, ich habe gar nicht vor, mich zu verziehen. Falls alles so hinhaut, wie wir es uns gedacht haben, werden wir auch hier kein schlechtes Dasein führen.«

Alexejs Gesicht verriet, daß ihn diese Perspektiven überzeugten und befriedigten.

»Und nun höre weiter zu«, fuhr Markow fort, »es kann passieren, daß wir uns nicht mehr sehen..., bevor es losgeht.« Die letzten drei Worte fügte er schnell hinzu, denn er hatte bemerkt, daß Alexej ruckartig den Kopf hob, und legte diese Bewegung als Todesfurcht aus. »Noch eins: Da ich und Sewa uns in der Stadt nicht sehen lassen dürfen, wirst du selbst diesen oder jenen warnen müssen. Vielleicht, das ist noch nicht ganz sicher.«

Alexej spitzte die Ohren. Jetzt würde er wohl manche Geheimnisse erfahren.

Aber Markow beeilte sich nicht, sie ihm mitzuteilen. »Dina wird dir zu gegebener Zeit die Aufenthaltsorte und Parolen nennen. Die Betreffenden sind dann zwei Stunden vor der Explosion zu benachrichtigen. Doch, wie gesagt, alles erfährst du von Dina. Wir wollen jetzt so verbleiben: Du gehst morgen in der Frühe zum Postamt. Im übrigen ist es nicht ratsam, wenn du dich dort unnötigerweise sehen läßt. Wenn Dina dich braucht, wird sie einen weißen Lappen ans Fenster hängen. Und jetzt wiederhole, was ich dir gesagt habe.«

Alexej wiederholte.

Anschließend erklärte Markow: »Michalew, ich liebe es nicht, Versprechungen zu machen, aber eines kann ich dir sagen: Falls alles gelingt, wirst du dem Oberkommandierenden persönlich vorgestellt. Dafür sorge ich dann selbst.«

Alexej bedankte sich.

»Viel Erfolg!« wünschte Markow pathetisch.

Sewa lugte unter dem Mantel hervor. »Hals- und Beinbruch, Langer!«

»Scher dich zum Teufel!«

Eine Stunde später ritt ein Sondermelder zum Frontstab, während Chramsow mit dem nächsten Dampfer nach Cherson unterwegs war. Er hatte den Auftrag, die dortige Dienststelle um Unterstützung gegen Illarionow zu ersuchen. Und er fand sie auch bei Welitschko und Woronko, die vor ein paar Tagen von einer Aktion gegen Mitglieder der Kramowschen Organisation zurückgekehrt waren.

Noch in derselben Nacht trafen sie in einem Kutter der Militärflottille in Aljoschki ein.

Bei Marusja fand eine ernste Aussprache statt. Illarionow griff zuerst Alexej an. Er erschöpfte seinen ganzen Vorrat an »schönen« Worten und juristischen Fachausdrükken. Dabei beschuldigte er Alexej, er wäre zu langsam und verstünde nichts von seinem Handwerk. Ferner warf er ihm Disziplinlosigkeit vor. »Er will alles auf eigene Faust machen, ohne seine Vorhaben mit mir als dem Leiter der operativen Gruppe zu besprechen. Denn letzten Endes muß ich für alles geradestehen.«

Es wurde zugegeben, daß Illarionows Vorwürfe bis zu einem gewissen Grade berechtigt waren. Nach der ersten Besprechung, in der Illarionow eine Haltung einnahm, welche die ganze Operation zum Scheitern zu bringen drohte, hatte Alexej ihn nicht zu sehr mit Vertrauen verwöhnt. Gewiß, er hatte ihn über Chramsow von seiner Begegnung mit Markow auf der Insel und von dem Manöver mit der gestohlenen Karte in Kenntnis gesetzt, aber über die näheren Einzelheiten dieses Manövers hatte sich Illarionow selbst informieren müssen, und zwar beim Stabschef. Von der Herberge, zu der Alexej gestern von Sewa geführt worden war, hatte Michalew bisher kein Sterbenswörtchen erwähnt, weil er befürchtete, der voreilige Illarionow würde dort überstürzt eine Razzia vornehmen lassen.

»Bin ich für die Organisation verantwortlich oder nicht?« tobte Illarionow. »Wer muß schließlich die Ko-or-di-nie-rung durchführen? Etwa nicht ich, zum Teufel noch mal?«

Alexej schwieg. Wenn er jetzt seine Befürchtungen zur Sprache brächte, würde Illarionow völlig verrückt spielen, und dann wäre jede weitere Auseinandersetzung mit ihm unmöglich. Die Ellbogen auf den Tisch gelegt, blickte Welitschko müde an dem Leiter der operativen Gruppe vorbei und strich sich über die Narben auf seiner mageren Hand. Er ließ sich überhaupt nicht anmerken, wie er zu allem, was gesagt wurde, stand. Anders war es bei Woronko. Der hörte aufmerksam zu und nickte jedesmal mit dem Kopf, wenn Illarionow seine Lieblingsworte herbetete, wie »Koordinierung«, »Übereinstimmung der Operationen« und »Hand in Hand arbeiten«. Als Büchernarr hegte er die größte Hochachtung vor Menschen, die sich »schön« auszudrücken verstanden.

Welitschko unterbrach Illarionow nicht. Endlich erschöpfte sich der Wortschwall, und Illarionow ließ sich geräuschvoll auf einen Hocker nieder, überzeugt, daß die anderen Alexej in Grund und Boden verdammen würden.

Welitschko fragte: »So, war das alles?« Dann forderte er Alexej auf: »Nun berichte du, Michalew, aber der Reihe nach!«

Für Welitschko schien die Aussprache jetzt erst richtig zu beginnen. Allem Anschein nach hatte ihm Chramsow einiges berichtet.

»Es stimmt«, begann Alexej, »ich habe Illarionow nicht über alles informiert. Vielleicht bin ich damit im Unrecht, allerdings ...«

»Zur Sache, sprich über die Lage!« unterbrach ihn Welitschko und brachte dadurch auch Illarionow in Verlegenheit. Es sah nämlich so aus, als interessiere sich Welitschko überhaupt nicht für das persönliche Verhältnis zwischen seinen Untergebenen. Alexej schilderte ausführlich, was sich seit seiner Abreise aus Cherson ereignet hatte. Er berichtete über seinen Besuch in dem geheimen Schlupfwinkel, wo er Smagin begegnet war, von dem Auftrag, den Stab in die Luft zu sprengen, und den Mitteilungen Markows über die bevorstehende Gegenoffensive der Weißen. Alexej hatte viel geleistet. Das sagten sich alle, sogar Woronko, obwohl er soeben noch von der Redekunst Illarionows begeistert war. Und als Alexej meinte, daß übereilte Maßnahmen wie die Beobachtung der Fedossowa, die dem Mädchen bereits aufgefallen war, alles zum Scheitern bringen könnten, war Woronko als erster derselben Meinung.

»Du bist wohl nicht ganz gesund, Semjon Stapanowitsch«, sagte er zu Illarionow, »du redest recht schön, handelst aber dabei, als hättest du Hummeln im Hintern.«

»Frag Alexej lieber, weshalb ich erst jetzt von all dem erfahre!« brauste Illarionow auf, und auf seinem Gesicht zeigten sich rote Flecke.

»Später«. Welitschkos Miene verfinsterte sich. »Sprich weiter, Michalew!«

»Weshlab soll ich zum Beispiel die Geheimadressen aufsuchen und die Leute warnen?« fuhr Alexej fort. »Ich glaube, der Gegner hat sich außer dem Anschlag auf unseren Stab noch etwas anderes ausgedacht.«

»Kennst du schon die Geheimadressen?«

»Nein, darum geht es doch, daß ich sie nicht habe. Ich bekomme sie zusammen mit dem Sprengstoff. Die wichtigsten Dinge erhalten wir erst im letzten Augenblick, verstehen Sie, Genosse Welitschko?«

»Tja, da heißt es eben abwarten.«

Illarionow verstand nichts und beschimpfte Alexej. Marusja setzte sich für Alexej ein, Chramsow ebenfalls. Woronko murmelte etwas Unverständliches in seinen Bart.

Welitschenko ließ einen abwesenden Blick über die erhitzten Gesichter gleiten und zupfte mit den Fingern an seiner Unterlippe. Schließlich schlug er mit der Hand auf den Tisch, um sich Ruhe zu verschaffen. »Schämt euch, wie ihr aufeinander losgeht. Du, Illarionow, willst nur, daß alles nach deinem Kopf geht. Bei der Arbeit muß man aber das eigene Ich zurückstellen, sonst schadet man der Sache. Hat dir Michalew in großen Zügen mitgeteilt, was getan wurde? Ja, das hat er getan. Wußtest du, daß er sich in die Höhle des Löwen begeben hat? Ja, das wußtest du. Was willst du noch mehr? Helfen hättest du ihm sollen und ihn nicht nur kontrollieren. Helfen, damit er frischen Mut faßt..., bitte unterbrich mich nicht! Ich habe keine Zeit für eure Kabbeleien. Wenn wir Muße haben, sprechen wir darüber in Cherson. Nur noch Tage trennen uns von dem Abschluß der Operation. Bis dahin übernehme ich die gesamte Gruppe. Und morgen werde ich mir die Leute ansehen, die du, Illarionow, verhaftet hast. Die Hälfte von ihnen muß man bestimmt wieder laufen lassen, wir kennen schon deine Methoden. Die Beobachtung der Fedossowa wird aufgehoben. Chramsow paßt weiterhin auf Michalew auf, das ist gut so! Gegebenenfalls kann er auch auf die Fedossowa ein wachsames Auge werfen. Hauptsache, daß jetzt völlige Ruhe herrscht. Es muß aussehen, als hätten wir von nichts eine Ahnung.«

Welitschko erteilte noch einige Befehle und hob dann die Sitzung auf. Marusja und Woronko begleiteten Alexej bis zur Pforte. Auf dem Hof meinte Woronko: »Ich habe schon richtig Sehnsucht nach dir gehabt, mein Junge. Wir haben uns nicht einmal unterhalten können, wie es sich gehört. Wie fühlst du dich? Gesund und munter?«

»Wie Sie sehen, Iwan Petrowitsch.«

»Ja, ich sehe schon, du hälst dich prächtig. Aber paß ja auf und überhaste nichts.«

»Nein, ihm passiert das nicht!« platze Marusja heraus, und es klang so überzeugt, daß Woronko verblüfft lachte.

Markows Postpaket

Einen Tag später erschien am Morgen ein weißer Lappen am Fenster des Postamtes.

»So, Aljoscha, jetzt geht's los«, erklärte Dina, als sie in dem Dienstzimmer hinter dem Schalterraum allein gelieben waren. »Noch heute steigt die Aktion. Wie fühlen Sie sich?«

»Normal.«

»Nach einer Weile wird man das Ding herschaffen, von dem Ihnen Markow erzählt hat.

Es wird als Postsendung, als Paket aufgeliefert. Sie kommen gegen Abend wieder und nehmen es am Schalter in Empfang. Dabei wird keinem Menschen etwas auffallen. Sie schmuggeln das Paket dann in den Stab. Der Mechanismus ist auf zehn Uhr abends eingestellt, merken Sie sich das gut! Markow läßt Ihnen ausrichten, Sie sollen um neun Uhr abends die Leute an folgenden Orten aufsuchen... Nein, notieren Sie sie nicht, das ist zu gefährlich!« Dina zählte drei Adressen auf, die Alexej ein paarmal wiederholte. Merkwürdigerweise befand sich die Herberge, die er mit Sewa aufgesucht hatte, nicht darunter.

»Die Parole ist überall dieselbe. Man wird Sie fragen: ›Was wünschen Sie?‹ Und Sie müssen antworten: ›Ich suche ein Quartier, wo ich mich bis zehn Uhr ausschlafen kann.' Man wird Ihnen darauf erwidern: ›Wir vermieten nur für ganze Tage.‹ Das ist alles. Wenn Sie das erledigt haben, kommen Sie zu mir nach Hause.«

»Und was folgt dann, Dina?«

»Das erzähle ich Ihnen später.«

»Weshalb denn nicht gleich? Vertrauen Sie mir nicht?«

»Aber nicht doch, darum geht es ja gar nicht! Markow hat seine eigenen Pläne, und ich selbst weiß auch nicht alles.« Sie machte ein ärgerliches Gesicht. »Mir scheint, daß Sie um Ihre eigene Person sehr besorgt sind? Haben Sie keine Angst, ich riskiere mehr: Ich habe immerhin Mutter, Vater und das Haus. Und ich allein trage die Verantwortung für meine Eltern und für mich. Für den Ernstfall besitzen wir mehrere Verstecke, wo wir unterschlüpfen können. Kurz, Sie kommen gleich zu mir, nachdem Sie alle Adressen aufgesucht haben. Was dann geschieht, lassen Sie meine Sache sein!«

»Aber wo befindet sich Markow?«

»Ich wiederhole, Aljoscha: Das geht Sie im Augenblick nichts an. Er wird überall dort sein, wo es nötig ist. Lassen Sie sich darüber keine grauen Haare wachsen!« Dina lächelte und tätschelte ihm die Wange, als wollte sie ein nörgelndes Kind beruhigen. »Na gut, ich will es Ihnen sagen. Markow wird sich bei mir aufhalten. So, sind Sie jetzt zufrieden? Regen Sie sich nur nicht auf, denn von Ihnen hängt der Erfolg unserer ganzen Sache ab. Überlegen Sie bloß mal, Aljoscha, was für eine ehrenvolle Mission Ihnen bevorsteht! Erfüllen Sie diesen Auftrag, und dann...« Dina vollendete den Satz nicht und ließ nur noch ihre Augen sprechen. Die verrieten allerdings vieles. In ihnen lag alles das, was wahrscheinlich schon seinerzeit dem Telegrafisten den Verstand geraubt hatte, und Alexej mußte Solowych wieder einmal mildernde Umstände zuerkennen, die das Maß seiner Schuld zwar nicht verringerten, aber manches erklärlich machten.

Alexej murmelte: »Ich bin bereit...«

Man hörte die Stimme Vater Fedossows: »Dina!«

»Ich komme!« antwortete sie. »Und nun gehen Sie, Aljoscha, und vergessen Sie nichts. Um halb sechs sind Sie hier, um das Paket zu holen. Falls wenig Kundschaft hier ist, lasse ich Sie durch den Hintereingang hinaus.«

Sie ging zur Tür, warf einen Blick in den Schalterraum und drehte sich nach Alexej um. »Gehen Sie über den Hof, er ist bereits hier!«

»Wer?«

»Na, der Mann, der das Paket aufgeben soll. Sie brauchen ihm nicht zu begegnen.«

Alexej schob das Mädchen leicht beiseite, spähte durch die halbgeöffnete Tür und zog seinen Kopf schnell zurück.

»Was ist los?« fragte Dina beunruhigt.

»Nichts, ich gehe also.«

»Warum sind Sie denn plötzlich so blaß geworden?«

»Ich? Wieso?«

»Sie sind ja völlig durcheinander. Was haben Sie? Kennen Sie den Mann?«

»I wo, ich sehe ihn zum erstenmal. Nur, verstehen Sie...« Alexej lächelte gezwungen und breitete die Arme aus, als wollte er damit sagen: Aber das müssen Sie doch verstehen, es ist ein entscheidender Augenblick, und da soll man sich nicht aufregen?

»Nun, gehen Sie schon! Ich werde Sie nicht

hinausbegleiten, es bleibt also bei halb sechs.«

Vor dem Eingang zur Post stand ein Kremser, bespannt mit einer kräftigen kastanienbraunen Stute, die auffallend gepflegt war. Der Goldfuchs war mit den Zügeln am Torpfosten festgebunden. Wind jagte Sand und heruntergefallene Blätter über die Straße. Passanten spien die in den Mund gedrungenen Sandkörnchen aus. Das Pferd hielt die Schnauze gesenkt und tänzelte auf der Stelle, in seinen schmalen Fesseln federnd.

In der Nähe der Post versuchte ein hinkender alter Bauer das zersprungene Joch für sein Ochsengespann mit einer Strippe zusammenzuflicken. Neben ihm stand Chramsow. Er rauchte und half dem Mann mit guten Ratschlägen.

Alexej strich vorbei und raunte Chramsow zu: »Folge mir!«

Er paßte Wolodja hinter den Pappeln ab, die am Rande der Straße standen. Chramsow blieb zwei Schritte vor ihm stehen, bückte sich und begann die Schäfte seiner braunen Stiefel hochzuziehen, die aus dem gleichen Leder genäht waren wie Alexejs Langschäfter.

»Hast du gesehen, wer im Kremser gekommen ist?« wollte Alexej wissen.

»Ja, ein Dickwanst in einer Joppe, vom Gehöft...«

»Nimm ihn fest, aber nicht gleich hier, möglichst weiter weg! Und laß ihn nicht durch die Lappen gehen! Bring ihn zu Welitschko, der soll ihn verhören. Er hat die Höllenmaschine gebracht. Wirst du allein mit ihm fertig?«

»Na, was denn sonst.«

»Beeil dich, er muß gleich 'rauskommen!«

Wolodja zupfte noch mal an seinen Stiefelschäften und ging dann wieder zurück. Alexej blieb hinter den Pappeln stehen und verfolgte ihn mit seinen Blicken.

Der Dicke erschien in der Tür des Postamts. Er sah sich nach allen Seiten um, stieg die Vortreppe herunter, knüpfte die Zügel los und kletterte schwerfällig auf den Bock. Das Pferd streckte den Kopf vor, stemmte seine breite Stirn gegen den Wind und setzte sich in Trab.

Alexej beobachtete, wie Chramsow den Kremser einholte und nebenher lief. Dabei rief er dem Kutscher etwas zu.

Aha, er bittet mitgenommen zu werden, überlegte Alexej. Die beiden schienen übereingekommen zu sein, denn Wolodja nahm im Kremser Platz.

Sie verschwanden hinter der nächsten Straßenbiegung.

Pünktlich um halb sechs, kurz vor Dienstschluß, erhielt Alexej von Dina eine verschnürte, kleinere, aber sehr schwere Bretterkiste ausgehändigt.

Alexej wollte sie in dem mitgebrachten Sack verstauen.

»Ist nicht nötig!« meinte Dina. »Sie tragen Sie besser so.«

Das Mädchen war leichenblaß. Ihr Gesicht schien spitz geworden zu sein, und ihre Hände zitterten. Bei der Übergabe flüsterte sie: »Viel Glück, Aljoscha, Gott segne Sie, ich warte auf Sie. Tragen Sie das Ding vorsichtig!«

Und dann stand die Kiste auf dem Tisch im Dienstzimmer des Stabschefs. Zehn Menschen hatten sich dort versammelt: Sakownin, Tuljakowski, drei Mann von der Sonderabteilung und Alexej, Welitschko, Illarionow und Woronko.

Ein ehemaliger Pionier, ein düsterer bärtiger Mann in Marineuniform, öffnete die Kiste. Er stocherte mit einem Taschenmesser am Holz herum, lockerte einige Nägel, zog sie mit den Fingern heraus und öffnete vorsichtig den Deckel. Seine Stirn schien mit Glasperlen bedeckt zu sein, sie glänzte vor Schweiß. Alle schwiegen, und das Knarren des Kistendeckels beim Zurückschlagen war das einzige Geräusch, das den Raum durchdrang. Unter dem Deckel kam eine dicke Schicht Packpapier zum Vorschein.

Woronko suchte die atemlose Spannung mit einem Scherz zu lösen. »Die Verpackung ist nicht ohne! Direkt mustergültig!«

Doch die anderen blieben still.

Der Pionier nahm die Seitenbretter auseinander und entfernte behutsam das Papier. Ein Gegenstand, der mit Stoff umwickelt war, wurde sichtbar. Der alte Pionier beugte sich dicht zu ihm herunter. »Es tickt!« stellte er fest.

Alle hörten leise das Ticken eines Uhrwerks.

»Sie haben das Ding mit Flanell umwickelt, um das Weckergeräusch abzudämpfen«, meinte Illarionow.

Der Pionier zerschnitt den Stoff und entblößte die große, rauhe Oberfläche des Gehäuses. Er prüfte es etwa zehn Minuten lang, indem er es von allen Seiten vorsichtig abtastete. Schließlich schraubte er ein Metallplättchen ab. Ein rundes, weißes Zifferblatt, im Umfang einer kleinen Untertasse und mit drei Zeigern, kam zum Vorschein. Die Anwesenden drängten sich näher um den Tisch.

Das Ticken der Uhr hörte sich an wie das Klirren einer schlechtgespannten Saite. Gleichmäßig und unerbittlich tickte es. Sekunde auf Sekunde verrann. Der ehemalige Pionier versuchte mit zusammengekniffenen Augen die Inschrift auf dem Zifferblatt zu lesen. Es war keine russische Schrift. Woronko, der die lateinische Schrift kannte, las Silbe um Silbe vor: »Bla-se-mer-gon, England.«

Illarionow korrigierte die Aussprache. »Britisches Produkt, eine bekannte Firma.«

»Kannst du die Höllenmaschine entschärfen?« fragte Sakownin den Pionier.

»Das weiß ich nicht, ist immerhin ein gefährliches Ding unbekannter Konstruktion!«

»Was kann man da machen?«

»Vielleicht sollte man das Uhrwerk anhalten«, schlug ein junger Mitarbeiter der Sonderabteilung vor. »Einfach den Zeiger festhalten – dann muß sie doch stehenbleiben.«

»Nein«, widersprach der Pionier. »So geht's schon gar nicht! Wer weiß, was für ein Sprengstoff da drin ist. Man hält den Zeiger an, und plötzlich geht das Ding in die Luft. Am sichersten wäre es, den Apparat in die Steppe zu tragen, soll er doch da explodieren.«

»Warte, laß mich mal 'ran!« Welitschko schob den alten Pionier zur Seite und setzte sich an den Tisch. Er besah sich aufmerksam das Gehäuse und Zifferblatt. Dann fragte er: »Und was ist das für ein Zeiger hier?«

»Der Regulator«, erklärte der Pionier, »so eine Art Verteiler. Man hat ihn auf eine bestimmte Zeit eingestellt. Wenn es soweit ist, wird der Zünder ausgelöst.«

»Michalew, komm doch mal her«, befahl Welitschko. Alexej trat näher.

»Schau doch mal nach, auf welche Zeit er eingestellt ist.« Der lange, silberglänzende Zeiger war mit seiner Spitze auf zwei Minutenteilstriche unterhalb der Acht gerichtet.

Alexej glaubte seinen Augen nicht zu trauen. Er beugte sich dicht zum Zifferblatt hinunter. Es gab keinen Zweifel: Der Zünder war auf kurz vor acht Uhr eingestellt.

»Und was meinst du – wann soll die Höllenmaschine losgehen?« fragte Welitschko den Pionier mit gedämpfter Stimme.

Der dachte kurz nach. »Na, so ungefähr zwanzig Minuten vor acht.«

Die Blicke aller wanderten wieder zum Zifferblatt. Es war genau zweiundzwanzig Minuten nach sechs.

»Aber du hast uns doch was von zehn Uhr erzählt, Michalew«, entfuhr es Illarionow.

»Bleib ruhig«, wies ihn Welitschko zurecht. »Und nun sag mal, könnte man diesen Zeiger nicht auf einen späteren Zeitpunkt einstellen, sagen wir – auf zwölf Uhr?«

»Weiß der Teufel, ob das geht«, antwortete der Pionier. »Ich will's mal versuchen.«

»Nein, lieber nicht«, hielt ihn Sakownin zurück, »sonst jagst du mir hier noch alles in die Luft. Du hast noch über eine Stunde Zeit, nimm dieses Teufelswerk und trage es möglichst weit weg in die Steppe. Meinetwegen mach dort weitere Versuche! Und wenn es nicht anders geht, spreng das Ding.«

Das Teufelswerk wurde wieder eingepackt und von dem Pionier weggeschafft. Tuljakowski begleitete ihn.

»Jetzt ist alles klar«, sagte Welitschko. »Michalew wurde ’reingelegt. Ein alter Trick, damit er keine Angst hat. Nach dem Attentat hätte Alexej für sie keinen Wert mehr besessen: Die Hauptsache war, er würde den Stab in die Luft jagen, dann war er selbst überflüssig. So sehe ich die Sachlage. Und du, Michalew, hast recht: Die Verbrecher begnügen sich nicht nur mit diesem Anschlag. Es wird noch irgend etwas anderes vorbereitet. Die Frage lautet: Wo setzen sie an?«

»Und die Adressen?« erinnerte Alexej.

»Die sind keinen Pfifferling wert, ich kann dir Dutzende solcher Adressen geben. Du sollst sie doch um neun Uhr aufsuchen, und kurz vor acht wollte man dich bereits zu Brei machen. In Wirklichkeit gibt es nur eine einzige Stelle, an der wir ansetzen können, das ist der Ort, wo du Smagin kennengelernt hast. Illarionow und Woronko gehen dorthin. Genosse Sakownin, du teilst ihnen die Leute für die Razzia zu. Die Männer von der Sonderabteilung stehen zu meiner Verfügung: Wir werden den Markt umzingeln. Doch nun zu der zweiten Adresse, die für uns brauchbar ist: die Wohnung der Fedossowa. Michalew, nimm ein paar von unseren Jungen, und dann zu ihr, ohne zu fackeln, aber ein bißchen schnell!«

Sakownin kurbelte am Feldtelefon...

Banditen

Die Sonne war erst im Sinken, als Alexej mit seiner Gruppe zur Portowajastraße eilte.

»Verteile die Leute!« befahl er Chramsow. »Laß die Nachbargrundstücke besetzen und schick zwei bis drei Mann zum Fluß.«

»Und du – willst du allein gehen?« fragte Wolodja.

»Zunächst ja. Wenn was sein sollte, pfeife oder schieße ich. Bis dahin rühr dich nicht von der Stelle!«

»Gut.« Alexej begab sich zum Anwesen der Fedossows.

Sein Plan sah folgerndermaßen aus: Markow mitteilen, daß alles in Ordnung ginge und daß die Höllenmaschine gut versteckt im Stab liege. Die Geheimadressen – so wollte er sagen – werde er nicht aufsuchen können, weil man allem Anschein nach beginne, ihn zu überwachen. Es sei ihm nur mit großer Mühe gelungen, sich unbemerkt vom Stab wegzustehlen, um hierherzukommen und zu warnen.

Was weiter geschieht, dachte Alexej, bleibt abzuwarten. Jetzt hieß es vor allem, Markow zu erreichen, ihn nicht aus den Augen zu lassen und dann...

Tor und Gartenpforte waren verschlossen. Alexej kletterte über den Zaun. In Fedossows Garten war es wie immer sehr still. Der Wind machte eine abendliche Atempause. Unter den Füßen raschelte leise Laub. Sonst war kein Laut zu hören. Aufpassen – sie liegen mäuschenstill auf der Lauer!

Er stieg die Stufen zum Hintereingang empor. Die Tür war sogar mit einem Vorhängeschloß zugesperrt. Alexej sprang mit wenigen Sätzen wieder hinunter und lugte, den Kopf weit zurückgelegt, zu Dinas Fenster hinauf. Die Fensterläden waren fest geschlossen, und erst jetzt bemerkte er, daß alle Fenster des Hauses dichtgemacht waren. Was hatte das zu bedeuten? Alexej besah sich das Anwesen von allen Seiten und fand auch den Hühnerstall verrammelt. Vor der Schuppentür hing ebenfalls ein Schloß, und quer über dem Deckel des aus Ziegelsteinen errichteten runden Ziehbrunnens lag eine Eisenstange, die mit einem dicken Drahtende befestigt war. Zum Teufel, was wurde hier gespielt?

Alexej trommelte mit den Fäusten gegen einen Fensterladen. Lautlose Stille.

Der Keller – ging es ihm durch den Kopf. Sie haben sich im Keller versteckt.

Alexej stürzte, beklommen vor Unruhe, durch die Sträucher zu dem Himbeergestrüpp hinter der Laube.

Die Kellertür stand weit offen. Vor dem Eingang trockneten ausgeschüttete Reste einer Bohnensuppe. Ein paar alte Lappen lagen umher.

Alexej rief: »He, ist dort jemand?«

Niemand antwortete. Seine Stimme verklang in der dumpfen Dunkelheit des unterirdischen Raumes.

Alexej lief die Kellertreppe hinunter, wühlte in der Tasche nach Streichhölzern und zündete ein Streichholz an.

Im Schein des flackernden Flämmchens sah er, daß der Keller verlassen war. Nur die kahlen Schlafpritschen, ein auf die Erde geworfener Schafpelz und eine zerschlagene Schnapsflasche erinnerten daran, daß Markow hier gehaust hatte.

Alexej durchsuchte sämtliche Winkel. Er schob sogar, ohne jeden Sinn, ein Faß mit Salzgurken beiseite. Erst nach einer Weile vermochte er den Fehlschlag, der ihn betroffen hatte, in seinem vollen Ausmaß zu erfassen. Sie waren getürmt! Alle – Markow, Dina und sogar ihre Eltern. Weshalb? Was war geschehen? Hatten sie ihn durchschaut? Aber wie? Durch wen? Wo sollte man sie jetzt suchen? Er hatte doch alles so sorgfältig berechnet und vorbereitet – und nun dieses Fiasko!

Alexej hockte sich auf den Rand eines Waschzubers und strich sich verzweifelt übers Gesicht. Was sollte er jetzt tun?

Das Licht, das durch die offene Tür in den Keller fiel, verdunkelte sich plötzlich. Jemand mußte vor dem Eingang stehen. Alexej dachte, es wäre Wolodja Chramsow, der, ohne ein Signal abzuwarten, den Hof besetzen ließ, und wollte ihn schon rufen. Doch in diesem Augenblick ertönte eine bekannte Fistelstimme:

»He, du, komm mal schnell' raus!«

Zwei Stufen auf einmal nehmend, stürzte Alexej nach oben!

Wohl noch nie hatte Sewas rundes Milchgesicht mit der breiten Kartoffelnase und den Pickeln einem Menschen so viel Freude bereitet wie Alexej in diesem Augenblick. Eine wilde Hoffnung befiel ihn: Wenn Sewa hier war, konnten auch die anderen nicht weit sein.

Sewas gedrungene Gestalt füllte den Rahmen der Kellertür. Er hielt einen großen Colt im Anschlag.

»Ich überlege mir schon eine ganze Weile, bist du's oder bist du's nicht?« erklärte er. Dabei betrachtete er Alexej mißtrauisch mit seinen kleinen Augen, die tief in den rotgeränderten Augenhöhlen lagen. »Wie kommst du überhaupt hierher?«

»Wo ist Markow?« rief Alexej.

»Markow?« Sewa tat erstaunt. »Wozu – zum Teufel – brauchst du Markow?«

»Wozu, wozu! Das kannst du mich später fragen. Jetzt sag endlich: Wo ist er?«

»Dort, wo er hingehört.«

»Spinn nicht herum, du blöder Hund, beeil dich lieber und bring mich zu ihm.«

»Was ist denn los? Wieso bist du überhaupt hier?«

Alexej durfte Sewa keine Zeit zum Überlegen lassen. Mit geballten Fäusten schrie Alexej ihn an: »Sag mir, wo Markow ist, du Satan! Ohne ihn können wir alles verderben. Wo steckt er jetzt?«

»Woher soll ich denn das wissen«, antwortete Sewa niedergeschlagen. »Er ist bereits in der vorigen Nacht nach Wysselki abgehauen.«

»Wohin?«

»Nach Wysselki, zwölf Kilometer von hier. Aber nun müßte er schon wieder hier in der Nähe sein. Wenn der Stab in die Luft geht, wollen er und Smagin zur Stelle sein.«

So war das also! Im Augenblick der Explosion war ein Überfall der Banditen auf Aljoschki geplant. Klug ausgedacht: Die Truppen würden in Erwartung des Gegenangriffs der Weißen zur Front abgezogen sein, und in der Stadt verbliebe nur ein Reservebataillon. Markow könnte man also noch fassen, wenn es gelänge, die Bande zu liquidieren.

»Und wo kommen sie lang, auf welchem Wege?« fragte Alexej und machte ein Gesicht, als hinge von Sewas Antwort der Erfolg von Smagins Unternehmen ab.

»Ich glaube, vom Bahnhof her«, antwortete Sewa verlegen.

»Und wo ist Dina?« fragte Alexej schnell, um Sewa keine Zeit zum Überlegen zu lassen.

»Die sitzt auf der Insel. Markow befahl, sie

mit ihren Alten dorthin zu bringen. Aber erklär mir doch um Himmels willen, was eigentlich passiert ist?«

»Was passiert ist«, Alexej wiederholte die Worte in gereiztem Ton. Gleichzeitig dachte er fieberhaft nach, was er jetzt tun sollte. Man müßte Sewa unschädlich machen, ganz einfach den geeigneten Augenblick abpassen und ihn niederknallen. Doch nein, der Bursche kannte ja die Geheimadressen!

»Wenn du es wissen willst: Alles ist verloren – das ist passiert«, stieß er hervor.

Sewas Unterlippe sank herunter. »Was – verloren?«

»Genau das. Komm schnell her, kannst dich selbst davon überzeugen!«

Alexej wandte sich vom Kellereingang ab, winkte Sewa mit der Hand, ihm zu folgen, und tauchte im Dunkel unter.

Sewa verharrte unschlüssig vor dem Eingang.

»Was stehst du da herum, komm schnell!« trieb ihn Alexej an.

»Hast du Streichhölzer?«

»Ja, hier...«

»Dann leuchte.«

Sewa zündete ein Streichholz an. Er mußte dabei seine Pistole unter die Achsel klemmen. Dann stieg er einige Stufen hinunter. »Siehst du es jetzt?«

»Nein«, antwortete Sewa unsicher, ängstlich in die Dunkelheit des Kellers starrend.

»Du blindes Huhn«, schimpfte Alexej, »sperr die Augen auf!«

Er ließ Sewa an sich vorbei, und als dieser eine Stufe tiefer stand als er, hielt er sich mit den Händen am Geländer fest und gab Sewa mit ganzer Kraft einen Fußtritt ins Gesäß.

Sewa fiel mit großem Gepolter die Treppe hinunter.

Alexej hastete nach oben, schlug die Tür zu und schob den Riegel vor.

Im Keller erhob Sewa ein wütendes Gebrüll, rasend über seine Dummheit, daß er vorangegangen war.

Alexej steckte die Finger in den Mund und pfiff aus Leibeskräften, wobei er sich vor Anstrengung fast hinhockte.

Sewa donnerte mit den Fäusten gegen die schwere Eichentür. »Mach sofort auf, du Schweinehund!« heulte er und stieß die unflätigsten Schimpfworte aus. »Öffne, oder ich töte dich, du Lump!«

»Bleib du nur ruhig drin!« rief Alexej. »Du kommst noch früh genug heraus.« Er mußte schnell zur Seite springen. Sewa schoß durch die Tür. Die Kugel durchbohrte das Holz und pfiff ganz dicht an Alexej vorbei. Sewa schoß noch einmal.

»Ja, ballere nur ruhig! Mir macht's nichts aus.«

Die Schüsse in dem verschlossenen unterirdischen Raum schienen jedoch den Banditen selbst betäubt zu haben. Sewa wurde ruhig. Man hörte deutlich, wie er die Treppe wieder hinuntertappte.

»Hierher!« schrie Alexej.

Die Genossen von der Tscheka liefen auf ihn zu.

Das Ausheben der Herberge verschaffte Illarionow für lange Zeit den Ruhm des besten operativen Mitarbeiters.

Vor dem Tor der Herberge ging auf den Bohlen, die über den Straßengraben gelegt waren, ein junger Lockenkopf auf und ab. Er trug eine weite Joppe, die sich über der Brust verdächtig bauschte.

Woronko trat dicht an den Burschen heran und bat ihn um Feuer. Der Schmieresteher wies die Bitte schimpfend ab.

»Warum schnauzt du mich an?« fragte Woronko vorwurfsvoll und blieb auf den Brettern stehen. »Hast wohl keine Achtung vor dem Alter, dabei könntest du mein Sohn sein.«

»Hau ab, Vater, mach, daß du wegkommst«, knurrte der junge Kerl, »sonst wirst du nicht mehr weit kommen.«

Woronko antwortete mit leisem Vorwurf: »Bist du aber unhöflich.« Im selben Augenblick schlug die harte Faust des ehemaligen Obermaats dem Burschen genau gegen das Kinn.

Ehe der Bursche zu sich kam, war er gefesselt. Woronko nahm ihm die unter der

Joppe versteckte Waffe ab. Inzwischen hatten Rotarmisten in aller Stille den Hof besetzt.

Der Gefangene erwies sich als ein wahres Juwel. Als er erkannte, mit wem er es zu tun hatte, brach er zusammen und erklärte sich schon auf das erste Wort Illarionows zu allem bereit, um sein Leben zu retten. Illarionow stieß den Burschen – die Pistole in dessen Rücken – vor sich her bis zum Hauseingang und befahl ihm, den Herbergsvater mit ruhiger Stimme herauszurufen. Als der Wirt erschien, bekam er einen Schlag mit dem Revolvergriff gegen die Schläfe, wurde geknebelt und dann in der Latrine auf dem Hof eingesperrt. Dann wurden mit Hilfe des ehemaligen Wachpostens zwei weitere Banditen, »die was zu sagen hatten«, nach draußen gelockt, wo sie unschädlich gemacht und zum Besitzer der Herberge in die Latrine gesteckt wurden. Alles übrige vollzog sich glatt, jedoch nicht ganz ohne theatralische Effekte, für die Illarionow Fachmann war.

Die Rotarmisten besetzten die Fenster. Woronko sicherte die Hintertür, und Illarionow drang mit vier Soldaten in das Haus ein.

Ein angetrunkener alter Mann mit eingedrücktem Nasenbein feuerte aus einem Browning auf Illarionow und verletzte ihn leicht an der Wange. Der alte Mann wurde entwaffnet. Die übrigen acht Banditen hoben ohne Widerstand die Arme.

Man verband Illarionow den Kopf, und er begann an Ort und Stelle, am Tisch, den ehemaligen Wachposten zu vernehmen. Der junge Bursche verriet, ohne zu zögern, daß sie alle nach der Explosion im Stab loslegen sollten und daß gleichzeitig die Smaginleute in die Stadt eindringen würden. Von welcher Seite wisse er nicht. Wahrscheinlich kenne nur Chwylja, der Wirt, die geheimen Schlupfwinkel Krutschenys. Doch Chwylja konnte »wegen seines angegriffenen Gesundheitszustandes«, wie Woronko ironisch erklärte, im Augenblick nicht verhört werden.

Die gefesselten Banditen wurden zum Stab abgeführt.

Die ganze Aktion fand noch bei Tageslicht statt. Sie hatte weniger als eine Stunde gedauert und war bereits beendet, bevor die Höllenmaschine explodierte.

Die Explosion erfolgte nämlich doch noch. Der Pionier hatte sich nach einigem Zögern entschlossen, das Schicksal nicht zu versuchen. Als er die Kiste aus der Stadt hinausgeschafft hatte, fingerte er gar nicht erst an dem gefährlichen Mechanismus herum. Der Zeitzünder verrichtete genau neunzehn Uhr fünfunddreißig Minuten sein Werk. Mindestens zwanzig Pfund Dynamit gingen in die Luft. In den entferntesten Stadtvierteln klirrten die Fensterscheiben.

Kurz darauf knatterten auf der zur Stadt führenden Straße Maschinengewehre.

Die Brüder Smagin stürmten mit ihrer Bande auf Aljoschki vor, in der Annahme, daß sie die Roten überrumpeln könnten. Mußten doch in der Stadt nach der Explosion Panik und Chaos herrschen. Die Banditen bildeten sich ferner ein, daß in Aljoschki in diesem Augenblick überhaupt keine Kräfte vorhanden wären, die ihrem frechen Überraschungsangriff widerstehen könnten.

Sakownin hatte nicht genug Zeit besessen, um einen so vollkommenen Hinterhalt vorzubereiten und anzulegen, daß die Smaginbande an diesem Septemberabend ihr Dasein beendet hätte. Da Alexej ihn erst spät benachrichtigen konnte, vermochte er lediglich zwei zu seiner Verfügung stehende Schützenzüge den Angreifern entgegenzusenden und einen MG-Hinterhalt zu legen. Als die Bande am Stadteingang auf Widerstand stieß, wich sie dem Kampf sofort aus. Kaum begannen die Maschinengewehre zu feuern, kaum krachten die Gewehre aus dem Versteck der Rotarmisten und kaum flogen die ersten Reiter im hohen Bogen über die Hälse ihrer Pferde, da rissen die Smaginleute ihre Gäule herum und galoppierten davon. Der Staub erhob sich zu einer grauen Wolke über der Chaussee, und nur einzelne, ungezielte Gegenschüsse blitzten aus ihr heraus. Als der Staub zerstoben war, sah man auf der Straße ein gutes Dutzend Leichen liegen. Ein Pferdefuhrwerk war in den Straßengraben gestürzt. Daneben wälzte sich ein Pferd mit gebrochenen Beinen. Auf zwei anderen Pferden, deren Zügel hastig durchschnitten worden waren, flitzten die Fahrer davon. Ein Bandit, dessen Pferd bei der Schießerei gescheut hatte und durchgegangen war, lief hinkend hinterher. Er schoß in die Luft und rief seinen »Brüderchen« nach, ihn doch nicht im Stich zu lassen. Doch die »Brüderchen« hörten nicht mehr. Da verschanzte er sich hinter einem kleinen Hügel und verteidigte sich verzweifelt. Dabei erschoß er zwei Rotarmisten und verwundete einen Zugführer schwer.

Nachdem Alexej Chramsow zur Durchsuchung des Fedossowschen Hauses und zur anschließenden Verhaftung Sewas zurückgelassen hatte, rannte er zum Stab, um Sakownin vor dem bevorstehenden Banditenüberfall zu warnen. Der Chef des Stabes schickte ihn umgehend zum Marktplatz. Welitschko solle seine Leute zur Verteidigung gegen die Banditen einsetzen und sich selbst unverzüglich im Stab melden.

Alexej berichtete Welitschko über das Ergebnis der Razzia bei Fedossow und bat, mit in den Kampf gegen die Banditen ziehen zu dürfen.

»Ich komme ohne dich aus«, erklärte Welitschko streng. »Den Krutscheny hast du laufen lassen, jetzt soll wohl auch das Mädel entwischen? Hau ab und hol die Fedossowa! Aber komm nicht ohne sie zurück!«

Alexej eilte wieder zur Portowaja. Sewa hatte sich im Keller verbarrikadiert und ließ sich auf keine Verhandlungen mit den Tschekisten ein. Anscheinend hoffte er, die Ankunft der Smaginleute abwarten zu können. Wolodja zeigte Alexej Sprengkörper und abgerissene Enden von Telefonleitungen: Dinas Freunde hatten die Telefonverbindung zerstört.

Alexej befahl, die Durchsuchung des Hauses und des Grundstücks fortzusetzen und ging dann zum Badehäuschen hinunter. Ein geräumiges Fischerboot schaukelte auf dem Wasser. Alexej ruderte zur Insel.

Auf der Jagd nach Dina

Alexej hörte die Detonation, als er am Hafen vorbeifuhr. Über den Schilfinseln loderte der rote Schein der untergehenden Sonne. Die Weiden wiegten sich leicht, und ihre Schatten schwankten auf dem Fluß.

Der Herbst hatte dem Grün ihrer Blätter bereits etwas Gelb beigemengt. Die Erschütterung durch die Explosion war so gewaltig, daß alles aus dem Gleichgewicht zu geraten schien, die Bäume, die kühle, glatte Wasseroberfläche, die rötlich schimmernden Wolken und die Häuschen am Ufer... Die Menschen an der Dampferanlegestelle begannen hin und her zu hasten. Alexej horchte auf den langsam verebbenden Schall der Explosion und suchte zu raten, wo sie erfolgt war. Es fuhr ihm kalt über den Rücken, als er daran dachte, daß diese Sprengladung für den Stab bestimmt gewesen war, der inmitten von eng beieinanderstehenden Wohnhäusern lag, und daß er selbst ein Opfer des Attentats hatte werden sollen. Markow hatte es so gewollt. Ob Dina das wußte?

Alexej ruderte an der Sandbank vorüber, an der er das vorige Mal angelegt hatte. Er steuerte sein Boot in eine stille Bucht, wo das Schilf nicht sehr dicht stand. Dann stieg er ans Ufer, zog seinen Revolver und begann die Hütte zu suchen.

Auf das Ufergebüsch senkte sich bereits die Abenddämmerung hernieder. Der Boden war von den letzten Regenfällen aufgeweicht, feuchtes Moos quatschte unter den Stiefeln und gab nach. Alexej tastete sich langsam vorwärts, um festen Boden zu suchen. Manchmal geriet er vom Wege ab und versank knöcheltief im Morast.

Alexej blieb stehen. Er hörte Stimmen. Sie erklangen in der Nähe, etwas hinter ihm, und schienen von oben zu kommen. Zu seiner Linken erstreckte sich ein niedriger, etwas abschüssiger Hang, der von jungen Weiden bewachsen war. Alexej hielt sich an den Zweigen fest und kletterte hinauf. Einige Meter weiter stieß er auf die Rückwand des primitiven Häuschens. Eine Weile lauschte

Alexej, bemüht, an den Stimmen zu unterscheiden, wieviel Menschen dort waren. Er hörte den knarrenden Bariton von Vater Fedossow, der über etwas unzufrieden war. Laut und im Befehltston erwiderte Dina: »Woher soll ich denn das wissen? Laß mich endlich in Ruhe!«

Dann zeterte eine Frau, ziemlich lange und mürrisch, wahrscheinlich Dinas Mutter. Andere Stimmen hörte Alexej nicht. »Ich habe wirklich genug von euch«, sagte Dina ärgerlich.

»Herrgott, habe ich die Nase voll!« Alexej hörte, daß etwas umgeworfen wurde, dem Geräusch nach eine Kiste. »Bleibt sitzen und zeigt euch nicht draußen, ich komme gleich wieder.«

An der Vorderseite der Schilfhütte schlug eine Tür zu. Dina schritt schnell den Pfad entlang. Alexej kannte genau ihren Gang. Leise schob er die Zweige auseinander und schlich um die Hütte. Im Gestrüpp verborgen, sah er, daß Dina vor einem breiten alten Baumstumpf stehengeblieben war. Sie tippte den Stubben mit dem Fuß an, um seine Festigkeit zu prüfen, und stellte sich dann darauf.

Dina hatte dasselbe braune Kleid an, das sie während ihres Dienstes auf der Post getragen hatte. Über ihre Schultern war ein kariertes Tuch geworfen, und die Füße steckten in hohen, bis zur Wade reichenden Schnürstiefeln.

Das Mädel war jung, hübsch und verfehlte seine Wirkung auf Alexej nicht. Die Minuten vergingen, aber Alexej konnte seine Augen nicht von ihr lösen und blieb wie angewurzelt stehen.

Den Kopf hoch erhoben, verharrte Dina wie erstarrt auf dem breiten Baumstumpf. Der leichte Wind spielte mit ihrem kupferschimmernden Haar und preßte das Kleid eng an ihre langen Beine. Ihre zierliche Gestalt wirkte gespannt wie eine Sehne. Das Mädchen lauschte.

Und jetzt vernahm auch Alexej ein entferntes, undeutliches Geräusch, das dem Knistern von Reisig ähnelte. Es waren Schüsse – mal in kurzer Folge, mal in langgezogenen, bellenden Salven. Es klang, als trampelte jemand, weit in der Ferne, wütend auf trockenem Geäst herum.

Die Smaginleute! Am Stadtrand wird gekämpft – ging es Alexej durch den Kopf. Er zögerte nicht mehr und sprang, die Zähne zusammengepreßt, auf den Pfad.

Als Dina seine Schritte hörte, schrie sie auf und fuhr herum. Alexej hatte Verlegenheit erwartet, schreckerstarrte Augen, kläglich gestammelte Entschuldigungen, aber nichts dergleichen geschah.

»Aljoscha!«

Das Mädchen sprang vom Baumstumpf und lief so flink auf Alexej zu, als käme sie durch die Luft geflogen. Noch im vollen Lauf fiel sie ihm um den Hals. Sie preßte sich an ihn, wich wieder zurück und hielt dabei seine Hände fest. Dina schien nicht zu bemerken, daß er in einer Hand seine Pistole hielt.

»Aljoscha, Sie sind hier, Liebster! Hat er Sie also doch noch warnen können. Ich war schon ganz durcheinander und fand keine Ruhe mehr. Aljoscha, Sie sind ein Held, ich habe alles gehört.«

Ihr Gesicht, ihre Augen, alles strahlte – aufgelöst und triumphierend.

Er hat mich noch warnen können? Alexej dachte nach. Demnach wäre sie, was mich betrifft, unschuldig. Völlig verwirrt schwieg Alexej.

»Und was Sie für ein Werk verrichtet haben, was für eine Sache!« Dina konnte sich gar nicht beruhigen. Sie packte Alexej am Ärmel seiner Uniformjacke und schüttelte ihn. »Schon der Gedanke allein: den Stab vernichtet! Es ist der größte Erfolg in der ganzen Zeit, und alles haben Sie getan, Sie, Aljoscha. Erst die Karte und dann das. Ich bin stolz auf Sie, denn ich habe Sie ja entdeckt. Aber nicht genug damit: Hören Sie doch, was sich dort tut. Unsere Leute sind jetzt schon in der Stadt.«

Sie schleppte Alexej zu dem Baumstumpf. »Hören Sie?«

Nun erst, da er sie so hingerissen vor Begeisterung sah, fühlte Alexej einen furchtbaren Zorn auf dieses Mädchen in sich hochsteigen. Wie konnte sich Dina nur so darüber freuen, daß in diesen Augenblicken durch ihre Schuld – wie sie es sich einbildete – viele Menschen starben, seine Kampfgefährten! Ihr Tod erfüllte das Mädchen mit festlicher Freude, ließ ihre Wangen erglühen und ihre Augen glänzen. Was war sie doch für eine Bestie, diese fanatische Konterrevolutionärin! Dina mußte wirklich wie von Sinnen sein, denn sonst hätte sie Alexej den Haß vom Gesicht abgelesen. Aber sie war außer sich vor Freude über den vermeintlichen Sieg der Ihren und dachte an nichts anderes. Sie stampfte ungeduldig mit dem Fuß auf. »Jetzt halte ich es hier nicht länger aus, das ist unmöglich. Bringen Sie mich rasch nach Aljoschki! Doch halt, wo ist denn Sewa?«

»Er ist dort zurückgeblieben und erwartet uns.«

»Dann schnell. Wir wollen sofort fahren.«

»Na gut«, erklärte Alexej, während er seine Pistole in die Tasche steckte. »Wollen Sie sich nicht wenigstens von Ihren Eltern verabschieden?«

»Nein, das ist nicht nötig, die werden nur hysterisch. Sie sind doch hier in Sicherheit.«

»Schön, dann kommen Sie mit.«

Sie gingen geradewegs durch das sumpfige Gelände zur Bucht, in der das Boot lag. Dina nahm am Heck Platz, Alexej stieß das Boot ab, kletterte ebenfalls hinein und lenkte es auf den Fluß hinaus.

Sie saßen einander gegenüber. Alexej verzog beim Rudern vor Anstrengung das Gesicht. Dina erzählte unaufhörlich.

»Mein Gott, habe ich auf Sie gewartet! Wenn Sie wüßten, wie ich die ganze Zeit an Sie gedacht habe, wären Sie jetzt stolz, Aljoscha. Es war furchtbar, daß man mich zwang wegzufahren. Ich hätte zu Hause bleiben müssen. Die Ungewißheit ist schlimmer als jede Gefahr. Nun berichten Sie aber, wie Sewa Sie gefunden hat. Wissen Sie, ich beginne über diesen Kretin besser zu denken. Nur ist dem Kerl ja nichts heilig. Ich habe ihm erklärt: Wenn du Michalew nicht warnst, bringe ich Viktor so weit, daß er mit dir abrechnet, wie du es verdienst! Er begriff endlich, daß ich nicht scherzte, und zog los. Konnte ich aber sicher sein, daß er den Mut aufbrachte, Sie im Stab zu suchen? Sie müssen mir glauben, Aljoscha, daß man auch mich über den Zeitpunkt der Explosion getäuscht hat. Sewa hat mir das erst auf der Insel erzählt. Ich bin beinahe verrückt geworden, zumal ich gleich nicht hierherfahren wollte. Viktor hat mir aber erklärt: Der Michalew ist ja kein Kind, er wird zur Portowaja kommen, merken, daß niemand mehr da ist, und sich so lange verstecken, bis unsere Leute die Stadt besetzt haben!«

Alexej unterbrach sie. »Aber ich wußte doch gar nicht, daß ein Überfall auf die Stadt vorbereitet wurde.«

»Ja, das stimmt; es war ein Fehler, Sie nicht zu informieren. Aber Viktor ist ja so verschwiegen. Ich mußte ihm schwören, zu niemandem ein Sterbenswörtchen zu sagen, Aljoscha, Sie dürfen sich nicht über ihn ärgern.« Ihr Ton wurde versöhnlich. »Er ist doch unserer Sache so treu ergeben, Sie wissen es schließlich selbst. Nun, es wurde ein Überfall auf die Stadt vorbereitet, jetzt kann ich Ihnen alles erzählen. Jetzt darf ich es. Viktor hat sich zu diesem Zweck mit den Smagins in Verbindung gesetzt. Es ist Ihnen wahrscheinlich nicht bekannt, daß die Abteilung der Smagins nicht hier, sondern hinter dem Dnepr in der Nähe von Bolschaja Alexandrowka tätig ist. Viktor mußte sie buchstäblich zwingen, über den Fluß nach hier zu kommen. Es war nicht leicht, das können Sie mir glauben. Formationen wie die Smaginsche trennen sich nicht gern von ihrem Revier. Dort ist ihnen alles bekannt. Aber – wie gesagt – Viktor schaffte es. Er besitzt eine erstaunliche Willenskraft. Sie hatten allerdings die Bedingung gestellt, daß alles gewissenhaft vorbereitet sein müßte. Viktor war darum so nervös ... Wo fahren Sie denn hin, Aljoscha?«

Alexej lenkte das Boot an dem Hauptarm des Flusses vorüber.

»Wir fahren nur um dieses Inselchen herum und warten ab, bis sich in der Stadt alles beruhigt hat, dort ist es jetzt zu gefährlich.«

In Wirklichkeit bewegten ihn andere Gründe dazu, so zu handeln: Die Schießerei hatte nicht nachgelassen, und er wußte nicht, wie sich die Lage in Aljoschki entwickelte. Was dann, wenn es den Smaginleuten trotz allem gelungen wäre, in die Stadt einzudringen? Gewiß, das war wenig wahrscheinlich, aber Alexej wollte nichts riskieren. Er mußte wenigstens eine halbe Stunde Zeit gewinnen, bis es ganz dunkel geworden war. Andernfalls mußte er Dina direkt nach Cherson bringen.

»Reden Sie keinen Unsinn, Aljoscha«, sagte sie und runzelte die Stirn.

»Man darf jetzt noch nicht in die Stadt«, entgegnete er. »Und was ist, wenn die ›Unsrigen‹ zurückgeschlagen werden?«

»Das ist ganz unmöglich. Ich kann mir vorstellen, was für eine Panik jetzt bei den Roten herrscht. Sie können bestimmt nicht zur Besinnung kommen, geschweige denn Widerstand leisten. In der Stadt sind doch kaum Truppen zurückgeblieben.«

»Das mag alles richtig sein, aber trotzdem. Zumindest könnten wir hier ein wenig abwarten.«

»Und ich erkläre Ihnen, Sie fahren unverzüglich weiter!«

Alexej lenkte jedoch das Boot bereits in Ufernähe. Ungefähr hundert Meter von der Stelle entfernt, an der ihn seinerzeit Wolodja Chramsow gefunden hatte, ließ er den Kahn ins Schilf gleiten.

Dina wurde wütend. »Machen Sie sofort, daß wir hier wieder wegkommen! Ich gedenke keinen Augenblick zu warten.«

»Hören Sie zu«, entgegnete Alexej energisch, »jetzt trage ich die Verantwortung für Sie.« Das Schilf umknickend, wendete er das Boot, so daß die Dampferanlegestelle zu sehen war.

»Warum haben Sie mich eigentlich von der Insel geholt?« Dina hatte die Hände geballt und schlug hörbar die Knöchel gegeneinander. »Weshalb haben Sie das getan? Um jetzt hier die Zeit zu vertrödeln!«

»Beruhigen Sie sich, wir fahren gleich weiter.«

Das Schießen klang allmählich schwächer. Alexej zweifelte nicht mehr daran, daß der Angriff abgeschlagen war. Nun konnte er ohne Bedenken weiterfahren. Aber er wollte, solange Dina nichts ahnte, noch verschiedenes herausbekommen. Alexej rückte näher zu ihr. »Gedulden Sie sich noch ein wenig«, sagte er beschwichtigend. »Vorsicht schadet nie. Übrigens möchte ich Sie etwas fragen...«

»Aljoscha, lassen Sie uns weiterfahren.«

»Sofort. Nur sagen Sie mir eins, Dina, wer war der Mann, der Ihnen das Paket mit der Höllenmaschine gebracht hatte? Es war doch so ein Dicker, und er kam mir irgendwie bekannt vor.«

»Damals sagten Sie aber, Sie sähen ihn zum erstenmal in Ihrem Leben.«

»Schon richtig, aber ich habe – geschwindelt.«

Das Mädchen zog bei seinen Worten erstaunt die Brauen in die Höhe.

»Ja, ich weiß nicht warum, aber ich habe gelogen. Wie heißt der Mann?«

Von plötzlichem Mißtrauen erfaßt, schüttelte Dina den Kopf. »Ich weiß nicht, wie er heißt.«

»Gut. Dann werde ich es Ihnen sagen. Vielleicht irre ich mich auch. Sollte ich aber recht haben, dann geben Sie es bitte zu. Erinnern Sie sich, daß ich Ihnen erzählt habe, ich besäße eine Schwester, die ich in Cherson vergeblich suchte? Sie heißt Jekaterina, Katja, und ist verheiratet. Ihr Mann ist ein gewisser – Pawel Nikodimowitsch Gluschtschenko.« Vor Aufregung konnte Alexej den Namen nur mühsam über die Lippen bringen.

»Aljoscha, scherzen Sie?«

»Nein, durchaus nicht.«

»Na so etwas, warum haben Sie mir das nicht schon früher erzählt. Selbstverständlich war der Mann Gluschtschenko. Das nenne ich aber einen Zufall! Da könnte man doch verrückt werden! Warum haben Sie bloß geschwiegen? Sie sind ein Verwandter von Gluschtschenko, das ist für Sie die allerbeste Empfehlung.«

Alexej grinste finster.

Ohne es zu bemerken, fuhr das Mädchen

lebhaft fort: »Ich hätte Sie schon längst mit ihm zusammenbringen können. Aber was sage ich, woher sollten Sie denn das wissen. Gluschtschenko steht mit Leib und Seele auf unserer Seite und ist ein bewährter, zuverlässiger Mitarbeiter. Er hat sehr viel für unsere gemeinsame Sache getan. Mit seiner Hilfe können wir unsere ständige Verbindung mit der Krim aufrechterhalten. Im vergangenen Jahr beteiligte er sich an der Gründung der ukrainischen Abteilung im Bezirk Jekaterinoslaw. Er ist ein eingefleischter ukrainischer Nationalist. Die Abteilung wurde jedoch aufgerieben, und er kam dann hierher zu uns.«

Sieh mal einer an, wie sich mein lieber Verwandter entwickelt hat! dachte Alexej. Wer hätte das vermutet.

Dina plauderte inzwischen weitere Einzelheiten über Gluschtschenko aus. »Er hat sich ein Haus gekauft, ungefähr zehn Kilometer von Aljoschki entfernt. Es ist eine abgelegene Stelle. Sein Haus ist der geheime Treffpunkt für alle, die von jenseits der Front kommen. Übrigens kenne ich auch Ihre Schwester, Aljoscha, und ob ich sie kenne. Sie kam zu uns in die Stadt und brachte uns Lebensmittel. Mein Gott, wenn man bedenkt, daß es Ihre Schwester ist, so ein nettes, bescheidenes Geschöpf!«

»Ist sie gesund?«

»Ich glaube schon, obwohl sie ein bißchen kränklich aussieht.«

»So sah sie immer aus«, meinte Alexej mit belegter Stimme. Die Aufregung verschlug ihm fast die Sprache. Seine Schwester Katja. Wie sich doch alles gewandelt hatte.

»Sie sollen sie bald wiedersehen«, erklärte Dina. »Und wie sich Ihre Schwester freuen wird!«

Alexej war nicht davon überzeugt.

Dina legte ihm die Hand aufs Knie. »Aljoscha, hören Sie doch mal!« »Weshalb ist es so still?«

Er horchte. Das Schießen hatte aufgehört. Der Wind rauschte im Schilf, bog es hin und her. Unter den Bodenbrettern des Bootes gluckerte das eingedrungene Wasser.

Die Stille konnte nur noch eins bedeuten: Die Smaginleute waren verjagt. Im umgekehrten Falle hätten die Banditen ihren Sieg auf allen Straßen mit Jubelgeschrei, Freudenschüssen und Handgranaten gefeiert.

Alexej setzte sich auf die Bootsspitze und starrte zum Hafen hinüber. Friedlich brannten dort Laternen. Hinter den Fenstern der Häuser wurde Licht angezündet. Alles blieb ruhig. Alexej wandte sich um und sagte mit dumpfer Stimme: »Es sieht schlecht aus, Dina. Ich glaube, man hat die ›Unsrigen‹ zurückgeschlagen.«

»Sie haben wohl den Verstand verloren, Aljoscha!«

Er zuckte die Achseln.

In der Dämmerung wirkte Dinas Gesicht wie ein verschwommener weißer Fleck mit schwarzen Augenhöhlen.

Einen Augenblick schwiegen beide.

»Lassen Sie uns fahren«, bat Dina.

»Wohin?«

»Zurück zu meinen Eltern.«

»Und wie soll es nun weitergehen?«

Dina antwortete nicht. Sie warf sich mit zitternden Händen das Tuch über den Kopf, wollte es zuknoten, aber ihre Finger gehorchten ihr nicht, und sie ließ die Hände auf die Knie sinken.

»Und wie soll es nun weitergehen?« wiederholte Alexej, während er sich auf seinen alten Platz im Boot begab. »In Ihr Haus dürfen Sie auf keinen Fall zurückkehren. Wenn man jemanden festgenommen hat, der Sie kennt, könnte er Sie verraten.«

Sie schüttelte verzweifelt den Kopf. »Nein, nein, nur nicht dorthin!«

»Wohin aber sonst? Was haben Sie mit Markow verabredet? Oder hat er überhaupt nicht an die Möglichkeit gedacht, daß die Sache scheitern könnte! Befahl er Ihnen vielleicht, auf der Insel zu warten, und wollte er selbst kommen, um Sie zu holen?«

Das Mädchen schien fieberhaft nachzudenken. »Nein... Wir hatten eigentlich vereinbart... Sewa sollte... Wo mag er jetzt bloß stecken? Kommen Sie, wir fahren schnell zur Hütte zurück. Vielleicht ist Sewa inzwischen gekommen.«

»Nein, wir können ihn nicht verpaßt haben. Wir hätten ihn gesehen, einen anderen Weg gibt es nicht.«

»Was sollen wir nur tun!« jammerte Dina und vergrub ihren Kopf in den Händen. Aus ihr sprach die nackte Angst. »Wo können wir ihn noch suchen?«

»Nun sagen Sie endlich, was Sie vereinbart hatten«, schrie Alexej und rüttelte Dina an der Schulter.

»Sewa sollte uns – Papa, Mama und mich – nach Stepino bringen. Dort würde Viktor sein.«

»Wann?«

»Morgen nacht. Viktor sagte: Wenn was passiert, wartet auf der Insel bis morgen, Sewa beschafft Pferde...«

»Und wissen Sie, wo Stepino liegt?«

»Nein...«

Alexej zog ein Ruder aus der Dolle und stieß damit das Boot ab. Es glitt aus dem zähen Modderboden ins tiefe Wasser. Er richtete die Ruder und wendete das Boot in Richtung Hafen.

»Wo wollen Sie denn hin?«

»Zur Stadt.«

»Weshalb?«

»Ich werde Sie verstecken und fahre dann noch mal los, Ihre Eltern holen. Bleiben Sie ruhig sitzen, ich weiß, was ich tue.«

Sie gehorchte ihm und machte sich am Heck ganz klein. Ab und zu äugte sie ängstlich zu den immer näher kommenden Hafenlichtern hinüber.

Alexej machte unmittelbar neben der Dampferanlegestelle am abschüssigen Ufer fest.

Die Bootsinsassen wurden sofort angerufen. »He, wer ist da?« Zwei Männer mit Gewehren und einer Laterne sprangen von dem hohen Steg herunter.

»Bleiben Sie sitzen und rühren Sie sich nicht von der Stelle!« befahl Alexej dem Mädchen und ging den Rotarmisten entgegen. Er zeigte seinen Dienstausweis vor. Die Soldaten lasen ihn abwechselnd. Der eine von ihnen wollte wissen, woher Alexej käme, mit wem und zu welchem Zweck. Alexej zischte ihn wütend an: »Komme morgen zur Tscheka, dann werde ich dir alles erzählen!«

»Laß ihn in Ruhe«, sagte der zweite Rotarmist und gab Alexej den Ausweis zurück. »Du kannst passieren, Genosse Michalew, alles in Ordnung. Sei nicht böse, aber du wirst verstehen – heute war hier allerhand los.«

»Was gab es denn, erzähle?«

»Was los war?« Der Rotarmist berichtete bereitwillig. »Ein Haufen Banditen kam angewetzt, sie haben eine Bombe gesprengt, in den Erdlöchern vor der Stadt. Das hat vielleicht einen Knall gegeben! Der war bestimmt auch in Cherson zu hören!«

»Na, na!«

»Doch ganz gewiß. Das haben die Banditen bloß gemacht, um unsere Aufmerksamkeit abzulenken. Und dann haben sie plötzlich vom Bahnhof her zugeschlagen. Aber wir haben ihnen vielleicht ein Ding verpaßt! Sie mußten türmen, daß nur noch der Staub zu sehen war.«

»Wurden Gefangene gemacht?«

»Ja, einen soll man geschnappt haben. Ich kann es nicht genau sagen.«

Alexej kehrte zu Dina zurück. Sie erwartete ihn im Boot, zusammengekrümmt und bis zu den Augen in ihr Tuch eingewickelt. Alexej führte Dina auf Umwegen in die Stadt, die stumm und verlassen dalag. Nur über die Hauptstraße schlenderten in lebhafter, erregter Unterhaltung Rotarmisten.

Plötzlich legte Alexej seinen Arm um Dina und hielt sie mit festem Griff an sich gepreßt. Sie näherten sich dem unbeschädigten Stabsgebäude. Dina wand sich hin und her und schrie vor Angst. Fast auf den Armen tragend, schleppte Alexej das Mädel an erstaunt auseinanderweichenden Soldaten und Posten vorbei durch den langen Gang. Der Korridor, von blakenden und stinkenden Öllampen erhellt, führte in das Vorzimmer der Stabskanzlei. Ein Tschekist half Alexej, das Mädchen in Sakownins Zimmer zu bringen.

Als Alexej Dina losließ, sank sie zu Boden. Ihr Tuch war heruntergefallen, der Zopf hatte sich gelöst, das Kleid war völlig zerknüllt und zerfetzt. Angesichts des Bildes, das sie bot, beschlich Alexej einen Augenblick lang ein Gefühl des Mitleids. Ihr Blick verriet wahnsinnige Angst und irrte von einem zum anderen.

»Die Fedossowa?« fragte Welitschko.

»Ja«, antwortete Alexej. Sein Atem ging schwer.

Als Dina seine Stimme hörte, zuckte sie zusammen, als hätte sie einen elektrischen Schlag erhalten. Dann begann sie plötzlich, fieberhaft etwas im Brustausschnitt ihres Kleides zu suchen. Dabei starrte sie Alexej mit weitaufgerissenen, haßerfüllten Augen an. Tuljakowski, der neben ihr stand, konnte ihr im letzten Augenblick einen kleinen glitzernden Damenrevolver entwinden.

Dina brach in krampfhaftes Schluchzen aus und biß in ihre Fingerknöchel.

»Führt sie ab!« sagte Welitschko voll Ekel und Verachtung.

III

In der Steppe von Cherson

Nach diesen heißen Tagen dachte Alexej zuweilen daran, daß es vielleicht nicht schlecht wäre, so wie vor zwei Jahren ins Blaue zu fahren, sich hinzulegen, an nichts zu denken und den zum Zerreißen gespannten, überreizten Nerven Ruhe zu gönnen: Doch dazu war weder Zeit noch Möglichkeit, denn nicht nur die Zeiten hatten sich geändert, sondern auch Alexej Michalew war nicht mehr der alte.

Zunächst mußte er veranlassen, daß jemand die Fedossows von der Insel holte. Dann mußten die Verhafteten vernommen werden.

Als das alles erledigt war, fand in der Sonderabteilung eine kurze Beratung statt. Alexej berichtete, wie er Dina verhaftet hatte und was er von ihr, vor allem auch über Gluschtschenko, erfahren hatte. Keiner nahm Anstoß an Alexejs Verwandtschaft mit dem konterrevolutionären Verschwörer, gab es doch überall auf beiden Seiten der Front, in den beiden tödlich verfeindeten Lagern leibliche Brüder, Väter und Söhne. Da kam es auf einen Schwager, der »drüben« stand, schon gar nicht an.

Chramsow berichtete über die Ergebnisse der Haussuchung auf dem Fedossowschen Anwesen und über Sewas Verhaftung. Als der Bandit nach einer einstündigen Belagerung erkannt hatte, daß Markows Abenteuer gescheitert war, kroch er aus dem Keller ans Tageslicht. Er spielte den Reumütigen, erklärte, daß er »es diesen Hundesöhnen heimzahlen« würde, die ihn verkauft hätten, und gab fünf Geheimadressen von Krutscheny bekannt. Zuletzt sprach Illarionow. Sein Kopf war verbunden. Er machte ein grimmiges Gesicht und schilderte mit derben Worten die Razzia in der Herberge. Dann überhäufte er, ohne jeden Übergang, Alexej mit Vorwürfen.

Krutscheny, das Haupt der konterrevolutionären Verschwörung, sei entwischt. Wer sei schuld daran? Er wolle keine Namen nennen, halte es aber für seine Pflicht, darauf hinzuweisen, wohin unüberlegte Experimente bei der operativen Arbeit führten. Auch in diesem Fall wäre zweifellos alles anders abgelaufen, wenn man ihm, Illarionow, keinen Knüppel zwischen die Beine geworfen hätte. Kurtscheny säße in einer Einzelzelle der Chersoner Tscheka und hätte keine Möglichkeit, sich in der Steppe zu verkriechen und neue Abenteuer vorzubereiten – wie jetzt. Möge dieser Mißerfolg einigen zu selbstbewußten Tschekisten, die versuchten, Erfahrung und eiserne Konsequenz der operativen Maßnahmen durch primitive, hausbackene Mittel zu ersetzen, als Lehre dienen.

Woronko konnte sich nicht mehr zurückhalten. »Sprich nicht so hinterhältig. Mißerfolg, Mißerfolg! Hier gibt es gar keinen Mißerfolg. Nur weil nicht alles nach deiner Nase gegangen ist, redest du so mißgünstig daher. Krutscheny! Natürlich ist es ein Jammer mit Krutscheny. Du hättest ihn vielleicht gefaßt – und alle anderen laufen lassen.«

»Die wären nicht weit gekommen, ereiferte sich Illarionow. »Aber wenn ihr es genau wissen wollt: Für mich ist diese eine Person allein mehr wert als der ganze Haufen. Morgen hat er wahrscheinlich eine noch größere Rotte angeworben, und dann geht alles wieder von vorn los.«

»Daß Krutscheny entwischen konnte, ist natürlich ein Fehler«, erklärte Welitschko,

»aber es ist nicht angebracht, diesen Fehler unnötig aufzubauschen. Schließlich gibt es kaum eine Operation, die völlig reibungslos verläuft. Was aber deine ›eiserne Konsequenz‹ betrifft, Illarionow, so ist sie sattsam bekannt. Du verhaftest, was dir unter die Finger kommt, nach der Devise: Vielleicht ist der Richtige dabei. Das ist auch keine Methode. – Doch du, Michalew, brauchst nicht zu glauben, daß ich dich verteidigen will. Das Wichtigste ist dir nicht gelungen: Du zogst aus, um Krutscheny zu fangen, hast ihn aber verpaßt. Bist mir schon ein feiner Tschekist...«

»Selbst Alter schützt vor Torheit nicht, und Michalew ist ein junger Mensch«, sagte Woronko beschwichtigend.

Obwohl Alexej durch die Ereignisse der letzten Tage bedrückt und völlig erschöpft war, erklärte er: »Es ist noch nicht zu spät, gebt mir eine Abteilung, und ich schnappe Krutscheny in Stepino.«

»Eine Abteilung! Wo soll ich denn eine Abteilung für dich hernehmen?«

»Sakownin soll sie zur Verfügung stellen. Falls er es nicht tut, muß man die ganze operative Gruppe mobilisieren.«

»Gut, gehen wir zu Sakownin.« Welitschko erhob sich. »Und ihr, Genossen, beginnt mit den Vernehmungen. Morgen werden wir die Verhafteten nach Cherson überführen.«

Sakownin sagte Hilfe zu. Doch der nächste Morgen warf seine Pläne restlos über den Haufen. Im Morgengrauen dröhnte die Steppe vom Geschützdonner wider: Die Weißen starteten einen Gegenangriff. Die Reserveeinheiten, die Sakownin zur Verfügung standen, wurden in die Hauptkampflinie geworfen. Auch der Stab, einschließlich der Sonderabteilung, sollte sich an die Front begeben.

Welitschko sah sich gezwungen, den Abtransport der Verhafteten zu beschleunigen. Es handelte sich um rund fünfzig Personen. Reguläre Transportmöglichkeiten gab es nicht. Der fahrplanmäßige Dampfer aus Cherson war ausgeblieben. Man entschloß sich, Fischerboote zu benutzen.

Natürlich konnte im Augenblick keine Rede davon sein, eine Abteilung für Markows Verfolgung zusammenzustellen.

Alexej traf Welitschko im Fischerdorf, als der mit Woronko und Illarionow Quittungen für die beschlagnahmten Fischerboote ausstellte.

»Was soll nun werden, Genosse Welitschko?«

»Du meinst mit Krutscheny? Du siehst doch selbst, was los ist! Wir werden alles aufschieben müssen.«

»Die Sache darf man aber nicht verschieben. Er hatte sich mit der Fedossowa für heute verabredet. Morgen ist es zu spät.«

Welitschko wurde wütend. »Was befiehlt der Herr zu tun? Sollen wir vielleicht die Verhafteten allein lassen, damit sie davonlaufen? Es sind doch keine Leute da! Wir werden selbst die Ruder in die Hand nehmen müssen, um dieses Gesindel mit allem Komfort nach Cherson zu bringen. Du hättest dir die Sache früher überlegen müssen, nicht erst jetzt. Fällst vom Pferd und willst dich am Schwanz festhalten!«

Illarionow grinste. Woronko schwieg, sein Schnurrbart sträubte sich. »Geben Sie mir Chramsow mit«, bat Alexej. »Wir beide werden mit allem fertig.«

»Chramsow! Der ist bereits in der Nacht mit dem Kutter nach Cherson gefahren – mit dem Bericht.«

»Dann gehe ich eben allein.«

»Was wirst du allein schon tun können!«

»Ich schaffe es. Wenn ich ihn nicht verhaften kann, schieße ich ihn nieder.«

Welitschko schielte Alexej von der Seite an. »Hör endlich auf, Unsinn zu reden, ich halte nichts von dieser Sache.«

Woronko schaltete sich ein. »Weißt du, Welitschko, ich würde selbst mit ihm losziehen, denn die Sache lohnt sich. Einer allein wird es schwer haben, aber für zwei wäre es leichter, nicht wahr?« Alexej konnte sich keinen besseren Gefährten denken. Voller Hoffnung sah er Welitschko an.

Der überlegte eine Weile. Dabei kniff er seine klugen, vor Übermüdung geröteten

Augen leicht zusammen. »Hol euch der Teufel, haut ab!«

Jetzt war es notwendig, sich über den kürzesten Weg nach Stepino zu informieren und Reitpferde oder wenigstens einen Pferdewagen aufzutreiben. Sie gingen zu Marusja.

Das Mädchen und die verheulte, schwerhörige Tante waren gerade dabei, Marusjas kärgliche Mitgift – etwas Wäsche – in eine bunte, eisenbeschlagene Truhe zu packen. Marusjas Gesicht erhellte sich vor Freude, als sie Alexej und Woronko sah. Sie teilte ihnen mit, daß sie nach Cherson versetzt worden sei. Welitschko habe ihr gesagt: »Du hast lange genug hier herumgesessen, in Cherson gibt es allerlei zu tun.« Sie solle gemeinsam mit den anderen fahren, in einem der Boote gebe es schon ein Plätzchen für sie. Als Marusja erfuhr, aus welchem Grunde die beiden gekommen waren, verwarf sie ihre Pläne sofort. Sie wollte die Männer unter allen Umständen begleiten und war offensichtlich gekränkt, als Woronko das ganz entschieden und ohne einen Widerspruch zu dulden, ablehnte.

»Die Sache ist zu gefährlich, nichts für eine Frau. Wir wissen nicht, was uns blüht, und können uns nicht noch mit dir abgeben.« Pferde zu bekommen erwies sich als schwer. Wieder war Onkel Selemtschuk der Retter in der Not.

Marusja führte die Männer zu ihm. Nun endlich lernte Alexej den sagenhaften »Onkel« kennen. Es war ein großer, alter Mann, dessen kräftiger Körper nur aus Sehnen und Muskeln zu bestehen schien. Die Brust war etwas eingefallen, aber sonst bewahrte der knochige Alte eine gerade Haltung. Er erklärte, nicht zu wissen, wer in Aljoschki im Augenblick noch Pferde besitze, aber drei bis vier Kilometer entfernt wohne sein Gevatter, der ein Pferd und einen leichten Wagen habe.

»Kommt mit zu meinem Gevatter«, schlug er vor, »der wird nicht nein sagen.«

Am Stadtrand verabschiedeten sie sich von Marusja. Das Mädchen hielt Alexej am Arm fest. »Paß auf dich auf, bitte, sei vorsichtig!« Marusja sah verlegen an Alexej vorbei.

»Und warum soll ich mich so in acht nehmen?«

»Ach, ich meine nur so und überhaupt...« Sie sprach nicht zu Ende und errötete. Dann schaute sie ihn kurz an, drehte sich schnell um und lief davon. Ihr Gang war nicht so leicht und schwebend wie sonst.

Alexej sah sich noch ein paarmal verwundert nach dem Mädchen um. Woronko, der die kurze Unterhaltung mit halbem Ohr vernommen hatte, sagte so leise, daß es Onkel Selemtschuk nicht hören konnte: »Na, das Mädel hat sich ganz schön in dich verliebt.«

»Unsinn.«

»Doch, doch. Ich irre mich nie in solchen Dingen.« Nach kurzem Schweigen fügte er bedächtig hinzu: »Warum auch nicht, ein sehr sympathisches Mädel, ein tüchtiges Ding.«

Alexej winkte ab. Er mußte auf dem ganzen Weg zum Bahnhof mit einer unbegreiflichen Erregung an Marusja denken. Er sah ihr Gesicht dabei vor sich – das Grübchen auf der rechten Wange und den kleinen Mund mit der schmalen Oberlippe und der vollen Unterlippe.

Onkel Selemtschuks Gevatter hieß Kutscherenko. Er war ein finster dreinschauender Kahlkopf mit einer Nase, die einem Schwamm ähnlich war, so sehr war sie von Pockennarben bedeckt. Kutscherenko erklärte sich bereit, Alexej und Woronko nach Stepino zu bringen. Aber er lehnte es rundweg ab, dort ein oder zwei Tage zu warten, bis sie ihre Angelegenheit erledigt hätten. »Ich kehre noch bei Tageslicht nach Hause zurück«, sagte er. »Die Zeiten sind zu unruhig. Da war doch gestern erst der Bandenüberfall. Die Brüder machen die ganze Gegend unsicher. Ihr habt ja keine Ahnung, was für ein Wespennest Stepino ist! Dort wimmelt es von Banditen. Und auch die Umgebung strotzt nur so von diesem Gesindel.«

»Na schön«, meinte Woronko, »dann schaffst du uns eben nur hin. Für den Rückweg werden wir uns schon Pferde beschaffen. Wenn's nicht im guten geht, werden wir sie bei den Kulaken beschlagnahmen.«

Eine halbe Stunde später fuhren sie los. Es

war warm, aber windig. Am Himmel hasteten die Wolken dahin, als hätten sie es eilig, zum Herbst zurechtzukommen.

Der Weg führte durch die Steppe. Das von der Sonne versengte Gras rauschte eintönig. Der Wind fegte den Staub vor sich her, der wie ein breiter, grauer Rauchvorhang über den ausgetrockneten Steppenweiten hing.

Dann führte der Weg am Fluß entlang. Am Ufer wuchsen hohe Weiden, zuweilen von dichtem Gestrüpp umwuchert.

Kutscherenko wich auf der Fahrt kleinen Dörfern und Gehöften aus. Er war ständig in Unruhe, und die Furcht vor Banditen war ihm deutlich anzumerken. Trotz seines unzugänglichen Aussehens entpuppte er sich als sehr gesprächig und erzählte, wie die Banditen mit denen abrechneten, die zur Sowjetmacht hielten. Er hatte eine Unmenge derartiger Geschichten gehört: Erst vor kurzem war es einer verwitweten Schwester von ihm gelungen, aus einem entfernteren Bezirk zu ihm zu ziehen. Ihr Mann hatte in der Roten Armee gedient, war verwundet und nach Hause entlassen worden. Man wohnte in einem Bezirk, wo es viele Kulaken und Banditen gab. Der ehemalige Rotarmist wurde wie ein Aussätziger gemieden. Eines Tages erschienen im Haus der Schwester zwei Uniformierte in roten Reithosen. Die beiden waren bis an die Zähne bewaffnet und fragten nach dem Hausherrn. Kutscherenkos Schwester antwortete, ihr Mann sei auf dem Felde. Sie befahlen ihr unter Drohungen, im Hause zu bleiben. Dann setzten sie sich an den Tisch. Die Frau mußte ihnen Essen bringen. Nichts Gutes ahnend und um die unheimlichen Gäste freundlich zu stimmen, setzte sie ihnen alles vor, was Küche und Keller hergaben, darunter eine halbe Flasche Schnaps. Da kam der Mann vom Feld zurück. »Bist 'n bißchen zu früh heimgekehrt«, spöttelte einer der »Gäste«. »Na, dann setz dich mal hin, lang zu und genier dich nicht!« Sie schenkten ihm Schnaps ein, stießen mit ihm an und zwangen ihn, auf die »freie, unabhängige Ukraine« zu trinken. Sie unterhielten sich eine ganze Stunde »gemütlich« mit ihm, fragten ihn aus, wo er gekämpft habe und wie er jetzt seine Wirtschaft zu führen gedenke. Kutscherenkos Schwester hoffte bereits, daß alles gut abginge. Als sie sich vom Tisch erhob, sagte der eine: »Über der netten Unterhaltung hätten wir beinahe unsere Arbeit vergessen. Komm mal mit zum Schuppen, wir haben mit dir noch ein ernstes Wörtchen zu reden.« Sie führten den Hausherrn in den Hof und hängten ihn am Torbalken auf.

»Meiner Schwester haben sie nichts getan«, berichtete Kutscherenko weiter und äugte ängstlich zu den Sträuchern am Weg, »aber sie hat fast den Verstand verloren und schwätzt oft lauter krauses Zeug durcheinander. Sie kann keinen Torbalken sehen, kaum schaut sie hin, beginnt sie zu schreien und glaubt, ihren seligen Mann dort hängen zu sehen.«

Woronko kaute nachdenklich an der Spitze seines langen Schnurrbarts. »Ja, diese Banditen sind schon das widerlichste, was es überhaupt gibt, eine scheußliche und schleichende Seuche. Hast du mal einen Torfbrand erlebt? Nein? Das Feuer verschwindet in der Erde, man löscht es an einer Stelle, und es kommt an einer anderen wieder zum Vorschein. Kaum hat man es dort gelöscht, brennt es bereits an fünf anderen Stellen. Und manchmal sieht man gar kein Feuer, trotzdem riecht es nach Rauch, und man verbrennt sich die Füße, wenn man über den Torf geht... Aber macht nichts, Onkel Kutscherenko, mit der Zeit werden wir das Feuer schon löschen!«

Alexej schaute inzwischen auf das am Wagen vorbeischwebende gelblichgrüne Blattwerk und dachte über alles nach, was ihm am Herzen lag: über seine Schwester Katja, über die bevorstehende Begegnung mit ihr und über seinen Vater. Wieviel besser würde er jetzt den Vater verstehen, wenn es ihm vergönnt gewesen wäre, ihn wiederzusehen. Alexej entsann sich, wie der Vater vor rund sechs Jahren zur Front gegangen war, belastet von dem Gedanken, seine Familie für lange Zeit oder gar für immer verlassen zu müssen. Beim Abschied sprach er noch ernster als sonst mit seinem Sohn, wohl in der Hoffnung, im Herzen des Jungen den Keim seines eigenen Glaubens an die Zukunft zurückzulassen. Damals hörte Alexej zum erstenmal das Wort »Sozialismus«. Der Vater erklärte ihm lange und geduldig die Bedeutung dieses Wortes, aber an jenem Abend begriff Alexej nur: Der Sozialismus muß eine gute Sache sein, weil sich sein Vater so sehr dafür einsetzte. Das aufnahmebereite Gedächtnis des Jungen vergaß nichts von alledem, was ihm der Vater einzuprägen suchte. Alexej erinnerte sich noch oft dieser Unterhaltung, in der sein Vater mit ihm wie mit einem Gleichberechtigten gesprochen hatte, und von Mal zu Mal stellte er fest, daß er die Worte seines Vaters immer besser zu verstehen begann. Und er konnte bald nicht mehr auseinanderhalten, was ihm der Vater gesagt und was er selbst gelernt und sich erarbeitet hatte. Alexej hatte den Preis für das menschliche Blut kennengelernt, das sich auf die weiten Gefilde seiner Heimat ergoß, damit auf ihnen die Saat der vom Vater prophezeiten Zukunft besser und sicherer aufginge. Alexej hatte mit der Zeit vieles verstanden, und sein Herz war härter geworden, ohne zu verknöchern. Das hatte er übrigens auch gestern gespürt: Dina Fedossowa hatte ihn an die erste Spionin erinnert, mit der er in seinem Leben zu tun gehabt hatte. Wie damals empfand er auch diesmal ein menschliches Rühren, das ihn fast zum Mitleid zwang. Dazu kam noch – der Teufel mochte wissen, woher – ein peinliches Gefühl, weil er das Mädchen getäuscht hatte. Doch das alles vermochte nicht mehr sein Bewußtsein zu trüben, daß er richtig und gerecht gehandelt hatte und daß er so und nicht anders wieder handeln würde, wenn es nötig sein sollte ...

Und dann dachte Alexej noch lange an Marusja.

Das einsame Dorf

Gegen drei Uhr nachmittags erreichten sie Stepino, ein wohlhabendes, aus sieben Bauernhöfen bestehendes Dorf am Ufer des Dnepr. Kutscherenko hielt sein Pferd bereits im Wald an, etwa einen halben Kilometer vom Dorf entfernt.

»Das ist Stepino«, erklärte er und deutete mit dem Peitschenstiel auf die Strohdächer, die bräunlich durch die Bäume schimmerten. »Von hier ist es nur noch ein Katzensprung. Seid mir nicht böse, aber weiter fahre ich nicht: Das ist ein Banditennest.«

»Ist auch nicht nötig.« Woronko sprang vom Wagen und schüttelte seine eingeschlafenen Beine. »Dir, Onkel Kutscherenko, möchte ich jedoch sagen, daß du einmal nicht durch Banditenhand, sondern an schlechter Verdauung sterben wirst. Hast einen schwachen Darm und machst dir leicht in die Hosen. Komm, steig ab, Alexej, den Rest gehen wir zu Fuß.«

»Ich bin ja kein Soldat«, murmelte Kutscherenko vor sich hin, um sich zu rechtfertigen.

»Schon gut, immerhin hast du uns hergefahren, und wir danken dir dafür. Leb wohl!«

Kutscherenko wendete mit schuldbewußter Miene seinen Wagen und fuhr zurück, nachdem er den Männern viel Erfolg gewünscht hatte.

»Verstecke deine Kanone«, sagte Woronko zu Alexej, »du brauchst die Leute nicht unnötig zu beunruhigen. Mögen sie doch denken, wir wären Deserteure oder so was Ähnliches. Wir müssen uns von sämtlichen überflüssigen Sachen trennen. Wir hätten alles noch gründlicher überlegen sollen, Alexej; hätten wir Reisetaschen mitgenommen, wären wir besser getarnt.«

Sie vergruben ihre Revolvertaschen und Woronkos Kartentasche unter einem Distelstrauch und knickten einige Stengel, um sich die Stelle zu merken. Woronko versteckte seine Papiere in der Soldatenbluse, die er statt einer Jacke angezogen hatte. Die Waffen verbargen sie am Körper. Dann aßen sie Brot und Speck und machten sich auf den Weg.

Bald bogen sie scharf nach rechts ab und

durchquerten eine kleine, tiefe Waldschlucht, die von einem Urquell ausgewaschen war. Sie umgingen das Dorf und näherten sich ihm von der entgegengesetzten Seite. Es sollte nämlich auf keinen Fall so aussehen, als kämen sie aus Aljoschki.

Vor dem Dorf erhob sich ein Hügel, der von niedrigen Sträuchern bewachsen war. Die Landstraße führte mitten durch ihn hindurch, so daß der Hügel einem riesigen Brotlaib glich, der in zwei Hälften zerschnitten war.

Woronko und Alexej stiegen den Hügel hinauf und legten sich hinter den Sträuchern in Deckung. Sie wollten feststellen, ob Markow schon an Ort und Stelle war. Von hier aus konnten sie das ganze Dorf überblicken. Große weiße Bauernhäuser, die sich ähnelten wie ein Ei dem anderen – mit vielen Nebengebäuden –, standen in Reih und Glied an der Straße. Dichter Wald schloß in weitausholendem Halbkreis diese reiche Ortschaft mit ihren Gemüsegärten und Getreidefeldern von der Außenwelt ab.

Am flachen, grasbewachsenen Ufer lagen kleine Einbaumboote und größere Kähne. Die Dorfbewohner konnten unmöglich so viele Wasserfahrzeuge benötigen, selbst wenn jeder von ihnen die Fischerei ausgeübt hätte.

Zwischen den Booten erhob sich dunkel eine breite Fähre ab. Ihre Bodenbalken trugen einen soliden Holzbelag. Das Geländer bestand aus starken Stangen. Als Schwimmer dienten Fässer, die am Rand der Fähre befestigt waren.

In der Nähe der Fähre trieb ein kleiner Junge mit nacktem Oberkörper Rinder zur Tränke. Sein Vater oder Großvater, ein Mann mit langem Bart, bloßen Füßen und weiten Leinenhosen, hockte auf einem Ochsenkarren und rauchte. Neben dem Karren lag Heu, das die beiden wohl gerade herangefahren hatten.

In den Bauernhöfen waren Frauen emsig bei der Arbeit. Über Sommerküchen, die unter offenem Himmel angelegt waren, stieg Rauch in die Höhe. Auf der Wiese am Waldrand weidete eine Viehherde.

Angesichts dieses friedlichen Bildes murmelte Woronko vor sich hin: »Merkwürdig – sie kochen und braten wie zu einem Fest. Dabei steht laut Kalender gar kein Feiertag vor der Tür.«

Alexej interessierte sich am meisten für die Fähre. Wie kam sie hierher – an diesen stillen, abgelegenen Ort, fern von der nächsten Stadt? »Was machen wir nun, Iwan Petrowitsch«, fragte er »stiefeln wir 'runter zum Dorf? Ich glaube nicht, daß Markow hier ist.«

»Weiß der Teufel...« Woronko lag auf dem Bauch, kaute an einem Grashalm und überlegte. »Bleib mal vorläufig hier liegen und ruh dich aus!« Er schaute auf die Uhr. »Erst halb vier. Wir haben Zeit, uns eilt's nicht. Aber weißt du was – mir gefällt die Brutzelei nicht... Still! Hörst du?« Er lauschte und hob warnend den Finger.

Hinter ihnen wurden Räderrollen und das dumpfe Dröhnen näherkommender Pferdehufe laut.

Alexej und Woronko krochen an den Rand des Hügels, der steil zur Straße abfiel. Am Waldrand erschien eine große Reiterkolonne. Sie jagte über die staubige Landstraße auf den Hügel zu. Die Reiter hielten sich dicht nebeneinander. Ihre Säbel klirrten gegen die Steigbügel.

Die Abteilung bot ein malerisches Bild. Die düster dreinschauenden, schweigsamen Reiter trugen Soldatenmäntel, taillierte Kosakenmäntel mit gestickten Patronen-Brusttaschen, Matrosenjacken, Reithosen in den verschiedensten Farben, Ziviljacken und Uniformen. Auf den Köpfen hatten sie Soldatenmützen mit und ohne Schirm, Fellmützen und verwegen aussehende Kosakenmützen mit Felleinfassung und herunterhängendem roten Zipfel. Ein Reiter war mit einem Halbpelz bekleidet, wie ihn die Bauern im Winter trugen, und ein anderer »glänzte« in einem Mantel, der bunt in der Sonne leuchtete. Solchen Stoff pflegte man sonst nur für Popengewänder zu verwenden. Es war die Smaginbande. Und da waren auch die Brüder! Sie ritten an der Spitze: Grigori, Alexejs alter Bekannter, mit kurzem Kosakenmantel und einer Studentenmütze auf dem Kopf, neben ihm sein Bruder in voller Offiziersuniform, aber ohne Aufschläge. Ein dritter Reiter trabte an ihrer Seite – Markow! Alexej erkannte ihn, noch bevor er sein Gesicht sah, an der kräftigen Gestalt mit den breiten, abfallenden Schultern und an seiner typischen Körperhaltung: Er wirkte immer wie ein Raubtier, das sprungbereit auf der Lauer liegt. Wie stets, angesichts dieser Bestie, so stockte auch jetzt Alexejs Herz für einen Augenblick, dann begann es hart und rasend schnell zu hämmern.

Woronko hatte Markow noch niemals gesehen, aber auch er erriet, wer der dritte Reiter an der Spitze der Abteilung war. Er wandte seinen Kopf zu Alexej und fragte fast lautlos: »Ist er das?«

Alexej nickte.

In der Nähe des Hügels löste sich ein Reiter, der eine Matrosenjacke und eine kaukasische Pelzmütze trug, von der Kolonne. Er gab seinem Pferd die Sporen und galoppierte, laut schreiend und seine Reitpeitsche schwingend, als erster ins Dorf.

Die Ortschaft belebte sich sofort. In den Höfen liefen die Frauen noch emsiger hin und her. Ein Haufen Kinder tauchte auf, die jauchzend den Reitern entgegenrannten.

Der Boden dröhnte unter den Pferdehufen, die flachen Troßwagen rollten an den beiden Tschekaleuten vorüber. Auf einem Wagen glitzerte ein kupferner Samowar. Nun war endgültig klar, für wen die Hausfrauen in Stepino gekocht und gebraten hatten. Innerhalb von wenigen Minunten waren überall an den flachen Staketenzäunen Pferde angebunden, und bald baumelten vor ihren Schnauzen die Futtersäcke mit Hafer. Einige Gäule wurden zum Flußufer geführt, wo reihenweise Heu ausgestreut war. Die Banditen selbst stauten sich vor den Küchen der nächstgelegenen Höfe. Die Luft war erfüllt von dem anregenden Duft zubereiteten Essens und dem Gewirr von Stimmen.

Verdammt – jetzt müßte man einen Schützenzug, nur einen einzigen Zug, hier haben, Maschinengewehre auf dem Hügel aufstellen, die Schützenkette hinter den Gemüsegärten ausschwärmen lassen und den Waldweg abschneiden –, dann wäre es aus mit den Smagins! Kein einziger Bandit entkäme den Kugeln der Rotarmisten.

Aber so konnten Alexej und Woronko nur davon träumen und, auf der Hügelspitze liegend, voll Ärger über die eigene Ohnmacht zusehen, wie sich die Banditen in aller Ruhe satt fraßen, ihre Ausrüstung reinigten und die Räder ihrer Karren schmierten. Und nun begann auch noch jemand Ziehharmonika zu spielen. Doch die Musik brach bald wieder ab: Sie hatten wohl wenig Zeit zum Feiern.

Markow und die Smaginbrüder waren im äußersten Bauernhaus am Waldrand verschwunden und zeigten sich nicht mehr. Alexej hatte zwar schon vermutet, daß Markow, von einigen Banditen begleitet, zum Treffen mit Dina kommen würde, aber daß er die ganze Bande mitbrächte, wäre Alexej auch nicht im entferntesten eingefallen. Was sollte jetzt weiter geschehen? Ob man nun noch ein oder zwei Tage hierbliebe – ganz gleich, es käme doch nichts dabei heraus.

Es sah übrigens nicht danach aus, als wollten sich die Banditen lange aufhalten. Die Pferde wurden nicht abgesattelt – die Wagen nicht entladen. Etwa fünfzehn Männer gingen bereits zum Ufer und machten sich an den Booten zu schaffen.

Ungefähr eine halbe Stunde später trat aus dem Haus, in dem die Anführer verschwunden waren, ein Bauer heraus. Er trug eine schwarze Binde vor einem Auge. Über seiner Brust kreuzten sich Patronengurte. Er brüllte einen Befehl und schwang seine dreischwänzige Nagaika. Sofort liefen die Banditen aus allen Höfen herbei, banden ihre Pferde los und führten sie über den abschüssigen Hang zum Fluß. Inzwischen war die Fähre dicht ans Ufer gezogen worden. Ein barfüßiger Bauer brachte lange, geteerte Stakstangen. Die Wagen wurden auf die Fähre gerollt, die Pferde vorsichtig nacheinander verfrachtet. Als die Fähre voll war, wurde sie mit den Stangen abgestoßen. Die Banditen, die in die Boote gestiegen waren, fuhren voraus und nahmen die Fähre in Schlepp.

Ganz unverfroren also – am hellichten Tage – überquerte die Bande der Smaginbrüder den Dnepr. Auf dem rechten Flußufer befanden sich offensichtlich Hauptstützpunkte. Alexej mußte wutschnaubend mitansehen, wie Markow ihm zum viertenmal entwischte und sich jetzt wohl in dem Kulakengebiet von Bolschaja Alexandrowska auf Nimmerwiedersehen verkrümelte. Da stand er vor Alexejs Augen am Ufer, neben Grigori Smagin, die Hände hinter den Leibriemen gesteckt und auf Smagin einredend. Leibhaftig und in Lebensgröße stand Markow da! Verdammt, hätte man doch jetzt ein Gewehr – wie leicht wäre es, ihm den Garaus zu machen! Für die Pistole aber war er unerreichbar. Woronko schien zu ahnen, woran Alexej in diesem Augenblick dachte. »Keine Angst, dein Freund haut nicht ab, das kannst du mir glauben. Schau nur, wie er dem Smagin Befehle erteilt. Ich will tot umfallen, wenn er nicht hierbleibt, um auf die Fedossowa zu warten.«

Alexej nahm etwas Ähnliches an, doch abergläubisch, wie er leider noch war, verwarf er solche Gedanken – damit sie sich auch ja erfüllten.

Die Fähre überquerte dreimal den Fluß. Beim letzten Mal befand sich Smagin allein an Bord. Woronko hatte recht behalten.

Mit Markow waren etwa zwanzig Mann zurückgeblieben. Es begann zu dunkeln. Als die Fähre schließlich in Richtung des Lagerfeuers auf dem gegenüberliegenden Ufer entschwand, verteilten sich die zurückgebliebenen Banditen in den Häusern des Dorfes. Alexejs Freude darüber, daß Markow dageblieben war, währte nicht lange. Was hatte sich groß geändert? Zwanzig bewaffnete Banditen bewachten Markow, und obwohl nur ein paar hundert Meter die Tschekaleute von dem Haus trennten, in dem er schlief, konnten sie ihn doch nicht dingfest machen.

Aber es mußte ein Ausweg gefunden werden. Alexej dachte angestrengt nach, und die unsinnigsten und phantastischsten Ideen drängten sich ihm auf. Schließlich schlug Alexej folgendes vor: Er selber wolle Markow frei und offen gegenübertreten und ihm sagen, Sewa wäre gefallen. Dina – mit Alexejs Hilfe aus der Stadt entkommen – wäre aus irgendeinem Grund in einem Dorf in der Nähe von Aljoschki zurückgeblieben. Nun hätte sie ihn geschickt, um Markow mitzuteilen, daß sie weder Pferd noch Wagen zur Weiterfahrt besäße, daß sie völlig entkräftet wäre und sich krank fühle. Von sich selbst dachte Alexej zu berichten, daß er sein Leben einem Zufall verdankte. »Kaum hatte ich die Höllenmaschine im Stab untergebracht, da wurde ich als Melder zu einer anderen Dienststelle geschickt ...«

Woronko lehnte Alexejs Plan strikt ab. »Hör zu, wenn es auch nur einem einzigen Verbindungsmann von Markow gelungen ist, aus Aljoschki zu entkommen, dann weiß Markow bereits alles. Sowohl von der Razzia in der Herberge als auch von der Verhaftung der Fedossowa und von dem Ausräuchern seiner sämtlichen Verstecke in Aljoschki: Im übrigen solltest du nicht so naiv sein und annehmen, Markow habe noch keine Ahnung davon, daß die Höllenmaschine an Stelle des Stabsgebäudes nur viel Sand vor den Toren Aljoschkis in die Luft gejagt hat. Und wer konnte das wohl veranlassen außer dir? Niemand sonst.«

Alexej widersprach: »Über die Fedossowa weiß er aber noch nichts, sonst bliebe er doch jetzt nicht hier. Oder meinst du, er wartet auf eine andere?«

Woronko dachte nach.

»Na schön, zugegeben, er weiß nichts davon«, erklärte er. »Nehmen wir an, er glaubt dir sogar alles. Du fährst mit ihm los, um die Fedossowa zu holen, ihr könnt sie natürlich nicht entdecken – und aus ist es. Dann bist du eine willkommene Beute für die Banditen, und sie werden alles doppelt und dreifach heimzahlen.«

»Sollen sie doch!« Alexej beharrte eigensinnig auf seiner Ansicht. »Mögen sie mich massakrieren – Hauptsache, ich habe vorher die Gelegenheit, diesen Hund abzuknallen. Noch mal entkommt mir Markow nicht.«

»Du bist vielleicht dumm«, entgegnete

Woronko unhöflich. »Wenn dir nichts Besseres einfällt, als dich den Gaunern zu ihrer Belustigung auszuliefern, dann laß dich lieber gleich begraben. Glaube ja nicht, daß sie dich sofort töten würden. Sie werden erst ihre Scherze mit dir treiben, werden dir Sternchen aus der Rückenhaut herausschneiden, die Fußsohlen mit einem Feuerchen anschmoren oder noch etwas Angenehmeres für dich ausknobeln. Nein, Aljoscha, so geht's nicht! Wenn wir den Krutscheny nicht lebend kriegen können, dann werden wir ihm eben gemeinsam ein Ende bereiten. Nur schade, daß wir nicht auf den Gedanken gekommen sind, Handgranaten mitzunehmen, dann könnten wir jetzt das Haus damit spicken und – Feierabend! Mann – da fällt mir ein, wo wir uns diese Dinger besorgen können!«

»Wo?«

»Bei dem dort, guck mal!«

Die weißen Bauernhäuser mit ihren erhellten Fenstern schimmerten wie matte Lichtflecke durch die Dunkelheit. Das Dorf war in völlige Stille eingebettet, und die Finsternis ballte sich in den Höfen. Auf der Landstraße war es nicht so dunkel, und Alexej konnte vor dem nächstliegenden Haus eine Gestalt mit einem Gewehr erkennen. Es war ein Wachposten. Alexej hatte ihn bisher nicht bemerkt.

»Ruhig bleiben«, mahnte Woronko, »wir warten noch ein wenig, bis die anderen eingeschlafen sind.«

Sie lagen noch fast eine Stunde nebeneinander, ohne sich zu rühren, bis in den Häusern nach und nach alle Lichter erloschen waren. Der Posten ging eine Weile auf und ab, dann setzte er sich auf die Erde. Die Dunkelheit hatte ihn fast verschluckt.

»Jetzt ist es soweit, Michalew«, flüsterte Woronko, »rasch ans Werk! Geh zur Straße und versuche, dich kriechend an den Burschen heranzupirschen. Ich komme von der anderen Seite. Mach nicht viel Federlesens mit ihm. Aber sieh um Himmels willen zu, daß er keinen Krach schlägt!«

Sie krochen in entgegengesetzter Richtung davon.

Alexej schlich sich den Abhang des Hügels hinunter. Das Laub der Büsche am Wegrand raschelte im Wind, so daß Alexejs Schritte nicht zu hören waren. Am Fuße des Hügels legte sich Alexej hin und kroch weiter.

Die Ellbogen versanken im feuchten Boden, und der Tau durchnäßte die Uniformjacke. Das harte Gras zerschnitt die Hände. Alexej robbte ein Stück vorwärts. Dann hielt er an und sah sich um. Doch weder der Posten noch Woronko war zu erblicken. Endlich lag der Hügel hinter Alexej. Er sah den Dnepr. Das Wasser war dunkel, auf seiner Oberfläche spiegelten sich silbern die Sterne. Alexej kroch noch zwanzig bis fünfundzwanzig Meter weiter und erstarrte. Er drückte sich dichter an den Erdboden. Unmittelbar vor sich vernahm er ein gleichmäßiges Atmen.

Alexej sicherte nach allen Seiten, und als er nichts Verdächtiges bemerkte, hob er vorsichtig den Kopf und entdeckte den Posten. Alexej näherte sich ihm. Der Posten hockte mit angezogenen Beinen auf der Erde, das Gewehr in den Armen. Er schlief.

Alexej erhob sich, machte einen Schritt vor, und im selben Augenblick, da der Posten durch das Geräusch aufschreckte, ließ Alexej seinen Revolvergriff mit aller Kraft auf die flache Kosakenmütze des Gegners heruntersausen.

Der Mann fiel glucksend, als hätte es ihm den Atem verschlagen, um. Alexej warf sich auf ihn und preßte ihm den Mund zu.

»Hast du's geschafft?« Woronko löste sich aus der Dunkelheit.

»Ich glaube, ja.«

»Du handelst überstürzt, Aljoscha«, belehrte ihn Woronko. »Weil du wie ein Verrückter vorgegangen bist, hast du ihn um ein Haar alarmiert.«

»Ich hatte ihn nicht rechtzeitig bemerkt«, erwiderte Alexej, schweratmend und schuldbewußt.

Der Bandit war mit Waffen behängt. Vier Pistolen, ein Jagdmesser, einen Säbel, zwei Gewehre und vier Handgranaten hatte er bei sich. Die Tschekisten ließen das ganze Arsenal unberührt, außer den vier Handgranaten.

Sie gingen dann langsam, um die Hofhunde nicht rebellisch zu machen, zum Ende des Dorfes. Dort stand das Häuschen, in dem sich Markow befand.

Als sie kurz vor ihrem Ziel angelangt waren, ereignete sich etwas Unvorhergesehenes. Und beide – Woronko und Alexej – trugen Schuld daran: Sie hatten den betäubten Banditen nicht getötet.

Der Wachposten war ein gesunder, kraftstrotzender und zäher Bursche. Außerdem hatte seine Kosakenmütze die Wirkung des Schlages, den ihm Alexej versetzt hatte, erheblich gemindert. Nachdem der Posten kurze Zeit im nassen Gras gelegen hatte, kam er wieder zu sich, und als er begriff, was mit ihm geschehen war, brüllte er aus Leibeskräften und feuerte aus zwei Pistolen in die Luft.

Sofort war die über dem Dorf liegende Stille gebrochen. Die Hunde begannen wie auf Kommando zu jaulen und zu bellen. Türen wurden auf- und zugeschlagen, daß die Fensterscheiben klirrten. Eine Minute später wurden bereits die Pferde aus den Höfen geholt – sie waren sogar in der Nacht nicht abgesattelt worden –, und aufgescheuchte Schatten huschten auf der Straße hin und her.

Woronko stieß Alexej zu einem Zaun, mitten in das stachlige hohe Gestrüpp von wuchernden Brennesseln und Disteln. Niemand achtete auf die beiden. Die Banditen schienen anzunehmen, daß das Dorf von Roten umzingelt wäre. Einige flüchteten zu den Booten am Flußufer.

Bei diesem wilden Durcheinander wäre es ein leichtes gewesen, durch die Gemüsegärten in den Wald zu entkommen. Auch hatten die beiden Tschekisten hier nichts mehr zu verlieren, da Woronkos Plan offensichtlich gescheitert war. Aber nun machte er einen zweiten Fehler.

»Wir warten ab!« erklärte er fest, als ihn Alexej fortziehen wollte. »Sie werden sich gleich beruhigen. Sie werden glauben, es sei falscher Alarm gewesen, und sich wieder aufs Ohr legen. Doch wenn du willst, hau ab, ich werde hier allein fertig. Ja, geh nur, Alexej, warum sollen gleich zwei ihr Leben aufs Spiel setzen!«

»Hätten wir ihm doch nur das Maul endgültig gestopft«, zischte Alexej wütend.

Die Panik legte sich. Den Banditen fiel es nicht schwer, sich davon zu überzeugen, daß keine Roten das Dorf umstellt hatten. Alexej und Woronko hörten in ihrem Versteck am Zaun, wie die Banditen den Wachposten vernahmen. Der konnte nichts Genaues sagen. Was er gesehen hätte? Irgendeinen verschwommenen Schatten, der sich plötzlich vor ihm erhoben hätte.

»Du hast gepennt, du Hundesohn, hast auf Posten geschlafen!« brüllte jemand. Es war wohl der Anführer. Er überschüttete ihn mit einem Schwall gemeiner Schimpfwörter.

Aber nein, ich habe nicht geschlafen, Gott soll mich strafen«, suchte sich der andere zu rechtfertigen. »Da, sieh doch mal, was sie mir für eine Beule verpaßt haben!«

Ich werd' dir zeigen, was 'ne Beule ist.« Man hörte, daß Schläge ausgeteilt wurden.

Der Posten ächzte und stöhnte. Dann bemühte er sich erneut, seine Unschuld zu beweisen.

»Halt!« Alexej erkannte Markows Stimme: »Laßt ihn laufen, wir werden später mit ihm abrechnen. Und ihr ...« – das betraf die herumstehenden Banditen – »flitzt los und durchsucht die Höfe, aber bis in den hintersten Winkel!«

Ohne sich mit Worten zu verständigen, schlichen Woronko und Alexej zu dem offenstehenden Tor, krochen über den Hof und rannten zu dem Zaun, der den Hof von dem Gemüsegarten abgrenzte.

Alles wäre gut gegangen, wenn es ihnen gelungen wäre, unbemerkt über den Zaun zu gelangen. Aber Alexej stieß im Laufen gegen einen Trog, glitt in dem überschwappenden Schweinefutter aus und fiel der Länge nach hin. Als er sich hochraffte, stürzte sich ein Hofhund auf ihn. Der Köter erstickte fast an seinem Gebell. Alexej stieß ihn mit dem Fuß beiseite, doch der Hund biß sich in seinen Hosen fest. Das Tier hinter sich herschleifend, erreichte Alexej den Zaun. Aber der richtige Augenblick war verpaßt.

Banditen erschienen am Tor.

Woronko befand sich bereits im Gemüsegarten. Er schrie: »Spring!« Nachdem sich Alexej keuchend über den Zaun geschwungen hatte, schleuderte Woronko seine zwei Handgranaten nacheinander in den Hof.

Dann flohen sie. Sie rannten über Gemüsebeete und Stoppelfelder. Kugeln pfiffen ihnen um die Ohren, und hinter ihnen stampften mit wütendem Gebrüll die Verfolger.

Das Gestrüpp am Waldrand zerfetzte mit seinen spitzen Stacheln die Kleidung, zerkratzte Gesicht und Hände. Aber die beiden Tschekisten kamen durch, und der Wald nahm sie in sein rettendes Dunkel auf.

Der Weg zurück

»Ich glaube, mich hat's erwischt«, sagte Woronko.

Sie schritten eilig aus. Bis zum Morgengrauen müßten sie den Wald verlassen haben, denn die Banditen würden den Wald, der nicht sehr groß war, in der Frühe umstellen, und dann wäre es schwer, herauszukommen.

Der kleinen Schlucht folgend, durch die sie am Tag das Dorf umgangen hatten, erreichten Alexej und Woronko die Landstraße nach Aljoschki. Doch da vernahmen sie Hufgetrappel. Sie benutzten einen Feldweg, durchquerten eine weitere Schlucht, liefen wieder über Felder und drangen schließlich in ein kleines, nicht sehr dichtes Gehölz ein. Hier endlich waren sie außer Gefahr.

»Mich hat's wirklich erwischt, Alexej, hörst du«, erklärte Woronko. Die letzten hundert Meter waren ihm bereits schwergefallen. Er ging nach vorn gebeugt und zog die Schultern hoch, während er den rechten Ellbogen mit einer unbeholfenen Bewegung seiner linken Hand an den Körper preßte.

Alexej hatte eine Kugel leicht am Hals gestreift. Die kleine Wunde schmerzte. Er schwieg, innerlich böse auf Woronko wegen allem, was geschehen war. Wenn der nicht den Einfall gehabt hätte, im Unkraut sitzen zu bleiben, wäre es ihnen vielleicht doch noch gelungen, Markow zu töten.

Woronko sagte zum drittenmal: »Ich hab' was abbekommen.« Nach einem kurzen Schweigen fügte er hinzu: »Komm, Aljoscha, laß uns mal hinsetzen, man müßte nachsehen..., ich kann nicht begreifen...« Er schwankte plötzlich, hielt sich an einem Baum fest und sank zu Boden. Seine Handflächen glitten mit einem trockenen Scharren an der Baumrinde entlang. Alexej erschrak. Erst jetzt kam ihm zu Bewußtsein, daß ein Mann wie Woronko nicht ohne ernsthaften Grund klagte.

Alexej beugte sich über ihn. »Was ist los, Iwan Petrowitsch?«

Woronko lehnte seine Stirn an den Baum und röchelte. Jeder Atemzug schien ihn anzustrengen.

»Iwan Petrowitsch!«

Diesmal antwortete Woronko, aber er machte fast nach jedem Wort, das er herauspreßte, eine Pause. »Sieh doch nach..., Alexej..., was... ich hier... habe.« Er deutete mühsam auf seine rechte Schulter »Hast du Streichhölzer? Sonst nimm... meine... aus der Tasche.«

Alexej öffnete den Kragen der Soldatenbluse und sah bei dem flackernden Streichholzschein, daß Woronkos Unterhemd schwarz von Blut war. Er bemühte sich, ihm die Bluse über den Kopf zu ziehen.

»Schneid sie auf!« stieß Woronko hervor. »Ich kann den Arm nicht heben...«

Alexej zerschnitt mit einem Taschenmesser Bluse und Unterhemd, tastete über die gewölbte blutverkrustete Brust seines Kameraden und spürte etwas unterhalb des Schlüsselbeins – die Ränder einer Wunde.

Alexej riß das Unterhemd in Streifen und legte einen festen Schulterverband an.

»Wirst du gehen können?« fragte Alexej.

»Ich will's versuchen, was soll schon sein.«

Er stand mit Alexejs Hilfe auf und ging tatsächlich weiter – einige hundert Meter über den weichen Waldboden, dann den Abhang einer kleinen Schlucht hinab. Dort, wo man das Murmeln eines nahen Baches vernahm, sagte er leise: »Aljoscha, ich möchte trinken.« Er setzte sich auf die Erde.

Alexej ging dem Plätschern des Wassers nach und fand einen Bach. Als er das begehrte Naß in seiner Mütze brachte, lag Woronko mit angezogenen Beinen auf der Seite, die Wange ins Gras gepreßt. Er schlürfte gierig das Wasser, wischte sich mit der nassen Mütze Gesicht und Hals und sank erneut um. Sein Atem ging schnell und kurz. Er rang nach Luft, und es sah so aus, als mache ihm der Verband Beschwerden.

»Habe ich ihn zu fest angelegt, Iwan Petrowitsch?« fragte Alexej, und eine Welle heißen Mitleids stieg in ihm auf. »Soll ich die Binden etwas lockern?«

»Nein, macht nichts..., hör zu, Alexej«, Woronko tastete nach Alexejs Hand und zog sie an sich, »geh allein nach Aljoschki zurück und hole einen Wagen. Ich warte hier solange.«

»Wohin soll ich gehen? Nach Aljoschki sind es zwanzig Kilometer.«

»Gegen Morgen bist du da.«

»Nein, ich lasse dich hier nicht so allein!« Alexejs Stimme klang fast zornig. »Weiß der Teufel, was jetzt in Aljoschki los ist. Unsere Leute sind weg, vielleicht sind schon die Weißen dort!«

»Geh, Ljoschka..., geh, sag' ich dir!«

Alexej setzte sich ins Gras und preßte die Fäuste gegen die Schläfen. Noch nie hatte er sich in einer so schwierigen Lage befunden. Es war noch dunkel, vor ihm lag der verwundete Kamerad. Aljoschki war mindestens zwanzig Kilometer entfernt. Ringsum feindliche Kulakendörfer. Und es war zu erwarten, daß sich Markow mit seinen Banditen schon im Morgengrauen aufmachte, um die ganze Gegend zu durchstöbern. Sollte Markow auch noch erraten haben, wer ihm gestern auf der Spur war, dann mußte man erst recht mit einer gründlichen Verfolgung rechnen.

Was sollte er tun? Nach Aljoschki gehen, wie es Woronko vorschlug? Und was erwartete ihn in Aljoschki? Die Tschekisten und die Truppen waren zur Front gefahren, auch Marusja war nicht mehr da. Ein Wagen wäre schwer aufzutreiben. Kutscherenko bekäme es bestimmt wieder mit der Angst zu tun und würde nicht fahren wollen. Onkel Selemtschuk? Doch was könnte der schon tun? Onkel Selemtschuk hatte bereits alles getan, was in seiner Macht stand. Aber angenommen, es gelänge wirklich, ein Gefährt aufzutreiben... Was geschähe inzwischen mit Woronko?

Die einzige Möglichkeit war, sich zum Dnepr durchzuschlagen, im nächsten Dorf um ein Boot zu bitten, oder es notfalls zu stehlen und stromab nach Cherson zu fahren. Ja, das war wohl das beste.

Alexej stand auf. »Iwan Petrowitsch, wir werden beide gehen, ich helfe dir... Iwan Petrowitsch!«

Woronko gab keine Antwort. Alexej rann es eisig über den Rücken. War der Kampfgefährte schon tot? Er legte das Ohr an Woronkos Brust. Das Herz schlug. Woronko war nur bewußtlos.

Alexej blickte sich um, als hoffte er, daß ihm unerwartete Hilfe käme. Über der Schlucht rauschte eintönig das hohe Gras, der Wind drückte die Sträucher zu Boden, der Bach plätscherte und trieb kleine Kieselsteine kollernd vor sich her.

Alexej schnallte seinen Leibriemen fester, warf sich die kraftlosen Arme Woronkos über die Schulter, packte den Körper seines Kameraden fest an und erhob sich. Woronko war etwas kleiner als Alexej und er schien erst gar nicht so schwer. Alexej schob auf seinem Rücken den Körper Woronkos zurecht, um ihn besser tragen zu können. Woronko stöhnte dumpf, als Alexej mit ihm langsam über den holprigen Boden der Schlucht davonschritt.

Der Rest dieser Nacht und der ganze nächste Tag verschmolzen in Alexejs Gedächtnis zu einer ununterbrochenen, fast unmenschlichen Anstrengung.

Er hatte sich verirrt und bewegte sich stundenlang nicht zum Dnepr, sondern parallel zum Fluß vorwärts. Als er endlich den richtigen Weg gefunden hatte, geriet er in versumpftes Ufergelände, das er mit Woronko auf den Schultern unmöglich überqueren konnte.

Ein Dorf aufsuchen, um dort vielleicht einen Wagen aufzutreiben oder einen genauen Weg zu ermitteln, war gefährlich.

Alexej erkannte mit Entsetzen, daß er es nicht schaffen würde, Woronko lebend bis ans Ziel zu bringen. Sein Kamerad kam immer seltener zu sich. Er fieberte am ganzen Körper. Der Verband war von Blut durchtränkt. Bei einer Rast riß Alexej sein eigenes Unterhemd in Streifen und legte sie über den alten Verband, aber auch das half nicht – das Blut trat von neuem hervor.

Woronko kämpfte mit dem Tode. Es war ein schweres Sterben. Das Leben wurzelte fest in ihm. Alexej hatte keine Ahnung von Medizin, aber eins war ihm klar: Nur schnelle Hilfe hätte seinen Kameraden retten können. Doch die gab es nicht. Alles, was Alexej für ihn zu tun vermochte, war, mit der Mütze etwas Wasser schöpfen, wenn sie auf eine Quelle stießen. Weiter und weiter schleppte er seinen Kameraden, aber die Hoffnung, an einen rettenden Ort zu gelangen, solange noch Leben in dem starken und jetzt so hilflosen Körper seines Kampfgefährten war, verringerte sich von Stunde zu Stunde.

Woronkos Gesicht wurde wachsbleich. Der Schnurrbart hing herab und erschien ganz schwarz. Wenn Woronko zu sich kam, bat er Alexej, ihn liegen zu lassen, ihn nicht mehr anzufassen und ihm endlich Ruhe zu gönnen. Er stöhnte dann, bis er das Bewußtsein wieder verlor.

Alexej bemühte sich, immer seltener anzuhalten. Es erschien ihm sogar, als käme er auf diese Weise leichter voran. Die Fersen klebten jedoch immer mehr am Boden, Die Hüften wurden steif, und in den Knien fühlte er einen ziehenden Schmerz, der nicht nachlassen wollte.

Alexej ging und ging. Er hob die brennenden Füße nur noch mühsam vom Boden und atmete ununterbrochen den Geruch von Schweiß und Blut, der aus Woronkos Bluse aufstieg. Jeder Schritt erschien ihm als der letzte, aber er tat den nächsten. Und diesem Schritt folgten – ganz mechanisch – die anderen... Er begann die Schritte zu zählen: zehn..., fünfzig..., hundert...

Ein Kilometer nach dem anderen kroch unter seinen wankenden Beinen dahin.

Und schließlich vergaß Alexej das Zählen. Ihn packte die Angst vor dem Liegenbleiben. Denn eins wußte er genau: Wenn er Woronko jetzt absetzte und sich selbst auf den Boden fallen ließe, hätte er nicht mehr die Kraft und den Willen, um aufzustehen.

Doch erreichte er endlich in der Abenddämmerung ein kleines Dorf am Dnepr.

Ein Mann sucht Hilfe

Alexej legte Woronko vor einer Viehhürde neben einem alten, verschütteten Brunnen ins Gras. Woronko ächzte nur noch leise. Zuweilen zuckte er mit dem Kopf, und der Tiefe seiner Kehle entrang sich ein bebendes Röcheln. Ein dunkler Streifen zog sich von seinem Schnurrbart zum Hals. Alexej fühlte mit dem Finger – es war Blut. Er hockte sich nieder, wischte sich mit dem Ärmel den Schweiß vom Gesicht und flüsterte: »Warte, ich komme gleich zurück.«

Woronko gab keine Antwort. Alexej blickte sich suchend um, fand im Grase ein Stück Holz, schob es Woronko unter den Kopf und erhob sich. »In ein paar Minuten bin ich wieder da.«

Er zog seine Pistole aus der Tasche und ging den Weg entlang. Dabei hielt er sich am Staketenzaun fest.

Vor ihm schimmerten weiße Bauernhäuser. Die lange Stange eines Ziehbrunnens schien mitten in den scheckigen, grauverhangenen Himmel hineinzuragen. Der Wind blies vom Dnepr her, zerzauste das Herbstlaub und riß es von den Sträuchern.

Neben dem Weg lag ein zerbrochener Karren ohne Räder. Alexej blieb stehen, überlegte, wohin er seine Schritte lenken sollte, und wandte sich zu einem abseits liegenden Haus.

Seine Füße verfingen sich immer wieder im Gemüsekraut, bevor er den Zaun erreichte und die Pforte fand.

Einen Hund gab es hier wohl nicht, dafür schien man im Hause auf Geräusche von draußen zu horchen. Denn kaum hatte Alexej an die Tür geklopft, vernahm er auch schon ein hohes, angstvolles Mädchenstimmchen: »Mami, bist du's?«

»Mach auf, bitte!«

»Onkel Stepan?«

Ein schwerer Holzriegel klapperte hinter der Brettertür. Alexej stemmte sich dagegen, stieß die klemmende, am Boden schurfende Tür auf und zwängte sich in die Diele. Über altes Gerümpel stolpernd, erreichte er das Zimmer.

Auf dem Tisch brannte eine Ölfunzel. Der Luftzug, der durch die geöffnete Tür drang, ließ die Flamme aufflackern, und Alexej konnte den Raum kurz überblicken. In der Ecke lag jemand unter einer geflickten Decke im Bett.

Das kleine Mädchen, das den Riegel wieder vorgeschoben hatte, kam hinter Alexej in den Raum. Es sagte mit weinerlicher Stimme: »Warum hat es so lange gedauert, Onkel Stepan?...« Plötzlich schrie das Mädchen schrill auf: »Aaa!« Es hatte erkannt, daß der vermeintliche Onkel ein Fremder war. Mit schreckerstarrter Miene hielt es die Hand vor den Mund.

»Bleib ruhig«, beschwichtigte sie Alexej, »sei still, Kleine, und schrei nicht! Ist ein Erwachsener im Haus?«

Eine Frau richtete sich im Bett hoch. Alexej sah hin und stellte fest, daß sie jung war.

»Was wollen Sie?« Die Frau zog die Decke bis zum Kinn hoch.

»Wir sind zwei Rotarmisten, junge Frau, wollen uns vor den Banditen retten und haben den Weg verloren.«

Es war sinnlos, die Wahrheit zu verschweigen. Alexejs Äußeres – sein verschmutztes, zerkratztes Gesicht, die Blutflecken auf der offenstehenden Uniformjacke, die Waffe in der Hand und sein plötzliches Erscheinen hier inmitten des Banditengebiets – verriet alles von selbst.

Die Frau schlüpfte mit den Beinen aus dem Bett und tastete hastig auf dem Boden nach ihren Schuhen. Inzwischen erzählte Alexej geduldig weiter: »Mein Kamerad ist schwer verwundet und liegt im Sterben. Helfen Sie, bitte, liebe Frau...«

Sie hatte endlich ihre Schuhe gefunden und stand auf, ihren langen Unterrock zurechtzupfend.

»Was wünschen Sie?« fragte sie noch einmal, als hätte sie Alexejs Worte nicht verstanden.

»Wir sind Rotarmisten... Mein Kamerad stirbt draußen am Brunnen... Man muß ihm helfen!«

Sie starrte Alexej mit ihren tiefliegenden Augen an, und ihre Worte überstürzten sich. »Nein, das geht nicht, das können wir nicht. Wir dürfen nicht, guter Mann. Im Dorf sind doch die Grünen.«

»Die Grünen?«

»Ja, fünf Mann. Bei Safonow, dem Dorfältesten. Gestern waren viele hier, aber dann sind sie Gott sei Dank wieder abgezogen – bis auf fünf Mann. Aber ganz gleich, wenn sie es erfahren – geht's uns an den Kragen. Wir können ihn nicht aufnehmen, ach Gott, das geht nicht, guter Mann.«

»Aber ich wollte doch nur...«, begann Alexej.

Die junge Frau ließ ihn nicht aussprechen. »Wir könnten sowieso nichts für ihn tun. Ich bin krank, und mein Schwesterchen ist noch zu klein.«

Das Mädchen hatte sich von seinem Schrecken erholt und begann aufgeregt zu erzählen, daß die Mutter ins Nachbardorf zur Tante Jefrossinja gegangen wäre, um Mehl zu holen, und daß sie immer noch nicht zurück wäre. »Hast du sie nicht zufällig gesehen?«

»Nein«, antwortete Alexej. Angesichts dieser bejammernswerten Geschöpfe vergaß er einen Augenblick lang, weshalb er eigentlich gekommen war.

Indessen erzählten die Frau und das Mädchen, daß am Morgen Banditen gekommen seien, eine »Mobilisierung« ausgerufen, zwei Bauern mitgenommen und den dritten – Iwan Lotenko –, der sich ihnen nicht anschließen wollte, mit Gewalt abgeführt hätten. Dann seien sie wieder abgezogen, bis auf jene fünf Mann beim Dorfältesten. Der beteilige sich übrigens selbst an Bandenstreifzügen, habe sich aber schon so viel zusammengeräubert, daß er sich jetzt zur Ruhe setzen könnte.

»Wenn der bei uns einen Rotarmisten entdeckt, bringt er uns auf die schrecklichste Art und Weise um, dieser Bluthund!« erklärte die Frau. »Ich selbst bin nur durch Gottes Hilfe noch am Leben: Mein Mann kämpft schon das zweite Jahr bei den Roten.«

»Aber ich will meinen Kameraden doch gar nicht hierlassen, ich brauche nur ein Boot, um nach Cherson zu gelangen!«

»Ein Boot?« wiederholte die Frau und zögerte mit der Antwort. Alexej erkannte daraus, daß ein Boot vorhanden sein mußte.

»Hilf mir!« Er legte seine ganze Verzweiflung, die Angst um Woronko in seine Bitte. »Sonst stirbt mein Kamerad. Du hast doch selbst einen Mann, der zu uns gehört.«

»Aber was sollen wir denn ohne Boot machen?« meinte die Frau und blickte dabei unschlüssig auf ihre kleine Schwester, als suchte sie bei ihr Unterstützung. »Wir haben doch nur das eine...«

»Du bekommst das Boot wieder! Du bekommst es bestimmt zurück. Ich gebe dir mein Ehrenwort als Bolschewik. Traust du mir nicht?« Als Alexej bemerkte, daß sie immer noch schwankte, holte er seinen Tschekaausweis aus der Tasche. »Da, schau her: Wir sind Tschekaleute aus Cherson. Wenn du willst, werde ich dir eine Quittung über das Boot ausstellen.«

»Brauch ich nicht, ist gar nicht nötig.« Sie machte eine abwehrende Handbewegung. »Was soll ich mit deiner Quittung anfangen?«

»Wir geben dir für das Boot einen richtigen Kahn mit einem Segel. Und die Sowjetmacht wird es dir immer danken.«

»Na ja, was bleibt mir schon übrig«, erwiderte die junge Frau. »Wenn ein Mensch im Sterben liegt... Denkst du denn, ich habe kein Herz im Leib?« Sie wandte sich an die kleine Schwester. »Jurka, bring den Onkel zum Boot hinunter! Die Ruder sind im Stall.«

Das Mädchen krabbelte auf den Ofen und kam nach kurzer Zeit wieder herunter. Es knotete die Zipfel eines großen, zerrissenen Tuches auf seinem Rücken zusammen. Als die ältere Schwester sah, daß das Kind bereit war, zog sie es an sich, zupfte das Tuch zurecht und flüsterte schluchzend: »Geht unten entlang, am Ufer, ganz leise, ach, hoffentlich hört man euch bei Safonow nicht!«

Alexej befürchtete, sie könnte es sich in letzter Minute anders überlegen, und schubste das Mädchen sanft zur Tür. Die junge Frau riegelte die Tür auf, und die beiden verließen die Hütte. Das Mädchen schlüpfte in den Schuppen. Als es herauskam, schleifte es zwei Ruder hinter sich her. Alexej warf sie über die Schulter und flüsterte der jungen Frau, die die Pforte aufmachte, zu: »Hab vielen Dank, Schwesterlein!« Bereute sie ihre Gutmütigkeit bereits? Jedenfalls mahnte sie ihn streng: »Sieh zu, daß das Boot ganz bleibt!«

»Hab keine Angst...«

Woronko atmete nicht mehr.

Alexej ließ sich auf den Boden sinken, zog die Beine an und legte den schweren, dröhnenden Kopf auf seine Knie.

Jetzt merkte er erst, wie müde er war. Die Füße taten ihm weh, sie waren sicherlich durchgescheuert. Auch Schultern und Rükken durchzog ein gleichmäßiger, dumpfer Schmerz.

Er dachte daran, sich neben Woronko auszustrecken und einzuschlafen.

»Onkel, was ist denn?« rief ihn das Mädchen. »Komm, wir gehen, Onkel!«

Alexej kniete sich neben Woronko hin und durchsuchte seine Kleidung. Er zog Papiere und Uhr aus den Brusttaschen der Soldatenbluse, nahm die Pistole aus der Hosentasche und steckte sie in den Gürtel zu seiner eigenen Waffe. Schließlich legte er Woronkos Beine zusammen, zog dessen Arme an den Körper und hockte völlig zerschlagen neben seinem Kameraden. Hinter ihm begann das Mädchen zu schluchzen.

»Sei still...«

Die Kleine schwieg. Sie zitterte am ganzen Leibe.

Alexej rückte zu ihr und flüsterte: »Woronko ist tot, verstehst du? Während ich zu euch ging, ist er gestorben. Begreifst du das, und ich habe ihn seit der vorigen Nacht geschleppt, unzählige Kilometer.« Er winkte mit der Hand ab.

Das Mädchen schüttelte sich wie im Fieber.

Er schwieg und betrachtete das Kind einige Zeit, ohne Verständnis dafür, was es bewegte. Plötzlich spürte er, daß seine Augen brannten – und seltsam: Alle Müdigkeit schien auf einmal weggeschwemmt zu sein, im Kopf wurde es leichter. Es war, als löste sich etwas in seiner Brust, und von ihm selbst kam unerwartet aus seiner Kehle ein gepreßter Laut. Alexej weinte...

Er erhob sich und nahm die Ruder. »Nun komm, wir wollen das Boot fertigmachen. Ihn holen wir später.«

Das Mädchen sprang auf und lief voraus, immer noch schluchzend.

Das Dorf war ziemlich groß. Wie viele andere Dörfer am linken Ufer des Dnepr lag es auf einer kleinen Anhöhe, die es vor Frühjahrsüberschwemmungen schützte. Links erstreckten sich Wiesen, und rechts sah man einen Nebenarm des Dnepr. Das Mädchen führte Alexej an mehreren Schuppen vorbei, und sie befanden sich plötzlich mitten im Dorf.

»Halt mal«, sagte Alexej, »wo führst du mich denn hin? Wir werden uns die Hunde auf den Hals hetzen!«

»Es sind keine Hunde da. Die Leute, die noch welche besitzen, haben sie ins Haus genommen. Da, hinter dem Schuppen, geht ein Pfad zum Fluß.«

Alexej blieb stehen und lauschte.

Es war still. In der grauen Dämmerung wirkte das Dörfchen breit und gespenstisch. Über den Dächern schwankten die Baumwipfel, und es schien, als bewegte sich heimlich und ängstlich das ganze Dorf.

Plötzlich klirrte etwas in der Nähe, der Laut wiederholte sich, und dann erklang eine nicht laute, aber tiefe Stimme. Alexej sah, daß sich der gen Himmel ragende Arm des Ziehbrunnens in Bewegung setzte und untertauchte.

Das Mädchen versuchte Alexej wegzuzerren. »Das sind die... bei Safonow.« Die Furcht verschlug der Kleinen fast die Stimme.

»Warte doch, bleib ruhig!« Alexej machte sich von ihr los.

Holz knarrte. Eine Frau fragte etwas. Ein Mann antwortete ganz kurz. Es war dieselbe Baßstimme wie vorhin. Dann klirrte es erneut, und alles war wieder ruhig.

»Paß mal auf, Kleine«, sagte Alexej, »du wartest hier auf mich, hörst du?«

Das Mädchen schlug die Hände zusammen. »Wo willst du denn hin, Onkel?«

»Ich komme gleich wieder.« Alexej wischte sich die Stirn, ihm wurde heiß. »Ich will nur dort nachschauen, warte..., bin gleich wieder da.«

»Nein, Onkel, geh nicht weg!«

Er legte die Ruder auf die Erde, zog seinen Revolver heraus und überzeugte sich, daß er geladen war.

Alexej hatte sich schon einige Schritte entfernt, als er sich noch einmal nach der Kleinen umdrehte. »Geh ja nicht weg, bleib hier und hab keine Angst! Ich komme zurück.«

Das Mädchen sah ihn erschrocken an, antwortete aber nicht. Es hatte die Ellbogen aneinandergelegt und die kleinen Fäustchen ans Kinn gepreßt.

Das Haus war umzäunt und von Fliedersträuchern umgeben. Als sich Alexej näherte, schlug eine Tür zu. Er warf sich hin und wartete. Posten waren nicht zu sehen. Alexej kletterte über den Zaun und war mit zwei Sprüngen am Haus.

Durch die Fensterläden fiel ein gelblicher Lichtstrahl in die Dunkelheit. Alexej zog vorsichtig an einem Fensterladen, der gab knarrend nach. Der Lichtstrahl verbreitete sich zu einem Streifen, der die Büsche beleuchtete.

Alexej preßte sich an die Wand.

Aus dem Haus drangen mehrere Männerstimmen und das hohe Organ einer Frau. Alexej beugte sich vor und lugte durch das Fenster. Im Zimmer war es ziemlich hell, zwei Petroleumlampen brannten – eine dickbäuchige mit grünem Schirm hing an der Decke, die andere stand am Ofen.

Alexej sah sich alles so aufmerksam an, als wollte er sich das Innere des Hauses fürs ganze Leben einprägen. Das Häuschen hatte nur einen Raum. Rechts eine Tür, dahinter der Ofen, an der Wand ein Bett. Der Tisch war wohl kurz zuvor in die Mitte gerückt worden. In einer dunklen Ecke schimmerte ein winziges Licht vor den Ikonen.

Alexej zählte die Banditen: Einer stand an der Tür, drei saßen am Tisch, und einer wusch sich die Füße. Außer diesen fünf Mann befanden sich noch der Hausherr und eine Frau im Raum.

Der Kerl an der Tür war ein rothaariger Bandit mit Militärmütze und Soldatenbluse. Er lehnte am Ofen, einen Karabiner in der Hand und Handgranaten am Gürtel. Wenn er lachte, schoben sich seine feisten, von roten Stoppeln bewachsenen Wangen breit auseinander.

Das ist der Wachposten, er wird gleich herauskommen, man muß ihn als ersten erledigen – dachte Alexej.

Der zweite, ein blutjunger Bursche, anscheinend ehemaliger Kadett oder Schüler der höheren Klassen, saß auf einer Bank vor dem Bett und wusch sich in einer Blechschüssel die Füße. Er hatte rote Ohren, die wie verbrüht aussahen. Nachdem er ein Bein gewaschen hatte, trocknete er es mit einem buntgestickten Handtuch ab und setzte es mit der Ferse vorsichtig auf den Boden.

Die drei Mann am Tisch aßen. Zwei von ihnen saßen mit dem Rücken zum Fenster, und Alexej konnte ihre Gesichter nicht sehen. Der dritte, dem Äußeren nach der Anführer, ein kahlköpfiger Mann mit vorstehenden Backenknochen, kaute genießerisch mit halbgeschlossenen Augen.

Der Wirt, ein stämmiger Bauer, trug ein Hemd, das über die Hose hing, und darüber eine Weste. Er setzte sich auf den Bettrand und begann wie ein Wasserfall zu reden. Dabei hüpfte sein schwarzes Bärtchen auf und ab.

Auf einem Schemel neben der Tür lagen Säbel und Pistolentaschen, daneben an der Wand lehnten Gewehre.

Alexej betrachtete alles aufmerksam, den Zeigefinger am Abzug seiner Waffe. Er stellte sich in Gedanken vor, was jetzt geschehen würde. Er brauchte nur den Finger zu krümmen und abzudrücken, dann wäre der Teufel los. Die lähmende Schwäche, die ihn befallen hatte, müßte sich in fliegende Hast verwandeln, wenn die Waffe in seiner Hand zucken und das Zimmer mit dröhnendem Krachen überschwemmen würden. Was dann weiter geschähe, konnte er sich noch nicht vorstellen, aber eins wußte er: Was sich auch immer ereignete – er würde ganz automatisch und doch richtig handeln, denn in solchen Momenten pflegt jeder Muskel fehlerfrei zu arbeiten und dem Denken vorauszueilen. Und doch zögerte Alexej. Er zwang sich zu innerer und äußerer Ruhe. Noch fühlte er, daß ihm sein Körper gehorchte. Bevor er zum Angriff überging, wollte er alles noch einmal genau beobachten und sich auch die kleinste Einzelheit fest einprägen.

Die untersetzte, kurzbeinige Bäuerin stellte eine irdene Schüssel mit Sahne auf den Tisch. Der junge Bandit, der sich die Füße wusch, kniff sie. Sie kreischte laut auf und begann zu kichern.

Die Banditen stimmte in das Gelächter ein. Der Bauer gluckste vor Vergnügen, die Hand vor dem Mund. Der Rothaarige am Ofen rief etwas, und der junge Kerl umfaßte die Frau und zog sie an sich. Sie gackerte wie ein aufgescheuchtes Huhn und suchte sich von seinem Griff zu befreien.

Krampfhaft schluckend, richtete Alexej den Revolver auf das Fenster.

Der Schuß wirkte wie ein Blitz aus heitrem Himmel, wie ein Sturmwind, der durch das Haus fegte und alles durcheinanderwirbelte. Ein markerschütternder Schrei erklang. Die Petroleumlampe auf dem Ofen kippte um und fiel auf den Boden. Über die Dielenbretter krochen züngelnde Flammen.

Ohne darauf zu achten, daß die Fenstersplitter ihm das Gesicht zerschnitten, lehnte sich Alexej mit dem Oberkörper durch das Fenster. Er zielte genau und schoß auf den Burschen, der am Ofen stand. Der Rothaarige warf die Arme empor und sackte nach vorn zusammen. Der Anführer sprang auf und schleuderte den Tisch gegen die anderen, die mit dem Rücken zum Fenster saßen. Bei dem Versuch aufzustehen, wurden sie erschossen. Den Anführer erwischte die Kugel, noch ehe er den Schemel erreichte, auf dem die Waffen lagen. Er krümmte sich und schlug mit dem Kopf gegen die Wand. Der jüngste Bandit stieß die Blechschüssel um und stürzte zu Boden, als wäre er in der Wasserpfütze ausgeglitten. Die Patronen waren verschossen. Alexej schleuderte seinen Revolver weg und zog blitzschnell die zweite Waffe heraus, die Woronko gehört hatte.

Als alles zu Ende war, verharrte er eine Weile unbeweglich, mit seinem ganzen Körpergewicht auf dem Fensterbrett lastend. Vor seinen Augen bereitete sich in dem Raum das Feuer weiter aus. Gleichzeitig sah er, wie die vergossene Sahne als dünnes Rinnsal in ein Astlock des Bodenbelags sickerte. Dann erst kam er richtig zu sich, verließ schnell das Fenster und ging zurück zu dem Schuppen.

Bei jedem Schritt stieß etwas gegen seine Hüfte. Alexej steckte die Hand in die Tasche und erinnerte sich in diesem Augenblick an die beiden Eierhandgranaten.

Im Dorf wurde Alarm geschlagen. Eine hohe Flamme loderte zu den tiefhängenden Wolken empor und färbte sie rot. Das ganze Dorf sah aus, als wäre es mit einer großen, glühenden Kuppel überdeckt. Rostrote Lichtreflexe tanzten auf den unruhigen Oberflächen des Flusses und beleuchteten Woronkos unbewegliches Gesicht, der am Heck des breiten, plumpen Bootes lag.

Alexej lenkte das Boot zum rechten Ufer hinüber, ließ es dann mit der Strömung treiben und blickte, ohne zu rudern, noch lange der Feuerbrunst nach, die in der Ferne versank.

Verwandtschaftliche Beziehungen

Am 9. November 1920 verurteilte das Kriegsgericht von Cherson fünfzehn Personen wegen »konterrevolutionärer Tätigkeit in Aljoschki« zum Tode durch Erschießen. Unter ihnen befand sich Dina Michailowna Fedossowo, unverheiratet, 1901 geboren, russischer Staatsangehörigkeit, Angestellte, sowie Pawel Nikodimowitsch Gluschtschenko, Kleinbürger, 1886 geboren, ukrainischer Nationalist, verheiratet, ferner Wladislaw Adamowitsch Solowych, ebenfalls Kleinbürger, 1893 geboren, Pole, ledig, Postangestellter.

Gegen das Urteil gab es keine Berufung, und es wurde im Morgengrauen des 10. November vollstreckt.

Der Urteilsspruch des Militärtribunals wurde an demselben Tage gefällt, an dem die Rote Armee ihren größten Erfolg im Kampf gegen Wrangel errang. Auf der Landenge von Perekop wurden die weißgardistischen Verteidigungsstellungen durchbrochen. Die Befreiung der Krim nahm ihren Anfang. Gleichzeitig begann die Tschekaabteilung für Bandenbekämpfung mit ihrer Operation zur Vernichtung der Smaginbande.

Inzwischen hatte Alexej im Zusammenhang mit Woronkos Tod viel Schweres durchgemacht, zumal er sich allein die Schuld am Untergang des Kameraden zuschrieb. Es verging kein Tag, an dem Alexej nicht über die Einzelheiten der mißglückten Aktion grübelte. Immer wieder warf er sich vor, daß er den Wachposten nicht getötet hatte. Und wenn das schon nicht geschehen war, so hätte er Woronko wenigstens überreden müssen, sofort zu verschwinden, nachdem der Posten Alarm geschlagen hatte. Alexej hielt es auch für falsch, daß er nicht auf Woronko gehört und ihn so lange auf der Schulter herumgeschleppt hatte, statt Hilfe aus Aljoschki zu holen, wie sein Kamerad es verlangte. Vielleicht hätte er es dann wirklich geschafft, und Woronko wäre noch am Leben. Alexej ging sogar so weit, sich vorzuwerfen, daß er überhaupt auf die Erlaubnis der Aktion gedrungen hatte. Gleichzeitig fühlte er sich von seinen Kameraden schweigend verurteilt.

Als Alexej mit dem toten Woronko in Cherson eintraf, wurde umgehend eine Abteilung unter dem Befehl von Filimonow auf Kähnen nach Stepino geschickt. Aber die Banditen waren bereits über alle Berge. Sie hatten Zeit gehabt, zum rechten Flußufer überzusetzen, und Filimonow mußte sie verfolgen.

Es gelang ihm, die Bande in der Nähe des Dorfes Woskressenka einzuholen und zu umzingeln. Es kam zu einem schweren Kampf, bei dem Filimonow und den Seinen kein voller Sieg beschieden war. Ein Teil der Bande – darunter Markow und die beiden Smagins — durchbrach den Umklammerungsring und entkam in das Dickicht des Kulakengebiets von Bolschaja Alexandrowska. Filimonow nahm sofort die Verfolgung auf. Sie dauerte über einen Monat und endete ergebnislos.

Alexej machte an den Vorsitzenden der Tscheka eine ausführliche schriftliche Meldung über die Umstände, unter denen Woronko gestorben war. Er erfuhr jedoch nicht, daß ein Mitarbeiter der Abteilung für die Bandenbekämpfung, Gubenko, mit Filimonow nach Stepino geschickt wurde, um auf Brockmanns Befehl Alexejs Angaben genauestens zu überprüfen. Nach seiner Rückkehr meldete Gubenko, daß alle Fakten der Wahrheit entsprächen.

Die Dorfbewohner hatten bestätigt, daß unter den zurückgebliebenen Smaginleuten in der Nacht nach der Abfahrt der anderen zum rechten Dneprufer ein wildes Durcheinander entstanden war. Man glaubte, daß sich die Roten verirrt und zufällig auf das Dorf und auf die Banditen gestoßen wären. Sie hätten sie dann mit Handgranaten bedacht und wären wieder verschwunden. Man habe die ganze Umgebung nach ihnen abgesucht, aber keinen mehr entdeckt. Später habe man gehört, daß die Roten in dem Dorf Kasatschi Lageri eine ganze Bande bis zum letzten Mann vernichteten.

Der diensteifrige Gubenko ritt mit drei Soldaten zu diesem Dorf, entdeckte dort die Frau, die Alexej das Boot geliehen hatte, erfuhr von ihr und der kleinen Schwester, wie alles geschehen war, und besichtigte die Ruine des abgebrannten Hauses von Safonow. Übrigens erledigte er bei dieser Gelegenheit auch das, was der völlig niedergeschlagene Alexej vergessen hatte: Gubenko beschlagnahmte in Stepino ein größeres Segelboot für die wakkere Frau. Sie lehnte aber entschieden ab, es anzunehmen, aus Angst vor der Rache der Banditen. Darauf hatte ihr Gubenko eine Quittung ausgestellt, wonach sie »für den Bedarf der Sowjetmacht vorübergehend ein Boot verliehen hatte, das sie zu jeder Zeit bei Vorlage dieser Quittung in der Chersoner Tscheka zurückerhalten« konnte.

Während der Untersuchung »in Sachen der konterrevolutionären Tätigkeit« war Alexej seinem Schwager nur einmal begegnet. Es geschah in den ersten Tagen nach seiner Rückkehr aus Stepino. Welitschko bearbeitete den Fall. Gluschtschenko leugnete anfangs alles. Er gab sich für einen Flüchtling aus dem Kiewer Gebiet aus, der in der hiesigen Zeit Zuflucht gefunden hätte. Daraufhin ließ Welitschko Alexej kommen. Auf diese Gegenüberstellung völlig unvorbereitet, zeigte sich Gluschtschenko so verdutzt, daß sein aufgedunsenes Gesicht zusammenfiel wie eine Papiertüte, deren Inhalt ausgeschüttet wird.

»Kennen Sie diesen Mann?«

»Gluschtschenko schüttelte den Kopf. »Nein, nie gesehen. Wie sollte ich auch? Keine Ahnung, wer das ist.«

»Ach, du kennst mich nicht mehr?« fragte Alexej und trat dicht an ihn heran. »Na, dann schau mich mal aus der Nähe an. Wir sind uns doch nicht fremd. Na, hast du mich nun erkannt? Genosse Welitschko, das ist der Mann meiner Schwester, er heißt Pawel Nikodimowitsch Gluschtschenko. Nach Aussage der Fedossowa ist er ein ukrainischer Nationalist und war Mitglied des Komitees der Konterrevolutionäre in Jekaterinoslaw im vergangenen Jahr. Er hat früher einmal als Verkäufer in der Konfektionsbranche gearbeitet. Dann biederte er sich bei den Deutschen an. Er war Verbindungsmann von Markow, und sein Haus war Treffpunkt der Banditen. Übrigens hat er die Höllenmaschine zur Fedossowa gebracht. Das habe ich selbst gesehen.«

Welitschko trug Alexejs Aussage ins Protokoll ein. »Nun, wie steht's, geben Sie jetzt alles zu?« fragte er Gluschtschenko. Der bewegte lautlos die Lippen.

»Unterschreibe, Michalew«, sagte Welitschko.

Alexej nahm den Federhalter und beugte sich über den Tisch. Erst in diesem Augenblick fand Gluschtschenko die Sprache wieder und jammerte mit erstickter Stimme: »Alexej . . . , Ljoschka, wie kannst du denn so was sagen. Einen Verwandten so zu verleumden . . . Dabei haben wir mit Sehnsucht auf dich gewartet.«

In Alexejs Faust zerbrach der Federhalter. »Ein Verwandter? Ein Konterrevolutionär bist du. Ich werde dir zeigen, was für ein Verwandter du bist.«

»He, he!« schrie Welitschko. »Vergiß dich nicht!«

Mit zitternden Händen, sich nur schwer beherrschend, setzte Alexej seine Unterschrift unter das Protokoll und verließ das Zimmer.

Zwei Tage später kam Welitschko zu ihm, trat verlegen von einem Bein aufs andere und erklärte schließlich, den Blick auf den verstaubten Bücherstapel von Woronko geheftet: »Bei mir sitzt deine Schwester, komm doch mal 'rüber!« Er schwieg ein Weilchen und erklärte dann, um sich aus der peinlichen Situation zu retten: »Übrigens könntest du sie ja fragen, vielleicht weiß sie etwas.«

Katja war sehr gealtert. Sie sah ungesund und aufgeschwemmt aus. In ihren Augen lag etwas Hilfloses und Demütiges. Um den Mund hatte sie noch mehr Kummerfalten als früher. Als Alexej dieses Häufchen Unglück zu Gesicht bekam, fühlte er gleichzeitig Mitleid und Erleichterung. Er hatte schon befürchtet, daß das Zusammenleben mit Gluschtschenko einen so verderblichen Einfluß auf die schwache, nachgiebige Jekatarina ausgeübt hätte, daß es seinem Schwager gelungen war, sie, die Tochter eines roten Kommandeurs und Bolschewiken, zu seinen schmutzigen Ansichten zu bekehren.

Die unruhigen Augen der Schwester verrieten deutlicher als Worte, was für ein Dasein sie an der Seite dieses Mannes geführt hatte: Sie mußte sein Leben leben, und sie weinte und gehorchte, ohne das, was rings um sie geschah, begreifen zu können. Sie wirkte völlig abgestumpft und müde, gequält und schwermütig. Selbst ihre Haltung hatte sich geändert: Sie saß unterwürfig vorgebeugt, die großen aufgesprungenen Hände auf den Knien verschränkt, eingehüllt in ein abgetragenes Tuch, wie es alte Frauen umlegen.

Es war schwer zu sagen, was bei dieser Begegnung von Bruder und Schwester vorherrschte – Trauer oder Freude.

Nachdem sie sich ausgeweint hatte, erzählte Katja, daß sie vor rund vier Monaten zum erstenmal eine Nachricht vom Vater erhalten habe. Er befinde sich in Sibirien, kämpfte dort gegen Koltschak und fragte in seinem Brief immer wieder, wo sich Alexej aufhalte. Sie habe allerdings nicht geantwortet, da es ihr Gluschtschenko verboten hatte.

»Wie ist das nur möglich, hast du wenigstens die Adresse behalten?«

»Nein, Ljoschka, ich habe sie vergessen. Mein Mann hat den Brief zerrissen. Du weißt doch, er hat Papa nie gemocht.«

Was konnte man da machen? Aber es tat schon gut, zu wissen, daß er am Leben war.

»Ljoschka ..., und du ..., du bist bei der Tscheka?«

»Ja, ich bin Tschekist.«

Katja sah ihn furchtsam an. In ihr, als Gluschtschenkos Frau, löste dieses Wort helle Angst aus. Entsetzt fragte sie: »Und was geschieht jetzt mit ihm, mit meinem Mann?«

»Vergiß ihn«, erwiderte Alexej und sah sie nicht an. Dann umarmte er seine Schwester, die in Tränen ausbrach. »Weine nicht, du mußt ihn vergessen! Was war er dir für ein Mann? Hat dich doch bloß tyrannisiert. Jetzt werden wir beide in Cherson zusammen leben, denn ich bekomme bestimmt ein schönes Zimmer. Und dann werden wir den Vater wiederfinden ... Ich bitte dich nur um eins – weine nicht!«

»Ich möchte ihn ... wenigstens ... noch einmal sehen«, sagte sie, von krampfartigem Schluchzen geschüttelt.

»Wozu, das regt dich nur unnötig auf. Man muß mit einem Schlag Schluß machen. Hör auf zu weinen, Katja, Schwesterchen!«

Er verzichtete darauf, sie weiter auszufragen. Erst später erfuhr er von ihr auf Umwegen, daß hinter dem Schweinestall ein Keller war, in dem Gluschtschenko alle möglichen Kisten versteckt hatte, die ihm von weither gebracht worden waren. Vier Tage nach dem Wiedersehen Alexejs mit seiner Schwester wurde eine kleine Abteilung von Tschekisten zu Gluschtschenkos Haus beordert. Katja fuhr mit. Wie sie ihrem Bruder sagte, wollte sie ihre Sachen holen, aber sie kehrte nicht zurück, sondern schickte nur einen Brief: »Lieber Bruder Ljoschka! Sei nicht böse auf mich, ich will vorläufig doch hierbleiben. Werde mich allein ausweinen. Die Wirtschaft kann man doch nicht so einfach im Stich lassen. Zürne mir also bitte nicht, mein Bester!«

Ehrlich gesagt, Alexej war recht froh über diese Lösung. Er hatte sich mit seiner Schwester auseinandergelebt. Ihre ununterbrochenen Tränen, die Klagen über seine angebliche Herzlosigkeit, die ewige Bettelei, ihrem Mann zu helfen, und ihr völliges Unverständnis für die Welt, in der Alexej lebte, das alles trennte ihn von Jekaterina und reizte ihn manchmal zum Jähzorn. Außerdem konnte er seiner Schwester nicht verzeihen, daß sie Vaters Adresse vergessen hatte. In Alexejs Augen war das schlimmer als Verrat.

Die Tschekisten brachten von der Haussuchung drei Kisten mit Munition mit.

Am Tage nach der Abreise Jekaterinas fand bei dem Vorsitzenden der Tscheka die übliche Arbeitsbesprechung statt. Als sie beendet war, hielt Brockmann Alexej zurück. »Hast du dich von deiner Schwester verabschiedet?« erkundigte er sich.

»Ja.«

»Setz dich mal hin! Ich habe mich schon lange nicht mehr mit dir unterhalten.« Brockmann nahm am Tisch Platz und fragte, während er seine Pfeife stopfte: »Was war seinerzeit zwischen dir und Illarionow?«

Alexej wartete schon lange auf diese Aussprache. »Wir haben uns bei der Arbeit nicht verstanden«, erwiderte er mit finsterer Miene.

»Und wer ist schuld daran?«

»Das müssen Sie besser wissen. Mag sein, daß ich im Unrecht war. Er ist der Chef, und ich bin nur ein Unterstellter.«

»Hm, das bedeutet also, du wärest schuld.« Brockmann sprach so bedächtig, als wollte er Alexejs Worte genau abwägen. Er sog an seiner Pfeife, blies den Rauch aus und bemerkte ganz nebenbei: »Du gibst deine Fehler ein bißchen zu schnell zu. Doch sag mir eins: Wäre Krutscheny entkommen, wenn es nach Illarionows Kopf gegangen wäre?«

»Vielleicht wäre er dann nicht entkommen.«

»So ist das also.« Brockmann erhob sich, ging hinkend zum Fenster und lehnte sich an das Fensterbrett. »Eigenartig, kein erfreuliches Bild. Ich selbst habe folgende Erfahrung gemacht: Wenn ein Mensch seine Fehler zu schnell zugibt, dann ist er entweder ein Feigling oder ein Verräter ... Willst du wohl sitzen bleiben!« schrie er Alexej an, der bei diesen Worten aufgesprungen war. »Steck ein, was du verdient hast, und bitte ohne Hysterie!« Dabei hatte Alexej noch kein einziges Wort gesagt.

Alexej ließ sich auf den Stuhl zurücksinken und biß sich so stark auf die Lippe, daß er den Blutgeschmack im Mund spürte. Geschieht mir recht, dachte er, geschieht mir ganz recht!

Brockmann schwieg lange, zu lange, und dieses Schweigen war für Alexej furchtbar. Plötzlich fuhr er zusammen: Der Vorsitzende der Tscheka hatte gelacht.

Wirklich, Brockmann lachte – nicht laut, sondern leise und fast etwas verlegen. Es war mehr ein Hüsteln. »Du bist mir ein komischer Kerl. Man spricht schlecht über dich, und du bläst noch ins gleiche Horn. ›Bin schuld, bereue.‹ Übereil dich nicht mit dem Bereuen! Bringe Beweise, verteidige erst die Pläne, die du gehabt hast. Sich irren ist nicht schlimm, wenn man ein ehrlicher Mensch ist. Na schön, du hast den Kurtscheny entkommen lassen, das ist nicht gerade gut. Du hast auch hier und da etwas durcheinandergebracht und nicht alle Möglichkeiten genutzt, das ist ebenfalls kein Ruhmesblatt. Aber du hast schließlich stets im besten Glauben gehandelt. Doch das mußt du auch klarstellen. – Und nun zum Tode Woronkos: Das ist ein großer Verlust. War ein Mann mit einer kristallklaren Seele. Ein großer Verlust, gewiß...« Brockmann verstummte, seine Miene war sehr ernst. »Es ist schwer, einen zuverlässigeren Menschen zu finden. Er hat Bücher geliebt, hat davon geträumt, nach dem Krieg Lehrer zu werden. Von Haus aus besaß er keinerlei Bildung, war aber bereit, immer zu lernen, dabei war er schon über vierzig...« Brockmann ging auf Alexej zu und sah ihm fest in die Augen. »Gut, Michalew, geh, arbeite, und wegen deiner Schwester brauchst du dich nicht zu beunruhigen. Das renkt sich wieder ein.«

Alexej verstand nicht, was Brockmann mit den letzten Worten sagen wollte. Doch in dessen Blick lag jetzt so wenig dienstliche Kühle und so viel menschliches Verständnis, daß Alexej eine warme, befreiende Welle der Dankbarkeit gegenüber diesem rauhen Menschen in sich aufsteigen fühlte. In seiner Brust begann etwas zu beben, was jeden Augenblick zum Ausbruch kommen konnte.

Der volle Sinn des seltsamen Gesprächs wurde ihm erst am Abend verständlich. Fedja Fomin sorgte für die Klärung. »Ljoschka, gut, daß du da bist, ich habe dir allerhand zu erzählen«, verkündete er erregt, als er, wie oft, »nur auf einen Sprung« ins Zimmer kam. »Ich wollte es schon heute früh tun, aber man hatte mich mit einem Auftrag losgeschickt. Ich habe übrigens bei dieser Aktion eine Haussuchung bei einem Advokaten durchgeführt. Ich kann dir sagen, der hat Bücher gehabt! Drei Wände vollgestellt, und immer wieder Bücher, Bücher und wieder Bücher. Ich will tot umfallen, wenn das nicht stimmt!«

Fedja berichtete dann folgendes: Am Morgen, als Alexej seine Schwester zur Abfahrt begleitete, brachte Fedja irgendwelche Papiere zu Brockmann und traf dort Illarionow, der gerade etwas Ehrenrühriges über Michalew sagte. Fedja setzte sich ganz bescheiden auf die Bank neben der Tür und nahm sich vor, für seinen Freund einzutreten, wenn es notwenidg sei.

Als ehrgeiziger Mensch fürchtete Fedja am meisten, irgendwann einmal irgendwelchen Unsinn zu verzapfen und damit in den Verdacht zu geraten, die richtigen Methoden der Tschekaarbeit nicht zu beherrschen. Deshalb schwieg er, als Illarionow seinen Untergebenen Alexej Michalew wegen falscher Durchführung der Operation in Aljoschki heftig kritisierte. Außerdem stellte Fedja fest, daß Illarionows Worte bei Brockmann nur einen geringen Eindruck hinterließen.

Brockmann sagte dann zu ihm: »Ich habe da eine ganz andere Information! Mir hat Welitschko alles anders geschildert, und auch ich halte Michalew für einen fähigen jungen Mitarbeiter. Ja, er hat es wirklich gesagt: Jung und fähig', verstehst du?«

›Jung und fähig‹, »Na, na, schon gut und weiter?«

»Illarionow aber reißt das Maul bis an die Ohren auf und erwidert: ›Von wegen Fähigkeit, die sind doch ...‘ – verdammt noch mal, wie hat er sich bloß ausgedrückt? Hol mich der Teufel, ich hab's vergessen! Aber er hat Worte gebraucht, sag' ich dir, da sträubt sich die Zunge, die wiederzugeben. Kurz, er meinte, du würdest für beide Seiten arbeiten. Wörtlich sagte er: ›Auch Sie, Genosse Brockmann, vertrauen ihm völlig zu Unrecht. Er ist einer der größten Schweinehunde bei dieser Verschwörung, genau wie sein naher Verwandter, der Mann seiner leiblichen Schwester. Na, und dieses Schwesterchen! Von der kann man nur sagen, daß sie auf dem gleichen Mist gewachsen ist wie ihr sauberer Bruder, das ist doch auch verdächtig. Daher muß man die Katja ebenfalls zur Verantwortung ziehen. Michalew aber tut das Gegenteil. Er deckt sie noch, und während wir uns hier unterhalten, schickt er sie möglichst weit weg, damit man keine Beweisstücke hat!‹ – Du kannst dir denken, Ljoschka, daß mir bei diesen Verleumdungen der Kragen geplatzt ist. Na, dem hab' ich's vielleicht gegeben, ohne Rücksicht auf Brockmanns Anwesenheit. ›Gemein bist du, Genosse Illarionow‹, habe ich gesagt, ›und kein Tschekist. Ljoschka hat dich so übertroffen, daß du dich vor Neid grün und gelb ärgerst – das ist alles. Und dafür, daß du ihn hier schlechtmachst, müßte man dir jetzt alle Zähne ausschlagen wie dem letzten Strolch!‹«

Wie Alexej später erfuhr, hatte Fedja natürlich übertrieben. Gewiß – er hatte sich nicht beherrschen können, als er mit anhören mußte, wie sein Freund verleumdet wurde, aber er hatte beileibe nicht so entschieden widersprochen, wie er es Alexej weismachen wollte. Fedja hatte nur gemurmelt, rot und stotternd vor Aufregung: »Was sagt Genosse Illarionow da?... Ach, Genosse Brockmann, sagen Sie ihm doch bitte, daß Michalew... einer von uns ist... Ja, das müssen Sie ihm sagen!«

Brockmann befahl ihm, sich wieder hinzusetzen und den Mund zu halten, bis er gefragt würde. Dann wandte er sich erneut an Illarionow. »Ist dir bekannt, wer Michalews Schwager verhaftet hat?«

»Natürlich. Es war Chramsow. Er hat ihn verhaftet, nachdem dieses Subjekt der Fedossowa die Höllenmaschine mit Zeitzünder gebracht hatte.«

»Fedja, lauf rasch zu Chramsow!« befahl Brockmann. »Chramsow war eben erst bei mir. Sag ihm, er soll gleich noch mal herkommen.«

Als Chramsow erschien, mußte er berichten, wie er Gluschtschenko auf Alexejs Geheiß festgenommen hatte. Damit war die wirkliche Sachlage geklärt und eine weitere Diskussion über das Verhalten Michalews überflüssig.

»Was seine Schwester betrifft«, sagte Brockmann zu Illarionow, »so ist sie von Welitschko vernommen worden. Ein harmloses, verängstigtes Frauenzimmer. Übrigens hat Michalew durch sie von den Waffen erfahren, die ihr Mann versteckt hat. Auch hier ist also alles in Ordnung. Wenn du heute das Gegenteil behauptest, Genosse Illarionow, dann mag es vielleicht ohne Hintergedanken geschehen sein, doch merk dir: Wachsam sein ist gut, jemanden grundlos beschuldigen ist schlecht. Michalew hat sich als zuverlässiger und ordentlicher Mensch bewährt. Warum verdächtigst du ihn? Ihm ist jetzt nicht leicht zumute, das mußt du berücksichtigen. Weißt du überhaupt, was er dort auf dem linken Flußufer – ganz auf sich allein gestellt – geleistet hat?«

Und Illarionow, Fedja und Chramsow hatten zum erstenmal von Alexejs Heldentaten in Kaschtschi Lageri gehört.

Alltag

Das Leben in der Tscheka lief weiter wie bisher – stürmisch, vielfältig und oft beschwerlich. Vor den Augen der Mitarbeiter zog ein bunter, vielgesichtiger Strom von Menschen der verschiedensten Schichten, Altersstufen und Berufe vorüber. Dabei lagen oft Tragik und Komik, Wahrheit und Lüge, Ehrlichkeit und Gaunerei dicht beieinander. Und es war oft nicht leicht, eins vom anderen zu unterscheiden.

Strenggenommen sollten sich alle Mitarbeiter der Tscheka spezialisieren. Auf dem Papier war jeder einem bestimmten Ressort zugeteilt, und die Tätigkeit des einen grenzte sich scharf gegen die des anderen ab. So gab es eine Abteilung für Spionageabwehr, eine zweite führte den Kampf gegen das Bandentum, und eine dritte war für die Bekämpfung von Spekulation und Sabotage zuständig.

In Wirklichkeit jedoch vermischten sich diese Dinge ständig und waren zuweilen so eng miteinander verflochten, daß schwer zu entscheiden war, welche Abteilung die Bearbeitung dieses oder jenes Falles zu übernehmen hatte. Manchmal verbarg sich hinter einem Dienstvergehen, das auf den ersten Blick unbedeutend erschien, eine planmäßige Schädlingsarbeit. Ein vermeintlicher Überfall von Berufsverbrechern auf eine Privatwohnung erwies sich bei der Untersuchung als Teil einer großen konterrevolutionären Verschwörung. Ein »geschwätziger Bettler« auf dem Markt entpuppte sich als Provokateur und ein hergereister »Schieber« als Agent einer Spionageorganisation. Den Tschekisten wurde oft eine wahre Meisterschaft darin abverlangt, bei diesem Durcheinander Nebensächliches und Zufälliges zu erkennen und beiseite zu lassen, um den wahren Feind aufspüren und fassen zu können, ohne Menschen, die Freunde der Sowjetmacht waren, in Mitleidenschaft zu ziehen oder vor den Kopf zu stoßen.

Bei der Tscheka dienten einfache Menschen. Die überwiegende Mehrheit brachte keine besonderen Eigenschaften mit, die sie für die harte und verantwortungsvolle Arbeit prädestiniert hätten. Vor kurzem noch hatten sie mit der Waffe in der Hand Freiheit und Boden für das Volk erkämpft. Und nun sagte die siegreiche Revolution zu ihnen: Ihr habt gelernt zu schenken, nun lernt auch, die Feinde zu bestrafen. Aber seid wachsam! Irrt euch nicht, unterscheidet sorgfältig zwischen Freund und Feind, sonst begeht ihr schwerwiegende Fehler. Seid gerecht, wie es die Revolution ist, die euch die Waffe anvertraut hat. Wenn ihr aber auf einen Gegner stoßt, schont ihn nicht, seid unerbittlich und ringt ihn nieder, denn ihr seid Soldaten der Revolution.

Alexej war sich der Bedeutung seines Auftrages ebenso bewußt wie jeder seiner Kameraden. Aber es gab unter ihnen natürlich auch Menschen, die der Haß auf die Feinde oder übertriebener Diensteifer oder gewisse Charaktereigenschaften daran hinderten, sich in allen Situationen sicher zurechtzufinden. Das führte dann manchmal zu unüberlegten Maßnahmen. Nach Alexejs Ansicht gehörte auch Semjon Illarionow zu diesen Menschen. Allerdings gab es unter den Tschekisten nur wenige Leute seines Schlages. Und sie wurden durch die Atmosphäre der Sachlichkeit und Beherrschtheit im Zaum gehalten, wie sie von den alten Bolschewiki ausging – von Welitschko, dem ernsten, grauhaarigen Adamtschuk, der seine Tätigkeit gemeinsam mit Dzierżyúski aufgenommen hatte, und besonders von Brockmann.

Einem Außenstehenden konnte es einfach unfaßbar erscheinen, wie es dem Vorsitzenden der Tscheka gelang, stets über den Stand der Dinge in der gesamten Arbeit orientiert zu sein. Dabei behielt er sogar die kleinsten Einzelheiten der verschiedenen Fälle im Gedächtnis. Er wußte immer, wer diesen oder jenen Auftrag erhalten hatte und wann dies geschehen war. Und er verlangte von jedem strengste Pflichterfüllung. Die hohen Ansprüche, die er an alle stellte, bewirkten, daß jeder Mitarbeiter sich befleißigte, seine Aufgaben mit größtem Verantwortungsbewußtsein zu lösen.

Eines Tages beklagte sich Fedja Fomin, den Brockmann wegen einer Nachlässigkeit zur Rede gestellt hatte, bei Alexej. »Du suchst ihm etwas zu erklären, aber es ist, als wüßte er alles schon längst.“ Und Fedja fügte nach kurzem Nachdenken hinzu: »Tja, er besitzt eben eine ganz große Erfahrung.« Fedja saß jetzt mit Alexej in einem Zimmer an Woronkos Schreibtisch. Für Alexej war es eine sehr laute Nachbarschaft. Fedja verfügte über sehr viel Energie, die er nie ausschöpfen konnte; denn zum selbständigen Arbeiten war er noch nicht zugelassen, man übertrug ihm in der Hauptsache die verschiedenartigsten operativen Aufgaben. Er war der jüngste unter den Mitarbeitern der Tscheka, jeder mochte ihn gern, weil er so lustig war und kein Sitzfleisch besaß. Selten wurde er mit seinem Familiennamen angesprochen, sondern einfach Fedja gerufen. Er war tief gekränkt, wenn ihn einer nicht genügend ernst nahm, und er gab sich alle Mühe, nicht mehr als »junger Dachs« zu gelten. Er machte sich um einige Jahre älter, zwang sich, mit Baßstimme zu sprechen, und sehnte sich heimlich nach einem Schnurrbart, der es jedoch nicht so eilig hatte, auf seinem frischen Jungengesicht zu sprießen. Fedja war ein Spaßvogel, er tanzte ausgezeichnet und verstand es so gut, Betrunkene und Verrückte zu spielen, daß er sogar ein Lob von Illarionow einheimste, der früher Berufsschauspieler gewesen war.

Seit einiger Zeit suchte Fedja in jeder freien Minute das Kriminalamt in der Witowskaja auf, wo er sich mit dem Untersuchungsrichter Pjotr Konstantinowitsch Burkaschin angefreundet hatte. Auch Alexej kannte Burkaschin, einen fünfunddreißigjährigen, kräftigen Mann mit kurzem Hals und Schnurrbart. Eines Tages verriet Fedja seinem Freund Alexej, was ihn eigentlich zu Burkaschin trieb. »Der war früher Ringer im Zirkus, weißt du, und hat unter dem Namen ›Siegesmaske‹ gekämpft. Mann, hat der eine Kraft!« Fedja schaute sich zur Tür um und flehte mit Flüsterstimme: »Daß du es aber vorläufig keinem weitererzählst – später sollen sie alle staunen: Burkaschin bringt mir Jiu-Jitsu bei!«

»Ist's wahr?«

»Und ob! Drei Griffe beherrsche ich schon. Soll ich sie dir zeigen?«

»Ja, gern!«

»Komm rasch in den Garten! Hier ist zu wenig Platz.«

In einer abgelegenen Ecke des Gartens, der zum Tschekagebäude gehörte, zog Fedja seine Lederjacke aus, schlenkerte mit den Armen, um die Muskeln zu lockern, und forderte Alexej auf: »So, jetzt schlag mir mal auf den Kopf!«

»Weshalb denn?«

»Na, hau schon, auf meine Verantwortung! Ich zeige dir einen Griff – da bist du einfach platt.«

»Sei bloß vorsichtig, Fedja.«

»Mann, bist du dämlich.« Fedja begann sich zu ereifern. »Meinst du, mir macht es Spaß, eins draufzukriegen? Wenn ich dir so was sage, habe ich schon meine Gründe dafür. Los, schlag zu!«

Alexej lächelte und fragte zweifelnd: »Soll ich fest zuhauen?«

»Na ja, so stark du kannst. Ziele genau gegen die Stirn, los!«

Alexej zuckte die Achseln, holte aus und schlug zu. Fedja sprang ihn an, wollte mit Alexejs Arm irgend etwas unternehmen, kam aber zu spät.

Der Schlag war kräftig. Fedja flog einige Schritte zurück und setzte sich auf ein ungepflegtes Blumenbeet. Sein Mund stand offen vor Erstaunen, seine Augen trübten sich.

»Was ist mit dir, Fedja?« fragte Alexej beunruhigt. »Siehst du, ich wollte es nicht tun, aber du hast mich doch selbst darum gebeten.«

Fedja schüttelte den Kopf und sagte böse: »Mann, hast du aber Mark in den Knochen! Du hast nur zu schnell zugeschlagen, ich war nicht darauf gefaßt.« Er schüttelte sich, spreizte die Ellbogen vom Körper ab und hüpfte wie ein aufgeplusterter junger Hahn auf Alexej zu. »So, das Ganze noch mal!«

»Hör auf, Fedja!« Alexej konnte das Lachen kaum unterdrücken. »Wenn du so weitermachst, schlage ich dir noch den Schädel ein.«

Fedja wurde wütend. »Schlag zu, Burkaschin gibt mir ganz anders Zunder, da kommst du noch lange nicht mit.«

Um seinen Freund nicht zu kränken, schlug Alexej noch mal zu, doch nicht sehr kräftig, sondern nur so, daß es nach etwas aussah. Und jetzt geschah etwas, was er wirklich nicht erwartet hatte.

Fedja fing auf eine besondere Art Alexejs Arm in der Luft ab, tauchte unter dessen Achsel, und ehe Alexej sich's versah, verloren seine Beine den Halt, Bäume und Himmel wirbelten vor seinen Augen herum, und er lag plötzlich der ganzen Länge nach auf der Erde.

Noch betäubt von dem Sturz, rappelte er sich hoch. Fedja führte vor Freude einen Indianertanz auf und schrie erregt: »Na, war das vielleicht nichts? Gar nicht so ungeschickt, was? Hast du's mitgekriegt!«

Alexej sagte nur: »Komm, das machen wir noch mal!«

Der Kampf wurde wiederholt, und Alexej fand sich erneut auf der Erde wieder.

Dann zeigte ihm Fedja, wie man den Arm eines Gegners in die Zange nimmt, wenn er einen mit einem Messer überfällt.

»Wirklich prima«, gab Alexej zu. »Eine tolle Sache, kann sehr nützlich sein. Weißt du was, nimm mich doch zu deinem Burkaschin mit, wenn ich mal frei habe.«

»Mach' ich. Es wird dir nicht leid tun.«

Alexej war es jedoch noch lange nicht vergönnt, in die Feinheiten der waffenlosen Selbstverteidigung einzudringen. Er hatte einfach keine Zeit.

Die Zeit ist ein guter Arzt, die Arbeit – ein noch besserer. In wechselvollem, aber angespanntem Rhythmus lösten Razzien, Vernehmungen, Haussuchungen und Untersuchungsverfahren einander ab. Allein in einem Monat konnte Alexej sein Wissen über Cherson verdoppeln. Diese Kenntnisse gereichten der Stadt, in der er geboren und aufgewachsen war, gewiß nicht zur Zierde. In ihr wurden Dutzende von Verbrecherbanden sowie zahlreiche zweifelhafte Lokale, Devisenschwarzmärkte und Hehlernester aufgedeckt, in denen »heiße« Waren gehandelt wurden. Hier war auch zu »angemessenen« Preisen das sogenannte Himbeerchen zu haben – ein grausiges Gemisch von Morphium, Opium und Chloroform. An diesen dunklen Stätten wimmelte es von Schiebern, anarchistischen Terroristen, Provokateuren, weißgardistischen und ausländischen Spionen und ähnlichem Unrat. Die geschlagene, aber noch immer nicht vernichtete Konterrevolution wehrte sich wütend. Es war ein richtiger Krieg, bei dem wie bei jedem Krieg beide Parteien Verluste davontrugen.

Im Sabalkabezirk wurden zwei Mitarbeiter der Tscheka viehisch ermordet – beide waren kaum siebzehn Jahre alt. Bei einer Schießerei, die am hellichten Tage auf dem Städtischen Markt ausbrach, wurde der gutmütige Riese Nikita Bodenko schwer verwundet. Einen Kopfschuß aus dem Hinterhalt erhielt Nikolai Kurlin. Unter die Vortreppe des Hauses, in dem Brockmann wohnte, hatten Banditen eines Abends eine Bombe gelegt, deren Zünder durch eine Schnur mit dem Türgriff verbunden war. Sie rechneten damit, daß der Vorsitzende der Tscheka später als die anderen Mieter nach Hause kommen würde. Ein Zufall rettete ihn. Ein Hofhund rannte gegen die Schnur. Er wurde in Stücke gerissen, die Tür völlig auseinandergefetzt, aber glücklicherweise waren keine Menschenleben zu beklagen.

Derartige Vorfälle gehörten zur Tagesordnung. Man schenkte ihnen kaum noch Beachtung. Die Gefahr war der ständige Begleiter der Tschekisten.

Der ereignisreiche Alltag der Tscheka gewährte wenig Raum für ein Privatleben, und alles, was nicht unmittelbar mit der Arbeit zusammenhing, schien fast als etwas Verbotenes.

Mit Marusja kam Alexej selten zusammen. Sie gehörte der Gruppe der geheimen Vertrauensleute an, die für Spezialaufträge eingesetzt wurden. Die Mitarbeiter der Tscheka spürten auf Schritt und Tritt, daß die Verbrecherwelt Marusja belauerte, um früher oder später herauszubekommen, wer alles zur Tscheka gehörte oder mit ihr zu tun hatte. Daher war es Marusja streng verboten, ohne wichtigen Grund einen „legalen" Mitarbeiter – ganz gleich wen – aufzusuchen, und erst recht durfte sie sich nicht in den Diensträumen sehen lassen. Auf Anordnung des Bezirkskomitees des Komsomol arbeitete Marusja im Amt für Volksbildung. Sie lebte in einem Gemeinschaftsheim in der Howardstraße, und Alexej hatte in dieser ganzen Zeit nur drei- bis viermal einige Worte mit dem Mädchen wechseln können. Aber wie zufällig und kurz diese Begegnungen auch waren, sie hinterließen in ihm jedesmal ein gehobenes Gefühl, über dessen Charakter er sich zwar nicht klar war, das ihn aber frohgemut stimmte. Er vermochte nicht, sein Empfinden mit Worten auszudrücken, doch ihm war, als löste sich aus dieser komplizierten Welt, die sich ihm meistens von ihrer finstersten Seite zeigte, eine lichte Erscheinung heraus. Sie begann zu wachsen, immer größer zu werden und nahm schließlich die Gestalt eines zierlichen Mädchens an. Es besaß ein Grübchen auf der rechten Wange, einen kindlich geschwellten Mund und eine eigensinnige Kerbe zwischen den Augenbrauen.

Vielleicht wäre Alexej das alles nicht so schnell aufgefallen, hätte nicht Woronko mit ihm über das Mädchen gesprochen, als sie auf dem Wege nach Stepino waren. Damals sah sich Alexej zum erstenmal veranlaßt, Marusja nicht nur als Mitarbeiterin und Kollegin zu betrachten. Er ließ sich alle Einzelheiten ihrer Begegnungen durch den Kopf gehen. Er entsann sich, daß Marusja in der letzten Zeit, wenn sie mit ihm sprach, plötzlich und ohne Anlaß errötete. Dann pflegte sie sofort einen dienstlichen, ja fast barschen Ton anzuschlagen. Alexej erinnerte sich auch an die leidenschaftliche Art, in der das Mädchen für ihn bei dem Streit mit Illarionow eingetreten war. Er besann sich noch auf viele Kleinigkeiten, die er fast vergessen hatte und die dennoch bedeutsam waren, und gelangte mit Erstaunen zu der Schlußfolgerung, daß Woronko nicht ganz unrecht gehabt hatte.

Je mehr Alexej über Marusja nachdachte, desto stärker wurde ihm bewußt, daß er sich schon seit langem zu ihr hingezogen fühlte.

Und doch hatte es geschehen können, daß die hübsche und ihrer Schönheit bewußte Dina Fedossowa mit ihrer berechnenden Koketterie in ihm Gefühle erweckte, die ihn beunruhigten, deren er sich schämte und die er deshalb vor sich selbst nicht wahrhaben wollte. Aber er hatte bisher noch kein einziges Mal darüber nachgedacht, warum er ein Gefühl der Erleichterung empfunden hatte, wenn er Marusja begegnet war. Es erschien ihm dann jedesmal, als wäre er nach Hause zurückgekehrt. Alexej hatte die beiden Mädchen nie miteinander verglichen, er hatte aber gespürt: dort war etwas Fremdes, sich Verflüchtigendes, Feindseliges, hier aber – das Verwandte, Natürliche und Nahestehende. In Gegenwart Marusjas fühlte er sich ungezwungen und leicht, sie war ein guter Kamerad, ein Mensch, zu dem es ihn unwillkürlich hinzog.

Dabei war sie nicht so hübsch wie Dina Fedossowa. Es war schwer zu sagen, ob Marusja überhaupt hübsch war. Gesunde Frische, eine anmutige Figur, muntere und stets zum Lächeln bereite Augen – das alles macht noch nicht die Schönheit aus. Aber ist es ihr nicht vorzuziehen?

Bei ihren kurzen Begegnungen konnten sie einander nur wenig sagen. »Wie geht es dir?« – »Danke gut, ich denke oft an dich.« – »Was macht die Gesundheit?« – »Ich kann mich nicht beklagen. Und wie steht es bei dir?« – »Na, du weißt ja, Unkraut vergeht nicht!« – »Schmerzt deine Wunde noch?« (Die Wunde, dieser Kratzer am Hals!) »Du wirst immer dünner, schrecklich, ich kann das kaum noch mitansehen. Hast du viel Arbeit?« – »Frag lieber nicht!«

Und man trennte sich wieder. Keiner konnte zum Abschied sagen: »Besuch mich doch mal!« oder »Bist du heute abend frei?«

Eins aber durfte Alexej: Nachdem sie sich getrennt hatten, immer wieder an die Begegnung zurückdenken und einen tiefen Sinn darin entdecken, daß Marusjas Wangen plötzlich erglühten, wenn er unerwartet vor ihr stand. Und wie besorgt sie das gesagt hatte: »Du wirst immer dünner, schrecklich, ich kann das kaum noch mitansehen.« So hatte auch Katja einst gesprochen. – Gestern hatte ihn Marusja sogar Ljoschka genannt, während sie ihn sonst immer nur mit seinem Familiennamen ansprach. Außerdem hatte sie seine Hand länger festgehalten, als sie sich verabschiedeten, und es war so, als ob sie noch irgend etwas hatte sagen wollen.

Vorbereitung der Operation

Am 12. November kehrte Filimonow mit seiner Abteilung zurück. Er hatte in der letzten Zeit Pech gehabt. Nach dem Anfangserfolg im Dorf Woskressenka konnte er noch zweimal der Smaginbande gehörig zusetzen, doch dann ließ ihn das Glück im Stich. Zwei Wochen lang durchstreifte er mit seinen Leuten ergebnislos die Steppe, folgte den Spuren der Smaginschen Geländewagen und wurde sogar mehrmals von den Banditen beschossen. Aber es gelang ihm nicht, sie im offenen Kampf zu stellen.

Die Bande hatte sich fast um die Hälfte verringert. Sie verlor einen großen Teil ihrer Leute bei dem ersten Zusammenstoß. Andere liefen davon. Einige Banditen stellten sich den Organen der Sowjetmacht, als eine Amnestie für Deserteure und sich freiwillig ergebende Bandenmitglieder verkündet wurde. Die Smagins behielten nur noch rund vierzig Mann. Es waren jedoch die Schlimmsten und Hartnäckigsten, Menschen, die nicht mehr auf Gnade der Sowjetmacht rechnen konnten. Die Grausamkeit dieser Banditen war bereits legendär.

Die endgültige Vernichtung der Smaginbande war dringend notwendig. Der Winter stand vor der Tür, eine Jahreszeit, in der die Banditen Ruhequartiere in den Wäldern suchten. Die Operation hätte dann bis zum nächsten Frühjahr verschoben werden müssen.

Nach Aussagen der Smaginleute, die sich ergeben hatten, befand sich Markow ständig bei der Bande. Er wartete anscheinend ebenfalls den Winter ab.

Im übrigen hatten die Smagins aus Angst vor Verrat ihre Stützpunkte gewechselt. Bei ihren Überfällen hielten sie sich an die übliche Taktik, in »leeren« Raum vorzustoßen. Sie drangen plötzlich in Dörfer ein, ermordeten Kommunisten, verbrannten deren Häuser und zogen sich zurück, bevor sowjetische Abteilungen herankamen. Faktisch gab es im Bezirk von Bolschaja Alexandrowka überhaupt keine Sowjetmacht. Die Bevölkerung war durch Terror eingeschüchtert, die Sowjets der Arbeiter- und Bauerndeputierten waren zerschlagen.

Die Bande hatte durch ihre Verringerung eine noch größere Manövrierfähigkeit erlangt, und es schien, als wäre sie nicht zu fassen. Ihre Frechheit wuchs von Tag zu Tag. Es ging so weit, daß die Banditen eines Nachts in einem Dorf, in dem sich Filimonows Abteilung einquartiert hatte, den Vorsitzenden des Komitees der Dorfarmen, einen ehemaligen Soldaten der Roten Armee, entführten.

Als Filimonow mit seinen Leuten im Morgengrauen aus dem Dorf ritt, erblickte er an einem Mast einen fast entkleideten Leichnam. Er schwebte hoch über der Erde. Die Hände waren mit Nägeln an den Mast genagelt, der Kopf war gespalten. An dem bluttränkten Hemd steckte ein Zettel, auf dem in schöner schwungvoller Schrift die Worte standen: »Von ihm kannst du erfahren, wo wir sind, Filimonow. Von oben sieht er uns besser.«

Die Tschekisten ritten fast den ganzen Tag Galopp, um die Bande einzuholen, aber die Smagins hatten es verstanden, ihre Spuren zu verwischen. Wieder einmal entkamen sie ihren Verfolgern. Alle operativen Mitarbeiter der Tscheka wurden von Brockmann zu einer Besprechung zusammengerufen. Nachdem sie sich versammelt hatten, blickte der Beauftragte für Bandenbekämpfung, Adamtschuk, spöttisch unter seinen weißen Augenbrauen hervor und sagte: »Schöne Tschekisten sind wir, es gelingt uns einfach nicht, die Banditen zu überlisten. Filimonow ließ das ganze Steppengras von seinen Pferden zertrampeln, aber fragt ihn mal nach den Smagins, was er euch erzählt! Nicht viel mehr als das: Die Smaginschen Gäule besitzen einen Schwanz aus Pferdehaar und vier Beine, von denen die vorderen behuft sind!« Seine Augen funkelten Filimonow wütend an, als dieser etwas entgegnen wollte.

Der sehnige Filimonow mit dem großen Kopf saß unnatürlich steif da, bemüht, seinen neuen Schulterriemen nicht knarren zu lassen. An seinen Schläfen und auf der glattrasierten Oberlippe perlten Schweißtropfen.

»Man muß sich einfach schämen«, fuhr Adamtschuk fort, »die ganze Welt wird uns auslachen. Und jetzt hört zu: Als Verantwortlicher für die kommende Operation wird Michalew eingesetzt, da er, ähnlich wie Filimonow, ein ausgesprochener Spezialist in der Jagd auf die Smagins und auf Krutscheny ist. Aber mitdenken müssen alle, versteht ihr mich? Alle, bis zum letzten Mann. Jeder von euch muß bis morgen einen Plan vorlegen, und dann werden wir gemeinsam den besten aussuchen. So, das wäre alles.«

Bereits am Abend desselben Tages lagen zahlreiche Pläne vor. Einige empfahlen, die Bande mit mehreren Gruppen zu verfolgen, indem man das Gebiet, in dem die Bande hauste, in bestimmte Abschnitte aufteilte. Andere waren entgegengesetzter Meinung und schlugen vor, die Verfolgung vorübergehend einzustellen, um die Wachsamkeit der Smagins einzuschläfern und sie dann durch einen plötzlichen Einsatz zu überwältigen. Ein paar Waghalsige erklärten sich sogar bereit, der Bande beizutreten und sie gewissermaßen von innen her zu unterminieren.

Nach einer kurzen Diskussion wurde folgendes vereinbart: Zwei Leute werden im Bezirk von Bolschaja Alexandrowska die Hauptstützpunkte der Smagins ermitteln. Der eine soll sich in Belaja Kriniza, einem Dörfchen im Mittelpunkt des Bezirkes, einquartieren, der andere hat die Verbindung aufrechtzuerhalten. Bis zum 22., spätestens 23. November sind die notwendigen Erkundungen durchzuführen. Dann wird Filimonow mit einer verstärkten Abteilung im Mühlengehöft, zehn Kilometer von Belaja Kriniza entfernt, eintreffen.

Man beriet, wer die Erkundungen durchführen sollte.

»Ich würde selbst fahren«, schlug Alexej unsicher vor.

»Mach dich nicht lächerlich«, winkte Adamtschuk ab, »dort sitzt Krutscheny, und du bist den Burschen bekannt wie ein bunter Hund! Nein, dort muß ein völlig unauffäliger Mensch hinfahren, zum Beispiel Marusja Koroljowa«.

»Ich dachte an Fedja Fomin«, warf Alexej mit ungerechtfertigter Hast ein, »er wird es bestimmt schaffen.«

»Und weshalb gefällt dir die Koroljowa nicht? Sie ist ein gescheites Mädel, besitzt Erfahrung und gehört dem Komsomol an. Ich habe sie erst gestern gesehen: Sie heult fast, weil wir nichts für sie zu tun haben. Übrigens ist sie ja bei der Abteilung für Volksbildung beschäftigt. Wir könnten sie also als Dorflehrerin einsetzen.«

»Ich bin dagegen«, sagte Alexej. Als er fühlte, daß er rot wurde, packte ihn die Wut, und er gebrauchte ein Wort Woronkos, das hier gänzlich unangebracht war: »So was ist keine Weibersache!«

»Nanu, schau mal einer an!« wunderte sich Adamtschuk. »Weshalb denn nicht? Das ist gerade eine Arbeit für eine Frau. Da erscheint im Dorf eine junge Lehrerin, um die Kinder zu unterrichten. Was meinst du, wie die Weiber in Scharen zu ihr hinlaufen werden: die einen, um Rat zu holen, die anderen, um sich ein Briefchen schreiben zu lassen. Das wäre die beste Informationsquelle.«

»Ja, die Koroljowa eignet sich dazu«, pflichtete Brockmann bei, »und als Verbindungsmann könnte man dann Fomin nehmen. Der Bursche ist nicht auf den Kopf gefallen.«

Welitschko entschied sich ebenfalls für Marusja und Fedja. Was blieb Alexej übrig, als den anderen beizupflichten? Schließlich mußte er selbst zugeben, daß Adamtschuk recht hatte. Aber das machte ihm die Sache nicht leichter.

Alexej suchte mit Adamtschuk und Fedja am späten Abend das Volksbildungsamt auf. Nachdem sie alle Einzelheiten besprochen hatten, beschlossen sie, daß Marusja und Fedja als Bruder und Schwester fahren sollten. Fedja brauchte sich dann nicht zu verstecken und auf eine günstige Gelegenheit zu warten, sich mit Marusja zu treffen. Außerdem sahen sie sich ähnlich! Beide hatten helle Augen, waren blond und rotwangig. Nur ihr Dialekt konnte sie unter Umständen verraten: Fedja stammte aus Rjasan und sprach das »e« wie ein »a« aus, weshalb man ihm auch den Spitznamen »Tschakist« gegeben hatte. Marusja dagegen kam von der Wolga. Sie betonte das »o«, und ihre unterschiedliche Aussprache fiel besonders auf, wenn sich beide miteinander unterhielten.

Adamtschuk kam auf den Einfall, Fedja sollte sich taubstumm stellen. Das würde ihn vor Fragen der neugierigen Dorffrauen bewahren und die Gefahr verringern, daß er sich verspräche oder irgend etwas ausplauderte. Andererseits konnte er auf diese Weise viel Interessantes erfahren. Vor Taubstummen unterhält man sich ungeniert.

Obwohl diese Rolle nicht leicht zu spielen war, zeigte sich Fedja sofort begeistert. Er schien das Ganze überhaupt als Kinderspiel zu betrachten, das durch die Taubstummenkomödie nur noch an Reiz gewann.

»Wirst du es wirklich schaffen?« Adamtschuk sah ihn aus zusammengekniffenen Augen an. »Du wirst Tag und Nacht, beim Wachsein und im Schlaf schweigen müssen. Selbst wenn ihr glaubt, allein zu sein, darfst du keinen Ton von dir geben. Denn wie es der Teufel will, kann gerade jemand in der Nähe sein. Aber kannst du überhaupt die Klappe halten? Das entspricht doch ganz und gar nicht deinem sonstigen Wesen.«

»Ha!« erwiderte Fedja selbstbewußt. »Wenn es sein muß, werde ich ein Jahr lang keine Silbe sagen. Auch nicht auf der Folter. Paßt mal auf, ich fange gleich damit an. Als Training!« Er betonte das letzte Wort besonders. Es war aus Burkaschins Sprachschatz entlehnt.

Fedja schwieg den ganzen Abend. Der Bursche besaß ein nicht alltägliches schauspielerisches Talent. Alexej konnte sich beim Anblick des dümmlichen, teilnahmslosen Gesichtsausdrucks seines Freundes eines Lächelns nicht enthalten.

Am Schluß der Unterredung fragte Adamtschuk: »Ist alles klar? Hat keiner mehr eine Frage – du auch nicht, Fedja?«

Fedja gab keine Antwort. Sein Gesicht verriet nur Langeweile und friedliche Gutmütigkeit.

»He, du, dich frage ich, ob dir alles klar ist?«

Fedja schaute zum Spinngewebe an der Zimmerecke empor und zwinkerte schläfrig mit den Augen.

»Was ist mit dir los, Fedja?« Marusja rüttelte ihn am Arm.

»Man fragt dich doch, du bist gemeint!«

Fedja sah sie verständnislos an und begann mit den Fingern zu »reden«. Dabei stieß er völlig unartikulierte Laute, wie »ao« und »ui« aus.

Sogar der immer ernste Adamtschuk lachte herzhaft. Marusja und Alexej krümmten sich vor Lachen. Fedja aber blickte verdutzt von einem zum anderen und verzog dann seinen Mund zu dem verlegenen Lächeln eines Taubstummen, der gewohnt ist, daß sein Gebrechen die Menschen belustigt.

Adamtschuk wurde wieder ernst. »Soweit wäre alles schön und gut, nur muß du dein Haar abschneiden lassen. Dein Schopf sieht für einen armen Sprachkrüppel zu verwegen aus.«

Doch Fedja ging auch diesmal nicht in die Falle, sondern grinste nach wie vor dümmlich weiter.

»Schlaumeier«, lobte ihn Adamtschuk. »Jetzt bin ich überzeugt, daß du es schaffst.«

Nun erst schnaufte Fedja vernehmlich durch die Nase, stopfte die vorwitzige Haarsträhne unter seine Kosakenmütze und zwinkerte Alexej selbstbewußt zu.

Draußen war es dunkel und kalt. Vor dem Tor sagte Alexej zu Fedja und Adamtschuk: »Geht mal vor, ich muß noch... etwas erledigen.«

»Aha«, meinte Adamtschuk und schielte zu Marusja. »Komm, Taubstummer, wir hauen ab, wir beide haben hier nichts mehr zu tun.«

Er hakte sich bei Fedja ein. »Na, dann auf Wiedersehen!«

Marusja und Alexej standen sich einige Augenblicke gegenüber. Schließlich sagte Alexej: »Ich werde dich begleiten.«

»Laß mal, vielleicht besser nicht, Ljoschka.«

»Unsinn, wer soll uns denn jetzt in der Nacht sehen!«

Sie gingen durch die dunklen Straßen. Auf den ungefegten Bürgersteigen raschelte trokkenes Laub. Die Luft roch bereits nach Schnee. Beide schwiegen. Plötzlich stolperte Marusja, und Alexej stützte sie. Marusja zog ihren Arm nicht zurück. Und beide begannen schneller zu gehen, als hätten sie Angst, zu spät zu kommen. So erreichten sie das Gemeinschaftsheim, in dem Marusja wohnte, ohne ein einziges Wort gesprochen zu haben. Erst an der Vortreppe erklärte Alexej sachlich: »Gib auf Fomin acht, damit er sich nicht verspricht, sonst verrät er euch beide. Sucht überhaupt so wenig wie möglich aufzufallen.« Sein Ton wurde etwas wärmer, als er – so wie einst zu ihm – sagte: »Sei dort bitte vorsichtig!«

Aus dem nächsten Fenster fiel Licht nach draußen. Es erhellte Marusjas Antlitz, das sie zu Alexej emporgehoben hatte.

»Weißt du, Ljoschka, wenn ich zurückkomme, werde ich dir etwas sagen.«

»Was denn?«

»Das sage ich, wenn ich wieder hier bin. Und nun leb wohl, bis zum zweiundzwanzigsten.«

Er hielt sie zurück. »Sag es mir jetzt!«

»Nein, noch nicht. Später.«

»Dann will ich es dir sagen.«

»Bitte?«

Er zog sie leicht an der Hand zu sich heran, aber ihre Hand sträubte sich und entzog sich energisch der seinen.

»Na schön, warten wir eben, bis du zurückkommst.«

Marusja lachte und lief die Treppe hinauf.

Alexej blieb noch eine Weile stehen und blickte ihr nach. Dann schritt er langsam davon.

Es war das erste Gespräch, bei dem wenigstens etwas klargeworden war.

In Belaja Kriniza

Die Aktion begann. Es war keine außergewöhnliche, aber wie alle anderen erforderte auch sie Kühnheit und entbehrte nicht gewisser tragischer Momente.

Gegen Morgen wurden die Dokumente ausgefertigt, und Fedja bekam Zivilkleidung. Er sah darin kaum älter als fünfzehn Jahre aus. Auf dem Markt wurde ein Bauernwagen aufgetrieben, der Bruder und Schwester mitnahm.

Nach Marusjas Abreise lebte Alexej wie in einer dumpfen Erstarrung dahin. Die Arbeit ging ihm nicht von der Hand, nichts machte ihm richtig Freude. Auf Alexejs Drängen rückte Filimonows Abteilung einen Tag vor dem vereinbarten Termin ab. Sie ritten unter Umgehung aller Dörfer die Nacht durch und erreichten gegen Morgen das Mühlengehöft, zehn Kilometer von Belaja Kriniza entfernt. Der Tag verlief ruhig, die Rotarmisten ruhten sich aus und säuberten ihre Pferde. Das Wetter war sehr schlecht. Regen, kalter Wind. Kein Mensch kam daher zur Mühle. Alexej machte es sich auf dem Heuboden bequem, doch er fand keinen Schlaf. Je mehr er über die Gefahren nachdachte, denen Marusja und Fedja ausgesetzt waren, um so größer erschienen sie ihm. Wie mochte den beiden zumute sein – mitten in diesem unsicheren Gebiet ohne Waffen? Adamtschuk hatte jede Bewaffnung verboten, weil er wohl Fedjas Selbstbeherrschung nicht traute. Was geschähe nun, wenn Banditen einfielen?

Gegen zehn Uhr abends kam Filimonow zu Alexej und bat ihn zum Tee. Kaum hatten sie mit dem Müller am Tisch Platz genommen, als sich auf dem Flur eilige Schritte näherten. Die Tür flog so ungestüm auf, daß ein voller Wassereimer von dem Schemel neben der Tür flog. Fedja stürzte ins Zimmer. Ihm folgten die Wachposten.

Fedja war ohne Mantel. An seinen abgetragenen Schuhen klebten Lehmklumpen, seine Hosen und das rosafarbene Hemd waren völlig durchnäßt. Die Haare hingen ihm wirr ins Gesicht, das vor Erregung verzerrt war.

»Schnell!« rief er noch an der Türschwelle. »Kommt, Kameraden, macht rasch!«

Alexej sprang so heftig auf, daß er mit dem Ärmel die Tassen vom Tisch fegte. »Was ist passiert?«

»Marusja! Die Smagins sind da!«

»Wo?«

»In Belaja Kriniza!«

»Marusja? Was ist mit ihr?«

»Sie werden sie ermorden. Smagin will Hochzeit machen.«

»Auf die Pferde!« befahl Filimonow. Er riß seinen Militärmantel von der Bank.

Wenige Minuten später raste die Abteilung bereits durch die Steppe. Der Wind trommelte Regenbäche ins Gesicht. Unter den Hufen quatschte der aufgeweichte Boden. Die Köpfe der Reiter beugten sich zu den Pferdehälsen hinunter. Auf einem rüttelnden Geländekarren fuhr Fedja, in eine Decke gehüllt, hinterher.

Fedjas Worte hatten Alexej genug gesagt. Hochzeit? Banditen-Hochzeit! Wer wußte zu jener Zeit nicht, was das bedeutete. In den von Banden tyrannisierten Dörfern und Gehöften suchten sich die Anführer hübsche Mädchen aus. Irgendein Pfaffe mußte die »Trauung« vollziehen, bei der ein Tisch voll Schnapsflaschen den Altar ersetzte. Die anschließende Feier gipfelte in tollsten Ausschweifungen, die mit wüsten Schimpfereien und Schießereien abwechselten. Hatten sich die Banditen ausgetobt, dann schleppte der Häuptling sein Opfer eine oder mehrere Wochen lang in seinem Geländekarren mit, oder er setzte es bereits am Morgen nach der »Hochzeit« irgendwo in der Steppe ab. Es gab in den Dörfern viele unglückliche, geschändete und von abstoßenden Krankheiten verseuchte Banditen-»Bräute«, die das Pech gehabt hatten, irgendeinem Bandenführer aufzufallen. Vor den Augen Alexejs erstand die süßlich grinsende Visage des »Studenten« mit dem blonden Bärtchen, mit den roten Flecken auf der Nase und dem boshaften Blick, und die Angst um Marusja schnürte ihm fast die Kehle zu. »Schneller, schneller! Wenn wir nur hinkommen, bevor das Furchtbare geschieht!« In diesen Minuten vergaß er sogar Markow.

Wie Adamtschuk angenommen hatte, löste die Ankunft der Lehrerin unter der Weiblichkeit des Dorfes eine gewaltige Aufregung aus. Der alte Schullehrer war bereits vor einem Jahr gestorben, und neue Lehrkräfte scheuten sich, in dem entlegenen Nest zu arbeiten. Die Kinder waren außer Rand und Band geraten. Marusja wurde daher gut aufgenommen, man bedauerte nur, daß sie noch so jung war. Alle wollten wissen, wann denn nun endlich der Unterricht beginne. Marusja antwortete, sie brauche etwa eine Woche, um sich in der ungewohnten Umgebung einzuleben und alle kennenzulernen. Aber dann werde sie mit Gottes Hilfe anfangen.

Das Dorf besaß eine provisorische Schule, die in einem großen, niedrigen Bauernhaus untergebracht war. Die kleinen Fenster waren vom Schmutz blind geworden und mit Spinnweben bezogen. Im Innern standen wacklige Bänke und lange Tische, die von den Ellbogen der Kinder auf Hochglanz poliert waren. Das Haus wurde gleichzeitig für Versammlungen und – bis zur Herrschaft der Smaginbrüder über den Bezirk – als Amtsgebäude für die Dorfverwaltung benutzt. Hinter dem Klassenzimmer entdeckte Marusja eine große und warme Kammer, die zwar fensterlos war, sich jedoch zur Not als Unterkunft eignete.

Gleich nach der Ankunft band sich Marusja ein buntes Kopftuch um, steckte ihren Rock hoch und begann sauberzumachen. Auch Fedja wies sie Arbeit zu. Er protestierte zwar, aber Marusja setzte ihm den Kopf zurecht, und er mußte nachgeben, zumal er als »Taubstummer« nicht viel zu sagen hatte. Doch versöhnte er sich schnell mit seinem Schicksal. Die kleine, flinke und von jugendlichem Elan erfüllte Marusja schaffte mit einer solchen Begeisterung Ordnung, daß es Spaß machte, ihr nachzueifern. Und Fedja fand, daß es für seine männliche Würde durchaus nicht erniedrigend war, Fenster zu putzen, von den Wänden Staub und Spinngewebe zu entfernen oder, auf den Knien kriechend, die grauen, verwaschenen Dielenbretter mit einem abgebrochenen Stück Sense abzukratzen, das er in der Kammer gefunden hatte.

Den ganzen Tag über schauten Bauernfrauen herein, fragten Marusja, woher sie käme, machten ihr Angst vor den Banditen und bemitleideten »das arme Mädel, das noch so jung war und schon soviel durchgemacht hatte. Wie entsetzlich, die Eltern zu verlieren und ganz Rußland – mit einem gebrechlichen Bruder belastet – zu durchwandern!«

Das taubstumme Brüderchen wurde gebührend bedauert. Einige Frauen brachten Eier und Milch. Im übrigen waren sie alle sehr gesprächig und mitteilungsbedürftig. Bereits am Abend wußte Marusja, wer im Dorf mit den Smagins paktierte. Sie erfuhr ferner, daß die Banditen durchschnittlich zweimal in der Woche das Dorf aufsuchten. Sie waren jetzt fünf Tage nicht dagewesen, müßten also bald kommen.

Sie kamen schon am nächsten Tag. Es war um die Mittagszeit, und es regnete. Durch das beschlagene Fenster sahen Marusja und Fedja schwerbewaffnete Reiter auf der Straße vorbeitraben.

Das Wetter ließ sie auf ihren Pferden krummsitzen. Vor dem Haus des Dorfältesten Matulenko, eines soliden, gottesfürchtigen Bauern, dem Marusja ihre und Fedjas Papiere übergeben hatte, hielten sie an. Den Reitern folgten Geländekarren mit Viergespannen. Eine Bäuerin, die sich gerade bei Marusja aufhielt, schrie entsetzt: »Sie sind da!« Dann lief sie nach Hause, so schnell sie ihre Beine tragen konnten.

Fedja kletterte auf den Dachboden und rief von dort herunter, was er sah. »Sie sind von den Pferden gestiegen, haben den Kranken vom Wagen gehoben und ins Haus geführt. Jetzt verteilen sie sich auf die übrigen Häuser... Hm, die Pferde werden nicht abgesattelt... Achtung, sie kommen hierher!«

Die Banditen schienen noch nicht zu wissen, daß eine neue Lehrerin im Dorf war. Als sie die frischgeputzten Fenster und die sauber gefegte Vortreppe zu dem sonst so vernachlässigten Gebäude sahen, wunderten sie sich und schauten herein. Es waren drei Männer.

»Nanu! Was ist denn das für ein schönes Kind?« fragte einer. Seine Haare standen wie Borsten in die Höhe, und seine linke Wange war durch einen Säbelhieb gespalten.

»Ich bin die neue Lehrerin und erst gestern gekommen«, erklärte Marusja ruhig.

»Lehrerin?« Der Bandit staunte. »Das glaubst du doch selbst nicht? Schwindel! Hast du Papiere?«

»Meine Papiere sind beim Dorfältesten.«

Der Mann zwinkerte einem Kumpan zu. »Sanko, los, lauf rasch zu Matulenko und berichte der Obrigkeit, daß sich hier eine Bolschewistin eingenistet hat.«

»Du hast wohl den Verstand verloren«, sagte Marusja. »Ich und eine Bolschewistin, daß ich nicht lache!«

»Das werden wir ja sehen!«

Sanko ging zum Dorfältesten.

»Und wer ist das hier?« Der Bandit wies auf Fedja, der die Männer neugierig anstarrte.

»Das ist mein Bruder, der ist taubstumm.«

»Taubstumm?« wiederholte der Bandit mißtrauisch. »He, du, komm mal her!« Das galt Fedja. »Komm her, sage ich dir!«

Fedja sah Marusja fragend an.

»Geh schon, Fedja, geh ruhig, hab keine Angst!« Das Mädchen zeigte mit dem Finger auf den Banditen.

Fedja trat auf ihn zu.

»Du bist also stumm?« Damit holte der Bandit blitzschnell aus und ließ die Reitpeitsche mit voller Wucht auf Fedjas Schulter heruntersausen.

Marusja mußte Fedjas Haltung bewundern. Er zuckte vor Schmerz zusammen und brach in die Knie, aber er gab keinen Laut von sich.

»Was tust du?« schrie Marusja, bleich vor Zorn, und stellte sich schützend vor Fedja. »Schlägst einen Kranken.«

Fedja richtete sich auf und begann weinerliche und unverständliche Laute auszustoßen.

»Was soll das?« meinte der zweite Bandit unzufrieden. »Der Junge ist eine armselige, kranke Kreatur.«

Aber der andere lachte nur. »Macht nichts, er wird davon nicht sterben, das war bloß zur Kontrolle.«

Dann setzten sich beide auf die Bank und warteten. Der erste Bandit fragte, als wäre nichts geschehen, woher Marusja käme, wer sie geschickt hätte und mit wem sie hier Bekanntschaft geschlossen hätte. Marusja antwortete einsilbig. Sie hatte sich abgewandt und streichelte den Kopf des schluchzenden Fedja.

Vor dem Fenster gurgelte der Schlamm unter Fußtritten. Die Tür öffnete sich, und es erschienen Grigori Smagin – Marusja erkannte ihn nach Alexejs Schilderung auf den ersten Blick – und sein Bruder, ein schwammiger Kerl mit einem aufgedunsenen Säufergesicht. Er trug einen eleganten Halbpelz. Vier Männer begleiteten die Brüder.

»Na, zeigt mir mal eure Lehrerin!« rief Grigori Smagin. »Sind Sie das?« Er stierte Marusja an, und seine Augen, die gierigen, frechen Augen eines abgefeimten Schürzenjägers, bekamen einen lüsternen Ausdruck. »Donnerwetter, so was Hübsches habe ich hier gar nicht erwartet!« Er pfiff durch die Zähne und blickte sich nach seinem Bruder um. Der nickte ihm leicht zu.

»Guten Tag, meine Dame!« Grigori verbeugte sich wie im Scherz. »Welch angenehme Überraschung. Ich fürchtete, einen häßlichen Blaustrumpf zu finden, und sehe plötzlich eine bezaubernde Blume vor mir. Man munkelt, Sie seien eine Bolschewistin. Was sagen Sie dazu?« Er zwinkerte mit einem Auge und verbeugte sich erneut – doch diesmal schon wesentlich galanter.

»Unsinn«, widersprach Marusja erregt, »das hat sich einer Ihrer Männer ausgedacht..., der dort!« Sie deutete auf den Kerl mit der Backennarbe. »Ich heiße Korolewa, Maria Petrowna. Wir, mein Bruder und ich, sind Flüchtlinge aus Nishni Nowgorod. Mein Bruder ist taubstumm. Wir haben soviel durchgemacht, gehungert, und der schlägt noch meinen Bruder mit seiner Peitsche!« Sie preßte das Taschentuch an die Augen.

»Was? Er hat Ihren Bruder geschlagen?« rief Smagin mit übertriebener Empörung. »Wie konntest du das wagen, du Strolch, mach, daß du 'rauskommst! Hinaus mit euch allen! Das hier erledige ich selbst.«

Er jagte die Banditen vor die Tür. Sein Bruder blieb im Raum. Grigori wandte sich wieder an Marusja. »Beruhigen Sie sich doch, es war ein Mißverständnis. Der Mann wird bestraft. Die Halunken sind völlig außer Rand und Band geraten. Wie kann man auf einen Menschen wegen nichts und wieder nichts mit der Reitpeitsche losgehen. Pfui Teufel! Nun seien Sie endlich still, ich will Sie etwas fragen.«

»Bitte.«

Smagin setzte sich an den Tisch und forderte sie auf, ihm gegenüber Platz zu nehmen. Er schlug seine nasse Kapuze zurück, knöpfte den weiten Kavalleristenumhang auf und ließ ihn auf die Bank gleiten. Dann nahm er seine blaue Studentenmütze ab und legte sie so auf den Tisch, daß Marusja das Fakultätsabzeichen auf der Mütze sehen sollte.

»Sind Sie schon lange in der Bolschewistischen Partei?« fragte er.

»Sie wollen mich wohl verspotten«, erwiderte Marusja und tat beleidigt.

»Dann sagen Sie mir, wer Sie wirklich sind.«

Marusja erzählte ausführlich die Geschichte, die sie sich mit Alexej und Adamtschuk ausgedacht hatte: Sie hätte ihre Eltern verloren und wäre aus Nishni Nowgorod geflohen, als dort die Hungersnot ausbrach. Sie erzählte, daß sie mit dem Bruder umhergeirrt wäre, bis man ihr schließlich in Cherson vorgeschlagen hätte, als Lehrerin aufs Land zu gehen. Und das habe sie getan, obwohl sie diesen Beruf niemals erlernt hatte. Bis zum heutigen Tag wüßte sie nicht, wie sie die Kinder unterrichten solle. »Ich habe nur gute Miene zum bösen Spiel gemacht, um endlich ein Dach zu haben und mir nicht mehr den Kopf zerbrechen zu müssen, wie ich ein Stück Brot für mich und meinen Bruder auftreiben kann.«

»Hat Ihnen denn keiner gesagt, daß dies hier eine gefährliche Gegend ist?« fragte Smagin. »Das heißt: gefährlich nur für die, die Rußland gekreuzigt haben – für die Roten!«

»Man hat es mir schon gesagt, aber ich dachte, uns kann ja nichts passieren, weil wir keine Bolschewiki sind.«

»Sie haben recht.« Smagin glaubte ihr jedes Wort. Das merkte Marusja an der Art, wie er sie anhörte und mit seinem Bruder Blicke austauschte. »Sie haben nichts zu befürchten. Wir verfolgen nur unsere Feinde, Freunde lieben wir...« Er reckte sich über den Tisch und tätschelte süßlich lächelnd ihre Hand. Marusja zog sie zurück.

»Ich wiederhole, Sie haben nichts zu fürchten, besonders mich nicht«, unterstrich er, »von dieser Stunde an werde ich persönlich sozusagen Ihr Vormund sein. Gefällt Ihnen dieser Vormund?«

»Ehrlich gesagt, ich weiß es nicht«, murmelte Marusja.

Er lachte, überzeugt, daß er den Sieg bereits in der Tasche hatte. »Sie sehen mich bald wieder«, versprach er, »ich bin sicher, daß unsere Freundschaft in kurzer Zeit enger und – herzlicher sein wird.«

Marusja erbleichte unter seinem Blick. Nur mit Mühe zwang sie sich zu einem zustimmenden Kopfnicken.

Grigori stand auf. »Sie hören in den nächsten Tagen von mir. Und jetzt gestatten Sie, daß wir uns verabschieden.«

Ein Händedruck erschien Grigori zu wenig. Er versuchte, Marusja zu umarmen, aber sie entzog sich ihm.

Er lachte schallend und warf seinen Umhang über. »Komm, Wassek, bald kehren wir zurück!« sagte er zu seinem Bruder.

Der schwammige Wassek knurrte etwas Undeutliches. Grigori zwinkerte Marusja zu und versicherte noch einmal: »Sie hören bestimmt von uns.« Er mußte sich bücken, als er durch die niedrige Tür schritt.

Die Bande verließ kurz darauf das Dorf.

Am nächsten Tag gegen Mittag fuhr ein Bauernwagen vor die Schule. Der krummbeinige Fuhrmann kraulte seinen kurzen, schütteren Bart und fragte nach der Lehrerin Mascha.

»Da, nehmen Sie das – soll ich Ihnen bringen«, murmelte er unfreundlich.

»Von wem?«

»Grigori läßt Sie grüßen.«

Fedja half ihm eine große, eisenbeschlagene Truhe ins Haus schleppen. Wie auf ein Signal kamen die Bäuerinnen herbeigelaufen und betrachteten die Schätze. Seidene Schals, Tücher, Pelze, Kleider von städtischer Eleganz, schöne Schuhe und anderes mehr. Die Frauen blickten zugleich mit unverhohlenem Mitleid auf Marusja.

Auch ihr war der unheilvolle Sinn dieser Gaben verständlich: Die hübsche Lehrerin, alleinstehend und hilflos, galt für Smagin als willkommene Beute.

Nachdem die Frauen lamentierend weggegangen waren, zeigte sich Fedja ergrimmt. Und während Marusja munter die Sachen in der Truhe sortierte, fuhr er sie an: »Was gibt's da zu feixen, du glückliche Braut? Freust dich wohl? Die Sache sieht schlimm aus. Jetzt kann jeden Augenblick ›Hochzeit‹ sein. Ich muß sofort nach Cherson und unsere Leute holen.«

»Du bist ein Dummkopf!« entgegnete Marusja. Sie hielt sich gerade ein Ballkleid aus Moiré an, das eine lange Schleppe hatte, wie sie im vorigen Jahrhundert modern war. »Es steht mir nicht schlecht«, meinte Marusja, dann wurde sie ernst. »Bleib ruhig sitzen und misch dich in nichts hinein. Das mit Cherson ist im Augenblick nur ein Wunschtraum. Wir werden die Sache noch fünf Tage hinziehen, bis Alexej und Filimonow kommen, dann werden wir mit den Smaginbrüdern ein Hochzeitstanz aufführen, daß ihnen Hören und Sehen vergeht.«

»Fünf Tage? Denkst du, der Kerl wartet fünf Tage? Du wirst sehen, er kommt heute noch.«

»Macht nichts, Fedja, wir werden es schon irgendwie schaffen.«

Fedja hatte sich nicht geirrt. Gegen Abend erschien Marusjas »Bräutigam«. Diesmal fuhr die gesamte Bande, ohne erst den Dorfältesten aufzusuchen, vor der Schule vor. Smagin trat ein, freundlich lächelnd. »Heißt eure Gäste willkommen! Habt uns wohl nicht erwartet?«

Die »Gäste« drängten sich hinter ihm ins Haus und erfüllten es mit einem lärmenden Durcheinander. Sporen klirrten, Säbel rasselten, und überall roch es nach Pferdeschweiß und Schafpelzen.

»Guten Tag, Mascha!« begrüßte Smagin Marusja. »Sie haben sicherlich schon Sehnsucht gehabt? Wir kommen, um Sie aufzumuntern. Freuen Sie sich?«

Marusja neigte den Kopf. »Herzlich willkommen!«

»Begrüßen wir uns doch richtig auf altrussische Art!« Smagin umarmte sie stürmisch und wollte sie auf den Mund küssen. Marusja riß sich los, wurde puterrot und war dem Weinen nahe. Smagin rieb sich zufrieden die Hände. Doch dann verfinsterten sich seine Mienen, als er ihr einfaches Kleid sah. »Haben Sie meine Geschenke nicht erhalten?«

»Doch, natürlich..., nur, es war nicht nötig.«

»Hat man so etwas schon erlebt? Was von Herzen kommt, muß man auch annehmen. Doch – schon gut! Sie sind auch so schön, das darf man wohl sagen... Los, deckt den Tisch!« befahl er seinen Leuten. »Albatenko und du, Makar, ihr geht zum Dorfältesten, er soll die Vorspeisen schicken. Sagt ihm, ich komme morgen früh zu ihm.«

Morgen früh, das bedeutete, daß sie hier übernachten würden.

Marusja machte einen Schweinebraten für zwanzig Personen – die übrigen hatten sich im Dorf verteilt –, und das Fest begann. Die Tische wurden aneinandergerückt. Die beiden Smagins nahmen am Kopf der Tafel Platz. Marusja mußte sich neben Grigori setzen. An ihrer anderen Seite durfte Fedja Platz nehmen. Wie sehr er sich auch bemühte, er konnte nicht herausfinden, wer von den Anwesenden Krutscheny war: Keiner paßte auf Alexejs Beschreibung.

Grigori trank viel und war rasch berauscht. Sein Bruder griff noch öfter zum Glas, aber man merkte ihm nichts an. Wie ein ungehobelter Riesenklotz ragte er über der Tischkante empor, auf der seine schweren Pranken wie große Gewichte lagen. Er besaß einen stechenden Blick, der von Haß auf seine Umwelt erfüllt zu sein schien.

Die Smaginleute tranken mit Maß. Grigori schien als einziger betrunken zu sein. Ab und zu schrie irgendeiner: »Wo bleibt der Schmatz für deinen Schatz?« Grigori kicherte und zog Marusja an sich.

Fedja hörte, wie er Marusja zuflüsterte: »Du wirst die berühmteste Herrin der ganzen Gegend sein. Was du willst, gehört dir. Mein Wort darauf. Und nun komm schon, hab dich nicht so und trink!« Damit stieß er ihr das Glas mit dem selbstgebrannten Fusel gegen die Lippen.

»Nein, ich mag nicht, Pfui Teufel. Nehmen Sie das Zeug weg!«

Smagin lachte wie besessen. Er hatte sich auf der Bank zurückgelehnt und verschlang sie mit begehrlichen Blicken.

Endlich war das Festgelage zu Ende. Der übriggebliebene Fusel wurde in eine große Korbflasche gegossen und zum Wagen getragen. Die Banditen bereiteten sich ein Nachtlager. Marusja ging mit Fedja in ihre Kammer, wo sie sich einschlossen.

Es dauerte nicht lange, und Smagin hämmerte gegen die Tür. Marusja versuchte mit lauter Stimme, ihn zu überreden, sich schlafen zu legen. Vergebens. Mit lautem Gepolter gab die Tür nach. Grigori stürzte sich auf Marusja. Fedja klammerte sich an Smagins Jacke fest und zerrte ihn von Marusja weg.

»Wer ist da«, brüllte Smagin. »welches Schwein wagt es, mich anzufassen? Ich werde dich töten.« Zum Glück war er schwer betrunken und unbewaffnet. Smagin, der ältere, kam in die Kammer. Er sagte streng: »Kannst wohl die Zeit nicht abwarten? Geht jetzt schlafen!« Er führte Grigori, der fürchterlich schimpfte, hinaus.

Marusja warf sich auf die Pritsche und weinte bitterlich. Auch Fedja heulte fast vor Wut. Er schlich sich zu ihr und flüsterte: »Marusja, wenn du willst, gehe ich nach Cherson und hole die Unsrigen. Bis morgen früh schaffe ich es.«

»Laß sein!« stammelte sie. »Wenn sie merken, daß du weg bist, ist alles verloren. Wir werden schon durchhalten.« Sie knirschte mit den Zähnen.

Am nächsten Morgen tat Grigori, als wäre nichts geschehen. Die Banditen verzehrten hastig die Reste des Schweinebratens und machten sich dann zur Abfahrt bereit.

Grigori, der bereits seinen Umhang trug, nahm Marusja beiseite. »Mascha, ich war gestern betrunken. Aber höre: Wir werden Hochzeit halten.«

»Wo denken Sie hin, Grigori, das geht doch nicht. Es kommt alles so überraschend.«

Er lachte. »Man muß sich beeilen zu leben, wer weiß, was uns morgen erwartet. Ich mache hier sowieso bald Schluß. Und dann fahren wir beide nach dem Norden, näher an Moskau heran. Möchtest du nach Moskau?«

»Ich muß alles in Ruhe überlegen.«

»Und wie lange brauchst du dazu?«

»Sagen wir eine Woche.«

»Was? Du bist wohl nicht bei Troste! Vier Tage reichen. Dann komme ich zurück, und wir feiern Hochzeit. Und wie wir sie feiern!«

»Wie stellen Sie sich das bloß vor?«

»Gesagt ist gesagt, und damit basta. In vier Tagen bin ich hier. Aber paß auf«, seine Augen zogen sich zu schmalen Schlitzen zusammen, »komm nicht auf den Einfall, dich davonzumachen. Es gibt genug Leute, die hier auf dich aufpassen werden. Und nun komm, ich will dich zum Abschied umarmen.« Marusja machte sich ganz klein und schob abwehrend die Ellbogen vor. Grigori lachte laut auf. »Na, schon gut, also leb wohl und warte auf mich!«

Vier Tage! Und in vier Tagen war der ersehnte 22. November!

Smagin kehrte jedoch nicht am vierten, sondern bereits am dritten Tage zurück.

Gegen sechs Uhr abends preschte die Bande im schnellen Trab ins Dorf. Auf den leichten Pferdewagen lagen Verwundete. Smagin ritt zum Haus des Dorfältesten, hielt sich dort eine halbe Stunde auf und erschien dann mit seinem ganzen Gefolge bei Marusja. Sie erkannte auf den ersten Blick, daß etwas Unvorhergesehenes eingetreten war, ein Ereignis, das ihre Lage auf einen Schlag verschlechterte.

Nachdem Smagin seinen nassen Umhang abgestreift hatte, es war wieder regnerisch und windig, wischte er sich mit dem Ärmel das Gesicht ab und sagte zu Marusja: »Grüß Gott, Herzchen! Siehst du, wie ich mich beeilt habe, zu dir zu kommen. Einen ganzen Tag früher bin ich hier. Gib mir Wasser zum Waschen!«

Offensichtlich war es alles andere als glühende Liebe, was ihn vorzeitig hergetrieben hatte. Fedja erfuhr später, als er den Gesprächen der Smaginleute lauschte, den wahren Grund: In einem Dorf, von dem die Brüder glaubten, daß es ihnen völlig ergeben sei, hatten ihnen die Bauern einen Hinterhalt gelegt. Und die Smaginleute hatten sechs Tote und vier Verwundete. Die Smagins wollten die Lücke wieder auffüllen und führten in einem anderen Dorf eine Mobilisierung durch. Aber noch in der gleichen Nacht waren alle von ihnen »angemusterten« Bauern in die Wälder geflohen.

Kaum hatte sich Grigori Smagin gewaschen, da suchte er Marusja in ihrer Kammer auf. Er setzte sich an den Tisch und erklärte: »Wir werden noch heute getraut. Ich habe einen Popen aus Bolschaka Alexandrowka mitgebracht.«

»Aber... Sie hatten doch vier Tage gesagt«, flüsterte Marusja schreckerstarrt.

»Sagen kann man vieles. Ein Tag spielt keine Rolle. Heute wird Hochzeit sein.«

»Aber das geht doch nicht, Grigori, bitte, warten wir noch einen Tag. Morgen...«

»Unsinn!« Seine Miene verfinsterte sich, und seine Backenmuskeln begannen zu spielen. Die Augen verschwanden fast unter den buschigen Brauen. »Flenne nicht, das macht auf mich keinen Eindruck. Ich heirate dich mit Popen, in allen Ehren.« Plötzlich überkam ihn eine tierische Wut. Er schlug mit der Faust auf den Tisch. »Ja, morgen mache ich Schluß mit dem Dreck hier, verdammt noch mal! Ich gehe! Diese Schweinehunde von Bauern! Von mir aus sollen die Bolschewisten sie zwischen Mühlsteinen zermahlen. In der Ukraine ist noch genug Platz für mich. Was kümmert's mich. So was von Verrätern und Strolchen.«

Er schnappte fast über vor geiferndem Haß und begann zu stottern.

Sein Bruder tauchte im Türrahmen auf. »Grischka, halt das Maul!«

Grigori riß so an seinem Kragen, daß die Knöpfe absprangen. Er stierte mit leeren, erloschenen Augen in die Ecke, schwieg eine Weile und stand dann auf. »Schon gut, ist ja doch alles Unsinn!« Er hatte sich wieder in der Gewalt und zwinkerte Marusja mit einem gekünstelten Lächeln zu. »Du bereitest dich jetzt zur Hochzeit vor, Mascha. Ich werde Matulenko sagen, er soll ein paar Frauen schicken, die dir helfen. Mach dich fertig!« Er drehte sich um und stampfte mit festen Schritten hinaus.

Jeder Blutstropfen war aus Marusjas Gesicht gewichen, als sie sich zu Fedja umwandte.

In seinen Augen lag die Frage: Was soll jetzt werden? Sie flüsterte, ihre Lippen dicht an seinem Ohr: »Lauf, Fedja, lauf, so schnell du kannst. Vielleicht schaffst du es noch. Ich versuche inzwischen, die Bande aufzuhalten. Bring jemand her, der uns hilft, Fedja.«

Er wollte Einwände machen, wollte erklären, daß er sie nie und nimmer allein hier lasse – allein mit diesen Schurken –, eher würde er Grigori töten.

Doch sie hielt ihm den Mund zu. »Geh schon! Mir werden sie nichts tun.« Sie mußte ihn fast mit Gewalt aus der Kammer drängen.

Die Smaginleute stellten bereits die Tische für den Hochzeitsschmaus zusammen. Vor dem Hauseingang wurden Gänse, Enten und ein Faß Bier abgeladen. Der Bandit mit der Narbe, der Fedja geschlagen hatte, rief ihn zu sich heran und wollte ihm mit allerlei Grimassen und Handzeichen klarmachen, was heute vor sich gehen sollte. Wenn er gewußt hätte, woran der »taubstumme Bruder« der Häuptlingsbraut dachte, während der mit einem Idiotenlächeln zuhörte, wäre ihm bestimmt die Freude vergangen.

Plötzlich tauchten auf dem Weg, der zur Schule führte, fünf Gestalten aus den Regenschleiern auf: Grigori, der Dorfälteste Matulenko, zwei Frauen und ein dürrer, alter Geistlicher. Fedja sprang die letzte Stufe der Vortreppe hinunter und bog um die Ecke des Hauses, als wollte er austreten gehen. Er schlich durch die Gemüsegärten zum Dorfausgang und rannte pfeilgeschwind davon.

Das Mühlengehöft lag auf dem Weg nach Cherson. Fedja hielt es zwar für wenig wahrscheinlich, daß Filimonows Abteilung bereits angekommen war. Aber er lief auf alle Fälle zur Mühle. Wind und Regen peitschten ihm ins Gesicht. Doch Fedja hatte nur den Gedanken im Kopf: Hilfe finden – ganz gleich wo, und zwar rasch, um Marusja zu retten!

Es war bereits völlig dunkel, als er in der Mühle anlangte und auf Menschen stieß. Jemand erkannte ihn und rief seinen Namen. Da schossen ihm die Tränen aus den Augen. Dann schluchzte er laut wie ein Kind auf.

Marusjas »Hochzeit«

Marusja versuchte bis zum letzten Augenblick, die Hochzeit hinauszuschieben. Doch sie mußte die hastig vollzogene Trauungszeremonie, die ekelerregenden Küsse ihres »Bräutigams« und die unflätigen Späße der angetrunkenen Banditen über sich ergehen lassen. Sie ertrug alles in der festen Hoffnung, daß die Retter doch noch rechtzeitig kämen.

Als aber keine Aussicht mehr bestand, als sie der durch überreichlichen Alkoholgenuß hitzig gewordene Smagin unter dem gemeinsamen Gejohle seiner Zechkumpane in die Kammer schleppte, entschloß sie sich zum Äußersten. Sie schlug Smagin vor, »noch ein

Gläschen zu trinken«. Natürlich war er bereit dazu und ging Wodka holen. Inzwischen schüttete Marusja den Inhalt der kleinen Kugel aus Stanniolpapier, die sie immer bei sich trug, in sein Glas.

Grigori goß das Glas voll Wodka und trank es auf einmal aus.

Hatte er in seiner Todesangst geschrien, oder war sein Bruder – der nichts Gutes ahnte – von sich aus in das »Brautgemach« eingedrungen? Auf jeden Fall war Marusjas Schicksal besiegelt: Der ältere Smagin streckte sie durch einen Säbelhieb nieder.

Die Tschekisten stiegen vor dem Dorf von den Pferden und umzingelten die Schule. Sie gingen mit größter Vorsicht ans Werk, um die Dorfköter nicht zu alarmieren. Doch das war unnötig. Die Smaginleute hatten ihre gewohnte Wachsamkeit fallenlassen und fühlten sich völlig sicher. Die Posten hatten sich sehr bald den Zechern angeschlossen. Die Tschekisten stießen an der Schule auf den ersten Banditen. Er übergab sich an der Vortreppe. Er starb durch Filimonows Hand, ohne zu erkennen, woher der Tod seine Hand nach ihm ausstreckte.

Die meisten Smaginleute waren sinnlos berauscht. Die wenigen, die noch einigermaßen klar denken konnten, begriffen sehr schnell, daß ihre Lage hoffnungslos war. Zwei oder drei Banditen versuchten aus den Fenstern zu springen, doch auch sie wurden gefaßt.

»Hierher«, schrie Fedja, »hierher, Ljoschka!«

Sie stürzten durch das Klassenzimmer zu Marusjas Kammer und stießen die Tür auf.

Quer über dem Bett, ohne Stiefel und Jacke, die Arme ausgebreitet, lag der tote Grigori Smagin. Sein Bruder hockte unbeweglich in einer Ecke.

Wassili Smagin leistete keinen Widerstand. Er schien den Lärm im Nebenzimmer überhaupt nicht zu hören und gar nicht zu begreifen, wer die Menschen waren, die vor ihm standen. Sein Gesicht war von Wahnsinn gezeichnet und fürchterlich verzerrt. Er ließ sich ruhig die Hände fesseln.

Erst als man ihn aus der Kammer herausbringen wollte, stemmte er sich mit aller Gewalt gegen die Türschwelle, blickte sich immer wieder nach seinem Bruder um und schrie, daß ihm die Augen aus den Höhlen quollen: »Grisch-ka! Grisch-ka!« Grigori wurde hinausgetragen. Man legte Marusja auf das Bett und deckte sie mit einem breiten, spitzenbedeckten Laken zu.

Alexej stand vor ihr. Er vermochte keinen Gedanken zu fassen. Der Schmerz überwältigte ihn. Es war ein bohrender, fast physisch fühlbarer Schmerz.

Filimonow legte ihm die Hand auf die Schulter. »Komm, Michalew...«

Alexej strich sich über die Stirn. Es mußte doch etwas geschehen. Noch blieb etwas zu tun, zu vollenden... Was war es bloß? Dann fiel es ihm ein. Er ging ins Klassenzimmer hinüber.

Alle Banditen waren gefesselt. An die Wand gepreßt, standen, völlig verängstigt und zerzaust, Bäuerinnen, Bauern sowie der Pope. Markow befand sich nicht unter den Anwesenden. Er war wieder entkommen!

Alexej heftete seinen Blick auf die Festgenommenen. »Wo ist Krutscheny?«

Unter den Gefangenen machte sich eine leichte Bewegung bemerkbar, und Alexej wurde es auf der Stelle klar, daß sich Markow in nächster Nähe befand.

»Ich frage euch: Wo ist Krutscheny?« wiederholte er.

Die Verhafteten schwiegen.

»Ich verspreche, den zu schonen, der es mir sagt.«

Wieder zeigte sich eine leichte Unruhe unter den Banditen. Einige von ihnen tauschten Blicke aus.

»Ich will es sagen!« erklärte plötzlich ein Bandit, der eine schwarze Binde über dem Auge trug. »Ich bin Albatenko, heiße Nikolai Albatenko, vergiß es nicht...«

Doch die anderen ließen ihn nicht ausreden, wollten es nicht zulassen, daß nur er sein Leben rettete. Gleich mehrere schrien auf einmal: »Der hat sich beim Dorfältesten versteckt, bei dem da!«

»Wer ist hier der Dorfälteste?«

»Ich«, murmelte Matulenko. »Bei mir liegt ein Verwundeter, aber nicht der, den Sie meinen, nicht Krutscheny. Mein Verwundeter heißt Markow.«

»Führe mich hin!«

Markow war im Gefecht verwundet worden. Die Kugel hatte ihn am rechten Oberschenkel getroffen, es war ein glatter Durchschuß.

Zwei Monate hatte er mit den Smagins die Steppe durchstreift. Anfangs hoffte er, daß es Grigori Smagin, der von seinem ursprünglichen sozialrevolutionären Programm abrückte, die gelbblaue Fahne hob und sich als ukrainischer Nationalist bezeichnete, glücken würde, einen Aufstand im Chersoner Gebiet zu entfesseln. Aber diese Hoffnung ließ er bald fallen. Nach der Niederlage der Bande in Woskressensk gelang es den Smagins nicht mehr, sich zu erholen. Im Gegenteil – sie hatten Mühe, ihrem Verfolger Filimonow zu entkommen. Die Bande schmolz zusammen. An Stelle der »großen Revolte« startete man kleine Raubzüge und sank auf das Niveau von gewöhnlichen Totschlägern herab. Die Banditen ermordeten einzelne Milizbeamte im Bezirk, verfolgten demobilisierte Rotarmisten und plünderten Konsumläden.

Markow wollte einige Zeit abwarten, bis über die mißglückte Affäre in Aljoschki Gras gewachsen und er selbst etwas in Vergessenheit geraten wäre. Dann gedachte er nach Cherson zurückzukehren. Er beabsichtigte keinesfalls, sich dort lange aufzuhalten. Das war ihm zu riskant. Außerdem boten sich ihm alle möglichen Chancen. Noch schalteten und walteten in der Ukraine die Banden des Nationalisten Machno, noch tobten Aufstände am Don, noch konnte man einen neuen Feldzug der Alliierten erwarten, und schlimmstenfalls gab es das Ausland – Polen oder Deutschland. Aber Cherson wollte er vorher in jedem Fall aufsuchen.

Bei seinen Streifzügen mit den Smagins war Markow einem ehemaligen Kramowmann begegnet, dem es gelungen war, aus der Tscheka zu entfliehen. Es war einer von den Leuten, die Alexej während der Aktion im August verhaftet hatte. Markow erfuhr, was sich in Aljoschki abgespielt hatte. Er überdachte in diesem Zusammenhang die Ereignisse der letzten beiden Jahre und kam zu dem Schluß, daß Alexej Michalew auch schon an der unerwarteten Entlarvung der Grevenetz beteiligt gewesen war, die kurz vor der deutschen Offensive hingerichtet wurde.

Sein Wunsch, an diesem Tschekisten Rache zu nehmen – Rache für die Grevenetz, für Dina, für Kramow und für das, was er selbst erdulden mußte –, war stärker als alle Vernunft. Nein, nach Cherson mußte er unter allen Umständen. Doch vorerst mußte er sich in Geduld fassen und sich wenigstens noch einige Monate über Wasser halten. Das wurde an der Seite der Smagins immer schwieriger; gewiß – vor Filimonow konnte man ausrükken und die Roten noch einige Zeit an der Nase herumführen, aber den Bauern konnte man nicht entkommen. Die Smagins hatten unter der ländlichen Bevölkerung ihre Autorität eingebüßt. Das hatte der Hinterhalt in einem Dorf, das als völlig zuverlässig galt, bewiesen. Den Räuberbrüdern war allmählich der Boden unter den Füßen weggezogen worden.

Der Wind heulte um das Haus, in dem der verwundete Markow jetzt lag. Der Regen rauschte, und die Tropfen klopften aufs Strohdach. Trotz des schlechten Wetters schmerzte Markows Wunde heute weniger. Er lag in der dunklen »guten Stube« auf dem breiten Familienbett, das ihm Matulenko eingeräumt hatte, und ließ sich die Schlupfwinkel durch den Kopf gehen, in denen er sich verkriechen konnte. Ihm fiel die Offizierswitwe ein, die einen Laden in Bobrowy Kut besaß, er erinnerte sich an den Tierarzt in Snegirewka, und ihm fiel auch noch dieser oder jener ein, der im Notfall Asyl gewähren würde.

Hinter der Wand im Nebenzimmer ächzte und stöhnte Matulenkos rheumakranke Schwiegermutter.

Plötzlich fielen Schüsse. Markow lauschte. Diese Burschen können's doch nicht lassen, dachte er. Ohne Ballerei geht kein Saufgelage bei Grigori Smagin aus. Aber heute hätte er sich wenigstens beherrschen können. So etwas bringt die Dorfbewohner nur noch mehr durcheinander.

Das Schießen hörte auf. Markow lag mit geschlossenen Augen da. Jemand betrat das Haus.

»Bist du's, Prochor?« rief er.

»Ja«, antwortete Matulenko.

Er schien nicht allein zu sein. Markow merkte es am Klappern der eisenbeschlagenen Stiefelabsätze.

»Wen hast du mitgebracht?«

»Gehören zu uns«, meinte Matulenko nach einer kurzen Pause.

»Grigori Wladimirowitsch schickt sie.«

»Bring sie herein.«

Drei Männer traten ein. Matulenko hielt eine Lampe in der Hand.

Als der Lichtschein auf den Mann fiel, der Markows Bett am nächsten stand, schrie Markow auf und fuhr sofort mit der Hand unter das Kissen.

Er sah Alexej Michalew vor sich.

»Hände hoch!« Michalews Stimme hatte einen harten Klang. »Wag es nicht, die Waffe herauszuziehen, sonst töte ich dich auf der Stelle.«

Markow hob die Arme.

»Steh auf, 'runter vom Bett!«

»Das kann ich nicht, mein Bein...«

»Wird schon gehen. Na, wird's bald?«

Markow erhob sich und kroch aus dem Bett. Dabei stützte er sich an der Wand.

Alexej holte unter dem Kopfkissen eine Pistole hervor und reichte sie Fedja Fomin. Mit dem Knie schob er einen Schemel beiseite, auf dem Handgranaten und ein Säbel lagen.

»Los, anziehen!« Alexej nahm Markows Kleider und warf sie ihm zu. Vorher hatte er sie geschüttelt, um sich zu überzeugen, daß sich keine Waffen in den Taschen befanden.

Markow zog langsam und in vorgebeugter Haltung seine Hose an. Er fürchtete sich, den Kopf zu heben, aus Angst, den Tschekisten in die Augen zu sehen und dort bestätigt zu finden, was er sich jetzt deutlich vorstellte: Nun würden sie mit ihm gleich diesen gemütlichen warmen Raum verlassen und in die nasse Kälte hinaustreten. Dann stünde er mitten auf der vom Regen aufgeweichten Straße, und hinter seinem Rücken ertönte ein Schuß. Ob er ihn überhaupt hören würde?

»Ich kann nicht – ich kann nicht laufen«, erklärte er mit heiserer, abreißender Stimme. »Ich schaffe es nicht.«

»Es wird schon gehen, wir haben es nicht weit«, entgegnete Alexej.

Das war das Todesurteil, das Ende! »Ich schaffe es nicht«, wiederholte Markow, »ist ja auch unnötig.«

»Keine Angst«, sagte Alexej, »du wirst nach Cherson gebracht und abgeurteilt.«

Markow warf den Kopf hoch. Wirklich? Es geschah also nicht gleich? Voller Hoffnung schaute er den Tschekisten an, der vor ihm stand. Es war der gleiche Alexej Michalew, der bescheidene »Schreiber«, den Dina Fedossowa seinerzeit so »geschickt« angeworben hatte. Niemals vorher hatte er an diesem Mann eine so gesammelte, unerschütterliche Festigkeit beobachtet, und das Leuchten in Alexejs durchdringendem Blick mutete ihn an wie das Schimmern klarer Eiskristalle aus einer durchsichtigen Tiefe.

Am Morgen wurde Marusja beerdigt.

Man hatte zu ihrer letzten Ruhestätte einen Hügel hinter dem Dorf gewählt. Unter einer hohen Akazie, die sich im Frühjahr mit ihren weißen Blütenkerzen über das Grab neigen würde, wurde Marusja in den Boden gesenkt. Vor dem Hügel sah man die Steppe, das weite, reiche ukrainische Land.

Die Rotarmisten schossen einen Abschiedssalut.

Eine Stunde später setzte sich ein langer Zug in Bewegung und verließ das Dorf. Die Smaginleute saßen gebunden auf Pferdefuhrwerken.

Alexej ritt allein dahin, in tiefes Grübeln versunken. Traurige und feierliche Gedanken bewegten ihn.